Kunst-Reiseführer in der Reihe DuMont Dokumente

W0193909

In der vorderen Umschlagklappe: Übersichtskarte der Peloponnes

In der hinteren Umschlagklappe: Plan des Ausgrabungsgeländes von Olympia

Günter Weiß

DuMont Buchverlag Köln

Peloponnes

Zu den Ursprüngen der europäischen Kultur
im Süden Griechenlands

Umschlagvorderseite: Korinth, der Apollontempel
vordere Umschlaginnenklappe: Liméni auf der Mani
Frontispiz S. 2/3: Olympia, Rekonstruktion, Lithographie von Carl Votteler, um 1890
hintere Umschlagklappe: Mistra, Pantanássakloster
Umschlagrückseite: der Hermes des Praxiteles im Museum von Olympia

Über den Autor: Günter Weiß, geboren 1937, ist zweimal promovierter Historiker und Theologe. Sein Spezialgebiet ist der östliche Mittelmeerraum. Er war wissenschaftlicher Mitarbeiter am Südost-Institut, München. Die Peloponnes bereist er seit über zwanzig Jahren.

© DuMont Buchverlag, Köln
2. Auflage 1997
Alle Rechte vorbehalten
Satz: Fotosatz Harten, Köln
Druck u. buchbinderische Verarbeitung: B.o.s.s. Druck und Medien GmbH, Kleve

Printed in Germany   ISBN 3-7701-2637-8

Inhalt

Landschaft, Kunst und Geschichte

Kulturlandschaften der Peloponnes

Die Mani: karges Rückzugsgebiet und einzigartige byzantinische Kunstlandschaft

»Unter allen Völkerschaften haben die Griechen den Traum des Lebens am schönsten geträumt.«
Johann Wolfgang von Goethe, Maximen und Reflexionen 289

Natur, Landschaft, Wirtschaft

Der Name ›Peloponnes‹ ist aus dem griechischen Wort für Insel, *nísos,* und dem Namen eines mythischen Heroen zusammengesetzt. Die Sage des ›Pelops‹ wird uns am Giebelfeld des Zeustempels von Olympia begegnen (s. S. 155 ff.).

Ein Blick von einer der Brücken hinab in den tiefen Einschnitt des Kanals von Korinth verdeutlicht unmittelbar, warum die Peloponnes ›Fastinsel‹ genannt wurde: Nur durch diese Brücken ist sie mit dem Festland verbunden. Die ›Fastinsel‹ umfaßt 21 441 qkm Fläche, ca. 17 % der Gesamtfläche des heutigen Griechenland, und ist in sieben Verwaltungsdistrikte *(nomí)* gegliedert. Mit gut 1 100 000 Einwohnern leben auf der Peloponnes ca. 11 % der griechischen Gesamtbevölkerung. Das Land ist nur dünn besiedelt, durch hohe Abwanderung stellenweise geradezu entvölkert.

Die Reliefkarte der Peloponnes zeigt das Bild einer abwechslungsreichen, kleinräumigen Landschaft von hohen (Taygetos 2407 m, Killíni 2367 m) und mittleren Gebirgen, ausgedehnten Flußebenen und Schwemmlandzonen. Der Reisende wird immer wieder von neuen Landschaftseindrücken überrascht. Eingebettet in diese eindrucksvollen Landschaften finden sich Zeugnisse europäischer Kunst- und Kulturentwicklung von der Steinzeit bis zur Gegenwart in außergewöhnlich hoher Dichte.

Die Kleinräumigkeit begünstigte die Entstehung regionaler Kunstlandschaften; der Ausbildung großflächiger Staaten stand sie entgegen. Sparta, der einzige antike Staat auf der Peloponnes, der Großmachtpläne hegte, hat sich in dem Bemühen aufgerieben, langdauernd einen ausgedehnten Flächenstaat zusammenzuhalten. Die Vielgestaltigkeit der Landschaft wurde in die Architektur von Tempelanlagen und Städten einbezogen. Tempel überragten entweder auf einer Anhöhe die Landschaft oder sie wurden – vor allem, wenn sie dem Gott Apollon geweiht waren – in die flache Senke eines einsamen gebirgigen Geländes eingebettet. Der Apollontempel in Bassä ist dafür das beste Beispiel (s. S. 156 ff.).

Zur Umschrift des Griechischen / Das griechische Alphabet

Auf einer Reise durch die Peloponnes werden Sie feststellen, daß es zahlreiche Möglichkeiten gibt, griechische in lateinische Buchstaben zu übertragen. Ortsschilder, Wegweiser, Karten und Pläne etc. weichen hierin mitunter stark voneinander ab. Wir haben uns in diesem Buch für die Umschrift entschieden, die der Aussprache möglichst nahe kommt – denn in der Regel wird man nur bei richtiger Aussprache und Betonung verstanden. Also schreiben wir z. B. Náfplio für Ναύπλιο und nicht Naúplio, wie es der buchstabenabbildenden Umschrift, einer ebenfalls häufigen Variante, entspräche.

Eine Ausnahme machen wir bei Ortsnamen und Begriffen, die aus dem Altgriechischen ins Deutsche eingedrungen sind. Epidauros, Olympia und Mykene z. B. werden in ihrer eingedeutschten Form ohne Akzent geschrieben. Nur bei seltenen Begriffen werden Akzente gesetzt.

Großbuchstabe	Kleinbuchstabe	Aussprachregeln	häufige Umschrift
A	α	kurzes a	a
B	β	zwischen v und w	v, w
Γ	γ	-g vor a, o u, -j vor e und i	g, j, y
Δ	δ	stimmhaftes englisches th wie in ›the‹	d, dh
E	ε	kurzes e	e
Z	ζ	stimmhaftes s, wie in ›Sahne‹	z, s
H	η	i	i, e
Θ	ϑ	hartes englisches th, wie in ›thief‹	th
I	ι	i, wie j vor Vokal	i
K	κ	k	k
Λ	λ	l	l

Die Gebirge der Peloponnes bestehen überwiegend aus Kalkstein, Sedimenten des Urmeeres, welches das Land über Jahrmillionen bedeckte. Die Fülle und Vielfalt der Kalkgesteine, die den antiken Künstlern zur Verfügung standen, tragen zum Reiz der Kunstwerke der Peloponnes bei: in Tiryns wurde hellgrauer Kalk, in Mykene grobkörniges Sedimentgestein und Kreidekalk, in Bassä gelblich-grauer Kalkstein verwendet, der

M	μ	m	m
N	ν	n	n
Ξ	ξ	ks wie in ›Axt‹, nach m oder n weicher: gs	x, ks
O	o	kurzes, offenes o wie in ›Gott‹	o
Π	π	P	P
P	ρ	gerolltes r	r
Σ	σ, ς	scharfes s wie in ›Tasse‹	ss, s
T	τ	t	t
Y	υ	i, kein Anklang von ü	i, y
Φ	φ	f wie in ›falsch‹	f, ph
X	χ	ch wie in ›Bach‹ (vor a, o, u) ch wie in ›Milch‹ (vor e, i)	ch
Ψ	ψ	ps wie in ›Gips‹	ps
Ω	ω	offenes o wie in ›Gott‹	o

Buchstabenkombinationen

AI	αι	e wie in ›Brett‹	e, ä
AY	αυ	af wie in ›saftig‹	af, aw, av
ΓΓ	γγ	ng wie in ›lang‹	ng, gg
EI	ει	i wie in ›lieb‹	i
EY	ευ	ef wie in ›heftig‹	ef, ev, ew
MΠ	μπ	am Wortanfang: weiches b wie in ›Baum‹	B
		in der Wortmitte: mb wie in ›Ambos‹	mp, mb
NT	ντ	am Wortanfang: d wie in ›Dach‹	D
		in der Wortmitte: nd wie in ›Länder‹	nd, nt
OI	οι	i wie in ›Liebe‹	i
OY	ου	langes u wie in ›Lupe‹	u, ou

Zeustempel in Olympia ist von nahen Vorkommen porösen Muschelkalkes (sog. *póros*) erbaut. Im Amyklaion bei Sparta wurden offensichtlich aus ästhetischen Gründen drei verschiedene Kalksteinarten verwertet. Die Kalksteine der Peloponnes, zu denen auch einige Marmorarten gehören, sind farbig. Ein Bildhauer wie Praxiteles (ung. 370–320) – die Aphrodite von Knidos und die Hermesstatue von Olympia sind seine berühmtesten

Der Isthmos von Korinth scheidet die Peloponnes vom Festland

Werke – benötigte weißen, reflektierend-schimmernden Marmor. Er griff auf den Marmor aus den attischen Bergwerken des Pentelikón zurück, der auch für den Bau des Asklepeion von Gortys herangeschafft wurde.

In den Ebenen werden hervorragende Agrarprodukte erzeugt, vor allem Öl und Wein, doch das übrige Land ist wirtschaftlich unterentwickelt. Dem soll in Zukunft entgegengewirkt werden. Das Planungszentrum in Athen, eine partei- und regierungsunabhängige Forschungsstelle für Raumentwicklung, sieht Lösungsansätze in landwirtschaftlichen Cooperativen, kurzen Transportwegen (die Autobahn von Korinth soll bis Kalamáta geführt werden), der Verbesserung von Be- und Entwässerung, der Aufforstung der Wälder und Maßnahmen gegen Umweltverschmutzung. Im industriellen Bereich wird der

Ausbau der Nahrungs- und Textilindustrie befürwortet. Das Fehlen von Bodenschätzen außer der Braunkohle hat eine geringere Industrialisierung zur Folge als im übrigen Griechenland. Der Eintritt Griechenlands in die EG 1981 hat gerade für die agrarisch geprägte Peloponnes mehr Nach- als Vorteile gebracht. Die Bevölkerungszahl verringert sich zwar nicht mehr so dramatisch wie in den letzten Jahrzehnten, doch wandert die Jugend weiter in den Norden oder ins Ausland ab.

Die Pflanzen- und Tierwelt

»Nirgends in Europa sind die Bedingungen günstiger für die Entstehung einer reichhaltigen Pflanzenwelt. Dies beruht auf der Aufgliederung des Landes in Berge und Täler, wo sich eine ungestörte Flora entwickeln konnte. Die rein mediterrane Flora längs der Küsten und Inseln wechselt ab mit der kontinentalen Flora der Bergwelt.«

Hellmut Baumanns Beobachtungen über das Wechselspiel zwischen Pflanzenwuchs und Naturraum in Griechenland gelten in vollem Umfang für die Peloponnes. Tausend Pflanzenarten kannten bereits Römer und Griechen.

Die Folge der Gebirgsfaltungen und der damit verbundenen Klimaunterschiede ist ein faszinierend abwechslungsreicher Pflanzenwuchs. Jedem Reisenden wird das baum- und nahezu strauchlose Mykene im Osten und – als Gegensatz – die üppige intensiv bebaute Schwemmlandebene von Olympia im Westen mit ihren Aleppokiefern in Erinnerung bleiben. Eine Fahrt von Pírgos nach Trípolis zeigt eindrucksvoll die höhenabhängigen Vegetationsstufen.

Römer und Griechen haben mit der Abholzung der Wälder begonnen, die ursprünglich die Peloponnes bedeckten. Venezianer und Türken, neuzeitliche Brandrodung und Weidewirtschaft haben nicht wiedergutzumachende Schäden am einst dichten Waldkleid der Peloponnes angerichtet. Verschiedene, in der Antike häufige Arten, wie z. B. Eichen und Pinien, sind heute nur noch in Rückzugsgebieten zu finden. Auch der Rückzug der Kiefern- und Tannenwälder, deren Duft vor allem in den Gebirgen von Arkadien und Achaia noch heute den Reisenden beglückt, begann bereits in der Antike.

Der Name ›Schirmkiefer‹ drückt die ausladend schirmartige Gestalt der Pinie *(Pinus pinea)* aus. In Strandnähe auf Sandböden geben diese Bäume überall auf der Peloponnes der Landschaft das Gepräge. Der Pinienzapfen, dessen Kerne in der griechischen Küche vielfache Verwendung finden, war Symbol der Fruchtbarkeit. Oft in ihrer Nähe, an salziger Küste, läßt sich die tänzerisch-locker wirkende Tamariske *(Tamarix smyrnensis)* vom Wind zerzausen. Etwas Melancholisch-Düsteres strahlt die Zypresse *(Cupressus sempervirens)* aus. Sie war Symbol für die heilige Opferflamme, nach ihr ist vielleicht die Insel Zypern benannt. Schon von Persern und Griechen als ehrwürdiger Schattenspender gepriesen, ist die wasserliebende Platane *(Platanus orientalis)* Zierde von Dorfplätzen

Der Ölbaum: Pflanzensymbol der Mittelmeerwelt

Wer hat nicht schon die knorrig-zerfurchten und gewundenen Stämme dieser Bäume bewundert, die bis 1000 Jahre alt werden können? Die oft mehrere Quadratkilometer großen Olivenhaine auf den Ebenen und Hochflächen, die silbrig-grauen kleinen Blätter, verleihen der Landschaft ein unverwechselbares Bild. Aber auch als wilder Strauch zusammen mit dem Johannisbrotbaum ist der Ölbaum im trockenen Osten und Südosten der Peloponnes zu finden.

»Zwei Säfte gibt es, die unserem menschlichen Körper wohl bekommen: im Inneren der Wein und von außen das Öl – beide werden von Bäumen gewonnen«, schreibt der römische Staatsbeamte und Gelehrte Plinius d. Ä. (23–79 n. Chr.). Der Ölbaum war für den antiken Menschen als Energiequelle und Nahrung lebensnotwendig – das *dendrokoptein,* das Bäumefällen, galt als eine der verwerflichsten Untaten im Krieg. Die Göttin Athene selbst soll den Ölbaum nach Athen gebracht haben. Der Stab des unsterblichen Heroen Herakles war aus der Wildolive geschnitzt, der Ölbaumzweig galt und gilt als Symbol des Friedens.

Zur Ölgewinnung werden die handgepflückten Früchte samt Kernen zunächst zermahlen. In einer ersten, kalten Pressung wird dann das sog. Jungfernöl gewonnen, in einer zweiten, warmen Pressung ein Speiseöl geringerer Qualität und in der dritten, letzten Pressung ein Brenn-, Schmier- oder Seifenöl. Ein guter Teil der Früchte wird zu Speiseoliven verarbeitet. Dazu werden sie in Salzlake von ihren Bitterstoffen befreit und mit Muskat, Zimt, Rosenholz, Nelken und Koriander gewürzt. Das Öl der Peloponnes gilt mit Recht als besonders gehaltvoll und würzig. Saftige grüne oder schwarze Oliven frisch aus der Salzlake mit Käse oder Tintenfisch, dazu einen Harzwein, den Retsina vom Faß – gibt es etwas Köstlicheres?

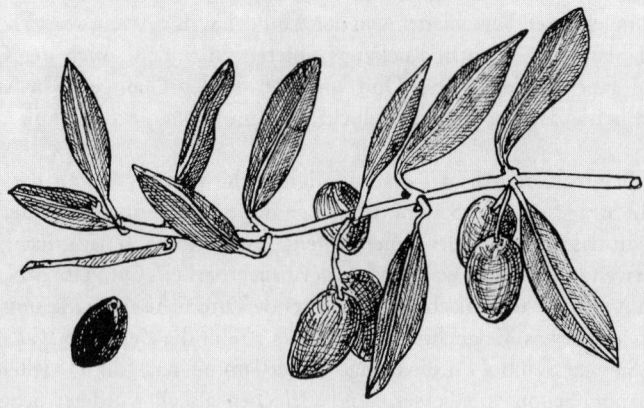

Pflanzen der Macchia. Oben: Baumheide, Dorniger Ginster, Myrte. Unten: Lorbeer, Zistrose

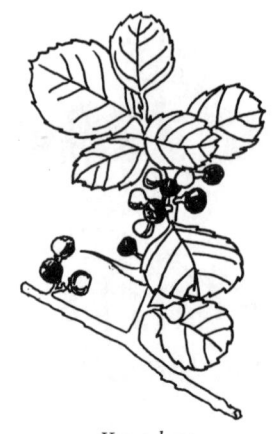

Erdbeerbaum　　　　　　　　　　　　　　　*Kreuzdorn*

und Parkanlagen in der Nähe von Brunnen. Unverwechselbar sind ihre tiefeingeschnittenen, ahornartigen Blätter und ihre gefleckte Rinde. Ein wunderschönes Exemplar ist die Platane vor der Ajía Lávra in Achaia (s. S. 89 f.).

Als Macchia wird der bis 3 m hohe Buschwald bezeichnet, der an feuchten sauren Böden in Küstennähe an die Stelle des ursprünglichen Eichenwaldes getreten ist. Die Zistrose *(Cistus)* mit ihren schmalen klebrigen Blättern und duftenden Blüten von April bis Juni gehört zu den charakteristischen Pflanzen der Macchia. Häufig ist auch die Myrte *(Myrtus communis)* mit ihren weißen, stark duftenden Blüten. Sie war der Aphrodite, der Göttin der Liebe, geweiht und Symbol des Sieges. Der immergrüne Kreuzdorn *(Rhamnus alaternus)* mit gezackten Blättern ist ebenso typisch für die Macchia wie verschiedene Ginster- und Wacholderarten, die schlanke Baumheide *(Erica arborea)*, die bis 3 m hoch wird, der Erdbeerbaum *(Arbutus andrachme)* mit seinen roten eßbaren Beeren und der buschige, bis 10 m hohe Lorbeerbaum *(Laurus nobilis)*. Er war dem Gott der Künste, Apollon, geweiht und wie die Myrte ein Symbol des Sieges.

In der Macchia finden Weidetiere Nahrung. Bei Überweidung, Trockenheit, starken Winden degradiert die Macchia zur Phrigana (griechisch für ›trockenes Holz‹, französisch Garigue). Die Sträucher und Halbsträucher der Phrigana sind nur bis 1 m hoch. Sehr häufig anzutreffen ist die dichtwachsende Strauchartige Kermeseiche *(Quercus coccifera)* mit gezahnten Blättern, die denen der Stechpalme ähneln. Wer einmal in der Phrigana nach Ruinen gesucht hat, wird die Dornen des Europäischen Bocksdorn *(Lycium europaeum)* für immer im Gedächtnis behalten. Unschön ist auch die Begegnung mit einigen stacheligen Euphorbiaarten und dem kleinen Dornigen Ginster *(Calycotome vilosa)*. Im Frühjahr belohnt die Blüte von Krokus, Tulpe und Schwertlilie den Besucher der Phrigana. Auch im staubigen Hochsommer duften zwischen den Dornensträuchern Rosmarin, Lavendel, Thymian und Salbei.

Wo Wasser fließt, grünt und blüht der griechische Boden. Was der Fremde von April bis Juni nach dem Winterregen auf der Peloponnes erlebt, das erlebten die Menschen der Antike in den wohlbewässerten und gepflegten heiligen Hainen rund um die Tempel und Heilungsstätten das ganze Jahr über. Der Besucher der heute meist kahlen und ausgedörrten Ruinenstätten muß sie für sich in der Phantasie als blühende Gärten mit Oleander, Hibiskus, Jacaranda, Tamarisken, Myrten und hunderter anderer Pflanzenarten zurückverwandeln. In Olympia etwa spendeten die Kaskaden des Nymphäums, des Kultplatzes der Nymphen, Kühlung. Die auch im Sommer blühenden Oleanderbüsche rund um das Leonidaion, das einst von Wasser umflossen war, geben einen Eindruck vom einstigen ›Garten Olympia‹.

Die Jagd war ein beliebtes Motiv der Malerei und Plastik von der mykenischen Zeit ab ung. 1600 v. Chr. bis zur Reliefkunst der Byzantiner im Mittelalter. Herakles mußte nach der Sage mit einem Löwen kämpfen. Heute ist das Großwild ausgerottet. Die griechische Jagdleidenschaft hat sogar den Hasen und den Fuchs stark dezimiert, den die Byzantiner auch in Kirchen der Peloponnes plastisch darstellten. Dem Besucher der Peloponnes begegnet das in der Kunst auf Siegeln, Ton und in Bronze dargestellte Kleingetier, die Eidechsen, Käfer und harmlosen Nattern auf Felsen, im Gemäuer und in dem immergrünen, stacheligen Buschwerk der Macchia. Eine reiche Vogelwelt ist hier zu beobachten. Wie der Ölbaum ist die schwarze unscheinbare Zikade Symbol der Mittelmeerwelt. In der flirrenden Mittagshitze bis tief in die lauschigen Sommernächte hinein hat ihr Zirpkonzert etwas Philosophisch-Beruhigendes.

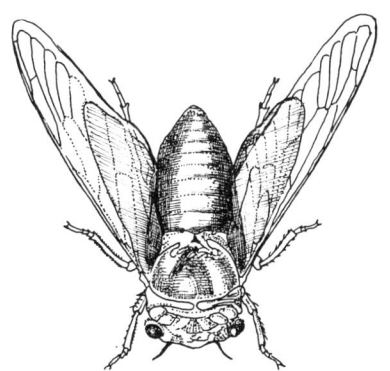

Die Zikade – Symboltier der Mittelmeerwelt

Kleine Kunstgeschichte der Peloponnes

Wie so viele Regionen der Welt des Mittelmeers ist die gegenwärtige Peloponnes untrennbar verwoben mit einer Jahrtausende währenden Entwicklung von Geschichte und Kunst. Dieses sinnlich erfahrbare Nebeneinander und Ineinander von Gegenwärtigem und Vergangenem macht den besonderen Reiz einer Peloponnes-Reise aus.

Die Steinzeit

(vor 60 000–ca. 2800 v. Chr.; Unterteilungen: Altsteinzeit [Paläolithikum]–8000 v. Chr.; Mittlere Steinzeit [Mesolithikum] 8000–7000 v. Chr.; Jungsteinzeit [Neolithikum] 7000– ca. 2800 v. Chr.)

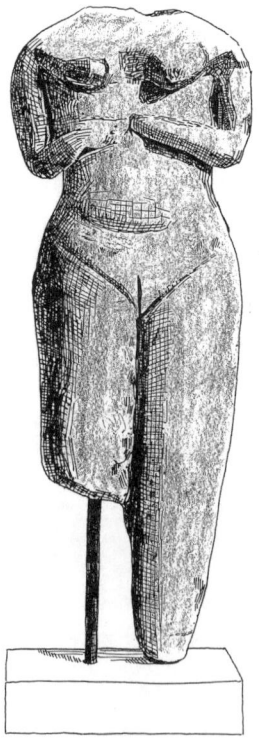

Die Menschen der Steinzeit, die noch nicht gelernt hatten, Metall zu verarbeiten, haben auch keine Schrift erfunden. So können wir nur aus ihren Werkzeugen und ihrer bildenden Kunst vorsichtig erahnen, wie ihr Leben ausgesehen haben mag. Die Funde auf der Peloponnes beleuchten alle Phasen der steinzeitlichen Entwicklung und sind von hervorragender Bedeutung für die Kenntnis der gesamteuropäischen Entwicklung. Die Funde auf der Peloponnes haben in der Jungsteinzeit ab 5000 Ähnlichkeit mit den Kulturen in Thessalien (Sesklo, Dimini, Argissa). Wie im übrigen Europa vollzieht sich ca. 5000 v. Chr. auf der Peloponnes die ›jungsteinzeitliche Revolution‹: durch Domestizierung von Tieren und Ackerbau greift der Mensch massiv in die Naturlandschaft ein.

Deutlich ist das Bemühen der Steinzeitmenschen, immer gefälligere, abwechslungsreichere Gefäßformen hervorzubringen. Man beginnt, die Gefäße zu verzieren; zuerst mit unbeholfenen Ritzungen. Diese schließen sich in einer nächsten Entwicklungsstufe zu Spiral- und Bandmustern zusammen. In der Jungsteinzeit gibt es bereits Versuche, die Gefäße farbig zu gestalten.

Tönerne Statuette einer Göttin aus Lerna, um 3500 v. Chr.

Typisch für diese Zeit sind überdies äußerst abstrakt gestaltete Götter- oder Menschenfiguren, in der Forschung vage ›Idole‹ genannt. Die meisten von ihnen wurden auf den Kykladen gefunden. Im prähistorischen Saal des Olympiamuseums sind einige dieser Idole zu bewundern. Um so erstaunlicher ist die nackte Figur einer Göttin, die um 3500 v. Chr. in Lerna entstanden ist. Ihre Fruchtbarkeit symbolisierende Sinnlichkeit ist in einer für diese Zeit einzigartigen Körperbeobachtung dargestellt (im Lernasaal des Museums von Argos).

Den reichen vorgeschichtlichen Funden auf der Peloponnes ist bisher noch kein eigenes Museum gewidmet. Die ›Fuchslochhöhle‹ bei Pírgos Dirú auf der Mani war bereits vor 25 000 v. Chr. besiedelt. Die Höhle ist unzugänglich, die Funde nirgends ausgestellt. Ähnlich verhält es sich mit der seit 20 000 besiedelten Franchthihöhle in der Argolis. Wichtigste Ausstellungen und Fundstätten steinzeitlicher Kultur sind die Museen in Trípolis, Náfplio, Argos, Neméa, die Grabungsstätten in Asea und Lerna. Die Exponate im Museum von Olympia zeigen den Einfluß der Kultur der Kykladen auf die Peloponnes.

Das Helladikum: Faszination der mykenischen Kultur

(2800–1100 v. Chr.; Unterteilungen: Frühhelladikum 2800–2000 v. Chr. = frühminoische Zeit auf Kreta; Mittelhelladikum = frühe Bronzezeit und mittelminoische Palastzeit auf Kreta 2000–16000 v. Chr.; Späthelladikum = Bronzezeit; mykenische Zeit 1600–1100 v. Chr.; frühmykenische Zeit 1600–1450 v. Chr.; spätmykenische Zeit 1400–1200 v. Chr.)

Jeder Reisende auf der Peloponnes kommt mit der mykenischen Kultur in Berührung. Auch wenn er keine Museen und Fundstätten aufsucht, begegnet ihm Mykenisches: auf Postkarten, Bildern und den Nachahmungen in den Souvenirläden. Diese Kultur erscheint zuerst kühl, fremdartig und abweisend. Sie gehört noch der ›Vorgeschichte‹ an, denn es gibt wie in der Steinzeit keine erzählenden schriftlichen Quellen über sie. Die Tontäfelchen vor allem aus Pylos in der sog. Linear B-Schrift enthalten nur oft schwer deutbare Palastarchive (Inventare, Register). Doch wer sich von der Fremdartigkeit dieser Kultur nicht abschrecken und ihre vielen Zeugnisse auf der Peloponnes unvoreingenommen auf sich wirken läßt, wird bald von ihr fasziniert sein: von den Palästen mit ihrem machtpolitischen Hintergrund, der tempellosen Naturreligion, den eleganten Formen von Malerei und Kleinkunst. Außer in Athen bergen die Museen der Peloponnes die meisten Zeugnisse der mykenischen Kultur.

Ab 2200 v. Chr. tauchte auf der Peloponnes ein neues Bevölkerungselement auf – die indogermanischen ›Protogriechen‹. Sie vermischten sich bald mit den Ureinwohnern, den Pelasgern, und wurden Träger einer neuen Kultur. Außer im böotischen Orchomenos und wenigen anderen Stätten Mittelgriechenlands entwickelte sich nur auf der Peloponnes seit ung. 1600 diese sog. ›mykenische Kultur‹. Politische Zentren waren im Osten

Pyxis aus einer mykenischen Nekropole bei
Olympia (Olympia-Museum)

Amphora aus einer mykenischen Nekropole bei
Olympia (Olympia-Museum)

Bügelkanne aus Mykene mit Doppelaxtmotiv
(Museum von Náfplío)

Skyphos, mykenisch, aus der Gegend von
Olympia (Olympia-Museum)

Mykene mit dem stark befestigten Außenposten Tiryns, im Westen Pylos. Das gesamte
Land war von einem Netz kleiner, von den Machtzentren lose abhängiger Herrschaften
durchzogen. Es gibt keine Hinweise, daß diese Herrschaften auf der Peloponnes je von
den gleichzeitigen Palästen Kretas politisch abhängig waren, auch wenn sie den eleganten
Lebensstil und ein hochentwickeltes Kunsthandwerk von ihnen lernten. Doch anders als
die unbewehrten Paläste Kretas waren diese Herrschaften immer bedroht. Die Wehrhaf-

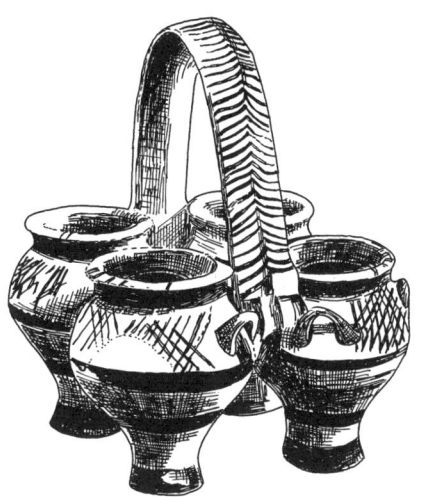

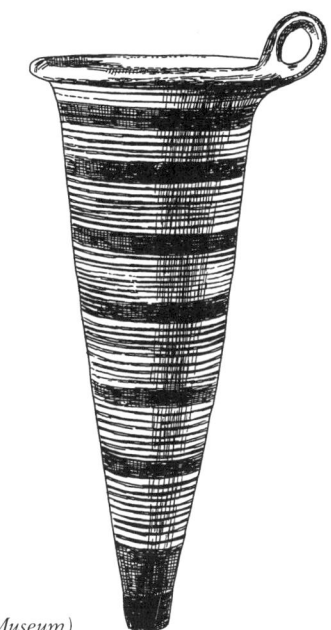

Kernos, mykenisches Kultgefäß aus den Kam-
mergräbern von Diásela (Olympia-Museum)

Rhyton, Grabfund aus Sámiko, mykenisch (Olympia-Museum)

tigkeit gehört zu den Grundzügen der mykenischen Architektur. Der Herrscher (*warnax* – bereits ein griechisches Wort!) besaß priesterliche Funktion, ohne – wie im Orient – selbst vergöttlicht zu werden. Ihm unterstand eine gegliederte Gefolgschaft (*hequetai* – wieder ein griechisches Wort!). Bauern und Handwerker schufen die materielle Grundlage für die aufwendigen Kunstleistungen. Man vermutet, daß innenpolitische Spannungen, neue griechische Einwanderer und Naturkatastrophen – vor allem Erdbeben – um 1200 v. Chr. die mykenischen Herrschaften nacheinander auslöschten.

Der Priesterherrscher thronte im Zentralraum des Palastes, dem sog. **Megaron**, mit dem heiligen Herdrund. Das Megaron war Symbol der sakralen Macht des *warnax*. Hier wurden auch Opferhandlungen vorgenommen. Die Götter – in hölzernen Kultbildern dargestellt – wurden ohne Tempel verehrt. Sie tragen bereits teilweise die später bekannten griechischen Namen, ohne daß ihre Mythologie bekannt ist. Sicher ist ihr Zusammenhang mit Vegetation und Fruchtbarkeit. Ihnen wurde in heiligen Hainen, im Megaron und besonderen Häusern des Palastes geopfert. Der Totenkult war Familienkult. Im Gräberrund als heiligem Bezirk mit Altar und im Kuppelgrab, auch Tholosgrab genannt, erschienen durch Opfer und im Tanz die Toten. In diesen von Steinen umschlossenen Gräberrunden wurde der Tote im **Schachtgrab** beigesetzt, der typischen Bestattungsart der mittelhelladischen Zeit. Eine Steinkiste wurde in die Erde versenkt. Diese Bestattungsart blieb in der gesamten mykenischen Zeit für die einfache Bevölkerung üblich. Für vornehme Tote kam in der Kultur Mykenes das sog. **Kammergrab** auf. In weiches Gestein wurde ein Grab eingehauen. Ein Zugang (Dromos) führte zu ihm. Eine Weiterentwicklung ist das aufwendige **Kuppel- oder Tholosgrab** für den Fürsten. Auch zu ihm führt ein Dromos. Es ist in ›Pseudogewölbetechnik‹ erbaut, d. h. ohne konische Steine. Den Besuch der Tholosgräber in Mykene (s. S. 316 ff.) sollte man nicht auslassen.

Durch ein wohldurchdachtes System von Gängen, Höfen und Toren steigert sich der Aufbau der mykenischen **Paläste** hin zum sakral-machtpolitischen Höhepunkt, dem Megaron mit Herd und Thron. Die **Kyklopenmauern,** später so genannt nach den riesenhaften Urgestalten der griechischen Mythologie, bestehen aus meist nur roh behauenen, vielkantigen Quaderblöcken und demonstrieren die politische Macht des Palastherrschers. In der **Wandmalerei,** von der bis auf wenige Ausnahmen im Museum von Náfplio (Prinzessin mit Federbusch, s. Abb. S. 314) alle Beispiele nach Athen verbracht wurden, zeigt sich der von Kreta beeinflußte elegante Lebensstil. Prozessionen, Krieger-, Jagd- und Sportszenen sind die Motive. Die Figuren sind in fein aufeinandergestimmten weichen Farben flächig-zweidimensional dargestellt. Mykene bereichert die Kunstentwicklung mit einer Fülle von neuen **Gefäßformen.** Besonders auffällig sind die Bügelkanne, die in der griechischen Klassik nicht wiederbegegnet, die verschließbare Büchse (Pyxis, auch in der Klassik), der Becher (Skyphos, auch in der Klassik), die Schnabelkanne in verschiedenen Formen, die Amphora, ein oft vierhenkeliges Vorratsgefäß, beliebt auch in

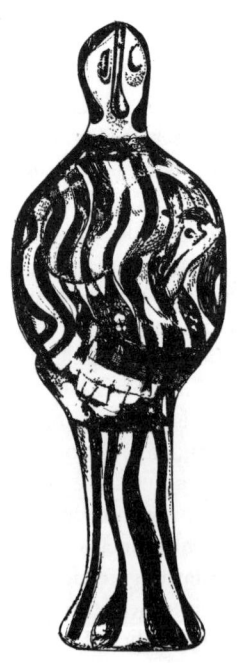

der Klassik, der Becher aus Ton und Gold, in denen die Künstler ihre hohe Goldschmiedekunst zeigen, das Schöpf- und Gießgefäß des Kyathos (auch in der Klassik) und das Trinkgefäß des Kantharos (ebenfalls in der Klassik). Die Gefäße wurden oft mehrfarbig mit geometrischen Mustern und Tiergestalten bemalt. Zum Glück wurden nicht alle auf der Peloponnes gefundenen Zeugnisse der hohen Handwerkskunst der mykenischen Kultur nach Athen ausgelagert. Im Museum von Pylos sind hervorragende Zeugnisse von **Siegeln** mit präzise gravierten Figuren und Symbolen ausgestellt. Im Chóra-Museum beim Nestorpalast stehen der Goldschmuck und die getriebenen **Goldbecher** mit Recht im Mittelpunkt der Ausstellung. Künstlerisch von hohem Rang ist teilweise die Plastik Mykenes. Unübertroffen erscheint der ›Lord von Asine‹ um 1200 v. Chr., vielleicht das Porträt eines lokalen Herrschers im Museum von Náfplio (s. Abb. S. 335). Eher Massenwaren sind die ausdruckslosen tönernen Votivgaben in Form des griechischen Phi oder des Psi mit erhobenen Händen.

Tonidol in Form eines Phi, 13. Jh. v. Chr. (Museum von Argos)

Die Reisebeschreibungen des Pausanias: Schlüssel zum antiken Griechenland

»Ohne Pausanias würden wir heute in Griechenland in einem Museum wandern, dessen Reste aus dem Altertum großenteils stumm wären oder uns wenig zu sagen hätten, da wir oft nicht wüßten, was sie bedeuten, welche Gottheit einst in diesem oder jenem Tempel verehrt wurde, welchem Zweck einst dieses oder jenes Gebäude diente.« So urteilt Ernst Meyer im Vorwort seiner Übersetzung der zehnbändigen Reisebeschreibung über ihren Verfasser.

Pausanias († nach 180) ist uns nur aus seinem Werk bekannt: ein vielseitig gebildeter Mann aus vornehmer Familie Kleinasiens, der u. a. Syrien, Persien, Mesopotamien und Ägypten besucht hat. Kreuz und quer reiste er durch Mittelgriechenland, vor allem durch die Peloponnes, und beschrieb die Denkmäler oft ganz entlegener Orte meist in der Reihenfolge, wie er sie gesehen hatte. Nach dem Geschmack seiner Zeit wollte er keine exakte Ortsbeschreibung geben. Als Barbié du Bocage 1780 einen Plan von Olympia nach den Angaben des Pausanias zeichnete, enthielt die Karte keine einzige richtige Lagebeschreibung der Denkmäler. Die Archäologie muß in jedem Fall die Angaben des Reiseschriftstellers korrigieren. Pausanias wollte vor allem den Leser daheim unterhalten. So fügte er seinen Beschreibungen zahllose Legenden, Erzählungen und Anekdoten bei, die den Reisebericht auflockern sollen, ihn attraktiv und spannend machen wollen. Er schöpfte aus mündlichen Berichten, von Fremdenführern vor Ort hat er viel gelernt. In die Mysterien von Lykosura in Arkadien (s. S. 147 ff.) ließ er sich einweihen und erzählt nur so viel, wie der Leser wissen darf: »Den Namen der Despoina scheute ich mich, für Uneingeweihte zu schreiben.«

Daneben konnte er eine reichhaltige Bibliothek benutzen, vielleicht in Pergamon. Homer – für Pausanias *die* Autorität, an der mythologische Erzählungen gemessen werden – zitiert er auswendig. Durch Pausanias sind Fragmente anderer, heute verlorener Epen erhalten. So unkritisch Pausanias die Erzählungen und Erklärungen aneinanderreiht, schimmert doch an einigen Stellen seine Persönlichkeit durch, die rationale Kritik an Theologie und Mythos übt. Die Vergöttlichung des Menschen, d. h. auch die Vergöttlichung der römischen Kaiser, lehnte er ab. Im Zusammenhang mit dem Mythos von Kronos, dem die Erdmutter Rhea statt des neugeborenen Poseidon ein Fohlen zum Verschlingen gibt, machte sich Pausanias Gedanken über den symbolischen Hintergrund des griechischen Mythos, die noch heute Beachtung verdienen: »Diesen Erzählungen der Griechen schrieb ich im Anfang meines Werkes eher Einfältigkeit zu. Als ich aber zu dem Buch über Arkadien gelangte, gewann ich folgende Vorstellung von ihnen: ich vermutete, daß die als Weise angesehenen Griechen einst ihre Erzählungen in Rätseln und nicht unmittelbar verständlich gaben und daß auch die Erzählungen von Kronos irgendeine Weisheit der Griechen seien. Hinsichtlich der auf die Gottheit bezüglichen Dinge werde ich der Tradition folgen.«

Wer also noch etwas Platz im Reisegepäck hat, sollte die »Reisen« des Pausanias mitnehmen. Damals wie heute sind sie spannend und lehrreich.

Die ›dunklen Jahrhunderte‹ und die geometrische Zeit

(1100–700 v. Chr.; Untergliederung: protogeometrische Periode 1100–900; frühgeometrische Kunst 900–850; strenggeometrische Kunst 850–800; reifgeometrische Kunst 800–750; spätgeometrische Kunst 750–700; der Historiker faßt als ›archaische Periode‹ die Zeit zwischen 1100–500 zusammen)

Der Peloponnesreisende begegnet dieser fernen Epoche griechischer Kultur in den Museen, vor allem in Olympia, Korinth, Némea, Argos und Náfplio. Sie bewahren die in der Welt reichhaltigsten Sammlungen (außer den Museen Athens) zu dieser Zeit in Vasenmalerei und Plastik. Wer Beziehung zu moderner geometrischer Form und zu abstraktem Stil besitzt, wird schnell Zugang zu dieser fernen, aber doch den modernen Menschen ansprechenden Kunst finden.

In den ›dunklen Jahrhunderten‹ begannen die Griechen, sich politisch zu einigen (sog. Synoikismos), zuerst in Attika um 950. Wenig später – um 900 – tauchten in Athen, im Töpferviertel, dem Kerameikos, die ersten typischen Vasen mit geometrischen Mustern, vor allem dem Mäanderband, auf. Immer dichter bedecken die Muster die Oberfläche, um 750 erscheinen abstrakte Figuren.

Die Peloponnes folgte erst über ein Jahrhundert später diesen Entwicklungen: Sparta dehnte seinen Machtbereich um 750 auf Lakonien und im sog. ersten messenischen Krieg (735–715) auf Messenien aus. 776 beginnt die Liste der Sieger in Olympia. Durch die Spiele gewann die Peloponnes rasch gesamtgriechische Bedeutung. Unteritalien wurde ab 733 kolonisiert, vor allem durch Achaia und Korinth, das Syrakus gründete. Dadurch

Bronzener Dreifuß aus dem 9. Jh. v. Chr. (Olympia-Museum) ▷

Bronzestatuette eines Kriegers aus dem Schmuck eines Dreifußhenkels, geometrische Zeit (Olympia-Museum) ▷▷

Geometrisches Kulthaus aus dem Heraion von Argos, Terrakotta, 8. Jh. v. Chr. (Archäologisches Nationalmuseum Athen)

wurden neue Absatzgebiete für Kunsterzeugnisse erschlossen. Es war die Blütezeit der sog. protokorinthischen Vasen (bis ung. 625). Korinth war nicht nur Zentrum des Kunsthandwerks, sondern auch führende politische Macht auf der Peloponnes unter dem Adelsgeschlecht der Bakchiaden (seit ca. 720).

Es ist dem Peloponnesreisenden nicht vergönnt, zwei wertvolle Funde aus Perachóra und dem Heraion von Argos in einem Museum der Peloponnes zu betrachten: Es handelt sich um einander ähnliche Weiheplastiken in Gestalt von kleinen Häusern, die man am besten als ›geometrische Kulthäuser‹ bezeichnen kann und die sich heute im Nationalmuseum von Athen befinden. Die Rückwand ist halbrund (sog. Apsis), Säulen sind den Seitenwänden vorgesetzt: der griechische Tempel in seiner frühesten Gestalt. In diesen Häusern beginnen die Götter – oder besser: ihre das Heilige ausströmenden

Bilder – zu wohnen. In mykenischer Zeit begegnete das Heilige im offenen Hain unter freiem Himmel. Nach 800 setzen die Archäologen auch die erste Phase des Artemis Orthia Tempels in Sparta, von dem aber nichts mehr zu sehen ist.

Abstrakt, nur das Wesentliche des menschlichen Körpers und des Antlitzes herausarbeitend, strahlen die geometrischen Figuren gleichwohl erstaunliche Lebendigkeit und Kraft aus. Der Mensch wird in seiner Ganzheit erfaßt, noch nicht in anatomischen Einzelheiten.

Fremdartig erscheint auf den ersten Blick der **Dreifuß**, dessen früheste Beispiele im Museum von Olympia zu bewundern sind. Man weihte ihn den Göttern als Dank für den Sieg, er war Gastgeschenk, er konnte als Giebelverzierung eines Tempels dienen. An den Bronzebändern der bis 80 cm langen Beine, am Gefäßrand und am Verbindungsstück zwischen Henkel und Gefäß, der sog. Attasche, konnte sich die Phantasie der griechischen Bronzekünstler entfalten. Orientalische Flügelwesen begegnen hier ebenso wie reife geometrische Plastik.

Korinthisches Löwenkrüglein (Museum von Korinth)

Die archaische Zeit

(700–500; Unterteilung: urarchaische Periode 700–660; früharchaische Periode 660–620; strengarchaische Periode 620–570; reifarchaische Periode 570–530; spätarchaische Periode 530–500)

Korinth und Olympia-Pírgos sind die besten Standorte, um Zeugnisse dieser Epoche kennenzulernen. Ein kraftvolles, hoffnungsvoll in die Zukunft blickendes Menschenideal kennzeichnet die archaische Zeit. Die griechische Tempelarchitektur gelangt zur vollen Entfaltung, und der Mythos nimmt in der Kunst Gestalt an.

Die Zeit der sog. ›Tyrannis‹ (ca. ab 650–500 v. Chr.) war bei weitem nicht so negativ, wie ihr Name und die spätere demokratische griechische Tradition vermuten lassen. Dahinter verbirgt sich die Alleinherrschaft kriegerischer Adelsfamilien, wie z. B. der Peisistratiden in Athen 561–511 oder der Kypseliden in Korinth 650–580. Diese Familien förderten Kunst und Kultur. Bedenklicher für die Kunstentwicklung war die sog. ›spartanische Revolution‹ am Ende der Epoche um 500. Sparta wird zum militärischen Klassenstaat mit der sprichwörtlichen spartanischen Lebensweise. Auch die Künstler werden als Handwerker zu der abhängigen Arbeiterklasse, den ›Heloten‹, gerechnet. Das Ende der originären lakonischen Kunstlandschaft war gekommen.

Der Kuros, die kraftvolle, einen Fuß nach vorne setzende und sieghaft optimistisch lächelnde Jünglingsgestalt, und die weibliche Kore spiegeln das harmonisch-athletische Menschen- und Götterideal der archaischen Zeit. Für den Griechen war der Körper etwas Göttliches. Leider sind keine vollständig erhaltenen Zeugnisse dieser schönen Gestalten auf der Peloponnes zu bewundern, von Kleinformen abgesehen. Der Kuros von Tenea (nahe Korinth) aus der Mitte des 6. Jh. steht heute in der Münchner Glyptothek. Die Kurosfragmente und die Plastik im Olympiamuseum führen uns das Menschenideal der archaischen Zeit auf der Peloponnes vor Augen.

☐ Mythos und Sage nehmen Gestalt an

Kein Volk besitzt eine so reiche, vielschichtige Sagenüberlieferung wie die griechischen Stämme. Göttliches und Menschliches-Allzumenschliches, Heiliges und Profanes, Gründungsmythen und politische Propaganda mischen sich zu Schöpfungen von unnachahmlicher Fabulierkunst, die die Griechen bis heute nicht verloren haben. Eine wichtige Gemeinsamkeit der Interpretationen von Mythen in der Psychologie, vergleichenden Mythologie und Anthropologie ist die Annahme, »daß

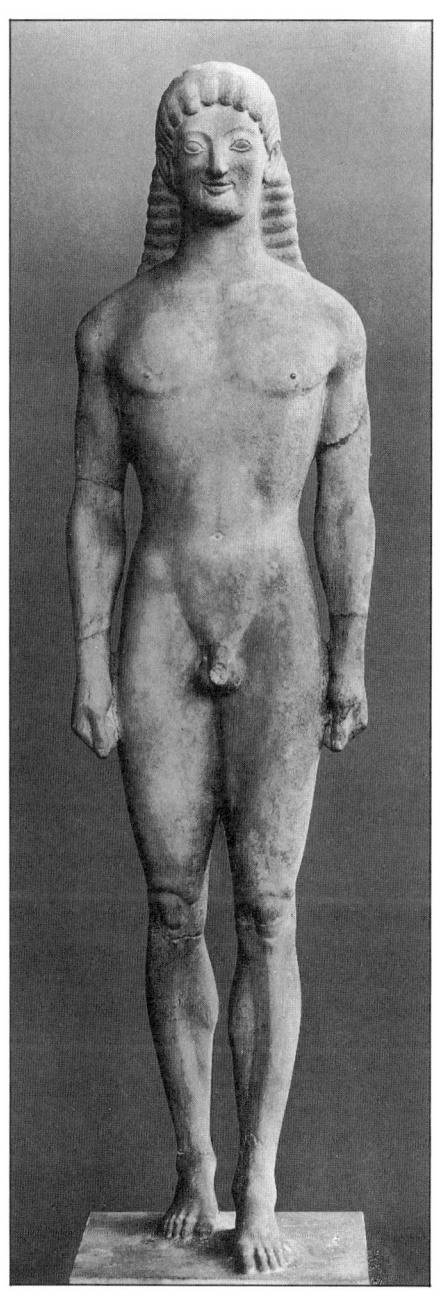

Der Kuros von Tenea, Marmor, um 540 v. Chr. (Glyptothek, München)

27

Mythos eben nicht Geschichte ist, sondern vielmehr ein Mittel, menschliche Erfahrung zu ordnen« (O. Murray). In der schriftlichen Überlieferung begegnen die Mythen zuerst bei Homer, in der Ilias, in den 24 Gesängen über den Untergang Troias, und in den jüngeren Gesängen über die Irrfahrten des listigen Dulders Odysseus.

Eine Vase im Museum von Argos, deren Bemalung Odysseus Überlistung des Riesen Polyphem darstellt, zeigt beispielhaft, wie der Mythos zum Thema der bildenden Kunst wird. Der Mythos beflügelte die Phantasie der griechischen Künstler. Nicht nur in Olympia, sondern auch in den Museen von Náfplio, Korinth und Sparta sind Beispiele lebendig gemalter schwarzfiguriger Malkunst zu sehen, die sich vom Mythos inspirieren läßt. Frei-

Odysseus und Polyphem

Ein Beispiel der Vasenmalerei zeigt, wie die Sage künstlerische Gestalt annimmt. Die farbige Umrißzeichnung in mehreren Brauntönen aus dem 7. Jh. auf einem Mischgefäß (Krater) ist trotz ihrer Schlichtheit voller Dramatik und spannungsreicher Bewegung (Die Vase ist im Museum von Argos zu bewundern, s. S. 297). Auf seinen Irrfahrten kommt Odysseus zu einem einäugigen, menschenfressenden Riesen namens Polyphem. Listig gibt sich Odysseus als ›Niemand‹ aus. Er macht Polyphem betrunken und durchbohrt mit einem glühenden Ölbaumpfahl das Auge des Wüstlings. Diese Szene wird auf dem Krater dargestellt. Als Polyphem seinen Genossen sein Unglück klagt, sagt er, »Niemand hat mich geblendet«, und die übrigen Riesen verstehen ihn nicht. Odysseus entkommt mit den überlebenden Gefährten den tastenden Händen des Riesen, indem sie sich an den Bauch der Widder des Riesen binden (Homer, Odyssee, 9. Gesang).

Odysseus und Polyphem auf einem Krater des 7. Jh. v. Chr. (Museum von Argos)

lich ist die schwarzfigurige Malerei in Athen mit genialen Künstlern wie Exekias ohne Zweifel der Konkurrenz auf der Peloponnes, auch in ihren besten Vertretern wie dem sog. Arkesilasmaler, überlegen. Die Werke dieses Künstlers sind in aller Welt verstreut – nur nicht auf der Peloponnes. Die spätkorinthische Vasenmalerei (575–500) hat weniger den Mythos zum Inhalt, sondern wandelt phantasievoll Motive aus dem Orient ab. Um 500 sinkt sie zur wertlosen Massenproduktion herab.

☐ Entwicklung des Tempels

Der ursprünglich aus Holz erbaute griechische Tempel entwickelte sich in archaischer Zeit zur in sich geschlossenen, schwerblütigen Steinform der sog. ›dorischen Ordnung‹. Der erste bekannte Tempel, der rings von Säulen umgeben ist (sog. Peripterostempel), ist der Heratempel im Heraion von Argos (2. Hälfte des 7. Jh.). Hier sind leider nur die Säulenfundamente abzugehen. Einen besseren Eindruck des dorischen Tempels bekommt der Reisende bei den noch aufrechten, unterschiedlich geformten Säulen des Heratempels – dem ersten monumentalen Bauwerk von Olympia (um 600 v. Chr.). Am Modell ist die lastende Schwere des Bauwerkes nachvollziehbar. Kein Monument auf der Peloponnes verkörpet aber den Geist des dorischen Tempels besser als der Apollontempel von Korinth (um 540).

In der bildenden Kunst jener Zeit wird anschaulich, wie das vor allem von Homer überlieferte Götterbild sich vermenschlichte und versittlichte. Ortsgebundenheit und regionale Vielfalt kennzeichnen die Götterwelt: Poseidon in Kalaureia hat andere religiöse Kraftfelder um sein Heiligtum als Poseidon in Isthmia. Kurze Beiträge zu den wichtigsten Göttern in diesem Führer wollen auch zeigen, in welcher Weise urreligiöse Vorstellungen wie Fruchtbarkeit, Werden und Vergehen, das menschliche Hilfe- und Schutzbedürfnis aus vorgriechischer Zeit in den griechischen Göttern weiterwirken. Widersprüche sind in einem Gott vereint: Apollon ist Heilgott und Pestgott zugleich. Erhabenes und Allzumenschliches stehen dicht nebeneinander.

Die religiöse Funktion der christlichen Heiligen setzt die Tradition der griechischen Heroen fort – zu göttlicher Verehrung erhobene Heldengestalten. »Die Götter sind fern, die Heroen sind nah« (Burkert). Pelops in Olympia, Opheltes in Nemea, Melikertes in Isthmia sind zentrale Figuren von Kult und Spiel. Die Plastik der Heroenstelen in Sparta ist eindrucksvoll.

Die klassische Zeit

(500–400 v. Chr.; Untergliederung: frühe Klassik [strenger Stil] 500–450; hohe Klassik [reicher Stil] 450–400)

In der griechischen Klassik gelangen frühere Entwicklungen zu einer nicht zu überbietenden Reife: die Entwicklung des Tempels und die künstlerische Gestaltung des menschlichen Körpers. Die Göttersage wird weiter vermenschlicht, bekommt ethische Aussagekraft. Nicht nur Olympia, auch andere Museen der Peloponnes, besonders Sparta, bewahren hervorragende Plastiken der klassischen Zeit. In der Vasenmalerei freilich überflügelte die rotfigurige Malerei Attikas die Schöpfungen der Peloponnes.

Die klassische griechische Kunst entwickelte sich in der **Polis,** die ihre Blütezeit zwischen 510 und 404 hat. Sie war ein Stadtstaat, in der im Ideal alle Vollbürger gleiche Rechte und Pflichten ausübten. In der autonomen Polis kommt die **Agora** als Versammlungsplatz der Polisbürger zur Entfaltung. »Die Agora bildete den politischen, religiösen, gesellschaftlichen und wirtschaftlichen Mittelpunkt der Polis, den Brennpunkt ihres öffentlichen Lebens« (F. Kolb). Dort – nicht mehr auf der Akropolis – werden die wichtigen politischen Entscheidungen getroffen, immer mehr wird auch die Agora Zentrum des Wirtschaftslebens. In den Perserkriegen (499–478) entfalteten sich in den in seltener Einigkeit kämpfenden griechischen Gemeinwesen geistig-schöpferische Kräfte, die in der Friedenszeit danach einzigartige Kunstwerke hervorbrachten. Zwischen 470 und 456 v. Chr. entstanden der Zeustempel in Olympia und gleichzeitig die Giebelfiguren und die Plastik unterhalb des Dachgesimses, die Metopen. Doch bereits während dieser Bauzeit begann um 466 die Feindschaft zwischen Athen und Sparta, die in den furchtbaren Peloponnesischen Krieg (431–404) mündete, der auch die griechischen Kolonien in Unteritalien und Kleinasien erfaßte. In den Kriegswirren erstarb das Kunstschaffen. Athen, nach 450 die größte Mittelmeermacht neben Persien und Karthago, suchte auch künstlerisch an der Spitze zu stehen: Kurz nach Vollendung des Zeustempels wurde der Parthenon von 448–432 und später die Eingangshallen, die Propyläen (437–432 v. Chr.), errichtet. In den Maßen wollte der Parthenon den Zeustempel übertreffen.

☐ Dorische, ionische und korinthische Architekturordnung auf der Peloponnes

Die **dorische Ordnung** – benannt nach dem zuletzt auf die Peloponnes eingewanderten griechischen Stamm der Dorer – ist im 7. Jh. v. Chr. auf der Peloponnes entstanden, entweder im Heraion von Argos oder in Korinth. Höchste Vollendung findet sie im Zeustempel von Olympia zwischen 470 und 456 v. Chr. Einzelheiten der Konstruktion sind aus der Herkunft des Tempels vom Holzbau erklärlich. Besonderes Kennzeichen der dorischen Ordnung ist, daß die Säule ohne Basis aus dem Stufenbau (Krepis) herauswächst, daß die Platten des Kapitells ohne Schnörkel und Verzierungen bleiben und der Fries über dem Architrav in Felder unterteilt ist. Die Plastik war dadurch in Einzelbilder aufgeteilt.

Das antike Theater

Frank Kolb hat in seinem Buch über Agora und Theater nachgewiesen, daß bis zum Bau besonderer Theatergebäude im 5. Jh. v. Chr. und später auf der Agora, dem religiösen und politischen Mittelpunkt der Polis, auf einem geweihten Rundplatz kultische Tänze für die Gottheit der Stadt aufgeführt wurden. Daneben gab es Wettkämpfe zu Ehren des Gottes. So berichtet der griechische Historiker Xenophon, daß der Unglücksbote über die Niederlage bei Leuktra 370 v. Chr. in Sparta zu dem Zeitpunkt eintraf, »als der letzte Tag des gymnastischen Festes begangen wurde und der Männerchor gerade drinnen war« (d. h. auf dem Chorplatz der Agora). Die Agora, der Marktplatz, dessen wirtschaftliche Bedeutung in der Frühzeit der Polis noch in den Hintergrund tritt, erfüllte die religiöse Funktion der späteren, von der Agora abgetrennten Theaterbauten.

Der **Chor,** der die kultisch-religiösen Tänze aufführte, bleibt auch später zentraler Bestandteil der älteren Komödien und Tragödien, die in diesen Theaterbauten aufgeführt wurden. Auch die kreisrunde **Orchestra,** der Tanzplatz, bleibt im Theaterbau einer der drei Hauptbestandteile des Theaters. Daneben übernimmt der Theaterbau teilweise die politisch-profanen Funktionen der Agora – besonders deutlich auf der Peloponnes in Megalópolis und Mantineia sichtbar. Die Polisbürger versammelten sich hier, um politische Entscheidungen zu treffen.

Zweiter Teil des Theaterbaus war die Zuschauertribüne, das **Theatron,** das zwei Drittel der Orchestra umgibt. Alle frühen griechischen Theaterbauten lehnen sich an abfallendes Gelände an, auf der Peloponnes z. B. in Megalópolis, Argos, Epidauros, Orchomenos u. a. Nicht erst die Römer haben künstliche Zuschauertribünen auf ebenem Gelände geschaffen. In Mantineia wurde im 4. Jh. v. Chr. ein Theater gebaut, dessen Zuschauertribünen sich an künstliche Stützwände anlehnten. Wer bei modernen Aufführungen in antiken Theaterbauten miterlebt hat, wie schnell sich das Rund von den Zuschauern leert, erkennt die praktische Bedeutung der zur Orchestra hin sich verjüngenden ›Keile‹ (Kerkides) und der horizontal verlaufenden ›Quergürtel‹ (Diazomata).

Dritter Teil des antiken Theaters war die **Skene** (Bühne). Sie schloß den nicht vom Zuschauerraum umschlossenen Teil der Orchestra ab. Die Bühne war teilweise mit dem Zuschauerraum durch torartige Seitenausgänge (Parodoi) verbunden, wie sie besonders eindrucksvoll in Epidauros erhalten sind. Die Bühne war ursprünglich aus Holz, teilweise spielten die Schauspieler auf dem Bühnendach wie in der Orestie des Aischylos. Die drei großen Dramatiker des 5. Jh. v. Chr., Aischylos, Sophokles und Euripides, kannten noch keine überhöhte Bühne. Erst später nach dem 3. Jh. v. Chr., als sich die Bühne zu einer mehrstöckigen, architektonisch stark untergliederten Kunstfassade entwickelte, wurde eine überhöhte Bühne (Proskenion) dem ersten Stock des Bühnengebäudes vorgeblendet.

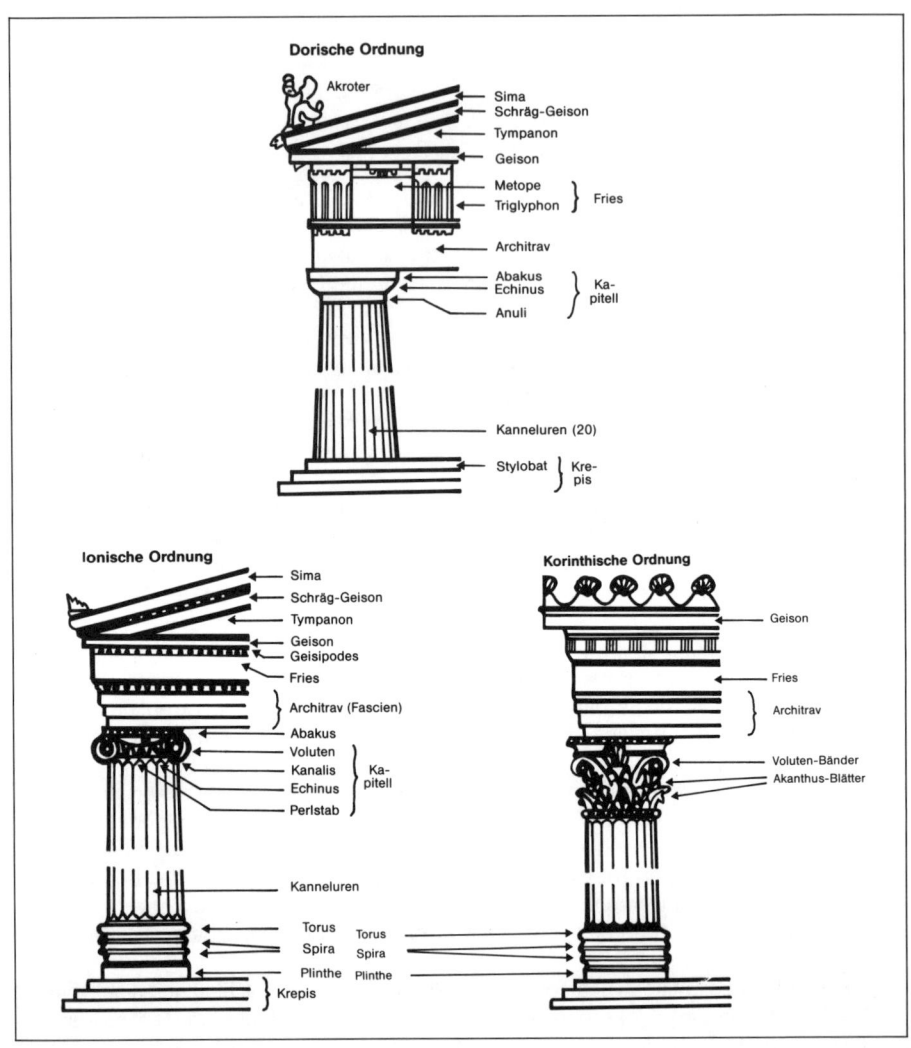

Die **ionische Architekturordnung** hat sich – gleichzeitig zur dorischen Ordnung – im 7. Jh. v. Chr. im Siedlungsgebiet des griechischen Stammes der Ionier an der Westküste Kleinasiens herausgebildet. Sie ist gefälliger, heiterer, schwungvoller als die dorische Ordnung. Der Architekt Iktinos (2. Hälfte 5. Jh. v. Chr.) – zuerst in der Bauhütte der Akropolis von Athen tätig – hat auf der Peloponnes am Tempel in Bassä um 430 v. Chr. zum ersten Mal ionische und dorische Ordnung verbunden. Auch die korinthische Ordnung tritt

Die westliche Front des Zeustempels von Olympia (dorische Ordnung), Rekonstruktion von P. Grunauer

hier zum ersten Mal auf – vielleicht gleichfalls eine Schöpfung des genialen Iktinos. In der ionischen Ordnung ist der Fries über dem Architrav nicht wie in der dorischen Ordnung durch drei Längsstreifen (Triglyphen) in Felder (Metopen) unterteilt, sondern eine durchlaufende Fläche. So erhielt der Künstler zusätzlich zum großen Giebelfeld die Möglichkeit, eine erzählende Bilderfolge großräumig plastisch zu gestalten. Die schlanken Säulen der ionischen Ordnung stehen – anders als die dorischen – auf einer Basis, die Längseinkerbungen (Kanneluren) werden durch Stege voneinander getrennt und dadurch aufgelockert. Dem Kapitell nehmen schneckenförmige Verzierungen (Voluten) die Schwere. Die Deckplatte (Abakus), auf der der Architrav unmittelbar aufruht, ist kaum sichtbar.

Die in Bassä zum ersten Male auftretende **korinthische Ordnung** unterscheidet sich von der ionischen nur durch die Gestaltung des Kapitells. Auch dieses ist eine Weiterentwicklung des ionischen Kapitells. Die Voluten wachsen förmlich aus dem Säulenschaft heraus, die Ansichtsflächen sind von jedem Blickwinkel her gleich gestaltet. Neue Elemente wie Kreise und Palmetten treten am Kapitell hinzu.

Die griechische Kultgemeinde, der Altar und der Tempel

Die antike Kultgemeinde – mag sie sich zu gemeinsamen Spielen wie in Olympia, Isthmia oder Nemea oder bei Festen des Stadtstaates, der Polis, versammelt haben – zog in feierlicher Prozession zum Opferaltar. Voran schritten Priester und Priesterinnen, die Häupter mit Myrten bekränzt, gefolgt von Dienern mit den Opfergeräten, den Opfertieren und Opfergaben. Dann kamen Musikanten mit Flöten und Saiteninstrumenten und schließlich die festlich bekleidete Kultgemeinde, die Honoratioren an der Spitze. Vasenbilder zeigen, daß am Altar entweder das Kultbild oder das Symbol des Gottes – zum Beispiel die Eule als Symbol der Göttin Athene – in der religiösen Vorstellung anwesend waren. Der Tempel war oft nur durch Säulen angedeutet. Der Altar und die dort vollzogenen Kulthandlungen waren wichtiger als der Tempel. Es gab heilige Stätten der Griechen ohne Tempel, wie den Aschenaltar des Zeus von Olympia vor der Erbauung der Tempel der Hera und des Zeus, aber es gab keine heiligen Stätten ohne Altar. Der griechische Tempel, dessen Haupttore und dahinter verborgenes Kultbild immer zum Altar blickten, erhöhte das religiöse Erlebnis der opfernden Kultgemeinde. Macht und Größe der Gottheiten nahmen in der architektonischen Wucht der Tempel sichtbar Gestalt an.

Waren die Tore zur Cella geöffnet, blickte die um den Altar versammelte Kultgemeinschaft auf das monumentale Götterbild. Es gab berühmte Bilder, wie das verlorene Bild der Hera im Heraion von Argos oder das Bild der Athena auf dem Parthenon in Athen. Phidias hat es geschaffen; wenige Jahre danach gelang es ihm, sich mit dem berühmten Zeusbild von Olympia selbst zu übertreffen. Der griechische Redner Chrysostomos (2. Jh. n. Chr.) sagte, wer dieses Götterbildnis einmal gesehen habe, könne in seinem Leben nicht mehr ganz unglücklich sein. Der römische Feldherr Aemilius Paulus (2. Jh. n. Chr.) war beim Anblick des Bildes so erschüttert, daß er sofort ein großes Opfer stiftete. Eintreten durften die Kultteilnehmer nicht zum Heiligen. Das ›Unbetretbare‹ (Adyton) war den Priestern für kultische Waschungen und zum Ankleiden vorbehalten.

War der Opferdampf zum Himmel emporgestiegen, waren die Riten vollzogen, begann der weltliche Teil des Festes, das Festmahl, bei dem das Fleisch der Opfertiere verzehrt wurde. Kein Fleischgenuß im antiken Griechenland ohne Opfer. Wie die Opferhandlungen Gemeinschaftserlebnis waren, verband danach das gemeinsame Mahl die Festteilnehmer miteinander.

Der Tempelbau, dessen Blütezeit im 6. Jh. liegt, ist indessen nicht ausschließlich religiös motiviert. Erstmals in der Geschichte Griechenlands standen die finanziellen Mittel und technischen Fähigkeiten zur Verfügung, welche die Realisierung monumentaler Bauten erlaubten. Die miteinander konkurrierenden Staaten versuchten einander mit dem Bau immer prachtvollerer Tempel zu übertrumpfen – brachte doch ein vielbesuchtes Heiligtum immer auch Geld und Ansehen.

Spätklassik (400–330) und Hellenismus (330–150)

In jener unruhigen Zeit wurde die griechische Kultur durch die Eroberungszüge Alexanders von Makedonien 336–323 v. Chr. bis nach Indien getragen. Um 400 blühte der Asklepeioskult, der Kult des heilenden Gottes, auf der Peloponnes in Epidauros, Gortys, Troizen und in Messenien. Asklepeios war ein rettender (griech. *Soter*), heilbringender Gott, dem der einzelne sein leidvolles Schicksal anvertraute. Eine religiöse Empfindungswelt entfaltete sich, die im Christentum in der Suche nach individuellem Heil weiterleben sollte.

Die sprichwörtliche Streitsucht der Griechen, die die Peloponnes in verschiedene politische Bündnisse spaltete, hatte auch positive Wirkungen. Während sich Sparta im Kampf um seinen Vorrang aufrieb, wurden ab 370 v. Chr. die Kleinstaaten unabhängig. Sie schützten sich mit Mauern, die uns noch heute beeindrucken wie in Messenien, Orchomenos und Mantineia. Noch mehr als früher wird die Agora, auf der sich das öffentliche Leben des Stadtstaates abspielte, zum geschlossenen, geplanten Zentrum mit Tempeln und Säulenhallen, die jetzt manchmal zweistöckig sind. Sikyon ist dafür ein Beispiel. Ein neuer, raffiniert auf die Rednerbühne ausgerichteter Typ des politischen Versammlungsraumes wird im Rathaus, dem Bouleuterion, von Megalópolis geschaffen, das Theaterrund wird zum politischen Versammlungsplatz (Mantineia).

Schon im Zeustempel von Olympia wurde versucht, die Schwere der Wände des inneren, fensterlosen Hauptraumes, der Cella, zweistöckig aufzulockern. Im Tempel von Tegea ist um 350 v. Chr. dem Architekten und Bildhauer Skopas geradezu eine ›Entmaterialisierung‹ der Wände gelungen. Die Bauplastik, die im Rundbau, dem Tholos, in Epidauros (ab 360 v. Chr.) zu unerreichter Kunstfertigkeit gelangt, läßt vergessen, daß die Wände aus Stein sind. Im Asklepeiostempel von Gortys (1. Hälfte des 4. Jh. v. Chr.) ist der architektonische Schwerpunkt durch Zurücksetzen des Innenraumes ganz auf die Vorderfront ausgerichtet. Der »Endpunkt der Entwicklung des dorischen Tempels« ist erreicht. Die Betonung der Frontalität weist auf die kommende römische Epoche hin.

Die hellenistische Plastik zeigt den Menschen in seiner Individualität: kleine, feiste Kinderkörper, leidende Gesichter von Faustkämpfern, sterbende Barbaren. Praxiteles (zw. 370 und 320 v. Chr.) hat nicht nur den Hermes von Olympia geschaffen – allein um ihn zu sehen, lohnt sich eine Reise auf die Peloponnes –; er macht in der Aphrodite von Knidos den weiblichen Akt erstmals zum Thema der Kunst. Der kleine, sinnliche Aphroditekopf in Saal VI des Museums von Olympia steht ganz in seiner Tradition, er stammt vielleicht von der Hand des begnadeten Künstlers selbst.

Die römische Herrschaft auf der Peloponnes (146 v. Chr.–391 n. Chr.)

Seit 44 v. Chr. ließ Caesar das zerstörte Korinth wieder aufbauen. Die Front der Monumentalbauten wurde noch stärker als in der griechischen Kunst betont. Auch die Kaiserstatuen, die heute in den Museen von Korinth und Olympia zu sehen sind, dienten der politischen Propaganda für das Herrscherhaus und das römische Imperium. Die Mosaike im Museum von Sparta aus römischen Villen sind Zeugnisse einer höchst verfeinerten Wohnkultur.

Es war der römischen Diplomatie ein leichtes, seit 200 v. Chr. mit dem Grundsatz »teile und herrsche« *(divide et impera)* in den dauernden Hader der Griechenbünde und -staaten einzugreifen. Als sich der Achaiische Bund zu spät und ungerüstet gegen Rom erhob, wurde Korinth 146 v. Chr. durch den Konsul Mummius vollständig zerstört. Die Peloponnes wurde vernachlässigte römische Provinz. Der Geograph Strabon berichtet im 1. Jh. n. Chr., das flache Land der Peloponnes sei verödet. Nur die Städte bekamen manchmal die Gunst oder Ungunst der römischen Kaiser zu spüren. Nach seinem Sieg über seine republikanischen Feinde 31 v. Chr. gewährte Octavian, der spätere Kaiser Augustus, Sparta und Mantineia Privilegien und Schenkungen. Dagegen wurde das berühmte Standbild der Athena Alea in Tegea zur Strafe nach Rom gebracht, weil die Stadt im Bürgerkrieg auf der falschen Seite stand. Nach 31 v. Chr. wurde Patras von Veteranen Octavians besiedelt. Zahlreiche Zeugnisse aus jener Zeit sind in dieser Stadt erhalten. Kaiser Hadrian (117–138) bereiste die Peloponnes und besuchte Sparta und Mantineia. Die schönsten Zeugnisse römischen Mäzenatentums hinterließ der in Athen lebende über alle Maßen reiche Rhetor und Philosoph Herodes Atticus (101–177 n. Chr.): die prachtvollen Kaskaden des Nymphäums in Olympia und die Fassade der Peirenequelle in Korinth.

Umbruch in Europa: der Sieg des Christentums

Die Erhebung des Christentums zur Staatsreligion 391 n. Chr. durch Kaiser Theodosios I. bedeutete einen ungeheuren religiösen und künstlerischen Umbruch: »Vom vierten Jahrhundert an wird der Körper nicht mehr verstanden und nicht mehr geliebt: er wird in den Untergrund gedrängt« (B. Holtzmann). Der religiöse Raum wandelte sich grundlegend. Fanden die Kulthandlungen der Griechen unter freiem Himmel vor dem Tempel statt, verlegten die Christen sie in das mysteriöse Halbdunkel des sakralen Raumes, der nur in den antiken Mysterien- und Heilkulten Vorläufer hat.

Die byzantinische Peloponnes

(395 n. Chr.–ca. 1460; Unterteilungen: das christliche Frühbyzanz oder die christliche Spätantike 395 n. Chr.–ca. 700; Mittelbyzanz 7. Jh.–1205; Spätbyzanz 1262–1460)

Das byzantinische Christentum, das in der heutigen Orthodoxie Griechenlands fortlebt, ist durch die noch sehr lebendige konservative Frömmigkeit auf der Peloponnes in den unzähligen Kirchen unmittelbarer gegenwärtig als die Antike. Über ein Jahrtausend – fast so lange wie die heidnisch-griechische Zeit – hat Ostrom mit der Hauptstadt Konstantinopel (Byzanz) die Peloponnes als Provinz, nach 850 als sog. ›Thema‹ mit dem Sitz Korinth beherrscht und steuerlich oft ausgesogen. Kirchenrechtlich wurde die Peloponnes erst im 6. Jh. von Rom unabhängig und ging dann unter dem Patriarchat von Konstantinopel den Weg des östlichen Christentums, das sich 1054 offiziell vom römischen Papst trennte.

Mistra hat mit dem Despotenpalast und den Wohnhäusern der Vornehmen Zeugnisse des weltlichen Byzanz in einer Geschlossenheit bewahrt wie sonst nirgends im Mittelmeerraum. In diesem Palast vollzog sich das starre, uns so fremde byzantinische Hofzeremoniell, dessen Prozessionen und Gewänder teilweise in der Orthodoxie fortleben.

☐ Die christliche Basilika und die Kreuzkuppelkirche

Das Christentum übernimmt die Grundform der römischen Gerichts- und Versammlungshalle, die Basilika, und wandelt sie zu Gotteshäusern von oft gewaltigen Ausmaßen um. Sie begegnen im gesamten Mittelmeerraum und sind ein Zeichen, daß trotz der Völkerwanderung ab Ende des 4. Jh., die freilich die Peloponnes nur am Rande streifte, in vielen Regionen Wohlstand herrschte. Noch sind diese Gotteshäuser räumlich wenig untergliedert und in mystisches Halbdunkel getaucht, wie die späteren orthodoxen Kirchenbauten. Der lichtdurchflutete Raum ist ein Erbe der Antike. Leider hat der Zustand der christlichen Basiliken auf der Peloponnes keine dreidimensionale Rekonstruktion erlaubt. Zur Veranschaulichung des Raumeindrucks sei hier die fünfschiffige Basilika des

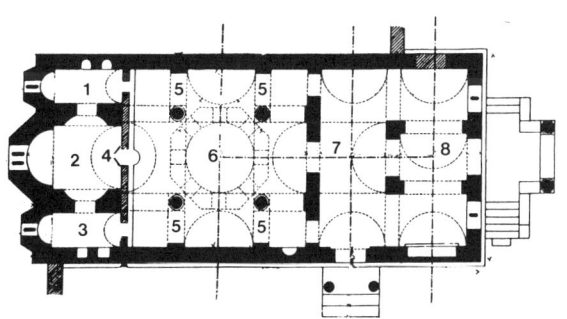

Moní Arías, Grundriß
1 *Diakonikon*
2 *Mittelapsis*
3 *Prothesis*
4 *Ikonostás*
5 *Stützsäulen*
6 *Tambour*
7 *Narthex*
8 *Exonarthex*

hl. Demetrios in Thessaloniki genannt, aus der gleichen Bauzeit (5. Jh. n. Chr.) wie die gewaltige Basilika von Lechaion. Der Basilika in Thessaloniki fehlt der sonst übliche Vorhof (Atrium).

Schon die Basilika von Lechaion hat ein Querschiff (Transept). Verlängert man das Hauptschiff in Richtung Altarraum und erhöht den Raum, an dem sich Quer- und Längsschiff kreuzen, durch eine Kuppel, so entsteht die **Kreuzkuppelkirche,** die den orthodoxen Kirchenbau in vielen Varianten bis heute beherrscht. Unterteilt werden die Kreuzkuppelkirchen nach dem Stützensystem, das die Hauptkuppel trägt, und nach dem äußeren Grundriß. Ist das Kreuz durch die Seitenschiffe und die Vorhalle (Atrium) von außen nicht erkennbar, ist die Kreuzkuppelkirche ›eingeschrieben‹. Vor allem durch eine abwechslungsreiche Ziegelornamentik zeichnet sich die ›helladische‹ Baukunst auf der Peloponnes aus. Die Klosterkirche (Katholikón) von Moní Arías bei Náfplio aus dem 12. Jh. ist Beispiel einer vollendeten Kreuzkuppelkirche im Viersäulentyp auf der Peloponnes.

☐ Die orthodoxen Bilder predigen

Die tiefe Verehrung, die den religiösen Bildern, den **Ikonen** (griechisch *eikon*: das Abbild) entgegengebracht wird, kann der Reisende bei jedem Kirchenbesuch beobachten. Entscheidend ist nicht die künstlerische Qualität der Bilder, sondern daß sie dem Frommen unmittelbar das Heilige vermitteln. Ikonen und Wandmalerei stehen in unauflöslichem Zusammenhang, sie bedingen und ergänzen einander. In der Einzelikone tritt das Heilige als Abbild vom Urbild dem Gläubigen individuell entgegen – ein Gedanke, den das Abendland im sog. Bilderstreit (717–843 n. Chr.) nie so recht begreifen konnte und wollte.

Das in seinen Grundzügen feststehende **Bildprogramm** der Fresken ist Bilderpredigt, symbolische Deutung der Grundgedanken der ostkirchlichen Glaubenslehre. Auch die Orte der einzelnen Bilder im Kirchenraum sind festgelegt und symbolisieren die hierarchisch gedachte Heilsordnung. Stets blickt der **Allherrscher Christus** (griechisch: *Pantokrator*), das Evangelium in der Hand, von der Kuppel. Dies symbolisiert, daß das Heilsgeschehen auf ihn zustrebt. Von ihm und zu ihm sind alle Dinge. Unter ihm, an dem die Kuppel tragenden Zylinder (Tambour), schweben die **himmlischen Heerscharen.** Darunter reihen sich meist die **Propheten** und in den sphärischen Dreiecken (sog. Pendentifs) die vier **Evangelisten. Maria,** die hochverehrte Muttergottes und Beschützerin der Gläubigen, blickt meist von der Halbkuppel über der Apsis hinab. Sie ist in verschiedenen Typen dargestellt: als die ›Allumfassende‹ *(Platitéra sc. tón uranón)* steht sie frontal zum Gläubigen, die Arme zum Gebet erhoben, auf einer Art Schild vor ihrer Brust ist Christus abgebildet. Die ›das Kind haltende Maria‹ *(Vrefokratúsa)* herzt ihr Kind, das sich an ihre linke Brust schmiegt *(Glikophilúsa).* Oder sie beugt sich nach rechts zum Kind herab *(Vladimírskaia).*

Ganz symbolhaft, auf das Abendmahl hinweisend, ist auch der Altarraum ausgemalt. Oft sind diese Bilder durch die Bildwand, die **Ikonostás,** vom Kirchenraum her nicht sichtbar. Sie hat sich aus der Chorschranke (Templon) der frühchristlichen Kirche entwik-

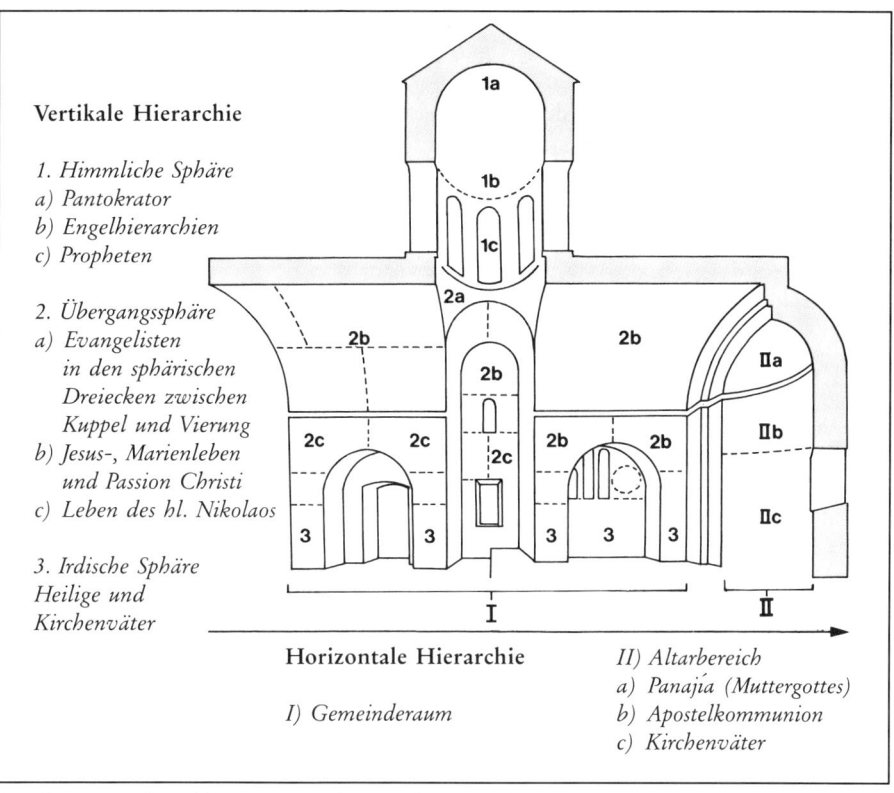

Vertikale Hierarchie

1. *Himmliche Sphäre*
   a) Pantokrator
   b) Engelhierarchien
   c) Propheten

2. *Übergangssphäre*
   a) Evangelisten
   in den sphärischen
   Dreiecken zwischen
   Kuppel und Vierung
   b) Jesus-, Marienleben
   und Passion Christi
   c) Leben des hl. Nikolaos

3. *Irdische Sphäre*
Heilige und
Kirchenväter

Horizontale Hierarchie

I) Gemeinderaum

II) Altarbereich
a) Panajía (Muttergottes)
b) Apostelkommunion
c) Kirchenväter

Das byzantinische Bildprogramm, schematische Darstellung

kelt. Aus ihren drei Türen zieht der Priester in feierlicher Prozession ein und aus. Der Altarraum dahinter ist durchaus mit dem ›Unbetretbaren‹ (Adyton) des griechischen Tempels zu vergleichen. Einige, seit dem 14. Jh. immer häufiger auftauchende Motive im Altarraum: In der **Apostelkommunion** ist Christus als sakramentspendender Priester dargestellt. Oft in der Nähe begegnet der **Melismós,** die symbolische Darstellung des Gotteslammes. Die Christusgestalt liegt auf einer Schale (Patene). Meist fehlt auch die ›Bewirtung‹, die **Philoxenie,** im Altarraum nicht; die Engel sind bei Abraham zu Gast. Einen besonderen Platz, zwischen Kirchenschiff und Altar, nimmt meist die **Auferstehung** ein. Sie ist Bindeglied zwischen dem im Kirchenschiff dargestellten Heilsgeschehen und dem im Altarsakrament gegenwärtigen Auferstandenen. In der Darstellung dieses Heilsgeschehens – meist nach den **zwölf Herrenfesten** (sog. *Dodekáorton*) geordnet – entfaltet sich die Erzählkunst der byzantinischen Malerei. Die unterste, den Gläubigen am nächstliegende Zone des Kirchenraumes nehmen **Bischöfe und Heilige** ein – symbolische Mittler zwischen den irdischen Frommen und dem himmlischen Heilsgeschehen in der oberen Zone. Die Seitenschiffe sind meist Heiligenlegenden vorbehalten. Der Kirchenpatron steht dort im Mittelpunkt.

Die Grenze und Einseitigkeit der byzantinischen Malerei liegt in der religiös bedingten Körperfeindlichkeit, die den lebendigen Ausdruck von Bewegung unmöglich machte. Schematisch gezeichnete, starre Gewandfaltungen stehen an der Stelle genauer Beobachtung von Anatomie und Bewegung, wie sie in der italienischen Renaissance zur höchsten Entfaltung gebracht wurde.

Der Malstil des 11. und 12. Jh., der nach der damals in Konstantinopel herrschenden Kaiserfamilie der Komnenen als **Komnenenstil** bezeichnet wird, ist mit nur wenigen Beispielen auf der Peloponnes vertreten. Die Flucht nach Ägypten in der Ájios Sózon-Kirche von Jeráki ist ein Beispiel für diesen ›höfischen‹ Malstil mit flächigen Gesichtern und verhaltenen Gesten. Ganz anders der Stil, der nach dem seit Mitte des 13. Jh. herrschenden Geschlecht der Palaiologen **Palaiologenstil** genannt wird. Er ist gekennzeichnet durch individuelle Porträthaftigkeit, Kontrast von Licht und Schatten, Schwung und Dramatik in Gestik und Mimik. Auf der von Konstantinopel praktisch unabhängigen Peloponnes wird dieser Stil schöpferisch weiterentwickelt und mit volkstümlich-erzählenden Elementen gemischt.

Das ›überseeische Frankreich‹ auf der Peloponnes: Begegnung von Ost und West (1205–1432)

In den Ruinen der Feste von Chlemútsi scheinen plötzlich gewappnete Ritter aufzutauchen. Romanischen und gotischen Stilelementen in reizvoller Vermischung mit byzantinischer Tradition begegnet man weiter in Andrúsa, Andravída, Isóva und Jeráki. Der Grund für diese überraschenden Begegnungen mit dem mittelalterlichen Frankreich ist ein unrühmliches Kapitel der europäischen Geschichte: Aus Habgier und Neid wurde im sog. 4. Kreuzzug mit Unterstützung Venedigs das sagenhaft reiche Konstantinopel eingenommen. Der französische Kreuzritter Gottfried I. Villehardouin (gest. 1218) begründete auf der Peloponnes ›la France d'outre mer‹, das ›überseeische Frankreich‹. Größte Macht erlangte er unter seinen Söhnen Gottfried II. (1218–1245) und Wilhelm II. (1245–1278). Über 100 Wachtürme und Burgen bewachten das Land. 100 000 Goldgulden betrug das Jahreseinkommen des Fürstentums. Doch als die Kaiserdynastie der Palaiologen 1261 Konstantinopel zurückeroberte, bröckelte die ungeliebte Frankenherrschaft Stück für Stück. Zuerst war es Lakonien mit Mistra, das nach 1262 wieder byzantinisch wurde; als letzte Herrschaft (sog. Baronie) fiel Messenien 1432.

Venetokratia: die Herrschaft Venedigs auf der Peloponnes (ab 1204 und 1684–1718)

Die Peloponnes wäre um mehrere reizvolle, romantische Stadtbilder ärmer, hätte sich nicht hier die Mittelmeermacht am Rialto einige strategisch wichtige Punkte ausgesucht, um ihre Ost-Westrouten zu sichern. Nach dem Fall der damaligen Großstadt Konstantinopel 1204 wurden Koróni und Methóni stark befestigt. Sie waren die ›beiden Augen Venedigs‹ in der Ägäis. Von 1378 bis 1540 dauerte die erste venezianische Herrschaft über Náfplio – fast ein Jahrhundert länger als das byzantinische Reich, dessen Hauptstadt 1453 von den Osmanen erobert wurde! Kürzer blieb Venedig im Besitz von Argos (1394–1463) und Monemvasía (1464–1540). Die Osmanen, die danach diese Städte besetzten, haben die meisten Spuren dieser ersten ›Venetokratia‹ ausgelöscht. Bis heute bleibende, eindrucksvolle Zeugnisse haben indes die wenigen Jahrzehnte von 1684 bis 1718 hinterlassen, in denen die Peloponnes im türkisch-venezianischen Krieg ganz unter die Herrschaft Venedigs kam. Der venezianische Einfluß ist in den Städten Koróni, Methóni, Náfplio, Monemvasía am nachhaltigsten.

Das Mauerwerk der venezianischen Bauten ist aufgelockert durch unbehauene Steinblöcke (sog. Rustikabauweise); Ecken, Fenster und Türen sind durch hervortretende Steine betont. Typisch sind Bogenstellungen und Handelsgewölbe im Erdgeschoß der Wohnhäuser; Rundkamine geben den Fassaden eine besondere Note. In der Festungsbauweise sind Zierwulst, Gesims und kubische Monumentalität vor allem der Eckverstärkungen bezeichnende venezianische Eigenheiten. Die Renaissancemalerei wird auf die Peloponnes übertragen (z. B. in Náfplio).

Turkokratia: die Zeit der Türkenherrschaft (1460–1830)

Die osmanische Peloponnes ist eine versunkene Welt: das typisch orientalische Gassengewirr mit reich verzierten Holzhäusern, aus deren vergitterten Fenstern die Frauen hervorspähen, die von Menschen überquellenden Bazare, die Brunnen, der Wald von Gebetstürmen, die wie Nadeln in den Himmel starren – so sahen in jener Zeit alle Städte der Peloponnes aus! Nur noch einige Bilder, wie die Stiche von Mistra und Náfplio, lassen die damalige Atmosphäre ahnen. In Náfplio und Monemvasía sind einige Moscheen recht gut erhalten, türkische Brunnen in Náfplio, in Mistra und in Korinth.

Die vier Jahrhunderte osmanischer Herrschaft werden von vielen, vor allem griechischen älteren Forschern als ›Nacht‹ bezeichnet. Gewiß, es gab Ausbeutung und Korruption. Doch gab es diese ebenso unter den Byzantinern, den Franken und den Venezianern. Das türkische Lehenssystem ist in seinen Auswirkungen dem byzantinischen, fränkischen und venezianischen sehr ähnlich. Es gab Positives in der osmanischen Provinzialverwaltung. Im sog. Millet-System genossen die unterworfenen Völker Selbstverwaltung,

Begegnung von Ost und West – die Vision Goethes

Im dritten Akt von Faust II läßt der Dichter in einem mittelalterlichen Burghof – es ist der Despotenpalast von Mistra – unter Kriegslärm germanische, fränkische, angelsächsische und normannische Ritter auftreten. Alle Regionen der Peloponnes gilt es, zu schützen. Faust redet sie an:

> »Germane du, Korinthus' Buchten
> Verteidige mit Wall und Schutz!
> Achaia dann mit hundert Schluchten
> Empfehl' ich, Gote, deinem Trutz.
> Nach Elis ziehn der Franken Heere,
> Messene sei der Sachsen Los,
> Normanne reinige die Meere,
> Und Argolis erschafft' er groß.
> Dann wird ein jeder häuslich wohnen,
> Nach außen richten Kraft und Blitz;
> Doch Sparta soll euch überthronen,
> Der Königin verjährter Sitz.
> All-Einzeln sieht sie euch genießen
> Des Landes, dem kein Wohl gebricht;
> Ihr sucht getrost zu ihren Füßen
> Bestätigung und Recht und Licht.«

In der historischen Realität war es ein sehr einseitiger, egoistischer Schutz, den die fränkischen Ritter – nur sie sind in Mistra eingezogen! – der Peloponnes gewährten: der Schutz der eigenen neuen Eroberungen und Burgen, vor allem vor den Griechen in Konstantinopel selbst. Die Antike, in der Dichtung in Helena verkörpert, bei der die Ritter »Recht und Licht« suchen, war diesen Rittern gleichgültig. Das Abendland hat die Griechen vor dem Ansturm der Türken im Stich gelassen. Und doch hat der Dichter recht, wenn er übertragen unter diesen Rittern aus allen Teilen des Westens die Philhellenen versteht, seine Zeitgenossen Winckelmann und Lord Byron, die griechenbegeisterten Bayern. Sie kämpften nicht nur für Griechenlands Freiheit, sondern auch für ein Wiedererwachen der griechischen Antike.

Eine Vision bleiben die Worte, die Goethe wenige Verse danach Faust als Verkörperung westlichen Geistes in den Mund legt. Faust sitzt neben Helena, Symbolgestalt der griechischen Antike, und beschwört in arkadischer Landschaft die Vereinigung von West und Ost:

> »So ist es mir, so ist es dir gelungen;
> Vergangenheit sei hinter uns getan!

O fühle dich vom höchsten Gott entsprungen,
Der ersten Welt gehörst du einzig an.
Nicht feste Burg soll dich umschreiben!
Noch zirkt in ewiger Jugendkraft
Für uns, zu wonnevollem Bleiben,
Arkadien in Spartas Nachbarschaft.
Gelockt, auf sel'gem Grund zu wohnen,
Du flüchtetest in heiterstes Geschick!
Zur Laube wandeln sich die Thronen,
Arkadisch frei sei unser Glück!«

Die Vision ist zeitlos. Sie beschwört eine Neuschöpfung einer »ersten Welt«, die Vergangenheit »liegt dahinten«. Sie ist an kein politisches System, keine »feste Burg« gebunden. Sie vollzieht sich in arkadischer Seligkeit. So wie sie die arkadische Akademie in Rom zur Zeit Goethes romantisch erstrebte. Der Dichter war ihr Mitglied.

Eine übergreifende Geschichtsbetrachtung gibt der Vision des Dichters recht: das Geben und Nehmen zwischen Ost und West überspringt zu allen Zeiten die Grenzen der Epochen und der politischen Macht. Herrschaftszeichen, Kaiserkrone und Siegel der ottonischen Kaiser ähnelten denen der byzantinischen Herrschaft in Konstantinopel. Und diese hat ihre Vorbilder im Imperium Romanum und in Persien. In der Frührenaissance nahmen italienische Maler der ›maniera bizantina‹ byzantinische Ikonen zum Vorbild und wollten so auf die Antike zurückgreifen, für die sie in Italien keine Vorbilder fanden. Der Westen lernte vom Osten nicht nur den reinen antiken Platon, sondern auch den ›Platon christianus‹ der byzantinischen Zeit. Lange Zeit vor Plethon im 15. Jh. suchte die Schule von Chartres im 12. Jh. die Naturphilosophie Platons mit der Logik des Aristoteles zu verbinden. Man mußte Übersetzungen benutzen, denn Griechischkenntnisse waren eine große Seltenheit. Anders bei dem hohen Richter und Philosophen von Mistra, Georgios Gemistos Plethon. Durch seine begeisterten Vorträge über Platon in Florenz hat er in der Mitte des 15. Jh. den entscheidenden Impuls zur Akademie der Mediceer gegeben. Durch Plethon und seinen Kreis ist die Peloponnes zur späten Lehrmeisterin des Abendlandes geworden. Zu diesem Kreis gehörte der spätere Kardinal Bessarion (gest. 1472). Er besaß mit 482 griechischen Codices die größte Handschriftensammlung seiner Zeit. Er vererbte sie der Bibliothek von San Marco in Venedig. Bessarion gehörte zu dem Strom griechischer Gelehrter, die aus dem untergehenden byzantinischen Reich flohen und im Westen neue Heimat suchten. Ihr Wirken begeisterte die Humanisten Europas zum Erlernen der griechischen Sprache. »Das Land der Griechen mit der Seele suchen«. Überall, wo abendländischer Geist diesem Ideal nachstrebt, wird die Faustische Vision des Dichters lebendig.

Náfplio zur Zeit der Türkenherrschaft, Zeichnung von Ludwig Lange, 19. Jh.

vor allem im religiösen und privatrechtlichen Bereich. Griechische Klöster erlangten Reichtum, wie das Kloster Vlachernón bei Killíni. Neue Klöster und Kirchen wurden gebaut, andere neu ausgemalt, wie z. B. die Klöster im Lúsiostal in Arkadien und in Achaia rund um Éjio, das Kloster Dimióvis bei Kalamáta und das Kloster Agnúntos bei Paleá Epídafros beweisen. Die Verbindung zu neuen wichtigen Kunstströmungen, vor allem der im 16. Jh. blühenden Kretischen Schule riß nicht ab. Diese Schule (Hauptvertreter: Theophanes d. Grieche, gest. 1573, und Michael Damaskenos, gest. 1591, beide aus Kreta) pflegte bewußt den streng-byzantinischen Palaiologenstil (s. S. 40) in Verbindung mit neuen Elementen der Renaissance (Perspektive, Landschaft). Volkstümliche Elemente aus dem Bereich der Malerei der Tragikonen wurden mit aufgenommen. Die profane und kirchliche Volkskunst blühte. Sie nimmt bewußt oder unbewußt auch islamische Stilelemente mit auf. Charakteristisch für diese Volkskunst sind dicht gedrängte, dramatisch-derbe Szenen, fehlendes Gefühl für Körperproportionen, schemenhafte Physiognomie und leuchtende, kontrastreiche Farbgebung.

Die Neuzeit (1822 bis heute)

Natürlich gibt es nicht ›den‹ Griechen der Peloponnes. Da sind die Hirten in Arkadien und auf der Mani: Zuerst sind sie abweisend und mißtrauisch gegen den Fremden, dann aber erzählen sie von den unerträglich gesunkenen Wollpreisen und ihren großen Familien. Da ist der selbstbewußte Grundbesitzer in der reichen bewässerten Ebene bei Korinth, der stolz von seinen Maschinen aus Deutschland und besseren Pflanzensorten berichtet. In den größeren Städten ist das Leben mehr oder minder stark von der anonymen Kontaktlosigkeit geprägt, die alle Ballungsgebiete der Welt kennzeichnet. Doch wer mit Stadtbewohnern näher in Kontakt kommt, erlebt in der spontanen Hilfsbereitschaft und Gastfreundschaft einen Zug, der überall auf der Peloponnes begegnet. Dieses Land war bis Ende des Zweiten Weltkrieges die am stärksten unterentwickelte Region Griechenlands und ist es teilweise auch heute noch. Bedrückender wirtschaftlicher Not begegnet der Reisende vielerorts, in Arkadien und auf der Mani besonders. »Verfall und Verwüstung dieser Dörfer (am Parnongebirge in der sog. Kinuría) können einem das Herz zerreißen. Etwa die Hälfte aller Häuser ist verlassen und verfällt«, klagt der Schriftsteller Thanassis Valtinos, der dort geboren wurde. Die religiös stark konservativen bäuerlichen Menschen der Peloponnes sind trotzdem lebensfroh und lebensbejahend – der merkwürdig im Takt wechselnde Kalamatianós, bei dem unsere Beine immer wieder durcheinander geraten, stammt aus Kalamáta. Die ausgelassenen Familien- und Kirchenfeste, bei denen solche Tänze noch getanzt werden, wird der Fremde, der *Xenos*, im Glücksfalle nur erleben, wenn er sich die Ruhe gönnt, länger in einem Dorf zu verweilen. In Athen, in den Aufführungen des Dora-Strátu-Balletts z. B., kann man leichter die ursprüngliche Volksmusik der Peloponnes genießen. Humorvoll kann diese Bauernbevölkerung sein – untereinander und zum *Xenos,* den sie ein wenig kennt, manchmal auch derb, vor allem, wenn es um Politik geht. Das leidenschaftliche Politisieren scheint den Griechen angeboren, nicht nur auf der Peloponnes.

Die Peloponnes war Zentrum des Widerstandes gegen die Türkenherrschaft. Erzbischof Germanós rief am 6. April 1821 in Patras zur Erhebung auf. Die erste griechische Nationalversammlung tagte 1822 in Epidauros. Männer wie Theódoros Kolokotrónis, der ›Alte von Morea‹ (gest. 1843), sind beispielhaft für diese Widerstandskämpfer aus der Peloponnes: todesmutig von einer Schar kampferprobter Gefolgsleute umgeben, schätzten sie ihre Freiheit und Ungebundenheit über alles. Beim Aufbau einer politischen Ordnung waren diese Freiheitskämpfer allerdings eine Last. Der erste Ministerpräsident des befreiten Griechenlands, Joánnes Kapodístrias, ein russischer Diplomat, wurde von Gegnern aus der Mani, den Mavromichális, in Náfplio 1833 ermordet. Der erste König des befreiten Griechenlands, der bayrische Wittelsbacher Otto, landete in Náfplio, das auch die erste Hauptstadt Griechenlands wurde. Unter den glücklosen Bayern in Griechenland (1833–1862, s. S. 224 f.) rückt die schwer regierbare, von Grundbesitzern und Freiheitskämpfern geprägte Peloponnes an den Rand Griechenlands. Schon 1834 wird Athen Hauptstadt, drei Jahre später wird dort die Universität gegründet. Die Peloponnes

Das Osterfest in der Kirche von Leonídio

hat seit dieser Zeit keine eigene Geschichte mehr. Sie nimmt als Provinz an der oft unglücklichen, vom Ausland abhängigen Geschichte des neueren Griechenlands teil. Noch heute ist sie Entwicklungsregion, obwohl ab 1960 beim Aufbau einer Infrastruktur im Straßenbau, in der Energieversorgung und im Schulwesen viel erreicht worden ist.

Die kritische Jugend der Peloponnes beginnt heute den Moloch Athen mit Distanz zu betrachten. Es regt sich ein Regionalbewußtsein, das darüber murrt, daß Kunstschätze der Peloponnes nach Athen verbracht wurden. Politisch ist heute das südliche Griechenland nicht mehr ausschließlich Stimmenreservoir konservativer Parteien.

Die Rückbesinnung auf das klassische Erbe, der Klassizismus, der noch heute wesentlich das Straßenbild Athens prägt, bestimmt auch Planung und Architektur der neugriechischen Städte der Peloponnes, vor allem von Patras und Sparta. Träger dieser Kunstrichtung sind seit ca. 1830 dänische, deutsche und französische Architekten (die Brüder Hansen, Ernst Ziller u. a.). In der religiösen Kunst steht bis heute die weiche Gefühligkeit einer romantischen Ikonenmalerei, die an den ›Nazarenerstil‹ bürgerlicher Schlafzimmerbilder erinnert, neben dem bewußten Festhalten an der östlich-mittelalterlichen, byzantinischen Strenge der traditionell gemalten Ikonen und Fresken.

Wer Kurtikakis' biographisches Handbuch griechischer moderner Künstler durchblättert, wird erstaunt sein, wie viele international anerkannte Künstler aus der Peloponnes stammen. Freilich sind es nur wenige, die dort ihre Tätigkeit entfalten konnten. Die meisten Künstler blieben in Paris oder München oder gründeten Ateliers nach Auslandsaufenthalten in Athen. Das vielseitige Werk der in Kephalonia geborenen Athener Akademieprofessorin Diana Antonakatu zeigt, daß die Peloponnes weit über einen beschränkten Regionalismus hinaus Künstler zu Werken von bleibender Gültigkeit anregen kann. Ihr Buch über Náfplio vermittelt mehr Atmosphäre und Verständnis für die griechische Landschaft und modernes griechisches Leben als jeder bisher erschienene Photoband. Das Gleiche gilt für ihre Illustrationen zum Handbuch der Klöster der Peloponnes. Es ist zu hoffen, daß der Kreis junger Künstler, der sich in Náfplio, Sparta und Patras sammelt, bald internationale Anerkennung finden wird.

Petrobey Mavromichális:
Ein Maniote kämpft für Griechenlands Freiheit und Einheit

Ein Vertrauter schildert den alternden Petrobey – das berühmteste Glied einer der angesehensten Familien der Mani: »Er besaß Sittenstrenge und einen durchaus edlen, vaterlandsliebenden Charakter, Liebe zum Schönen, außerordentlichen Großmut und hohe Gesinnung. Da seine körperlichen Kräfte wegen seines Alters und einer chronischen Krankheit zu wünschen übrig ließen, standen seine Söhne und Brüder im Schlachtfeld, er aber war das bestimmende Haupt. Sein Antlitz war anmutig schön.«
1765 geboren, zählte er nach dem Tode des Vaters 1800 zu den führenden Köpfen auf der Mani und suchte die dauernden Streitigkeiten der Clans zu schlichten. Napoleon verweigerte ihm die erbetene Audienz, in der Petrobey seine Pläne für ein befreites Griechenland hatte vortragen wollen. Sein Ansehen war so groß, daß es seinen Feinden nicht gelang, ihn bei der türkischen Regierung an der Hohen Pforte in Istanbul anzuschwärzen. Er wurde 1815 ›Bey‹ der Mani, ein türkisches Amt, das auch die oberste Befehlsgewalt über die dort lebenden Türken einschloß. Drei Jahre später konnte ihn der griechische Geheimbund zur Befreiung Griechenlands, die ›philikí etería‹, für sich gewinnen. Der Aufruf der Messenischen Nationalversammlung 1821 an alle Völker Europas trägt die Handschrift Petrobeys:»Griechenland, von dem auch ihr erleuchtet seid, bittet so schnell wie möglich um menschenfreundliche Hilfe in Geld, Waffen, Diplomatie, die wir zuversichtlich erwarten.« Die folgenden schweren Kämpfe gegen die Türken, in denen er zwei seiner Söhne verlor, sahen ihn Seite an Seite mit dem heldenhaften ›Alten von Morea‹, Theódoros Kolokotrónis. Kalamáta, Trípolis, Argos wurden vom Türkenjoch befreit.
Anders als der ruhmsüchtige und autokratische Kolokotrónis erfüllte Petrobey neben dem Kampf gegen die Türken von früher Jugend an eine zweite Lebensaufgabe: die Versöhnung der zerstrittenen griechischen Parteien. Beim Aufstand der Familie Mavromichális gegen den 1827 zum griechischen Regenten gewählten russischen Staatskanzler Johannes Kapodístrias ist Petrobey dieses Versöhnungswerk nicht gelungen. Neun Monate mußte Petrobey selbst ins Gefängnis, Kapodístrias wurde von zwei Gliedern des Mavromichális-Clans ermordet – eine Tat, die Petrobey nie gebilligt hat. Eine der wenigen richtigen Maßnahmen des neuen bayerischen Regentschaftsrates nach 1822 war es, Petrobey zum beratenden Senator zu ernennen. Als er 1848 in Athen starb, verlor das junge Griechenland einen seiner vorausschauendsten und edelsten Politiker.

Der Apollontempel von Bassä, Stich von Otto Magnus von Stackelberg, um 1830 ▷

Kulturlandschaften der Peloponnes

Die Korinthía: Tor zur Peloponnes, Rivalin von Athen und Sparta

Der Nomós Korinthías

Die erst 1949 von der Argolis losgelöste Verwaltungseinheit, der Nomós Korinthías, ist vor allem nach Westen ausgedehnter als der politische Machtbereich des antiken Korinth. Sikyon etwa war damals ein eigenständiger Stadtstaat.

Der Tourismus in der zur Hälfte gebirgigen Region hat vier Zentren: das Killínigebirge zum Skilaufen und Wandern, das antike Korinth, die Küste und die Thermalquellen von Lutráki. Doch leben die Korinther nicht allein vom Tourismus. In der wasserreichen Küstenebene werden Obst und Gemüse angebaut. Bis in die 50er Jahre waren Trauben (griech. *stafída;* getrocknet die berühmten Korinthen) und Öl die fast einzig wichtigen Agrarprodukte. Im Gebirge wird Holzwirtschaft betrieben, und eine Reihe von Industriezweigen (u. a. Baumaterialien, Raffinerien, Plastik, Elektroartikel, Konserven, ätherische Öle) hat sich angesiedelt. So verzeichnet die Korinthía – anders als andere Nomí der Peloponnes – ein leichtes Bevölkerungswachstum.

Kórinthos (Κόρινθος)

Touristische Hinweise: mehrere Hotels vor allem am Hafen und am Bahnhof. Züge Richtung Athen, Argos, Patras. Stündlich Busse (Ecke Ermú-Koliatsu beim Stadtpark) nach Altkorinth, Athen; mehrmals nach Lutráki. Stündlich Busse (Ecke Vas. Konstantínu-Arátu) Richtung Patras, Argos, Sparta, Jíthio. Stadtbusse am Dimarchíon an der Leofóros Ermú Richtung Sikyon. Information beim Busbahnhof Leofóros Ermú.

1858 wurde Kórinthos, Neukorinth (ca. 23 000 Einwohner), etwa 4 km nordöstlich von Altkorinth im Stil der damaligen Stadtplanung schachbrettartig angelegt, nachdem die Siedlung bei Altkorinth durch Erdbeben zerstört worden war. Alle Hauptstraßen gehen vom Hafen aus, der heute nur von kleineren Frachtern und Privatbooten angefahren wird (schöner Blick am Hafen in Richtung Lutráki auf die Jeránia Óri). Während mehrerer Erdbeben (1928, 1981) wurde auch Neukorinth stark zerstört, so daß heute nur wenige klassizistische Bauten aus dem 19. Jh. zu entdecken sind. Ausnahme ist das kubische, monumentale **Dimarchíon** (Rathaus) an der Leofóros Ermú, das von alten Palmen und lila blühenden Jacaranda umgeben ist. An der Leofóros Ermú liegt auch der wohlgepflegte **Stadtpark** mit Rosen, Bougainvillea, Hibiskus- und Oleanderbüschen. Das kleine **Volkskundemuseum** am Hafen (tägl. 9–15 Uhr außer Montag) zeigt Kleider und

Die Korinthía

Schmuck aus allen Regionen Griechenlands. Der Aufbau einer einfachen Bauernstube macht das harte Bauernleben in der Korinthía anschaulich.

Kórinthos ist eine betriebsame Provinzhauptstadt mit guten Geschäften. Die Industrieflächen am Rande der Stadt dehnen sich vor allem jenseits des Isthmos immer weiter aus.

Das antike Korinth

Touristische Hinweise: Von der Autobahn Richtung Argos weisen Hinweisschilder den Weg nach ›Ancient Korinthos‹. Man durchquert zunächst das Dorf Archéa Kórinthos mit mehreren Privatpensionen, in denen man sehr viel ruhiger wohnt als in der neuen Stadt Korinth. Neben Tavernen und Souvenirgeschäften gibt es hier auch Ateliers, in denen korinthische Vasen nach antiken Vorlagen kopiert werden. Museum und Ausgrabungen sind von Mai bis Oktober montags von 11–19, dienstags bis freitags von 8–19 Uhr (übrige Monate nur bis 17 Uhr) sowie samstags/sonntags von 8.30–15 Uhr geöffnet; die Burg von Akrokorinth tägl. außer montags von 8.30–15 Uhr.

☐ Kunst und Geschichte

Die sog. dorische Wanderung hatte im 8. Jh. v. Chr. zu einem hohen Bevölkerungswachstum geführt. Eine Kolonisationsbewegung, u. a. nach Syrakus, Korfu und der Chalkidike, war die Folge. Der Handel wurde dadurch stark belebt. Korinthische Vasen, von denen

Korinth zur Zeit der Türkenherrschaft, Zeichnung von Luigi Meyer, 1804

das Museum von Altkorinth einen Eindruck vermittelt, fanden ein weites Absatzgebiet. Eine eigene Kunstlandschaft bildete sich aus, die ›Großgriechenland‹ (Italien, Kleinasien) mit einbezog. Die Gefäße zeichnen sich durch handliche Kleinheit, eigenwillige, phantasievolle Formgebung und hohe technische Fertigkeit aus. Die Plastik formte einen kraftvollen Menschentyp, wofür der Kuros von Tenea der Glyptothek München sprechendes Beispiel ist (s. Abb. S. 27).

Unter den sog. Tyrannen gab das ›reiche Korinth‹ dem Apollontempel um 540 v. Chr. seine endgültige Gestalt. Korinth konnte sich mit Recht rühmen, den dorischen Stil zur Vollendung gebracht zu haben. Der griechische Marktplatz, die Agora, entstand, von der heute nur noch Spuren sichtbar sind. Im Peloponnesischen Krieg (431–404) konnte Korinth zwischen Athen und Sparta seine politische Macht nicht entfalten. Auch künstlerisch verlor es seine führende Position. In der Zeit des Hellenismus aber, im 3. und 2. Jh. v. Chr., erlebte die Stadt eine neue politische Glanzzeit, die sich auch in den Bauten, z. B. der südlichen Säulenhalle (Stoa), widerspiegelt. Die Römer zerstörten Korinth 146 v. Chr. als Hauptstadt des romfeindlichen achaiischen Bundes. Das Gesamtbild des weiträumigen römischen Forums zeigt uns Korinth als blühende römische Provinzstadt des ersten und zweiten Jahrhunderts. Dies ist vor allem der Bautätigkeit Kaiser Hadrians (117–138 n. Chr.) und des unermeßlich reichen Athener Mäzens Herodes Atticus (101–177 n. Chr.) zu verdanken. Die römischen Bauten Korinths wurden zu Vorbildern im östlichen römischen Mittelmeerraum. Als lebhafte Provinzstadt mit einem Hauch von Internationalität hat sie um 50 n. Chr. auch der Apostel Paulus kennengelernt.

Eine rege kirchliche Bautätigkeit auf dem Forum selbst, in den Häfen Lechaion und Kenchreai, beweist die kirchliche Bedeutung Korinths als Sitz eines Metropoliten. Von den Slaveneinfällen Ende des 6. Jh. konnte sich die Stadt in den nächsten zwei Jahrhunderten wieder erholen. Noch vor 800 wurde sie Sitz eines byzantinischen Verwaltungsbezirkes (Thema) mit Seiden- und Keramikindustrie, von der das Museum Beispiele zeigt. Abgesehen von Festungsbauten hat die byzantinische Zeit keine kunsthistorisch nennenswerten Bauwerke auf dem Forum und in der Umgebung hinterlassen, wohl aber ein gänzlich unrömisches, orientalisch anmutendes byzantinisches Wohnviertel mit engen, verwinkelten Gassen (unzugänglich). Keine nennenswerten kunsthistorischen Monumente verblieben auch von der Herrschaft der Franken (bis 1395), Venezianer und Türken, doch beweisen die Festungsanlagen in Akrokorinth, an denen jede politische Macht gebaut hat, die politische Bedeutung der Region. Bilder von Altkorinth in türkischer Zeit zeigen eine starke Siedlungskontinuität. Erst die Zerstörung durch Erdbeben machte 1858 die Gründung von Neukorinth direkt am Meer ca. 4 km nordöstlich notwendig.

☐ Das Forum. Rundgang

Der sog. **Octaviatempel**, an allen Seiten von Säulen gesäumt (Peripteros), erhebt sich auf einem hohen Sockel. Eindrucksvoll sind die reichverzierten korinthischen Kapitelle auf plump wirkenden kurzen Säulen. Pausanias (2. Jh. n. Chr.) erwähnt den Tempel in seinen Reisebeschreibungen. Er bewahrte eine Plastik der Schwester des Augustus in der Cella. Typisch römisch ist seine frontale Konzeption, verstärkt durch eine große, erhaltene Freitreppe, die direkt von der Tempelfassade in die Mitte der **westlichen Ladenstraße** hinabführt. Der Tempel war eingeschlossen von einer Stoa mit doppelter Säulenreihe, die heute schwer im Gelände auszumachen ist. Die Westläden, von denen an zwei Stellen noch Torbögen erkennbar sind, sind ganz in die Gesamtanlage des Octaviatempels integriert.

Nördlich der Westkolonnaden und südwestlich vom Apollontempel liegt ein kleiner **Tempel der Hera Akraia** (sog. Tempel C), vielleicht mit gemauerter Umfassungsmauer, errichtet kurz nach dem Wiederaufbau Korinths. Der Kult der Göttin Hera war schon vorher von Perachóra nach Korinth übertragen worden. Wie der Octaviatempel ist ihr Tempel von einer geschlossenen Säulenhalle umgeben, deren Fundamente sichtbar sind.

Im Westen dieser Stoa kommt man zum geborstenen Felsklotz der **Glaukequelle**. Sechs Stufen führten zur Schöpfstelle der durch eine Wasserleitung gespeisten vier Wasserreservoire. Glauke war nach der Sage Tochter des Königs Kreon von Korinth. Sie wurde von Medea, deren Gemahl sie um Glaukes willen verstoßen hatte, durch ein Zaubergewand verbrannt.

Wendet man sich nach Osten, gelangt man nach ung. 50 m zum Wahrzeichen von Altkorinth, den sieben noch aufrechten dorischen Säulen des um 540 errichteten **Apollontempels** (siehe Umschlagvorderseite). Die Korinther rühmten sich – vielleicht zu Recht –, die dorische Architekturordnung erfunden zu haben. Vier hohe

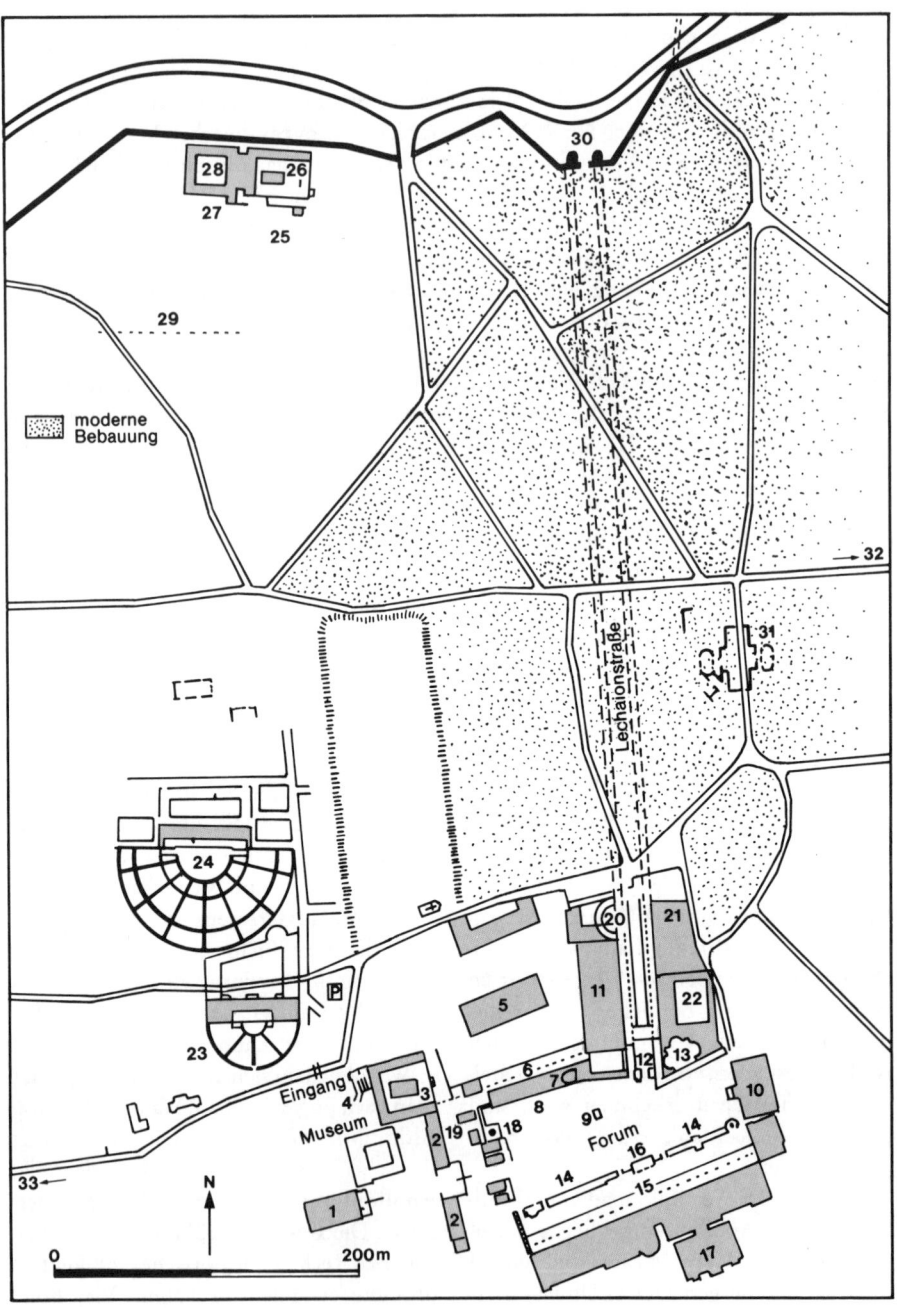

Stufen erheben den wuchtigen Bau anders als den Vorgänger, einen früharchaischen Tempel (7. Jh.), über den Boden; sie lassen die Erdennähe schwinden. Die Cella, deren Mauerfundamente im Fels erkennbar sind, war zweigeteilt: Der größere Hauptraum barg das nicht erhaltene Kultbild Apollons und besaß vier, wohl in zwei Etagen gegliederte Innensäulen; der kleinere Raum war für Weihegeschenke oder für das Kultbild einer zweiten Gottheit bestimmt. Diese Zweiteilung bewirkt eine Längung des Baues. Zum Ausgleich sind die sechs Säulen der Breitseite 30 cm weiter voneinandergerückt als die 15 Säulen der Längsseite. Aus den wuchtigen, aus einem Stück gemeißelten, nicht gekrümmten, über 7 m hohen Säulen (unterer Durchmesser 1,79 m) wachsen die breiten kissenartigen Wulste (Echinus), auf denen die ausladenden Kapitelle ruhen. Sie mildern im Gesamteindruck der Komposition ein wenig die lastende Schwere von Säulen und Architrav. Von der Bauplastik, die den Tempel einst schmückte, ist nichts erhalten.

Die korinthischen Säulen des Octaviatempels

Steigt man auf den Stufen von der Höhe des Apollontempels über die Ruinen der **Nordweststoa** und der Nordwestläden hinunter (das erhaltene Gewölbe ist **Rest einer christlichen Kirche)**, betritt man das gewaltige Rechteck des **römischen Forums** (255 x 127 m). Auch die Gebäude, die das Forum einst umgaben, zeichnen sich, wie die ganze Anlage des Platzes, durch Monumentalität und Frontalität aus.

Korinth, Forum und Asklepeion *1 Octaviatempel 2 westliche Ladenstraße 3 Tempel der Hera Akraia 4 Glaukequelle 5 Apollontempel 6 Nordweststoa 7 erhaltenes Gewölbe einer christlichen Kirche 8 Nordwestläden 9 heilige Quelle 10 Basilika Julia 11 Basilika mit Blendfassade 12 Propyläen 13 Peirenequelle 14 Zentralläden 15 südliche Säulenhalle 16 Bema (Rednerbühne) 17 Südbasilika 18 Monopteros 19 Tempel D 20 halbkreisförmiger Bau 21 Euryklesbad 22 römischer Apollontempel 23 Odeion 24 Theater 25 Asklepeion 26 Tempel und Altar des Asklepeion 27 Adyton des Asklepeion 28 Speisesäle und Quelle 29 Reste des Gymnasions 30 Reste der Stadttore inmitten moderner Bebauung 31 römische Bäder 32 Amphitheater und christliche Basilika 33 Akrokorinth*

Agora und Forum von Korinth

Wie die Agora, der Marktplatz in den griechischen Poleis, war das Forum der römischen Civitates das Herz der Siedlung. Hier am Kreuzungspunkt wichtiger Straßen wurde gehandelt, diskutiert und gefeiert, hier wurde das politische Geschehen besprochen und gelenkt, hier wurde der Kult des Gemeinwesens, der Civitas, gepflegt. So finden sich hier wie bei der griechischen Agora der Tempel (in Rom zusätzlich der Staatsherd), das Rathaus – die Curia –, Tavernen, Handwerksbetriebe und Läden. Wie die griechische Agora besaß auch das römische Forum zuerst keinen Plan und keine gleiche Ausrichtung der Gebäudefronten; die Plätze waren noch nicht abgeschlossen. Das bekannte Forum von Pompeji zeigt die Frühformen eines römischen Forums und seine Weiterentwicklungen deutlich.

Die römischen Herrscher haben das Forum von Korinth in beeindruckender Geschlossenheit mit stufenförmigem Aufbau und Prachtfassaden nach der Neugründung der Stadt in der 1. Hälfte des 1. Jh. v. Chr. von unbekannten Architekten sozusagen auf dem Reißbrett entwerfen lassen. Das Forum von Korinth ist also eine Spätentwicklung des römischen Forums ohne ältere Tradition. Die römischen Architekten haben weder die Ausrichtung der alten griechischen Agora übernommen noch auf den alten Fundamenten weitergebaut. Einige Archäologen sind sogar der Meinung, daß die griechische Agora nicht unter dem römischen Forum zu suchen sei, sondern weiter nördlich.

Das römische Forum von Korinth trägt bereits manche Züge der römischen Kaiserfora, die seit Caesar († 44 v. Chr.) angelegt wurden und Macht und Glanz der Kaiser bleibend demonstrieren sollten. Die Fora der Kaiser Augustus und Hadrian sind den Besuchern Roms in bleibender Erinnerung. In Korinth weist die Basilika Julia an einem zentralen Platz im Osten des Forums auf das Kaiserhaus hin. Hier waren die Porträts der Kaiserfamilie aufgestellt. Im Westen bildeten Tempel, deren Fassaden in typisch römischer Weise nach vorne ausgerichtet waren, den Abschluß des Platzes. Die großangelegte Basilika mit einer Prunkfassade als politischer Versammlungsraum und die Rednerbühne im Zentrum des Forums machten es zum Mittelpunkt des politischen Lebens. Der Triumphbogen neben der Fassade der Basilika ist eine typisch römische Schöpfung. Nirgends in Griechenland, auch nicht in Athen, wird Rom so geschlossen und eindringlich gegenwärtig wie im Forum von Korinth.

Das Schild ›heilige Quelle‹ nahe der Nordfassade der Basilika erinnert daran, daß unter dem heutigen Forum die griechische Agora (5. Jh. v. Chr.) lag. Sie war gegenüber dem Forum etwas nach Westen gedreht und besaß ein Stadion, dessen Startplätze sich unter den Stufen der **Basilika Julia** befanden. In der Basilika standen einmal die Statuen der Familienmitglieder des julischen Kaiserhauses.

Die Peirenequelle

Im stumpfen Winkel zu den 16 **Nord-westläden** mit vorgeblendeten Hallen und Lagerräumen im Hintergrund stand die zweigeschossige, durch jeweils 8 korinthische Säulen aufgelockerte Blendfassade einer zweiten gewaltigen, rund 45 m langen **Basilika,** einer römischen Gerichts- und Versammlungshalle aus der Zeitenwende. Vom Rechteck der Grundmauern sind noch neun Steinschichten zu sehen. Statt der vier oberen Mittelsäulen trugen kolossale Barbarenfiguren das Giebelfeld (zwei davon im Museum). In gleicher Höhe und in der Vertikalgliederung der Blendfassade der Basilika angepaßt standen die mehrmals umgebauten monumentalen Durchgänge der **Propyläen,** durch die sich die Lechaionstraße hinter einem

Haupttor und zwei Seitentoren zum Forum öffnete. Nach Pausanias standen auf den Propyläen die vergoldeten Wagen des Sonnengottes Apollon und seines Sohnes Phaeton. Nur die Stufen zu den Propyläen sind erhalten.

Spitzwinklig zu den Propyläen schließt sich die **Peirenequelle** an, die schon im 7. Jh. v. Chr. belegt ist. Nach der Sage soll sich Peirene, deren Sohn versehentlich von der Göttin Artemis getötet worden war, wegen der Tränen, die sie darüber vergoß, zur Quelle verwandelt haben. Ursprünglich, in klassischer und hellenistischer Zeit (5.–3. Jh. v. Chr.), gelangte man über Stufen zu den eckigen, schmucklosen sechs Zugängen der Schöpfbecken. Erst der reiche Herodes Atticus aus Athen hat im

Architekturfragment aus Korinth

rig, daß der Blick freigegeben wurde zu den 71 dorischen Säulen der 165 m langen Südsäulenhalle, eines der größten griechischen Gebäude überhaupt. Zentrum der Zentralläden war das heute noch gut sichtbare **Bema,** die Rednerbühne, von wo aus hohe römische Beamte ihre Proklamationen verkündeten. Daß der Gestalt des Apostels Paulus im Jahre 52 n. Chr. so große Bedeutung beigemessen wurde, daß er von hier aus seine Verteidigungsrede halten durfte, ist historisch-kritisch unwahrscheinlich. An dieser Stelle lag später die dreischiffige **christliche Basilika.** Zu sehen sind von ihr die Apsiden und eine Steinplatte mit Kreuz am Bema.

Die Säulen der bereits erwähnten **Südsäulenhalle** dienten als eine Art architektonischer Vorhang, hinter dem sich 33

Detail der Statue eines Römers in Amtstracht vor der Südsäulenhalle

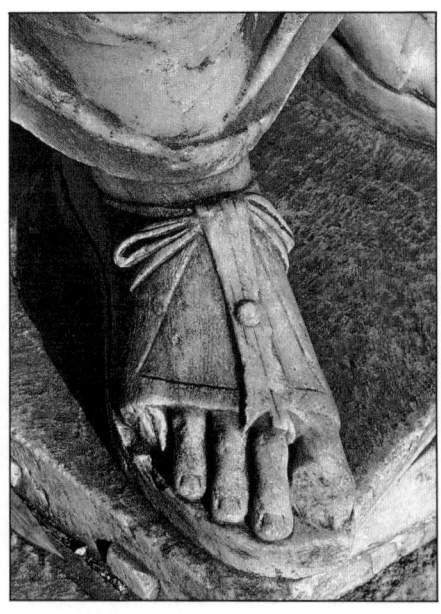

2. Jh. die Fassade um das Doppelte erhöhen lassen, mit sechs Rundbogen im Untergeschoß und von ionischen Säulen flankierten Fenstern im Obergeschoß. Drei mit buntem Marmor verkleidete Halbrundnischen spendeten dem Erholung Suchenden Kühlung und Schatten. In der Mitte des Quadrats wurde ein rechteckiges, mit einem Steingeländer umfaßtes, heute gut sichtbares Wasserbecken mit elf Wasserspeiern angelegt. In den unteren Gewölben der Peirenequelle plätschert heute noch das Wasser. Der Schatten der Ruinen ist ein besinnlicher Ruheplatz.

Das Forum war – heute noch deutlich sichtbar – zweigeteilt, um Unterschiede im Bodenniveau auszugleichen. Die 28 **Zentralläden** in der Mitte unterbrachen kleine tempelartige Gebäude und waren so nied-

Doppelkammerräume mit Wasserzuführung verbargen. Sie wurden wohl von Handwerkern genutzt. Der Halbrundbau des als Senatsgebäude (Bouleuterion) identifizierten Gebäudes in der Mitte der Doppelkammerräume ist gut erkennbar. Davor die Statue eines römischen Beamten in Amtstracht, der Toga, ohne Kopf. Reste des Kieselsteinfußbodens der Südstoa mit geometrischem Dekor sind heute durch ein Dach geschützt. Von der langen Säulenhalle verdeckt, lagen weitere öffentliche Gebäude, wie die rechteckige sog. römische **Südbasilika** am Rande des Grabungsgeländes (nicht zugänglich).

Die nach der Zeitenwende entstandene **Westfassade** des Forums ließ, wie man der Rekonstruktion entnehmen kann, als einziges Bauwerk etwas von der sonstigen Monumentalität des Platzes vermissen. Nur die vier mittleren Tempel mit einer Rampe in der Mitte waren einigermaßen spiegelbildlich konzipiert. Ästhetischen Reiz besaß ein zierlicher Rundtempel, ein **Monopteros**. Nach einer Inschrift wurde er von einem Provinzbeamten, wohl einem Freigelassenen, Babbius Philius, gestiftet. Der runde Unterbau (Krepis) des Monopteros sowie zwei Säulentrommeln sind zu sehen. Die Pinienzapfen an Ort und Stelle (vom Dach?) waren Fruchtbarkeitssymbol. Zwischen Monopteros und Tempel D stand eine noch von Pausanias im 2. Jh. n. Chr. erwähnte kolossale Hermesstatue.

Um zu den übrigen Ruinen zu gelangen, geht man zurück durch die Propyläen zur 7,50 m breiten gepflasterten **Lechaionstraße** mit schmalen, erhöhten Gehsteigen und erkennbaren Abflußrinnen für Regenwasser. Die Stufen als einziger Zugang zum Forum beweisen, daß keine Lastwagen, sondern nur Lasttiere den Marktplatz betreten konnten. Im Westen war die gesamte Straßenseite von einer über 100 m langen korinthischen Säulenhalle gesäumt, hinter der sich seit der Zeit des Kaisers Augustus die gewaltige, später umgebaute Basilika erhob, deren Prachtfassade auf dem Rundgang schon begegnet ist. Reste korinthischer Säulen sind sichtbar. Rätselhaft bleibt der in Spuren heute noch erkennbare halbkreisförmige Bau auf einem zweiten römischen Forum.

Überquert man die Lechaionstraße, kommt man zu den Resten der Anlage des sog. **Euryklesbades**, bzw. eines späteren byzantinischen Bades. Ihm schließt sich südlich der von Säulen umgebene **römische Tempel des Apollon** (1. Jh. n. Chr.) an. Einige Säulen des Umgangs sind wieder aufgerichtet. Pausanias bewunderte hier im 2. Jh. n. Chr. neben einer Apollonstatue Malereien, welche die Abenteuer des Odysseus schilderten. Der Ort war schon seit dem 4. Jh. v. Chr. dem Apollon geweiht, wie ein unter den **16 Läden** in der Lechaionstraße entdeckter Apollontempel beweist.

□ Das Archäologische Museum

Das Museum befindet sich innerhalb des Agorageländes gegenüber dem Octaviatempel (kein Katalog). Es besitzt die in der Welt größte Sammlung korinthischer bemalter Keramik vor allem ihrer frühen Epoche (protokorinthisch 720–ca. 625 v. Chr.). Hauptcharakteristik der korinthischen Keramik ist der eigenwillige Formenschatz (Bauchigkeit kontrastiert mit dünnen Hälsen, kleeblattförmig geschwungene Ränder, Gefäße in Tiergestalt, Kleinheit der Gefäße) und die hochstehende Technik (klare, harte Liniengebung, Firnisbemalung, die Dreifarbigkeit anstrebt). Tiermotive herrschen vor in der protokorinthischen Phase; in der orientalisierenden Epoche (625–575 v. Chr.) begegnen vor allem Motive aus dem Orient (Sphingen, Flügelwesen, Löwen). Des weiteren zeigt das Museum eine Sammlung attischer schwarz- und rotfiguriger Vasen von teils hervorragender Qualität, römische Porträtplastik von hohem künstlerischem Wert sowie importierte buntglasierte Terrakottaware aus byzantinischer Zeit in einzigartigen Exemplaren (11.–12. Jh.).

Rundgang

Eingangshalle: Architekturfragmente. Römische Plastik.

Über dem Eingang zum Hof: Fußbodenmosaik (4. Jh. v. Chr.) mit zwei Greifen im Kampf mit einem Pferd.

Saal rechts vom Eingang: Außer der reichhaltigen Keramiksammlung u. a. in Saalmitte beim Eingang Funde aus dem Töpferviertel (Ofenmodell, Werkzeuge zur Töpferei). Dahinter zwei Scherben mit dem frühesten bekannten griechischen Alphabet. Als Beispiel der korinthischen Keramik die **protokorinthische Kanne** (Olpe, 7. Jh.) in Vitrine 10. Der Tierfries mit Hund, Hase und Ziege wirkt lebendig, der vertikal konzipierte Dekor mit rötlich-braunem Firnis ist unaufdringlich, gleichsam schwebend angebracht. Zeitlich später ist die **Amphora mit Deckel** (Ende der protokorinthischen Malerei um 600 v. Chr.) anzusetzen (Vitrine 15). Die Mehrfarbigkeit ist bewußt als

Stilmittel angewandt und zeugt von hohem technischem Können. Eigenwillig ist die Formgebung mit dem fast plump wirkenden Gefäßrand. Die am Kamm zusammenstoßenden Hähne erzeugen eine schwungvolle dekorative Wellenlinie, zu der als ruhender Kon-

Amphora mit Deckel

Doppelhenkelbecher mit Eule

trast stilisierte Doppelpalmetten unter den Köpfen stehen. Leere Flächen sind vermieden. Zwei Beispiele für attische Vasen (Vitrine 26): die rotfigurige Eule mit stilisierten Blättern des **Doppelhenkelbechers** wirkt durch den bläulich schimmernden Firnisgrund besonders ansprechend (nach 500 v. Chr.). Daneben ein Salbgefäß mit einer rotfigurigen, geflügelten Göttin, die zu einem Altar herabschwebt (ebenfalls nach 500 v. Chr.).

Saal 3 links von der Eingangshalle: Funde aus römischer, byzantinischer und fränkischer Zeit. Ein besonders sprechendes Beispiel für römische Porträtplastik ist links vom Eingang (in Aufstellung hervorgehoben) das **Porträt eines jugendlichen Mannes,** der wohl den jungen Nero (gest. 68 n. Chr.) darstellt. Seine Toga ist wie bei einem Priester über den Kopf gezogen, die Barttracht weist auf das Zeichen der Trauer hin. Wie fein modelliert die Gesichtspartien herausgearbeitet sind, kann der Betrachter am besten von der Seite erkennen. Man hat einen zynisch lächelnden Zug um die Mundpartie herauslesen wollen. Als

Porträt eines jungen Mannes

Byzantinischer Teller

Beispiel für die byzantinische Keramik sei der berühmte **Teller** um 1150 n. Chr. hervorgehoben (Vitrine 52 links vom Eingang), auf dem der Held des byzantinischen Grenzepos mit seiner Braut gezeigt ist. Körper und Gesichter sind stark verfremdet.

Wände der Galerie im Hof: u. a. Steinplatten mit Skulpturen (2. Jh. n. Chr.) aus dem Theater. Amazonen- und Gigantenkämpfe. Taten des Herakles.

Abgeschlossener Raum am Nordende der Galerie (der Aufseher öffnet nach Wunsch): Funde aus dem Asklepeion (s. S. 62 f.).

☐ Odeion, Theater, Asklepeion. Rundgang

Rechts vom Eingang zum Forum, dem Parkplatz gegenüber, liegt frei zugänglich das im 1. Jh. n. Chr. erbaute und unter

Herodes Atticus um 175 n. Chr. prachtvoll mit Mosaiken geschmückte **Odeion** – ein theaterähnlicher Saalbau für Vorträge und musikalische Aufführungen. Zehn Sitzreihen der Cavea und Reste von Marmorsäulen sind erhalten. Die Bühne ist mit Vorhang und Hinterbühne zu denken, von der aus Szenenauftritte möglich waren. Das Ganze war wohl überdacht.

Etwas tiefer, durch einen Hof mit dem Odeion verbunden, liegt das **Theater,** das bis ins 5. Jh. v. Chr. zurückgeht. Durch Stützmauern wurden auf das griechische Zuschauerrund in römischer Zeit weitere Sitzreihen hinzugefügt. Die Sitzreihen sind sehr schlecht erhalten. Bis zu 18 000 Menschen soll das Theater gefaßt haben. Die Größe ist mit dem von Epidauros und Argos vergleichbar. Das Relieffries – jetzt im Museum –, das den Kampf zwischen Amazonen und Giganten darstellt, stammt vom dreistöckigen, aufwendigen Bühnenbau (1. Jh. n. Chr.). An der östlichen Theaterstraße wurden in letzter Zeit mehrere Gebäude ausgegraben, deren Zweck noch nicht eindeutig feststeht. Die Grundrisse sind gut erkennbar.

Am nordöstlichen Stadtrand befindet sich das stark vernachlässigte Gelände des **Asklepeiosheiligtums,** das 1929 bis 1934 ausgegraben wurde. Der Kult des Heilgottes kam wahrscheinlich von Epidauros (s. S. 338 ff.) im 5. Jh. hierher. Der heilungsuchende Pilger fand hier das heute nicht mehr sprudelnde gesundheitsbringende Wasser, in Bassins mit Schöpfbecken gesammelt, die von einem quadratischen Hof mit Säulenhallen zugänglich waren. Zwei Quellen sind in eine sorgfältig gearbeitete Stützmauer eingelassen. Der Hof und die Säulenbasen sind heute noch gut

erkennbar, ebenso die Stufen, die vom höhergelegenen Tempelplatz zum Hof hinunterführten. Durch den Niveauunterschied war die Halle des Allerheiligsten, des ›Unbetretbaren‹ (Adyton) zweigeschossig. In ihr erwarteten und erlebten die Gläubigen im Schlaf die Erscheinung des Gottes. Die unteren Räume waren komfortabel als Speisesäle mit Liegen, Tischen und einer Feuerstelle in der Mitte ausgestattet, wie die Einlassungen im Steinboden beweisen. Vom kleinen Tempel mit vorgezogenen Seitenwänden (Anten) und Vorhalle (Prostylon) mit vier dorischen Säulen haben sich der wuchtige steinerne Querbalken, Standspuren des Kultbildes und des Altars erhalten.

Im Häusergewirr der Neubauten sind an einigen Stellen Reste der **Stadtmauer von Altkorinth** zu entdecken, auch die beiden Torbauten, die das Tor der Lechaionstraße flankierten. Schwer zu finden inmitten von Getreidefeldern sind die spärlichen Reste einer griechischen Sportstätte, eines **Gymnasions,** ca. 150 m südlich des Asklepeions. Verschlossen sind die **römischen Bäder** östlich der Lechaionstraße (2. und 3. Jh. n. Chr.). Die wuchtigen Ziegelmauern, die vom Zaun her erkennbar sind, lassen nichts von der Pracht der doppelgeschossigen Innenräume mit Apsis ahnen, die rekonstruiert werden konnten.

Rund 1000 m östlich liegt – schwer im Gelände zu finden – noch innerhalb der antiken Stadtmauern das **römische Amphitheater.** Ungefähr 200 m weiter nördlich sind die Grundrisse einer dreischiffigen **christlichen Basilika** zu sehen. Sie lag am östlichen Friedhof (Kraneion). Diese ursprünglich sogar fünfschiffige Basilika wurde mehrfach umgebaut und besaß ein Holzdach. Zu sehen sind die Apsis des Mittelschiffes und die Fundamente einer Gedächtniskapelle zur Ehren von Märtyrern (Martyrion) mit drei halbrunden Mauerabschlüssen.

☐ Akrokorinth mit Demeterheiligtum. Rundgang

Von überall her weithin sichtbar erhebt sich der gewaltige Burgfelsen von Akrokorinth aus der Ebene (s. Farbabb. 18). Eine Straße führt vom antiken Korinth, vorbei an einem türkischen Brunnen und dem Demeter-Heiligtum, bis zur Taverne am ersten Verteidigungsring. Ein undeutlicher Pfad windet sich vom türkischen Brunnen hinauf zum **Demeterheiligtum.**

Die Grabungen zeigen, daß der sorgfältig terrassenförmig angelegte Kultbezirk – ursprünglich nur mit Opferaltar – seine Blüte vom 6.–4. Jh. v. Christus hatte. Erst die Römer fügten drei quadratische – heute noch am niedrigsten Niveau des Bezirkes erkennbare – kleine Tempelbauten hinzu. Das römische Mosaik ist leider entfernt. Gut sichtbar sind die quadratischen Gästehäuser, die steile Zentraltreppe, die sorgfältig behauenen Terrassenwände und theaterartig ausgehauenen Stufen vor der

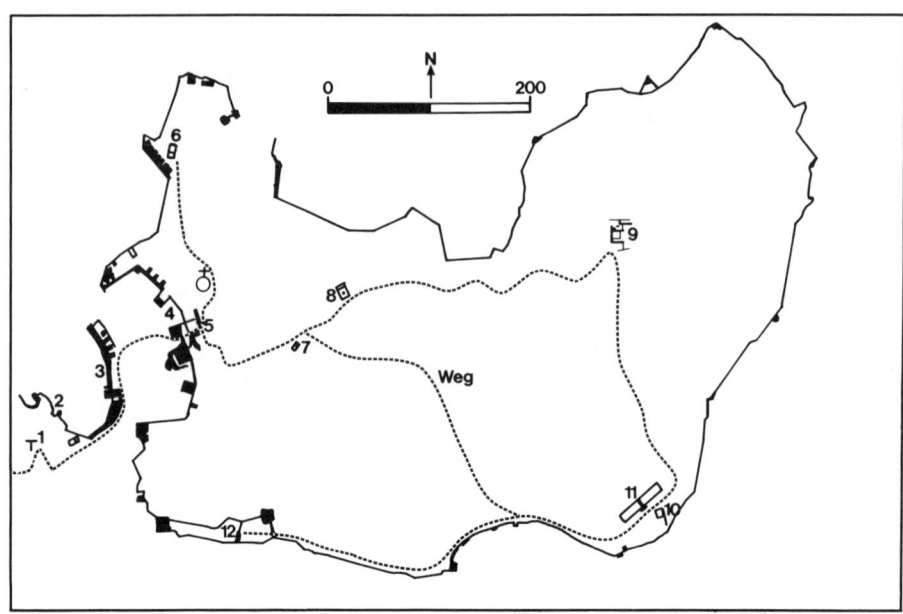

Akrokorinth *1 venezianischer Graben 2 erster Befestigungsring 3 zweiter Befestigungsring 4 dritter, antiker Befestigungsring 5 Säulenbasen, Ruinen mit Spitzbogen 6 Nordbastion 7 Minarett 8 Moschee 9 Aphroditeheiligtum und Basilika 10 Peirenequelle 11 türkisches Militärgebäude 12 fränkische Burg*

Treppe – wahrscheinlich der Versammlungsort der Gläubigen. Nur wenige Funde – darunter eine künstlerisch hochstehende Terrakottafigur eines Knaben (zw. 450–425 v. Chr.) – sind im Museum ausgestellt. Eine Fülle von römischen Lampen und griechisch-römischen Vasen, teilweise von hoher künstlerischer Qualität, wurden 1989 erstmals gezeigt.

Der steil aufragende, uneinnehmbare Kalksteinkegel der **Burg von Akrokorinth** war wohl seit mykenischer Zeit besiedelt und befestigt, worauf die schwer zugänglichen Reste einer sog. kyklopischen Mauer mit riesigen Quaderblöcken

hinweisen. Jeder Macht, die Korinth beherrschte, diente die Festung als militärische Basis, bis 1822, als die Griechen sie aus der Hand der Türken eroberten.

Vor dem äußeren Tor überquert der Weg einen fast 6 m tiefen **venezianischen Graben** (13. Jh. n. Chr.). Die Auflager einer abnehmbaren Holzbrücke sind erkennbar.

Drei **Befestigungsringe** folgen aufeinander. Der erste, von den Franken im 14. Jh. errichtet, wurde von Venezianern und Türken weitergebaut. Byzantiner und Venezianer legten den zweiten Mauerring an. In der Nische über dem Rundbogen des Tores war einst der Markuslöwe angebracht. Typisch venezianisch ist der Zierwulst unter den Zinnen und über den sich nach unten verbreitrnden Fundamenten. Der dritte, höchste Mauerring war die antike Verteidigungslinie. Bis auf zwei Drittel der Höhe sind an den Türmen noch die sorgfältig behauenen Quader des isodomen Mauerwerks aus dem 4. Jh. erkennbar. Nur um das Auge zu erfreuen, nicht zu militärischen Zwecken, sind die Ecken sorgfältig abgekantet, so daß sich eine senkrechte Zierleiste ergibt.

Hinter dem dritten Tor stößt man auf **Säulenbasen** in zwei Reihen, deren Herkunft noch ungeklärt ist (Zisterne?), und Ruinen mit Spitzbogen. Der Pfad nach links führt an einem Kirchlein vorbei zur **Nordbastion** mit weiter Aussicht. Rechts am dritten Tor führt der Pfad zu einem **Minarett** und links weiter zur kubischen Ruine einer **Moschee** aus dem 17. Jh.

Von hier windet sich ein Pfad zum **Aphroditeheiligtum** auf dem Ostgipfel hinauf (großartiger Rundblick). Tausend Priesterinnen sollen hier die heilige Prostitution vollzogen haben. Vom nur 10 x 13 m großen Tempel sind die Säulenbasen der Tempelvorhalle (Prostylon) und unregelmäßig herumliegende sorgfältig gehauene Quader zu sehen. Im hochgewachsenen Gras sind die Fundamente einer **christlichen Basilika** (5. Jh.) kaum mehr zu entdecken.

Direkt nach Süden führt ein teilweise stark verwachsener Pfad zur **Peirenequelle** hinab (Taschenlampe zum Abstieg erforderlich!). Die Mauern aus vieleckigen Blöcken stammen aus hellenistischer Zeit (3. Jh. v. Chr.), die Deckenwölbung ist römisch (2. Jh. n. Chr.). Vom oberen Becken, das ursprünglich als Zisterne diente, steigt man zum Auffangbecken dreier mythenumrankter Quellen. In der Nähe sieht man die Ruinen eines türkischen Militärgebäudes. Die Militärs nutzten die Peirenequelle als Wasserzufuhr.

Geht man nicht rechts zum Minarett zurück, sondern bleibt links an der Hangseite, kommt man zur **fränkischen Burg** aus dem 13. Jh. Der Turm, der mit Vorsicht zu besteigen ist, gewährt gute Aussicht auf die Ebene im Süden.

☐ Lechaion, der Nordhafen des antiken Korinth

Vor der Brücke, die die alte Küstenstraße in südlicher Richtung nach Altkorinth überführt, ca. 2 km vor dem heutigen Ort **Lécheo** (Λέχαιον), wandert man am Meer etwa 500 m in Richtung Neukorinth auf zwei Dünen zu. Die Sandpiste ist auch für Autos befahrbar. Dort lag der Nordhafen von Korinth, der durch die von der Agora ausgehende, rund 3 km lange, von Mauern flankierte Lechaionstraße direkt mit Korinth verbunden war. Er war Handels- und Kriegshafen seit dem 8. Jh. v. Chr. In der heute landwirtschaftlich intensiv genutzten Ebene sind durch Bewässerung und Wege keine Spuren dieser Verbindung zu entdecken. Bereits innerhalb der antiken Stadtmauern ist die ehemalige Prachtstraße von modernen Wohnbauten unterbrochen. Durch das Ansteigen des Wasserspiegels und Versandung ist heute von den Hafenanlagen nichts mehr zu sehen.

Zwischen den Dünen liegen in einer durchlässigen Umzäunung **Reste der größten frühchristlichen Basilika** Griechenlands und einer der größten im gesamten Mittel-

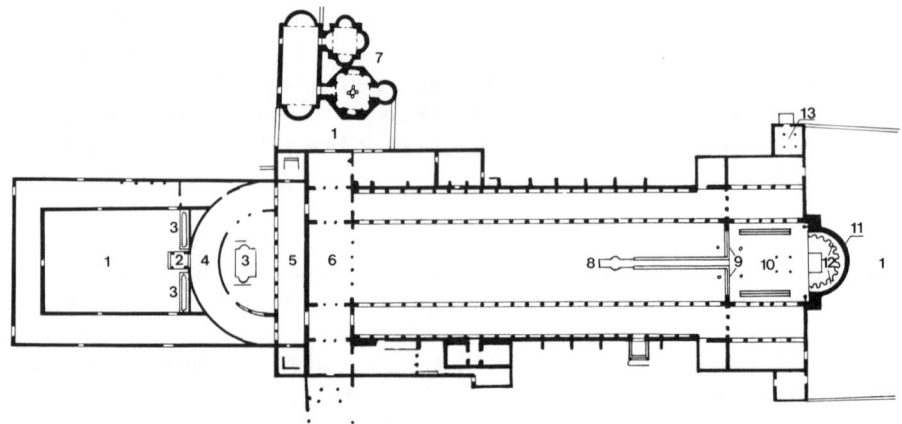

Basilika von Lechaion, Grundriß   *1 Hof   2 Halle   3 Wasserbassins   4 Atrium   5 Exonarthex   6 Narthex   7 Baptisterium   8 Ambo   9 Templon   10 Transept   11 Apsis   12 Priesterbank   13 Martyrium   (Kapelle)*

meerraum. Sie war dem Athener Bischof Leonidas geweiht, der im 3. Jh. zusammen mit sieben Jungfrauen den Märtyrertod durch Ertrinken erlitten haben soll. Die Basilika wurde zwischen 450 und 500 auf einem alten Heiligtum des Leonidas erbaut. Sie muß einen gewaltigen, domartigen Eindruck gemacht haben, der beim Abgehen der Bodenreste heute noch nachempfunden werden kann.

Der Isthmos von Korinth

Eine nur 6,34 km breite Landenge (altgriech. *isthmos*) verbindet die Peloponnes mit dem Festland. Jeder, der mit dem Auto von Athen kommt, muß diesen Punkt auf der Schnellstraße E 65 in Richtung Neukorinth-Patras überqueren. Die Omnibusse nach Lutráki halten hier, nicht die Fernbusse.

Auch im Altertum war der Isthmos die einzige Stelle, um über Land auf die Peloponnes zu gelangen. In den Perserkriegen wurde hier – wie der Geschichtsschreiber Herodot berichtet – eine Sperrmauer gebaut, um die Perser am Übergang zu hindern. Sie wurde 267 n. Chr. erneuert. Der byzantinische Kaiser Justinian ließ sie 540 n. Chr. zur ›Sechsmeilenmauer‹ (Hexamilion) ausbauen. Ihre Türme und Mauern sind vor allem im Kastell in Isthmía zu sehen. In spätbyzantinischer Zeit wurde sie im Jahre 1415 mit angeblich 153 Türmen noch einmal erneuert. Es war der vergebliche Versuch, die Osmanen von der Peloponnes fernzuhalten. Vor dem Bau eines Kanals wurde Korinth vom Korinthischen Golf her durch den Hafen Lechaion versorgt, vom Saronischen Golf durch den Hafen von

An der Nordküste des Golfs von Korinth

Kenchreai. Schon im 6. Jh. v. Chr. wurde deshalb eine mit Platten aus porösem Muschel-kalk (Poros) gepflasterte Schleppbahn (altgriech. Diolkos von *helko* – ›ich ziehe‹) mit zwei parallelen Spurrillen gebaut, um auf Rollen und hölzernen Plattformen wertvolle Handelsware und kleinere Schiffe über den Isthmos zu befördern. Die Schleppbahn war bis zur mittelbyzantinischen Zeit im Gebrauch. Nach 1956 wurde ein ung. 500 m langes, S-förmiges Teilstück rechts und links des heutigen Kanals bei der Bahn- und Straßen-brücke freigelegt.

> ### Der Kanal: ein Wandervorschlag
>
> Den Gedanken, den Isthmos zu durchstechen, hegten schon die Tyrannen von Korinth um 600. Bis in die Zeit der Venezianer ist das Projekt vor allem an technischen Problemen gescheitert. Der Plan, den der römische Kaiser Nero (54–68 n. Chr.) zeichnen ließ, war so exakt, daß der heutige Kanal seiner Linienführung genau entspricht. Er wurde 1881–1893 durch eine französisch-griechische Gesellschaft realisiert. Die Erdschichtungen der Tertiär- und Quartärlagen aus Sand, Konglomerat und Meerablagerungen sind bei einer Wanderung auf der Peloponnes-Seite des Kanals von der Brücke der E 65 bis zur Senkbrücke am Südausgang gut zu beobachten. Der ca. 2 km lange Sandweg (keine Zäune) führt durch einen Kiefernwald mit abwechslungsreicher Flora.
>
> Frachtschiffe von über 10 000 t können den nur 8 m tiefen und 33 m breiten Kanal nicht befahren. Er ist deshalb heute vor allem für die griechische Binnenschiffahrt und für Passagierdampfer wichtig, die vom Korinthischen Golf zum Piräus gelangen wollen.

Die Stätte der isthmischen Spiele und das Kastell Justinians beim Dorf Isthmía (Ισθμία)

Nahe dem Kanal von Korinth liegt das Dorf Isthmía, in dessen Umgebung in der Antike die isthmischen Spiele abgehalten wurden. Wir wenden uns nach rechts in Richtung Hexamilion. Beim Kastell Justinians beginnt der Rundgang.

☐ Die isthmischen Spiele

»Zum Kampf der Wagen und Gesänge
Der auf Korinthus' Landesenge
Der Griechen Stämme froh vereint,
Zog Ibykus, der Götterfreund ...
Schon winkt auf hohem Bergesrücken
Akrokorinth des Wandrers Blicken,
Und in Poseidons Fichtenhain
Tritt er mit frommem Schauder ein ...«
(Friedrich Schiller, Die Kraniche des Ibykus)

Die seit 582 v. Chr. bezeugten isthmischen Spiele waren neben den olympischen Spielen die bedeutendsten in der griechischen Welt. Sie fanden in zweijährigem Rhythmus im Frühjahr statt.

Wie in Olympia ist der Ursprung der Spiele in einer Leichenfeier für einen verehrten Heros zu suchen. Eine der reichen mythischen Überlieferungen über den Ursprung der Spiele weist darauf hin: Sisyphos, König von Korinth, soll den ertrunkenen Melikertes (später auch Palaimon genannt) bestattet haben. Er soll im Meer den Tod gefunden haben, nachdem die Göttermutter Hera seine Mutter mit Wahnsinn geschlagen hatte. Sisyphos oder der Meeresgott Poseidon selbst haben nach der Sage die Spiele gestiftet. Ein heiliger Hain (Temenos) des Beschützers der Meere bestand wohl schon vor dem Bau des archaischen Tempels (7. Jh. v. Chr.), dem 460 ein dorischer Tempel folgte. Obwohl wie in Olympia Pferdewettkämpfe bezeugt sind, hat sich bisher keine Spur einer solchen Kampfstätte ermitteln lassen. Der Bau der Sechsmeilenmauer mit dem Kastell durch den byzantinischen Kaiser Justinian im 6. Jh. n. Chr. hat wohl die Spuren von Gästehäusern, Gymnasien und Palästren verwischt, die in Olympia eindrucksvoll begegnen. Auch vom Poseidontempel sind nur noch Fundamente und Kleinarchitekturteile zu sehen. Wie die Kiefernwälder am Kanal zeigen, könnte »Poseidons Fichtenhain« wirklich im Temenos gestanden haben.

In ältester Zeit wurde der Sieger mit einem Fichtenkranz gekrönt, dann waren es abwechselnd Selleriekränze und Palmenzweige. Die Spiele wurden noch in der römischen Kaiserzeit von Gästen bis hin zur Schwarzmeerküste besucht. Die Anhänger der olympischen Religion im 4. Jh. n. Chr. rühmten gegenüber den Christen den Fortbestand der Spiele. Dann versinkt Isthmia wie Olympia in Vergessenheit, bis amerikanische Archäologen 1952 das Heiligtum neu entdecken.

☐ Rundgang

Hinter dem Neubaugebiet von Isthmía geraten zuerst die hochaufragenden Reste der **Hexamilionmauer** und das **Kastell Justinians** (6. Jh. n. Chr.) ins Blickfeld. Die Festung mit fünfzehn Eck- und zwei Rundtürmen an der seitlichen Ausfallpforte hat nahezu die Gestalt eines rechtwinkligen Dreieckes. Sie ist aus antiken Quadern des Poseidontempels teilweise in isodomem, schmucklosem Mauerwerk gebaut und birgt heute einen Friedhof mit Kirche.

Links von der Straße sind die heute überwachsenen Aufschüttungen des 181 m langen hellenistischen und römischen Sta-dions (3. Jh. v. Chr. bis 2. Jh. n. Chr.) gut zu erkennen. Schwer auffindbar im Gelände sind die ung. 50 m südlich des Stadions liegenden **Reste einer spätmykenischen Kyklopenmauer.** Geht man auf der Straße rund 40 m weiter, kann man rechts im leicht abfallenden Gelände hinter einem Zaun die vollständig verwachsenen Reste des hellenistischen **Theaters** ausmachen. Unter Kaiser Nero (54–68 n. Chr.) wurde es stark erweitert. Die Stützmauern wurden zum Bau der Isthmosmauer verwendet. Ebensowenig zugänglich sind die nördlich davon gelegenen **römischen Bäder.** 1975 sind in ihnen schwungvoll

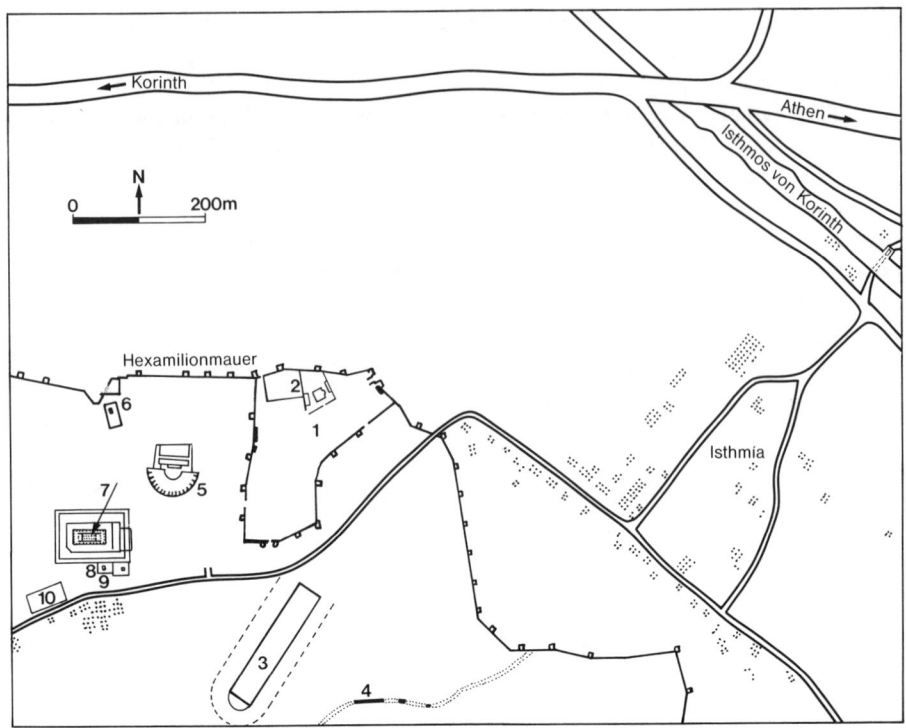

Antike Stätten um Isthmía *1 Kastell Justinians 2 Friedhof mit Kirche 3 Stadion 4 spätmykenische Mauerreste 5 Theater 6 römische Bäder 7 Poseidontempel 8 Rundtempel des
Palaimon 9 Startanlage 10 Museum*

gestaltete Mosaiken mit Meeresgöttern
und -göttinnen gefunden worden.

Neben dem Museum befindet sich der
Zugang zum Poseidonheiligtum von Isthmía (Öffnungszeiten wie Museum, s. u.).
Architekturfragmente des archaischen
Poseidontempels aus dem frühen 7. Jh.,
dessen giebelloses Holzgebälk auf gut 4 m
hohen Säulen ruhte, sind im Museum
neben Weihegaben und flachen steinernen
Weihwasserkesseln (Perirrhanterien) zu
sehen. Nach seiner Zerstörung in den Perserkriegen wurde 460 ein dorischer Ring-

hallentempel erbaut, der dem Zeustempel
von Olympia bis auf seine etwas kleineren
Ausmaße sehr ähnelt (Stylobat: 23 x 54;
Olympia: 28 x 64). Die Cella mit dahinter
liegender Halle (Opisthodom) wurde im
5. Jh. durch den Einzug einer Reihe dünner
Säulen dreigeteilt. Die Kanneluren der
wenigen, ehemals stuckierten Säulenreste
sind äußerst sorgfältig gearbeitet. Tausende von Bruchstücken des Daches werden zur Zeit untersucht.

Vor der Ostseite des Tempels sind die
Fundamente eines **hellenistischen Altars**

zu erkennen, der in römischer Zeit nicht mehr genutzt wurde, wie die querlaufenden Radspuren zeigen. In römischer Zeit boten zierliche ionische Säulenhallen, die zugleich den Temenos, den heiligen Hain, bildeten, einen merkwürdigen, wohl gewollten ästhetischen Kontrast zu der dorischen Wucht des Tempels. In der Rekonstruktion wird ein kleiner römischer **Rundtempel (Monopteros) des Palaimon** sichtbar. Unter dem dreistufigen Unterbau (Krepis) lag ein Allerheiligstes (Adyton), ein fensterloser, durch Lampen erhellter Raum. Einige dieser Lampen sind im Museum ausgestellt. Im Monopteros war ein heute verlorenes Bronzebild eines Delphins zu sehen, der den toten Melikertes-Palaimon auf dem Rücken trug. Der Monopteros stand teilweise auf der noch gut erkennbaren Bogenrundung, der Sphendone, des älteren Stadiums.

Auch die berühmte, ebenfalls gut sichtbare **Startanlage** wurde vom Palaimonium teilweise überbaut. In einem Loch an der Spitze eines gepflasterten, gleichschenkligen Dreiecks saß ein Starter. Er hielt 16 Schnüre in der Hand, die über Bronzeösen entlang der noch erkennbaren Bodenritzung zu Pfosten liefen, deren Löcher zu sehen sind. Oben an diesen Pfosten waren Querstäbe befestigt, die herunterfielen, sobald der Starter die Schnüre losließ.

☐ Das Museum

(Täglich 8.30–15 Uhr geöffnet, Eintritt frei. Kein Katalog)

Eingangshalle: u. a. monumentaler Torso eines Löwen, eindrucksvolles Porträt eines Philosophen (römische Kopie eines griechischen Vorbildes), römischer Legionsstein mit Nennung der Kohorten.

Vordere Saalhälfte: u. a. Gräberfunde (Schmuck, Keramik). Sportgeräte. Besondere Beachtung verdient ein fein ziselierter Goldohrring (hellenistisch). Stark rekonstruiertes Weihwasserbecken (Perirrhanterion, 1,2 m Durchmesser) aus dem Poseidonheiligtum (7. Jh.). Die vier Jünglinge (Kuroi) zeigen das archaische Lächeln. Ihrer tragenden Funktion entsprechend ist der Unterleib säulenartig stilisiert. Sie stehen auf vier Löwen, von denen sich ein abgearbeiteter Kopf erhalten hat.

Hintere Hälfte des Saales: die in Kenchreai, dem Osthafen von Korinth, gefundenen Glasmosaike in opus-sectile-Technik aus zugeschnittenen, kleinen Plättchen, vielleicht aus Ägypten (Fundsituation an der Wand). Besonders beachtenswerte Mosaike in kräftigen Farben: Küstenlandschaft mit Schiffen, Seetieren, tempelartigen Gebäuden, Säulenhallen, Häusern mit Pultdächern, einem Leuchtturm. Längsstehende Mosaikplatte: Abbildung eines Philosophen, vielleicht Platons. Weitere Funde aus den Hafenanlagen, vor allem Holzarbeiten (Tür eines Isistempels, Möbel, Flaschenzug).

Etwa 4 km östlich von Isthmía liegt **Kenchreai** mit den überspülten, nur schwimmend zugänglichen Hafenanlagen des Osthafens von Altkorinth. Vom Ufer aus zu sehen sind ins Meer hineinragende, rechtwinklig zueinanderstehende Mauern (u. a. römische Magazine) und zwei Bauten mit Apsis, von denen einer als Isistempel gedient hat. An der Nordmole ragen weithin sichtbar römische Ziegelmauern in beträchtlicher Höhe und ein Turm mit horizontal verlaufendem Mauerwerk empor. Die wunderschönen Glasmosaike aus Kenchreai sind heute im Museum von Isthmía zu sehen.

Das Heraion bei Perachóra (Περαχώρα)

Touristische Hinweise: Die Grabungsstelle am Kap Iréo ist mit dem Auto über den Badeort Lutráki von Korinth aus (ca. 30 km) leicht zu erreichen. Busverbindung nur bis zum Dorf Perachóra. Der 10 km lange Fußweg zum Heraion durch dichte Kiefern- und Zypressenwälder und Olivenhaine am malerischen Vuliagmenisee vorbei mit Blick auf die 1000 m ansteigende Jeránia Óri ist sehr reizvoll.

☐ Kunst und Geschichte

Die Spitze des Vorgebirges, das in den Golf von Korinth hereinragt, ist mit Gewißheit seit dem Frühhelladikum (3. Jt. v. Chr.) besiedelt. Ungesichert scheint eine Kultkontinuität vom Helladikum, vor allem der mykenischen Zeit (1600–1200 v. Chr.), bis zum vielbesuchten Heraheiligtum mit Orakel seit dem 9. Jh. v. Chr. Dieses Heiligtum konkurrierte mit dem Heraion bei Argos (s. S. 298 ff.) und wurde zuerst von Megara, dann von Korinth kontrolliert. Mehr als 1500 Fragmente von teilweise in Serie hergestellten Terrakotta- und Bronzefiguren mit Tier-, Menschen- und Götterdarstellungen wurden gefunden.

Berühmt ist das Hausmodell von Perachóra (7. Jh. v. Chr., heute im Nationalmuseum von Athen), das als Grundmodell eines frühgriechischen Tempels angesehen werden kann. Englische Archäologen wie H. Payne und T. I. Dunbabin haben seit 1930 nicht nur das Gebiet um die kleine Hafenbucht untersucht, die den Korinthern als zusätzlicher Hafen diente, sondern auch die ausgedehnten Siedlungsreste vor allem aus hellenistischer Zeit (3. und 2. Jh. v. Chr.) auf den umgebenden Hügeln. Zu einer Polis hat sich das Areal nach Ansicht der neuesten Forschung nie zusammengeschlossen. In römischer Zeit wurde die Stätte aufgegeben.

☐ Rundgang

Die Mauerreste beim heutigen Leuchtturm werden als Reste einer burgartigen Siedlung, einer **Akropolis,** gedeutet. Etwa 50 m davor zeichnet sich der rechteckige Grundriß eines **hellenistischen Hauses** ab. Unterhalb des heutigen Parkplatzes am Abstieg zur Bucht liegen Reste eines weiteren **hellenistischen Hauses** mit Vorhalle. Die kleine **Kapelle** am Abhang dient heute als Wächterhaus.

Links von der Bucht sind die hinteren Grundmauern einer **zweistöckigen Stoa** zu sehen (4. Jh.), deren Front fünf dorische Säulen im Erdgeschoß und darüber die gleiche Anzahl ionischer Säulen aufwies. Die Basen von insgesamt sechs dorischen Säulen sind sichtbar. Die Stoa diente nach den Untersuchungen von Coulton nicht dem Kult, sondern Handelszwecken. Neben der Stoa stand ein **Altar** (um 500 v. Chr.), dessen nördliche Mauerung und vier Säulenbasen noch sichtbar sind. Der Südteil rutschte durch einen Erdabbruch in die Tiefe. Zehn ionische Säulen trugen eine Art Baldachin über dem Altar. Zu ihm führten heute noch erkennbare Stufen hinab. Der Altar war wie ein dorisches Kranzgesims mit Metopen zwischen senk-

Hera: Herrin der Ebene und der See

Hera – die göttliche Frau – ist eine der ältesten und meistverehrten Gottheiten der Griechen. Außer auf Samos sind die Heraien von Perachóra und Argos Zentren ihres Kultes. In der großen Ebene von Argos ist sie Herrin der großen Rinder- und Pferdeherden. In doppelter Gestalt – als ›Göttin des Kaps‹ (Akraia) und der Küste (Limnaia) – ist sie in Perachóra Beschützerin der Seefahrer. Sie tritt so an die Stelle Poseidons. Erst spät wird sie die eifersüchtige, zänkische Gattin des Zeus. Ihr Kult verlangte wie bei den Heilgöttern Reinigung. In Olympia ist ihr Tempel zwei Jahrhunderte älter als der Zeustempel. Im (verlorenen) Kultbild sitzt sie, während Zeus in dienender Haltung neben ihr steht.

In der heiligen Hochzeit, häufiges Thema der Plastik, symbolisiert Hera Fruchtbarkeit und Ehe. Mit Hilfe des Zaubergürtels der Aphrodite vermag sie ihren Gemahl zu betören. Die heilige Hochzeit macht die Erde fruchtbar:

>»Sprachs, des Kronos Sohn, und umarmte
> seine Gemahlin.
> Unter ihnen ließ die Erde, die göttliche,
> junges
> Gras und tauigen Lotos und Krokos
> sowie Hyakinthos
> Wachsen, dicht und weich, der aus der
> Erde emporsproß.
> Darin lagerten sie und zogen die
> goldene schöne
> Wolke über; und Tau fiel nieder in
> blinkenden Tropfen.«
> (Ilias 14, 346–351)

rechten Dreierkerbungen (Triglyphen) geschmückt.

Rechts vom Altar sind die westlichen Unterbauten der Tempelmauern (Orthostaten) des **Tempels der Hera Akraia** und einige sorgfältig behauene Bodenplatten in der Mittellinie erkennbar (wohl um 530 v. Chr.).

Man weiß über diesen Tempel so wenig, daß nähere Angaben über sein Aussehen unmöglich sind. Dem Tempel ging ein archaischer Bau mit halbrundem Abschluß (schon um 800?) voraus, der dem Hausmodell von Perachóra glich. Der anschließende **Westhof**, früher fälschlich Agora genannt, ist mit Stützmauern aus vieleckigen Blöcken gesichert. In römischer Zeit stand hier eine Villa. Der Hof, in dem nie ein städtisches Leben stattfand, war von heute noch sichtbaren Steinplatten umge-

73

ben. Eine Säulenvorhalle erscheint ungesichert.

Geht man den Weg hinter der Stoa nach Osten empor, steht man vor dem eindrucksvollsten Gebäude von Perachóra, dem langgestreckten Oval einer **hellenistischen Zisterne**, deren mittlere Dachstützen noch erhalten sind. Oberhalb sind nur wenige Reste der Zisterne aus klassischer Zeit (5. Jh. v. Chr.) sichtbar. Südlich der Zisterne liegt ein in mehrere Räume unterteiltes **hellenistisches Speisehaus**.

Seit einiger Zeit neu interpretiert wird **der Bezirk (Temenos) der Hera Limnaia**, der Hera am Hafen. Ihr Kult ist für dieses Areal inschriftlich gesichert. Gegen den Geographen Strabon (✝ 20 n. Chr.) wird bezweifelt, ob die **rechteckige Grube** am tiefsten Teil des Bezirks ursprünglich eine Opfergrube war, in die Trankspenden und die dazugehörigen Schalen hinabgesenkt wurden. Vielmehr handelt es sich wohl um ein heiliges Becken zur Reinigung, die in Verbindung mit dem Herakult bezeugt ist. Auch die Interpretation des am Boden deutlich sichtbaren rechteckigen Raumes als Tempel der Göttin wird heute in Frage gestellt.

Das antike Sikyon beim Dorf Sikióna (Σικυώνα)

Touristische Hinweise: mit dem Auto von der kleinen Hafenstadt Kiáto (in der Nähe gute Bademöglichkeiten!) durch eine landwirtschaftlich intensiv genutzte Ebene über Múlki und Sikióna. Schon vor Sikióna kann man dem Schild ›Archéo Sikión‹ folgen und die Ortschaft umgehen. Die Straße nach Titáni führt direkt am Grabungsgebiet vorbei. Mit der Bahn (Richtung Patras) oder dem Stadtbus Korinth–Xylókastron (Haltestelle beim Dimarchíon in Neukorinth) bis Kiáto. Von dort mehrmals täglich Busse nach Sikióna. Vom Dorf ung. 1 km Fußweg zur antiken Stätte.

Von der älteren Siedlung am Meer bei Kiáto, die 303 von Demetrios Poliorketes zerstört wurde, sind wenige Spuren erhalten. Die kleine Agrarstadt, die sich politisch eng an Sparta anlehnte, war für ihre Bildhauer, Erzgießer und Maler berühmt. Das Schatzhaus der Sikyonier in Delphi bewahrte die wertvollsten Kunsterzeugnisse der Stadt. Von den wenigen erhaltenen Gegenständen aus Sikyon bezeugen die Vasen (vor allem kleine Salbfläschchen, Arybálloi genannt) und Terrakottafunde starke stilistische Abhängigkeit von Korinth. Demetrios, der ›Städteeroberer‹ (Poliorketes), hat nach 320 die Stadt am Fuß der Akropolis, von der wenige Spuren erhalten sind, neu gegründet.

☐ Rundgang

Der hellenistische, rechtwinklig konzipierte Stadtplan gibt der mit öffentlichen Gebäuden umgebenen Agora weiten Raum. Durch hohen Pflanzenbewuchs kann man sich von den erhaltenen Grundmauern des quadratischen Senatsgebäudes, des **Bouleuterions**, und der anschließenden 105 m langen doppelschiffigen

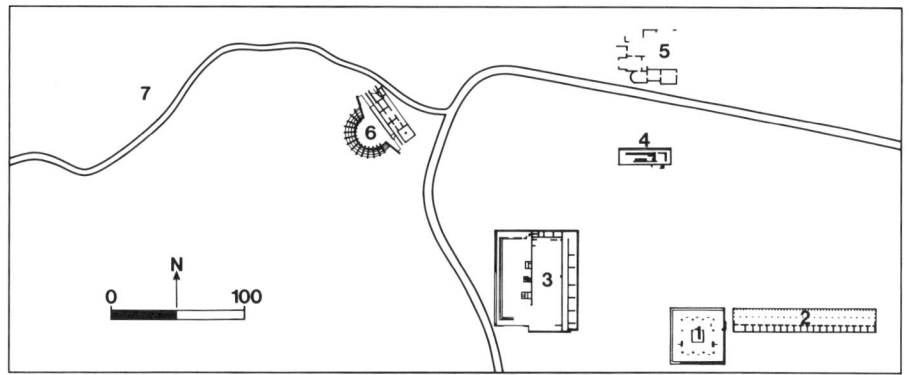

Sikyon *1 Bouleuterion   2 Stoa   3 Gymnasion   4 Ringhallentempel   5 römisches Bad (Museum)*
6 Theater   7 Stadion

ionischen **Stoa** nur schwer eine Vorstellung machen. 47 dorische Säulen umgaben die Halle und bildeten eine Fassade. Zwanzig gleich große Räume dienten als Kaufläden. Der Gesamtkomplex bot trotz seiner Monumentalität den Eindruck von Leichtigkeit. Die 16 ionischen Säulen (einzelne Reste sind zu entdecken) des harmonisch proportionierten Bouleuterions waren um eine gepflasterte Vertiefung zentriert, die wohl das von der lichtspendenden Dachöffnung hereinsprühende Regenwasser auffing. Nach anderer Auffassung wurde die Vertiefung erst später angebracht, als das Gebäude als Bad genutzt wurde.

Einen anschaulichen Eindruck vermitteln die Ruinen des **Gymnasions.** Zwei, durch dreiseitig umlaufende Säulenstellungen (Peristyle) aufgelockerte Räume auf unterschiedlichem Niveau sind mit einer zentralen Treppe verbunden. Die Treppe war flankiert von zwei gut erhaltenen Brunnenhäusern mit heute noch sichtbaren Wasserausflüssen, die früher bronzene

Löwenköpfe schmückten. Die dorischen Frontsäulen sind stark überlängt. Der breitere obere Hof diente als eigentliche Trainingsstätte. Der untere Hof mit ionischen Säulen besaß Nebenräume für kulturelle Veranstaltungen.

Der **Ringhallentempel** im Norden der Agora – vielleicht der Artemis geweiht – ist wie archaische Tempel langgestreckt (37 m x 11 m) und geht wohl auf das 6. Jh. zurück.

Das **römische Bad** beherbergt heute ein Museum, in dem hellenistische Skulpturen, Fußbodenmosaike mit Tierdarstellungen (4. Jh.) und bemalte Architekturreste von Bouleuterion und Stoa ausgestellt sind. Wegen Baufälligkeit ist es seit 1985 auf unbestimmte Zeit geschlossen.

Das am besten erhaltene Monument von Sikyon ist das etwa 200 m westlich vom Museum gelegene **Theater** aus dem 3. Jh. Acht Sitzreihen um die halbrunde Orchestra und die Grundmauern der ausgedehnten Skene wurden freigelegt. Man darf sich ein zweigeschossiges durch Säu-

Das Theater von Sikyon

len zur Orchestra hin offenes, zweischiffi-
ges Haus vorstellen. Zwei überwölbte
Zugänge zum Umgang im Zuschauerraum
(Diazoma) im Norden und Süden aus

porösem Muschelkalk sind noch gut erhalten. Vom **Stadion,** ca. 100 m westlich des
Theaters, sind nur einige Quader der Stützmauer zu sehen.

Neméa (Νεμέα) und Umgebung

Altneméa (Archéa Neméa) ist ein beschauliches, ca. 450 Einwohner zählendes Weindörf-
chen mit einem Kafenion und einem Restaurant (keine Übernachtungsmöglichkeit). Die
Küstenstraße von Korinth bis Kiáto führt durch Weinberge, Zypressenhaine und wilde
Schluchten – landschaftliche Reize, die sie der Autobahn zwischen Korinth und Dervená-
kia voraus hat. In Kiáto biegt man westlich nach Neunémea (früher Ájios Georgios) ab.
Von dort sind es noch 5 km nach Altneméa. Den weit über Griechenland hinaus bekannten Wein dieser Gegend sollte man kosten!

☐ Kunst und Geschichte

Das fruchtbare und klimatisch begünstigte Tal von Neméa kann auf eine kontinuierliche Siedlungstätigkeit bis 6000 v. Chr. zurückblicken. Ab 573 v. Chr. sind dort Panhellenische Spiele in zweijährigem Rhythmus bezeugt. Nur zur Festzeit im Juli/August war das Tal voller Leben; wie nach Olympia, Delphi und Isthmia kamen dann Tausende von Besuchern in das ansonsten stille Tal. Oberaufsicht über die Spiele, die im 3. Jh. auch Trompetenblasen- und Rufwettstreit miteinschlossen, hatte zuerst Kleonai, nach 460 Argos. Um 415 muß eine furchtbare Schlacht die Stätte verwüstet haben, auch den älteren, um 500 gebauten Tempel des Zeus, des Herrn der Spiele. Bis 330 sind dann die Spiele nach Argos verlegt. Danach, bis die Spiele um 100 v. Chr. wieder in Argos stattfinden, erlebte Neméa seine Blütezeit: Der Zeustempel wurde neu erbaut, das wichtigste kunsthistorische Monument neben den ›Häusern‹ (Oikoi), deren älteste in die Zeit des ersten Tempels zurückreichen. Im 2. Jh. n. Chr. war bereits das Dach des Tempels verfallen, die Kultstatue verschwunden. Beschleunigt durch Erdbeben, verfiel die Stätte immer mehr. Die Existenz einer wohlhabenden, frühchristlichen Gemeinde mit einer schlichten Basilika als Zentrum gilt spätestens im 5. Jh. als gesichert, doch ist die Besiedlung auch vorher nie abgerissen.

☐ Das Museum

Das Museum (ebenso wie Ausgrabungen und Stadion täglich außer montags 8.30–15 Uhr geöffnet) ist das modernste Museum auf der Peloponnes, wohl ganz Griechenlands. Anhand von Schaubildern und Photos kann der Besucher die Grabung und ihre Geschichte nachvollziehen. Besonderer Wert wird auf die antike Technologie gelegt.

Besonders interessante Exponate

Vitrinen 1–3: Münzfunde bezeugen den großen Einflußbereich von Neméa. *Vitrine 4:* kleiner, feingearbeiteter, spätarchaischer Löwenkopf aus Bronze und eine porträthafte hellenistische Goldmaske des Herakles. *Vitrine 6:* leider stark abgearbeiteter Bronzejüngling (Kuros). *Vitrine 8:* künstlerisch hochstehende Bronzehydria (Wassergefäß, um 510) mit der Inschrift am oberen Rand: »Ich gehöre dem Zeus von Neméa«. Den Handgriff bildet eine Mädchenfigur, deren Mund ein archaisches Lächeln umspielt. *Neben Vitrine 9:* große Amphore für Öl oder Wein. *Vitrine 10:* unter den Gebrauchsgegenständen typisch byzantinische glasierte Keramik mit Ritzde-kor. *Vitrine 11:* Grabfunde aus christlicher Zeit. *Vitrine 12:* mykenische Keramik. *Vitrine 13:* Funde aus mykenischer und geometrischer Zeit, darunter ein Bronzepferd mit gebogenem, überlangem rüsselartigem Vorderkopf und plastisch herausgearbeiteter Mähne. *Vitrinen 14–17:* noch unveröffentlichter mykenischer Schmuck und teilweise bemalte Keramik aus Familienfelsengräbern. *Vitrine 19:* Modell des sorgfältig gearbeiteten korinthischen Ziegelsystems des früheren Zeustempels. Große quadratische Pfannenziegel werden an den Stoßkanten durch spitzzulaufende, gerade Deckziegel verbunden. Die Eckdiagonalen wurden durch noch feuchte Pfannenziegel an Ort und Stelle ausgeglichen. Eine

Art Zement mit Stucküberzug wurde verwendet. Dekorative ›Schauziegel‹ (Antefixe) und Firstbekrönungen (Akroteria) mit Palmetten und Schnecken. *Vitrine 20:* Werkstatt eines Bronzegießers. Rekonstruktionen eines von unten beheizten Ziegelofens.

☐ Rundgang durch die Grabungen

Ein gepflasterter, moderner Fußpfad führt zuerst durch einen Komplex von sieben, im Osten noch nicht vollständig ausgegrabenen **Häusern** mit gänzlich verschiedenen Grundrissen, meist im 4. Jh. erbaut. Der in Haus 4 entdeckte Kochraum (jetzt im Museum) weist auf private Nutzung, ein Bronzegewicht und sakrale Gefäße lassen vermuten, daß Priester und Kampfrichter zur Zeit der Spiele hier wohnten. Weiter im Norden liegen Reste eines Gebäudekomplexes, der als **Gästehaus** (griech. Xenon) für die Athleten aus allen Teilen Griechenlands bestimmt war. Die 21 Räume hatten sieben Zugänge (zwei nach Norden). Die Säulen der nördlichen Räume trugen ein Obergeschoß und waren durch eine Treppe mit dem Parterre verbunden. Auf den Fundamenten des Xenons wurde im späten 5. oder frühen 6. Jh. n. Chr. eine dreischiffige **Basilika** mit einer breiteren Vorhalle (Narthex) als das Hauptschiff errichtet. Ein Baptisterium im Norden wurde später hinzugefügt. Von den Grundmauern der Basilika ist vor allem die Apsis gut zu erkennen; die übrigen Bauteile wurden im Gange der archäologischen Arbeiten abgetragen.

Auf gleicher Höhe und in gleicher Breite wie das Xenon liegt links vom Besucherweg die **Badeanlage,** teilweise mit einem Schutzdach bedeckt. Die Parallelität mit dem Xenon legt gleiche Entstehungszeit nahe (letztes Drittel des 4. Jh.). Wasserreservoire im Süden speisten im Überlaufsystem Becken zum Besprengen des Körpers und ein 8 x 4 m großes Zentralbecken. Die Hallen waren durch Säulen gestützt. Das Wasser wurde durch ein teilweise sichtbares, mit Spitz- oder Rundziegeln abgedecktes Aquädukt vom nahen Hügel geleitet.

Auf dem gepflasterten Pfad weiter nach Norden wandernd, stößt man auf **neun Häuser (Oikoi),** aneinandergebaut wie die Schatzhäuser von Olympia (s. S. 110), die aber kleiner waren als diese ›Oikoi‹. Ein südlicher Anbau wurde nach den Funden als ›Speisetrakt‹ identifiziert. Als Bauzeit aller Häuser nehmen die Archäologen die erste Hälfte des 5. Jh. v. Chr. an, die Zeit nach den Perserkriegen. Die verschiedenartigen Funde von Trinkschalen, Eisenankern, Dreifüßen, Schiffsplanken bis hin zu allen Arten von Keramik lassen vermuten, daß diese Häuser eher als Lagerräume oder Versammlungsstätten dienten denn als Schatzhäuser. Am besten läßt sich die Fassade von Oikos 9 rekonstruieren (Fragmente im Museumshof ausgestellt). Ionische Halbsäulen wuchsen aus einer festgefügten Wand heraus. Der obere Teil, auch das vermutete Gittermuster, bestand aus Holz. Südlich von Oikos 9 lagen die Brennöfen, von denen an Ort und Stelle

Die erhaltenen dorischen Säulen des Zeustempels von Neméa

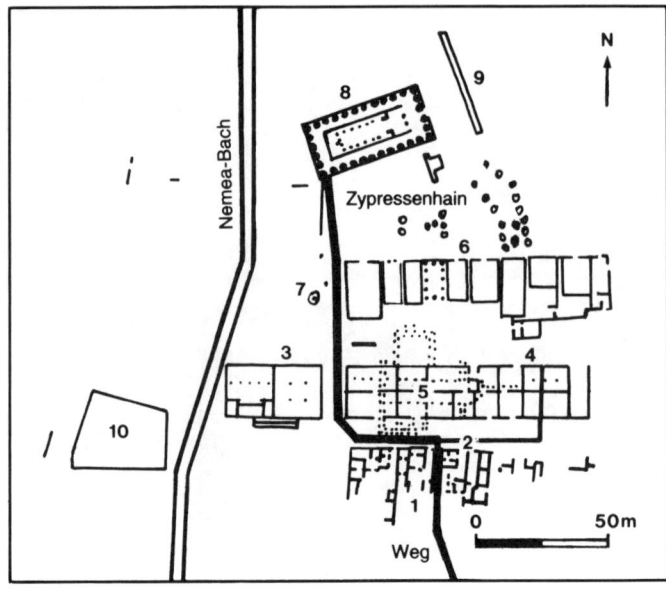

Neméa
1 Häuser
2 Haus 4
3 Badeanlage
4 Gästehaus
5 Basilika
6 Oikoi
7 Kalksteinringe
8 Zeustempel
9 Altar
10 Heroon
(unzugänglich)

wenig zu sehen ist; Rekonstruktion und Funde aus diesem sonst noch unausgegrabenen Areal sind im Museum ausgestellt.

Auf der Höhe der Oikoi fällt links vom Besucherweg ein Gefüge von zwei konzentrischen Kalksteinringen von ung. 6 m Durchmesser auf. Das aufwendige Fundament läßt vermuten, daß es sich um die zwei- oder dreistufige Base einer kostbaren Statue handelt.

Die drei noch aufrechten dorischen Säulen des **Zeustempels** mit einem Bruchstück des Architravs und die übrigen, teilweise renovierten Architekturfragmente rund um den Tempel sowie die Stücke im Museumshof vermitteln den Eindruck eines Bauwerkes in der Zeit krisenhaften Übergangs. Die strenge dorische Ordnung begann sich aufzulösen. Alte Ordnungen wurden noch reproduziert, neue Elemente erprobt. Der Zeustempel des 4. Jh. v. Chr. kopiert, abgesehen von Verkürzungen, die durch Wegfall des Opisthodoms hinter der Cella bedingt sind, Maße und Architekturdetails der Tempel von Tegea und Bassä (s. S. 139 ff.). Aus Zeitgründen ist freilich nicht derselbe Architekt wie in Tegea, Skopas von Paros (4. Jh. v. Chr.), anzunehmen, aber dieselbe Bauhütte ist für die Ähnlichkeit verantwortlich. Drei Architekturordnungen sind verbunden: die überschlanken dorischen Säulen der Tempelringhalle (Peripteros) mit einem für ältere dorische Ordnungen verhältnismäßig leicht wirkenden Gebälk; eine freistehende korinthische Säulenstellung in der Cella, deren Kapitelle in vereinfachter Form die Kapitelle von Tegea wiederholen; darüber eine ionische Säulenetage, wie sie wohl auch in Tegea bestand. Werkstoff war örtlicher

Kalkstein und pentelischer Marmor für das Sima, die Dachtraufe (Löwenköpfe und Palmettenmotive zeigen die Beispiele im Museumshof). Das Adyton, der ›unbetretbare‹ tieferliegende heilige Raum, ist noch erkennbar. Hier wurde wahrscheinlich der Heroenkult vollzogen, vielleicht des Ophéltes.

10 m östlich der Tempelrampe kann man gut die Fundamente des **Zeusaltars** identifizieren, eine niedrige Kalksteinreihe. Der Altar ist mit mindestens 41 m ungewöhnlich lang, vergleichbar mit dem Poseidonaltar in Isthmía, und wurde mehrmals ergänzt. Der mit Triglyphen, senkrechten Kerbkompositionen, geschmückte Altar im Museumshof stand vielleicht auf dieser Basis. Hier, unter freiem Himmel, vollzog sich die zentrale Handlung des klassischen griechischen Kultes: das Opfer.

☐ Das antike Stadion von Neméa

Das Stadion wurde 1974–1991 freigelegt und in den beiden folgenden Jahren äußerst anschaulich restauriert. Ein ausgezeichnet illustrierter, sehr preiswerter Führer beschreibt anhand von 16 im Gelände markierten Punkten, was man sieht und was dort einst geschah (nur auf englisch, direkt an der Kasse erhältlich). Die hier zu gewinnenden Einsichten helfen dem Besucher auch bei den Besichtigungen in Olympia weiter.

Das Stadion wurde 330–320 v. Chr. erbaut. Sehr gut erhalten sind das Umkleidegebäude der Athleten und der Tunnel, durch den sie Einzug ins Stadion hielten. Gut zu erkennen sind auch die Markierungspfeiler, die im Abstand von 100 Fuß entlang der insgesamt 178 m langen Laufstrecke standen, sowie die Schiedsrichtertribüne und die Startvorrichtungen für die Läufer.

☐ Altkleonai (Archées Kleonés), Phlius, Stymphalia und die Senke von Feneós

Homer sagt von der einst bedeutenden Stadt **Altkleonai,** wenige Kilometer östlich von Neméa an strategisch wichtiger Position gelegen, daß sie zum Reich des Agamemnon gehörte. Zu sehen sind polygonale Ringmauern, durch Türme verstärkt, Häuser, Reste eines Athenatempels, in eine Kirche verbaut, und eines Poseidontempels außerhalb der Mauern.

Von Neméa ung. 2 km entfernt liegen die Ruinen des ebenfalls von Homer erwähnten **Phlius.** Von der früher wohlhabenden Agrarstadt sind nur unbedeutende Reste erhalten.

Nach etwa 35 km auf steiler, gewundener Straße gelangt man südlich vom Dorf Stimfalia zu den wenigen Resten des antiken **Stymphalia.** Herakles soll hier die Stymphalischen Vögel mit ihren gefährlichen Pfeilfedern getötet haben. In der Sprache des Mythos verschlüsselt, mag dies die Ausrottung des tödlichen Sumpffiebers bedeuten. Zu sehen sind die Ruine eines Zisterzienserklosters, die Fundamente zweier kleiner Tempel und die polygonalen Mauern der Akropolis.

Eine stark gewundene Straße führt aussichtsreich von Stymphalia aus in die landschaftlich reizvolle, fruchtbare **Senke von Feneós,** umgeben von majestätischen Bergen.

Achaia: Landschaft und Kunst im ›Windschatten der Geschichte‹

Der Nomós Achaías

Nach Pausanias (2. Jh. n. Chr.) wurde der Distrikt zwischen Elis und Sikyon in alter Zeit einfach ›Aigialos‹ (Meeresküste) genannt. Denn nur dieser kleine fruchtbare, gut bewässerte Küstenstreifen – heute Anbaugebiet von Wein, Zitrusfrüchten, großer Ölbaumhaine – bot Auskommen für eine größere städtische Bevölkerung. In mykenischer Zeit, der zweiten Hälfte des 2. Jt., konnten sich keine großen Herrschaften bilden, doch werden

Achaia

Die Küste der Peloponnes bei Patras

immer neue kleine Machtzentren bis hoch ins Gebirge entdeckt. Die griechischen Achaier gründeten erst im 5. Jh. v. Chr. einen Staatenbund. Éjio war Zentrum der Küstenregion. Heute ist es ein im Gegensatz zum großstädtisch-hektischen Patras ruhiger Standort, um Kunst und Landschaft von Achaia zu entdecken. Anders als heute, da Patras als drittgrößter Hafen Griechenlands das Tor zum westlichen Mittelmeer bildet, gab es im antiken Achaia keine bedeutende Schiffahrt. Das Wirtschaftszentrum Patras und der ausgeprägte Badetourismus sind Ursache des außerordentlichen Bevölkerungswachstums im Nomós Achaías. Im Aroánia-Gebirge ist an den Hängen des Chelmos (2341 m) das modernste Wintersportzentrum Griechenlands entstanden.

Patras (neugriechisch: Pátra/Πάτρα) und Umgebung

Touristische Hinweise: als drittgrößte Hafenstadt Griechenlands (rund 155 000 Einw., steigend) bietet Patras Unterkünfte jeder Preisklasse. Touristeninformation ca. 300 m vom Bahnhof und 200 m vom Busbahnhof an dem Odós Óthonos Amalías vor dem Ein-

Blick auf Patras

gang zu den internationalen Schiffahrtslinien (7–23 Uhr geöffnet). Patras ist mit dem Auto per Schnellstraße von Athen, per Bahn Strecke Athen – Pírgos – Kalamáta, per Schnellbus Richtung Pírgos – Methóni leicht zu erreichen. Wer der Hektik der Hafenstadt entgehen will, möge sich in Éjio niederlassen.

☐ Kunst und Geschichte

Von der griechischen Polis sind keine Monumente erhalten. 146 v. Chr. wurde sie nach der Niederlage gegen die Römer von der Bevölkerung verlassen. Dagegen ist die Stadt durch die Gründung einer römischen Veteranenkolonie 14. n. Chr. reich an römischen Funden und Mauerresten. Der Apostel Andreas, dem die Kathedrale geweiht ist, soll hier das Martyrium erlitten haben. Obwohl Patras in byzantinischer Zeit als Metropolis Zentrum der Abwehr gegen die Slaven war, haben sich wenige Spuren dieser Zeit erhalten. Die an der Stelle der alten Akropolis gebaute Festung spiegelt die wechselnden Mächte, die die Stadt beherrschten: Byzantiner, Franken, Venezianer, Florentiner und Türken. Im Befreiungskampf wurde Patras völlig zerstört. Im Geiste des 19. Jh. wurde 1829 die neue Stadt schachbrettartig angelegt und mit klassizistischen Bauwerken und Plätzen geschmückt. Nur das Viertel um das Kastell hat die alte winklige Gassenführung bewahrt.

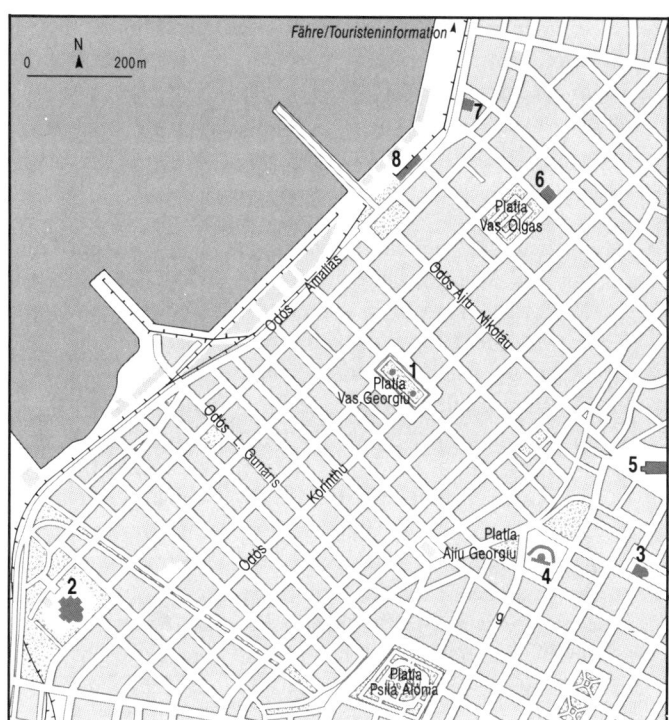

Patras

1 *Stadttheater*
2 *Andreaskathedrale*
3 *Pantokratorkirche*
4 *Odeion*
5 *Kastell*
6 *Antikenmuseum*
7 *Busstation*
8 *Bahnhof*

☐ Rundgang

Zwei Brunnen mit geflügelten Löwen schmücken die großzügig angelegte **Platía Georgíu I.** Die klassizistischen Häuserreihen rund um den Platz mit den charakteristischen Arkaden werden an immer mehr Stellen von unschönen Neubauten unterbrochen. Unaufdringlich elegant wirkt die Fassade des 1872 von Ernst Ziller entworfenen, neoklassizistischen **Stadttheaters.** In der Nähe des Platzes laden Galerien zum Kennenlernen moderner griechischer Künstler ein, die sich verschiedener Stilarten vom Impressionismus bis zum Kubismus bedienen.

Am Hafen entlang, in dessen Nähe einige klassizistische, oft leider dem Verfall preisgegebene Häuser zu entdecken sind, gelangt man nach ung. 500 m zur **Andreaskathedrale** (1974 fertiggestellt). Klassische, byzantinische und der Renaissance nachempfundene Stilelemente sind hier zu einem monumentalen Bauwerk vereint. Die Zentralkuppel lastet erdrückend schwer auf dem Gebäude. Byzantinisch-streng blickt das stilisierte Standbild der Schutzmantelmadonna in der Apsis auf den Gläubigen hinab. Neben der älteren Andreasbasilika liegt versteckt ein dunkles

Gewölbe über einer Quelle – einst der Fruchtbarkeitsgöttin Demeter geweiht. Aus dem wunderwirkenden Wasser der Demeter ist das Weihwasser des hl. Andreas geworden.

Das **Volkskundemuseum** im gepflegten Skajiopuliopark, ca. 600 m südlich der Andreaskathedrale, zeigt eine reichhaltige Sammlung von Möbeln, landwirtschaftlichem Gerät und Hausrat, Trachten und Webarbeiten aus der Umgebung von Patras (guter Katalog; bei Redaktionsschluß wegen Gebäudeschadens geschlossen).

Reizvoll ist es, eine der typischen breiten Treppen von Patras zur Oberstadt hinaufzusteigen. Auf der **Platía Psilá Alónia** wurde 1971 ein römischer Gebäudekomplex freigelegt mit Säulenhallen, zwei Wasserbecken und mehreren Vorratsräumen. Das Gebäude war wohl öffentlich. Reste der Ausgrabungstätigkeit sind noch sichtbar, ebenso einige verstreute Säulentrommeln und zwischen den Häusern römische Mauern in beträchtlicher Höhe. Die Pausaniasforschung vermutet heute die von ihm genannte Agora nicht mehr an der Platía Psilá Alónia, sondern östlich vom Odeion bei der heutigen Pantokratorkirche.

Das **Odeion** – ein meist überdachter theaterähnlicher Saalbau für Vorträge und Musik – wurde im 3. Jh. n. Chr. zerstört, aber nach dem Zweiten Weltkrieg für moderne Theateraufführungen umfassend restauriert. Die Steinstufen zwischen den Kreissektoren der Zuschauerreihen wurden wiederhergestellt wie auch die Sitzreihen, deren ursprüngliche Zahl nicht bekannt ist, und die Bühne (Skene) mit erhöhter Vorbühne (Proskenion). Die Ziegelstützmauern ruhen auf großen Steinquadern. Fünf römische Sarkophage, geschmückt mit Hörnern und korinthischen Kapitellchen, liegen vor dem Odeion.

Vom **Kastell** genießt man eine prachtvolle Aussicht auf die Stadt. Bis zum Zweiten Weltkrieg diente es militärischen Zwecken. Heute ist die dreieckige, 200 m lange Außenfestung öffentlicher Park; die Zitadelle im Nordosten ist unzugänglich. In der byzantinischen Nordmauer erkennt man die reichliche Verwendung von antiken Spolien. Die Bastionen der Nordmauer stammen mit großer Wahrscheinlichkeit aus venezianischer Zeit, wie der waagerechte Zierwulst und ein Spitzbogen nahelegen. Die besonders eindrucksvolle, zinnenbekrönte Bastion an der Südostecke rechts von der Ostpforte des Kastells mit horizontal liegenden Quadern und einem Zierwulst stammt wahrscheinlich aus türkischer Zeit. Der leicht spitz zulaufende Bogen über der Ostpforte könnte fränkisch sein.

Nur zwei Räume des **Antikenmuseums** (an der Platía Vas. Olgas; 8.30–15 Uhr; montags geschlossen) waren 1997 zugänglich. Die Exponate sind gut beschriftet (englisch). Es ist zu hoffen, daß die früher gezeigten Exponate bald wieder zu sehen sein werden, vor allem eine vorzügliche römische Nachbildung der Athena Parthenos des Phidias. Ein Besuch des Museums ist dennoch lohnend. Mykenischer Glasperlen- und Goldschmuck, eine mykenische Schale im Palaststil, römische Gläser sind im rechten Saal zu sehen. Im linken Saal Exponate aus römischer Zeit: ein pausbäckiges Kinderköpfchen, ein ausdrucksvoller Porträtkopf des Tiberius (1. Jh. n. Chr.), ein Mosaik mit athletischen und musikalischen Agonen.

Römische Sarkophage vor dem Odeion

☐ In die nahe Umgebung von Patras: Éjio (Αἴγιο) und die Festung Río, das Weingut Achaia Clauss

Éjio ist eine sympathische Provinzstadt (rund 21 000 Einwohner; einige Hotels). Bereits der römische Griechenlandreisende Pausanias erwähnt die Quellen, die heute neugefaßt am ›Platanenplatz‹ am Ufer nahe dem Bahnhof sprudeln. Der Architekt Ernst Ziller entwarf nach 1862 die Metropolitankirche mit einer mächtigen Kuppel. Eine von Ziller entworfene Markthalle birgt heute eine kleine archäologische Sammlung mit Funden aus der Umgebung. Im Ortsteil Tripití in Hafennähe liegt die malerisch in den Felsen gebaute **Kirche der Panajía Tripití** (19. Jh.). Die prachtvoll geschnitzte Ikonostás rahmt Silbertreibikonen und Bilder in der weichen, romantischen Stilrichtung des 19. Jh.

Auf dem Weg nach Éjio entlang der Küstenstraße passiert man **Río**, die engste Stelle des Golfes von Patras (2 km, laufend Busse von Patras). Die Türken haben die strategische Bedeutung dieser ›kleinen Dardanellen‹ erkannt und um 1500 eine starke Sperrfestung erbaut, ein typisch türkischer zinnengekrönter, schmuckloser Zweckbau, der an die Dardanellenfestungen erinnert. Nach Zerstörung durch die Malteser haben die Venezianer 1713 das von ihnen sogenannte ›Moreakastell‹ wohl ganz nach altem Vorbild wieder aufgebaut. In den Mauern sind Quader eines Poseidontempels verwendet, dessen Ruine Reisende noch im 19. Jh. im Innern der Festung sahen.

Der Keller des Wein-gutes Achaia Clauss

Die Führung durch das **Weingut Achaia Clauss,** ca. 7 km vom Hafen von Patras entfernt (den Odós Gunári stadtauswärts in Richtung Saraváli – Kríni), schließt eine Weinprobe ein, bei der man die geschmackliche Vielfalt der Weine um Patras kennenlernen kann. Die junge bayerische Exportkaufmann Clauss wollte zuerst Früchte exportieren, erkannte aber schnell die Güte des griechischen Weines und gründete 1861 das Weingut – heute der größte Weinproduzent Europas in Händen der Familie Antinopulos. Ein Restaurant im Odós Ájios Nikólaos beim Hafenplatz serviert nur wohlgepflegte Clausssweine zur echt griechischen Küche.

□ **Rundtour von Patras: Platanóvrisi (Πλατανόβρυση), Chalandrítsa (Χαλανδρίτσα), Leontion**

Von Patras verkehren mehrmals täglich Busse über eine landschaftlich äußerst reizvolle Strecke mit weitem Blick auf die nördlich vom Erímanthosgebirge gelegene Ebene nach Kalávrita. Mit dem Auto könnte man eine rund 100 km lange Rundtour über Méga Spíleo und Trápeza zurück nach Patras planen. Bei **Platanóvrisi** (teilweise umfahren die Busse den Ort weitläufig) sind die Grundmauern einer dreischiffigen Basilika (10. Jh. n. Chr.) mit Resten frühbyzantinischer Reliefkunst zu besichtigen.

Chalandrítsa war Hauptort einer fränkischen Baronie. In einem Garten unterhalb der Hauptstraße befinden sich die spärlichen Reste des fränkischen Palastes: ein Hof und ein Turm mit Spitzbogenfenstern. Auch das kleine einschiffige Johanneskirchlein weist fränkische Stilelemente auf. Die gotischen Arkaden rund um die Ájios-Athanásios-Kirche wurden wiederaufgebaut.

30 km weiter östlich bei Míchas liegt auf einem Hügel das antike **Leontion**. Es wurde 1954–1958 von griechischen Archäologen ausgegraben. Der über 900 m lange hellenistische Mauerring (3. Jh. v. Chr.) aus polygonalen Blöcken wird von 15 Rechtecktürmen und einem halbrunden Eckturm überragt. Zu sehen sind weiterhin mehrere Hausruinen und acht Sitzreihen eines Theaters (4. Jh. v. Chr.).

In den Süden Achaias: Kalávrita (Καλάβρυτα) und die Ajía Lávra; das Artemis-Heiligtum bei Lusí (Λουσοί)

Touristische Hinweise: Es empfiehlt sich, die landschaftlich abwechslungsreiche Tour in den Süden Achaias in mehreren Tagesetappen durchzuführen und eine Fahrt mit der Zahnradbahn von Diakoftó nach Kalávrita einzuplanen (im Sommer mehrmals täglich). In Kalávrita Übernachtungsmöglichkeiten. Mit dem Bus sind Lusí und Kastría schwer zu erreichen.

Die heute mit Dieselloks angetriebene Zahnradbahn durch das wildzerklüftete Tal des Vuraichós wurde von französischen Ingenieuren Ende des 19. Jh. gebaut, um das Nationalkloster Ajía Lávra besser erreichen zu können. **Kalávrita** (1800 Einwohner, einige Hotels) wird von einer schmucklosen fränkischen Burg, Kástro Trémola, überragt. Mahnend blickt das riesige Kreuz einer schlichten Gedächtnisstätte von einer Anhöhe auf das Tal. Auf dieser Anhöhe wurden 1436 Männer von Kalávrita als Rache für die Erschießung von Geiseln 1943 von einer deutschen Jägerdivision ermordet. Das Schulhaus, in das man Kinder und Frauen eingesperrt hatte, wurde angezündet. An der Volksschule des Ortes klagt eine Tafel an.

Ein aussichtsreicher, sanft ansteigender Fahrweg windet sich rund 5 km von Kalávrita zum weithin sichtbaren Kloster der **Ajía Lávra** (keine Busverbindung). Es ist das berühmteste Nationaldenkmal der Griechen. Der hl. Athanasios, der Gründer der ›Megísti Lávra‹, d. h. der ›größten Lávra‹ auf dem Athos, hat auch diese Lávra, eine höhlenartige Mönchssiedlung, 961 gegründet. Das alte Kloster (Paleomonastíri) wurde 1585 von den Türken völlig niedergebrannt und um 1600 wieder aufgebaut. Es liegt 300 m vom heutigen Kloster entfernt bei einer Höhle (Wegweiser). Das Katholikón ist erhalten (verschlossen). Im Querschiff befindet sich eine 1645 vollendete Schicht älterer Fresken.

In der Zeit wirtschaftlicher Blüte des Klosters unter der Venezianerherrschaft wurde 1689 ein neues Kloster erbaut. Die Klostergebäude wurden 1826 von den Truppen des nur formell von Istanbul abhängigen Ibrahim Pascha niedergebrannt. Die Klosterkirche, eine Kreuzkuppelkirche ohne Stützen, ursprünglich innen und außen mit Fresken geziert (Reste durch Latten abgesichert), steht vor dem heutigen Klostergeviert. Das beherrschende Oktogon der Kuppel wird von rundbogigen Blendarkaden geziert, die von einem horizontalen Wulst abgeschlossen werden. Vor dieser Kirche findet am 25. März der festlich begangene Jahrestag der Schwurverbrüderung von 1821 statt. Sie stand unter der Führung des Erzbischofs Germanós von Patras als Anfang des griechischen Befreiungskrieges. Die gewaltige Platane, unter der der Schwur gesprochen wurde, steht noch heute vor der Klosterpforte. Das Klostergeviert – an der Eingangsseite durch quaderbetonte Rundbögen und Fenster, an der Talseite durch Arkadenreihen harmonisch gegliedert, wurde erst 1950 gebaut, nachdem das Kloster, wie Méga Spíleo ein Ort des Widerstandes, von deutschem Militär am 14. 12. 1943 niedergebrannt und die Mönche erschossen worden waren. Im Katholikón (erbaut 1850) des heutigen Klosters sind die kunstvoll geschnitzte Ikonostás mit Ikonen im romantisch weichen Stil des 19. Jh. und die geschnitzten Throne der Klosteroberen sehenswert. Das Katholikón hat die Verwüstung von 1943 überstanden.

Im **Museum der Ajía Lávra** (keine geregelten Öffnungszeiten) ist die bühnenartig installierte Ausstellung an der Rückwand der Erinnerung an den griechischen Freiheitskampf gewidmet (Fahnen, Uniformen, Waffen, Bilder). In der Mittelvitrine sind wertvolle Handschriften aus mittelbyzantinischer Zeit zu sehen, darunter eine seltene Pergamentrolle mit der Basileiosliturgie und bebilderte Evangeliare vom 11.–14. Jh. Besonders beachtenswert und noch reichhaltiger als die Ikonensammlung von Méga Spíleo sind die nachbyzantinischen, teilweise bis zur Unkenntlichkeit weihrauchgeschwärzten Ikonen an der rechten Wand des Saales. Sie reichen vom volkstümlichen Stil bis zum raffinierten, Byzanz nachempfundenen kretischen Stil (16. und 17. Jh.). Lebendige Frömmigkeit atmet der kleine Tragaltar in der rechten hinteren Ecke des Saales.

Die Straße von Kalávrita zum Dorf **Lusí** ist teilweise noch unbefestigt (keine Busse, aber Taxen). Unterhalb von Lusí auf dem Profítis-Elíasberg wurde 1896 ein Heiligtum der Artemis Hemera – der Artemis des Tages – entdeckt (wohl 5. Jh. v. Chr.) und ein Gebäude mit halbkreisförmigen Sitzreihen, das als Ratsgebäude (Bouleuterion) der unterhalb des Heiligtums gelegenen Stadt gedeutet wurde. Die spärlichen verstreuten Reste des Tempels beim Kirchlein der Gottesmutter lassen auf einen ungewöhnlichen Tempelbau schließen, mit Zungensäulen in der Cella wie in Bassä und Tegea und merkwürdigen, geschlossenen Seitenschiffen, die kein Licht hereinließen. Österreichische Archäologen haben ab 1986 südwestlich vom Heiligtum am Furni hellenistische, von Säulenhallen umgebene Bauten und Baderäume entdeckt.

Von Káto Lusí sind die beiden **Gipfel des Chélmos- oder Aroániagebirges** (Neraidó-rachni 2341 m und Psilí Korfí 2355 m) in einer anstrengenden Bergtour zu besteigen. Mit dem Auto kann man, dank des neuerschlossenen, ökologisch bedenklichen Skigebietes auf dem Chélmos, vor Áno Lusí links abbiegen (Wegweiser) und durch Tannenwälder fast bis zum Gipfel fahren. Hier genießt man einen herrlichen Rundblick.

Links von Káto Lusí in Richtung Süden abzweigend gelangt man nach 5 km zur sog. ›Höhle der Seen‹ bei Kastría (täglich geöffnet 9.30–16.30). Seit 1985 hat die Gemeinde in der Höhle einen 350 m langen Besichtigungsweg ausgebaut. Stalaktiten und Stalagmiten spiegeln sich in 13 Seen.

Das Kloster Méga Spíleo (Μέγα Σπίλαιο)

Touristische Hinweise: Mit dem Auto 20 km über die bei Trápeza von der Küstenstraße abzweigende schmale, gewundene, steile Teerstraße direkt nach Méga Spíleo.

Mit der Zahnradbahn von Diakoftó bis Áno oder Káto Zachlorú. Von dort auf einem steilen Eselspfad zu Fuß (Wegweiser!) durch das Vuraichóstal direkt zum Kloster (ca. 1 Stunde). Öffnungszeiten Kloster und Museum: 9 Uhr bis Sonnenuntergang.

Die in mystisches Halbdunkel getauchte Höhle, in der die Hirtin Euphrosyne die Stimme der Muttergottes gehört haben soll (s. S. 92), ist heute Hauptanziehungspunkt der gläubigen Besucher. Das Kloster ist nach ihr benannt (Méga Spíleo = ›große Höhle‹). Sie bewahrt die berühmteste Reliquie des Klosters: die in Silbertreibarbeit gefaßte schwarz-blaue Wachsikone der Jungfrau Maria im Stile der Hodegétria, der Maria als ›Wegebegleiterin‹, behängt mit Votivgaben der Gläubigen. Die Gesichtszüge sind kaum erkennbar. Das schlicht empfundene Bild ist – wie der Silberbeschlag – erst im 17. oder 18. Jh. entstanden, nicht, wie die fromme Überlieferung will, im 8. oder 9. Jh.

Das Kloster war schon in den Befreiungskriegen ein Hort des Widerstandes. Die deutsche Besatzung stürzte am 3. 12. 1943 22 wirkliche oder vermeintliche Partisanen, darunter einen Vierzehnjährigen, vom hohen Felsen, der heute zum Gedächtnis ein weißes Kreuz trägt.

Wie ältere Bilder zeigen, hat der an den Fels gelehnte achtstöckige Klosterbau in den Untergeschossen die schlichte Gestaltung vor 1934 bewahrt, als der letzte große Brand das Kloster in Schutt und Asche legte.

Das 1985 großzügig modern renovierte **Museum** enthält außer einem illuminierten Evangeliar aus dem 11. Jh. (Mittelvitrine) ausschließlich nachbyzantinische religiöse Kunstgegenstände (Paramente, Reliquiare, Leuchter, Tragkreuze usw.). Von den Ikonen ist besonders bemerkenswert eine volkstümlich dicht bemalte doppelt aufklappbare

Ikonenfrömmigkeit auf der Peloponnes

Die gelehrte östliche Theologie sieht im religiös verehrten Heiligenbild, der Ikone, das gemalte ›Abbild‹ von einem ›Urbild‹, das an die ›Ideen‹ Platons erinnert. Doch die volkstümliche Religiosität – fern von religiöser Gelehrsamkeit – glaubt, daß in der Ikone das Göttliche selbst sichtbar, berührbar und wunderkräftig entgegentritt. In der Kirche küßt der Gläubige eine oder mehrere Ikonen und betet. Besondere Kräfte gehen von wundertätigen Ikonen aus, um die sich Legenden mit Märchenmotiven ranken und zu denen Gläubige auf der Suche nach Hilfe oft von weither pilgern. Das Marienbild von Méga Spíleo ist sprechendes Beispiel: Träume und Gesichte führten nach der Legende im Jahre 362 n. Chr. die fromme Hirtin Euphrosyne zur ›großen Höhle‹, von der das Kloster heute seinen Namen trägt: »Plötzlich hörte sie eine Stimme, die rief: Euphrosyne, Euphrosyne. Sie drehte sich um und sah in der oberen rechten Ecke der Höhle die heilige Ikone der Mutter Gottes.«

Euphrosyne und zwei fromme Pilger reinigten die Höhle mit Feuer. Die nach der Legende vom Evangelisten Lukas gemalte Ikone vollbrachte danach ihr erstes Wunder und tötete einen Drachen in der Höhle mit einem Blitz. Heute füllen die Ikonenwunder ein ganzes Orakelbuch: Das Wachs der Ikone bleibt vom Feuer unberührt. Wer sie stehlen will, ist dem Tode geweiht. In der Zeit der Bilderfeindlichkeit im 9. Jh. n. Chr. übersteht sie alle gefahrvollen Wanderungen. An einer Platane, unter der sie aufbewahrt wird, erstrahlt ihr Abbild. Sie heilt Wunden und Glieder, rückt Felsen zur Seite, rettet Verschüttete. Sie rettet das Kloster vor Feinden.

Die tragische Geschichte des Klosters Méga Spíleo hat den Glauben an die Wunderikone nicht erschüttern können. In der geheimnisvollen Grotte mit dem plätschernden Wasser suchen täglich Hunderte von Gläubigen ihre göttlich-tröstende Nähe und hängen Votivgaben ans Gitter.

Tragikone aus dem 17. Jh. Die auf Holz gemalten Ikonen rechts vom Eingang sind Beispiele für den nachbyzantinischen, kretischen Stil. Einen Kontrast bilden die Ikonen im weich-gefühlvollen romantischen Stil des 19. Jh. gegenüber. Zeugnisse hochentwickelter Handwerkskunst sind die sakralen Gefäße und Reliquienschreine im Nebenraum. Bei den Weihrauchgefäßen mit geometrischem Dekor zeigt vor allem der Kontrast zwischen Bauchigkeit und Schlankheit am Hals islamisch-türkischen Einfluß. In den stilisierten Kuppelformen einiger Reliquiare ist russischer Einfluß zu erkennen.

Die beiden geschnitzten Bildwände im **Katholikón** und im Museum (Rückseite des Raumes) sind Meisterwerke einheimischer Handwerker. Auch die geschnitzte Kanzel des Katholikón muß in diesem Zusammenhang genannt werden. Die Fresken im Hauptschiff stammen von Manuel Andrónes aus Náfplio (1653). Die lebendig-bewegten Fresken der Vorhalle in bräunlichem Ton gehören dem 19. Jh. an.

Das Kloster Méga Spíleo

Elis: von Olympia geprägte Kunstlandschaft

Der Nomós Ilías

Erst die Verwaltungsreformen von 1930 und 1939 haben den Distrikt ungefähr in dem Umfang wiederhergestellt, wie ihn Pausanias (2. Hälfte 2. Jh. n. Chr.) beschreibt, nur ist heute nicht mehr das kleine Landstädtchen Élis, sondern das aufstrebende Pírgos die Distrikthauptstadt. Mit den Ebenen von Manolás, Amaliás, Pírgos und Élis ist der Nomos Ilías die flachste Region der Peloponnes mit über 60 % ebenem, zum größten Teil intensiv kultiviertem Schwemmlandboden und einer durchschnittlichen Meereshöhe von nur 155 m. Der Distrikt besitzt eine hohe, allerdings sich vermindernde Abwanderungsquote, vor allem in der Region von Olympia mit einer entwickelten touristischen Infrastruktur. Wie heute war Elis in der Antike ein ›ruhiger Agrarstaat‹ mit begüterten Grundbesitzern. Es wundert nicht, daß das fruchtbare Gebiet unter den Franken Herrschaftszentrum war, wie die Festungen Chlemútsi und Andravída beweisen. Merkwürdigerweise hat die byzantinische Zeit wenig kunsthistorisch bedeutsame Monumente hinterlassen. Obwohl Elis auch eigene Handwerkstradition besaß, ist die Region doch entscheidend von Olympia bestimmt. Kunstrichtungen aus allen Gegenden Griechenlands strömten hier zusammen. Für die helladische Zeit (3. und 2. Jt. v. Chr.) ist ein starker Einfluß der Kykladenkultur feststellbar.

Olympia

Touristische Hinweise: Die schachbrettartig angelegte moderne Siedlung Olimpía hat sich aus den Bedürfnissen des Tourismus entwickelt: über zwanzig Hotels aller Kategorien, ein Campingplatz, eine Jugendherberge an der Hauptstraße, an der auch der Informationskiosk liegt. Fahrpläne sind ausgehängt. Ausgezeichnete Verkehrsverbindungen: fast stündlich Busse nach Pírgos (Haltstelle an der Hauptstraße). Fünfmal täglich Bahnverbindung nach Pírgos.

☐ Mythos, Kunst und Spiele

Der heilige Bezirk von Olympia, die Altis (vorgriech. Name), wurde in mykenischer Zeit von einem Königssitz beherrscht, der Pisa genannt wurde. Wahrscheinlich lag Pisa auf dem Hügel beim heutigen Ort Drúwa. Dort wurden u. a. mykenische Mauerreste, aber kein Palast gefunden. Der Blick vom Hügel (hinter dem alten Museum die Straße links emporsteigen) gibt einen guten Eindruck der Gesamtsituation der Altis. Mitte des 7. Jh. ist Pisa noch als Beherrscherin von Olympia bezeugt, 570 wurde es endgültig durch Elis mit

Elis

spartanischer Hilfe zerstört; die Erinnerung erlosch. Die Apsidenhäuser (Häuser mit halbrundem Abschluß) nördlich des nicht mehr erkennbaren Zeusaltars aus dem Mittelhelladikum (1. Hälfte 2. Jt. v. Chr.) bezeugen frühe Besiedlung. Auf dem Kronoshügel (122 m) nördlich der Altis wurde ein Fruchtbarkeitsgott, am Fuße des Hügels, ›Gaion‹ genannt, wurden die Erdgöttinnen Ge und Themis verehrt. Die frühesten Weihegaben (Tierfiguren) gehen bis ins 11. Jh. zurück.

Mythen spiegeln den Kampf um die Beherrschung der Spiele wider, die bis zum Beginn des 6. Jh. rein lokal-peloponnesischen Charakter trugen. Der am Ostgiebel des Zeustempels dargestellte Mythos vom Sieg des später als Heros verehrten Pelops über Oinomaos,

Die Grabungen in Olympia

Die Erinnerung an das antike Olympia blieb lebendig, obwohl das Leben dort im 7. Jh. erloschen war. So schrieb der Begründer der modernen griechischen Buch- und Schriftkunde, der französische Benediktiner Bernard de Montfaucon, an den Erzbischof von Korfu 1723: »Hier ist das alte Elis, wo die Olympischen Spiele gefeiert wurden, wo man eine Unzahl von Denkmälern für die Sieger errichtete: Statuen, Reliefs, Inschriften. Die Erde muß dort davon vollgestopft stecken.« Johann Winckelmann, der Begründer der Archäologie der Neuzeit, schildert wenig später in einem Brief von 1768 seinen Plan, nach einer Peloponnesreise mit Grabungen zu beginnen: »Eine Nebenabsicht meiner Reise ist, eine Unternehmung auf Elis zu bewirken, das ist: einen Beitrag, um daselbst, nach erhaltenen Finanzen von der Pforte, mit hundert Arbeitern das Stadion umgraben zu können ...«

Eine ca. 4 m hohe Schwemmschicht bedeckte damals Olympia, nur die Mauern der Cella des Zeustempels, ein Kapitell und römische Ziegelmauern ragten daraus empor. Der englische Altertumsforscher Richard Chandler brachte 1766 auf einer Peloponnesreise diese spärlichen Reste mit Olympia in Verbindung. Sein Buch rüttelte die Gelehrtenwelt auf. Mehrere englische und französische Forscher machten sich auf den Weg nach Olympia. Der junge Architekt Allason zeichnete 1813 den ersten wissenschaftlich verwertbaren Plan auf trigonometrischer Grundlage. Die ›Expédition scientifique de Morée‹, die 1828 zusammen mit dem französischen Hilfscorps zur Befreiung Griechenlands die Peloponnes betrat, verwirklichte 1829 den Plan Winckelmanns. Bis zu hundert Arbeiter gruben am Zeustempel, der auch vermessen wurde. Nach heutigen Begriffen war die Grabung nicht systematisch, man tastete sich nicht Schritt für Schritt in die Tiefe, die Funde wurden nicht exakt dokumentiert. Die gefundenen Heraklesmetopen wurden nach Paris in den Louvre gebracht.

den König von Pisa, weist auf den Ursprung der olympischen Spiele als vom Adel geprägte religiöse Leichenspiele mit Wettkämpfen hin, zu Ehren des Heroen Pelops, der der gesamten Halbinsel den Namen gegeben hat. Denn »in Sieg und Niederlage äußern sich Gunst und Mißgunst der Götter. Der Wettkampf ist die Probe für die Gottgeliebtheit des Menschen« (Mannsperger). Nicht ein angeblich besonders den Griechen angeborener ›agonaler Trieb‹ ist Ursprung der Spiele (jede Adelsgesellschaft mißt sich in Spiel und Sport!), sondern die Suche des griechischen Menschen nach dem Göttlichen, das sich in der griechischen Kunst am besten in den Idealfiguren der Kuroi ausdrückt – den kraftvollen, nackten Jünglingsgestalten aus archaischer Zeit.

Das Aufblühen der Spiele im 8. Jh. war verbunden mit einer in der Mittelmeerwelt einzigartigen Fülle von geometrischen Bronzeweihegaben. Ein Bruchteil ist im Museum zu bewundern. Aus dieser Zeit (776 v. Chr.) datiert der Beginn der Siegerliste.

Als der junge Gelehrte Ernst Curtius (1814–1896) im Jahre 1838 zum ersten Mal Olympia besuchte, war über dem Zeustempel schon wieder Gestrüpp gewachsen. Curtius wurde Erzieher des preußischen Kronprinzen, des späteren Kaisers Wilhelm I. In einem Vortrag für seinen Schüler fragte er 1852: »Wann wird der Schoß des heiligen Bodens wieder geöffnet werden, um die Werke der Alten an das Licht des Tages zu fördern?« Wilhelm I., seit 1871 deutscher Kaiser, beauftragte 1873 die deutsche Botschaft in Athen, einen Vertrag mit der griechischen Regierung für die Olympiagrabungen auszuarbeiten. Am 25. 4. 1874 wurden die Verträge unterzeichnet. 1875 wurde mit der Grabung begonnen, an der bis zu fünfhundert Arbeiter beschäftigt waren.

Zum ersten Male in der Geschichte der Archäologie sollten die Funde nicht mehr die Museen Deutschlands, Englands und Frankreichs bereichern. Obwohl Deutschland alle Kosten übernahm, sollte »Griechenland das Eigentumsrecht an allen Erzeugnissen der alten Kunst erwerben . . .«, wurde im Vertrag vereinbart. Fundkopien durften für deutsche Museen angefertigt werden. Die Verträge von Olympia dienten später anderen internationalen Grabungsvorhaben als Vorbild, so den französischen Grabungen in Argos und den amerikanischen in Korinth und Némea. Museen unter griechischer Leitung wurden gegründet.

Die Ausstellungsstücke des am 7. 2. 1982 eröffneten neuen Museums von Olympia sind die Früchte einer über hundert Jahre währenden Zusammenarbeit zwischen deutschen und griechischen Archäologen, einer Zusammenarbeit im olympischen Geist des Friedens und der Völkerverständigung auf der Suche nach den Wurzeln der europäischen Kultur. Sie wird heute vor allem im Süden, Südwesten und im Norden des Geländes intensiv fortgesetzt. Neue Objekte von geometrischer bis römischer Zeit werden untersucht, alte Ergebnisse korrigiert und verbessert. Dabei widmet man jetzt der Frühgeschichte des Heiligtums und seiner Geschichte in frühchristlicher Zeit besondere Aufmerksamkeit.

Alle Bauten der Altis stammen bereits aus dem 6. Jh., einer Zeit, in der die Spiele panhellenischen Charakter tragen: der Heratempel, die Schatzhäuser, das Prytaneion und das Bouleuterion – die Amtssitze der Verwaltungsbeamten der Spiele. Im 6. Jh. war auch die Entwicklung des Sportprogrammes abgeschlossen: Lauf; Fünfkampf (Pentathlon) bestehend aus Lauf und Weitsprung, Diskus- und Speerwerfen, Ringen; Schwerathletik, Pferde- und Wagenrennen, Waffenlauf.

Zum Sportprogramm kamen im 5. Jh. kulturelle Veranstaltungen wie Dichterlesungen hinzu. Herodot soll hier sein Geschichtswerk vorgetragen haben, Pindar seine Siegeslieder. Ohne Zweifel stärkten die Spiele das Zusammengehörigkeitsgefühl der meist zerstrittenen Stämme und Städte, vor allem gegenüber den nicht griechisch sprechenden ›Barbaren‹. Der Wettkämpfer mußte Griechisch sprechen können! Der Vierjahresrhythmus der Olympiaden war Grundeinheit gesamtgriechischer Zeitrechnung.

Verhindert hat der panhellenische Einheitsgedanke vor allem nicht den ruinösen Peloponnesischen Krieg (431–404 v. Chr.) zwischen Athen und Sparta. Bereits im Bau des Zeustempels spiegelt sich deutlich die Rivalität der damaligen beiden Großmächte. Es gab scharfe Kritik an den Spielen. Zu Beginn der Perserkriege um 500 sagt Xenophanes von Elea: »Denn besser als Menschen- und Pferdestärke ist unsere Weisheit; und alle jene Erfolge verbessern weder die politischen, noch die wirtschaftlichen Verhältnisse eines Staates«. Die Siege der gefeierten Berufsathleten haben politische Rivalitäten eher verstärkt als gemindert.

365 v. Chr. besetzte der Städtebund der Arkader die Altis, die Tempelschätze wurden geplündert. Diese Entweihung geschah in einer Zeit, in der in Olympia am eifrigsten gebaut wurde: das Metroon – Tempel der Göttermutter –, verschiedene Hallen, Trennungsmauer zwischen Kultstätte und Stadion, Leonidaion, Philippeion, Stadiondurchgang. In dieser Zeit arteten die Spiele immer mehr zu einem gigantischen Volksfest aus (das Stadion faßt 40 000 Besucher!) mit allen Problemen, die eine solche Massenversammlung für Ver- und Entsorgung mit sich brachte. Immer mehr Berufsathleten – in Genossenschaften zusammengeschlossen – traten auf. Der religiöse Charakter ging aber wenigstens äußerlich durch Festprozessionen zum Zeusaltar am Anfang und Ende der Spiele und durch die religiösen Kampfrituale nie ganz verloren.

Die römische Zeit begann mit der Plünderung und Zerstörung Olympias durch Mummius, den Eroberer von Korinth, 146 v. Chr., und Sulla, 85 v. Chr. Der Kunstmäzen Herodes Atticus (101–177) stiftete der Altis die prunkvolle Brunnenanlage des Nymphäums. Der Auftritt Kaiser Neros 67 n. Chr. als Leierspieler und Wagenrennfahrer blieb komödiantische Episode, wie auch seine kaum bewohnte Palastvilla wenig zu den übrigen Bauten der Altis paßte. 393 n. Chr. ist ein armenischer Prinz als letzter Sieger in Olympia bezeugt, ein Jahr bevor Kaiser Theodosios I. die heidnischen Spiele verbot.

Eine kleine christliche Siedlung entstand, die sich mittels schnell aus den antiken Bauten zusammengetragenen Mauern vor den Stürmen der Völkerwanderung zu schützen suchte. Ihre Basilika errichtete sie in der Werkstatt des Phidias. Erdbeben 522 und 551 n. Chr. legten den Zeustempel in Trümmer. Die Slaveninvasion auf der Peloponnes im 7. Jh. löschte die letzten Siedlungsspuren aus. Die Ströme Alpheios und Kladeos verwischten in Sand und Geröll die letzten Spuren; sogar der Name ›Olympia‹ ging verloren.

□ Rundgang

(geöffnet wochentags 8–19 Uhr, im Winter nur bis 17 Uhr; samstags, sonntags 8.30–15 Uhr, Mindestzeitbedarf ca. 2–3 Stunden)
Auf dem Weg in das Grabungsgelände sieht man links zuerst die eindrucksvollen Ziegelmauern der sog. **Nordthermen** (wegen Grabungen nicht betretbar). Soviel läßt sich über diese Anlage schon sagen, daß sie villenartig war und Baderäume besaß. Teilweise noch in der Erde verborgen liegt rechts das flächenmäßig größte

Olympia, Rekonstruktionsmodell

Gebäude von Olympia, das **Gymnasion** (220 x ca. 120 m), in dem wie in der Palästra (Ringstätte), mit der es räumlich und funktional eng zusammengehört, nackt trainiert wurde. Es entstand wahrscheinlich im frühen 2. Jh. v. Chr. Hier fanden die Übungen im Laufen, Springen, Speer- und Diskuswurf statt. Die Laufbahn war wohl mit Holz überdacht. Einige ionische, stark abgearbeitete Kapitelle und Säulentrommeln sind am Ort. Wie die als einzige ganz ausgegrabene einschiffige Südhalle erkennen läßt, war das Gebäude sehr schlicht, verglichen etwa mit dem aufwendigen Gymnasion von Pergamon.

Eines der prächtigsten Tore der hellenistischen Zeit vom Ende des 2. Jh. v. Chr. ist das **Eingangstor zum Gymnasion.** Zwei Kalksteinstufen führen zu dem gut erhaltenen Unterbau (15,5 x 9,8); außerdem sind einige sorgfältig gearbeitete korinthische Kapitelle zu sehen, die den Kapitellen vom Tholos und vom Nordtor in Epidauros ähneln (s. S. 346). Wie dieses hatte das Gymnasiontor tempelartigen Charakter, zogen doch hier die Athleten ein, um sich für den heiligen Kampf um den Ölzweig vorzubereiten. Gleich dem Nordtor in Epi-

dauros erfüllte das Gymnasiontor nicht mehr die Funktion, einen Raum zu sichern und abzuschließen, wie etwa die Propyläen der Athener Akropolis, die letztlich Vorbild für alle derartigen Bauten waren. Es fehlt die Türwand; die (nicht erhaltenen) Gittertore waren zwischen Säulen und Halbsäulen aufgehängt. Die Kassettendecke war wie die des Tholos in Epidauros mit großen, farbigen Blütensternen geschmückt.

Ein später durchgebrochener Gang verband die südlich anschließende **Palästra** mit der Südhalle des Gymnasions. Der Bau ist auch für den heutigen Besucher sehr eindrucksvoll. Viele der dorischen Säulen der um den quadratischen Innenhof (41 m Seitenlänge) herumführenden lichtdurchfluteten Hallen (4,75 m breit) wurden wieder aufgestellt, ebenso wie die ionischen Säulen, die zu den 19 teilweise sehr dunklen Räumen führen. Die dorischen Säulen sind zum Hof hin ganz mit Kanneluren versehen, in Richtung Halle aber nur in der oberen Hälfte. Kannelierung, Kapitelle und Anzahl der ionischen Säulen variieren vielgestaltig, so daß jeder der 19 Räume eine besondere architektonische Note erhielt.

Raum 10 besaß ein tiefes Becken, wohl für das Kaltbad. Reste eines Mörtelanstrichs lassen im Raum 15 eine Stätte für die Reinigung vermuten (der danebenliegende Raum 16 besaß einen Brunnen). Von Raum 15 führte ein tempelartiger, dorischer Durchgangsbau (Propylon) zu den Athletenwohnungen, die der Kladeos ganz weggespült hat. Nur Raum 19 war mit einer Türe verschließbar und bewahrte wohl Sportgeräte und Öl. Alles spricht dafür, daß die Palästra in Olympia nicht wie an anderen Orten der griechischen Welt Stätte der geistigen Begegnung war für Philosophen und Rhetoren, sondern allein Trainingsstätte.

Zeitweise für den heutigen Besucher nicht betretbar ist der gesamte Komplex der asymmetrisch angelegten **römischen Gästehäuser**, des **römischen Säulenhofhauses** mit den **griechischen Bädern** und die sog. **Kladeosthermen**. Die zwanglose Raumflucht der römischen Thermen mit abwechslungsreichen Mosaikfußböden ist auf einem einzigartigen griechischen Badekomplex aus dem 5. Jh. v. Chr. gebaut. Er besaß ein offenes Schwimmbecken, ein Badehaus mit Sitzbadewannen und ein Schwitzbad, **Heroon** genannt, da hier nachträglich ein Heroenaltar aufgestellt worden war.

Ebenso unzugänglich ist zeitweise das um einen Hof symmetrisch angelegte **Theokoleon,** das von Pausanias im 2. Jh. n. Chr. als Wohnsitz der Priester in Zusammenhang mit dem Prytaneion, dem Sitz der Verwaltungsbeamten, erwähnt wird. Der Zweck des Gebäudes, das im 1. Jh.

Die Palästra

101

v. Chr. um einen Peristylhof erweitert wurde, bleibt unklar. Wohnten hier die Werkleute des Bildhauers Phidias oder wurde dort kostbares Material aufbewahrt?

In der um 430 v. Chr. erbauten **Werkstatt des Phidias** wurde das berühmte Zeusbild des Zeustempels geschaffen. Die Rekonstruktion vermag nur einen schwachen Eindruck des 13,3 m hohen Gold-Elfenbeinbildes zu vermitteln; die Fülle der mythologischen Szenen an den Thronseiten kann sie gleichfalls nicht wiedergeben. Das Zeusbild war eines der staunend verehrten sieben Weltwunder der Antike; größer als das ›nur‹ 9 m hohe Athenakultbild im Athener Parthenon. Auf drei Ebenen wurde in der Werkstatt rund um das Bild gearbeitet.

Das Rekonstruktionsmodell der Werkstatt zeigt von außen einen schlichten, länglichen Zweckbau (14,6 x 32,2 m), der nur am Dachabschluß (Sima) mit stilisierten Blüten (teilweise im Museum ausgestellt) und am Unterbau aus Quadersteinen zurückhaltenden Dekor aufwies. Die Spannweite des Daches war ungewöhnlich groß (12,3 m). Das heutige Erscheinungsbild der Phidiaswerkstatt ist ganz von ihrem Umbau in eine dreischiffige **christliche Basilika** im 5. Jh. n. Chr. bestimmt (s. Farbabb. 24). Nur die Beschreibung des Pausanias aus dem 2. Jh. n. Chr. hat das Gebäude in seiner ursprünglichen Funktion richtig deuten lassen, denn die Werkstattabfälle (Tonformen, Elfenbeinreste, Werkzeuge) lagen etwa 15 m weit von der Werkstatt unter den Gebäuden C bzw. G. Der östliche Eingang wurde in christlicher Zeit durch eine heute noch gut sichtbare Apsis verschlossen. Der Arbeitsraum

wurde in eine Vorhalle mit weiterer Vorhalle und Nebenräumen geteilt. Zwei Kolonnaden, getragen von teilweise noch aufrechten, reich verzierten korinthischen Säulen auf einem klobig wirkenden, dreischichtigen Steinfundament, gliederten den Raum dreiteilig. Einige Platten des Fußbodens, gewonnen aus den gespaltenen Basisblöcken des Nymphäums, sind sichtbar. Den Blick ziehen die durchbrochenen Chorschranken mit Reliefornamentik auf sich. Auch der Unterbau der Kanzel (Ambo) ist an Ort und Stelle geblieben.

Nach Süden zu blickt man von der Basilika auf das palastähnliche **Leonidaion.** Der reiche Leonidas aus Naxos ließ es im 4. Jh. als Gästehaus erbauen. Auch andere Stätten gelangten in den Genuß seiner Freigebigkeit. Der Plan der Grabungsstätte gibt den ursprünglichen Grundriß wieder: Die fast quadratische Anlage (75 x 81 m) war anders als Theokoleon und Palästra parallel zur Feststraße ausgerichtet. Die Raumeinheiten waren streng regelmäßig gegliedert: im Westflügel sechs Einheiten – vielleicht für die vornehmsten Gäste –, im Ostflügel zwölf. Eingänge gab es im Norden und Süden. Um den vornehmen Eindruck zu steigern, war dem Gebäude ringsum eine schmale Halle (5,5 m) mit ionischen, sich verjüngenden Säulen (ung. 5,6 m hoch) vorgelagert. Der Blick auf die lange Reihe der Säulenbasen, teilweise noch mit den schlichten ionischen Kapitellen bekrönt, vermittelt noch etwas von der Eleganz der Anlage, die durch einen sorgfältig im Relief ausgearbeiteten Dachabschluß (Sima) mit Löwenköpfen, Spiralen, Palmetten und Mäandermustern noch gesteigert wurde. Die Säulen des Peristylhofs waren von dorischer Ordnung, der

Dachdekor glich weitgehend dem der äußeren Halle. Die Löwenköpfe wurden von einem erstklassigen Künstler geformt. Im 2. Jh. wurde das Gebäude, dessen von Holz versteifte Lehmwände und Holzgebälke leicht brennbar waren, bei einem Brand schwer beschädigt. Die Räume wurden vergrößert und waren danach – wie ein echter Sommerwohnsitz – lichtdurchflutet (im Plan ist die Veränderung nicht sichtbar). Gut am Plan, vor Ort nur aus der Ferne zu verfolgen, ist die kunstvoll aus Kreisbögen zusammengesetzte Gartenanlage mit dem Brunnen in der Mitte. Von einem kreisrunden Wasserlauf umgeben, bildete er eine Insel. Geometrisch angelegte Beete mit Statuen schlossen sich an. Ein zweiter Wasserlauf, von Brücken überwölbt, rahmte die Komposition, die in ihrer naturfernen Künstlichkeit die Architektur des Gebäudes betonte und zudem wohltuende Kühle spendete.

Nicht zugänglich sind die Südwestgrabungen – eingeschlossen das sog. Spolienhaus westlich vom Leonidaion – mit den eindrucksvoll herausragenden, von zwei Rundbogen unterbrochenen Mauern der nördlichen Fassade der **Südwestthermen**. Davor ist ein großes Freischwimmbecken erkennbar.

Wir gehen den alten Festweg zurück bis zum Gymnasiontor. Gegenüber erkennt man das aus Feldsteinen und Mörtel gefügte Fundament des **römischen Tores zur Altis**, dessen Aussehen nicht mehr rekonstruierbar ist (ähnlich einem kleinen Antentempel?). Südlich und nördlich des Fundaments liegen an einigen Stellen die Steinblöcke des Unterbaues (Orthostaten) der ursprünglich über 2 m hohen und nur 0,55 m breiten **römischen Altismauer** aus

Feldsteinen und Mörtel. Erst sie hat den heiligen Bezirk den Blicken verschlossen, während die Ende des 4. Jh. v. Chr. gebaute griechische Altismauer nur drei Quaderlagen (ung. 1,50 m) hoch war und den Blick zum heiligen Hain offen ließ. Reste sind vor allem beim Philippeion zu sehen.

Nur aus der Ferne ist hinter dem römischen Altistor das verwirrende Mauerwerk des **Prytaneion**, des Sitzes der ›Prytanen‹ zu erkennen (zeitweise abgesperrt). Nach Pausanias brannte dort das Feuer auf dem Altar der Hestia, der Göttin des häuslichen Herdfeuers, Tag und Nacht. Beim Prytaneion gefundenes Eß- und Kochgeschirr läßt vermuten, daß hier die Sieger gespeist wurden. Die sonstige Funktion der nicht zum Kultpersonal gehörenden Prytanen ist unklar. Das Prytaneion wurde nach 500 v. Chr. erbaut, mehrfach umgebaut und erweitert, zuletzt in römischer Zeit zu einem villenartigen Bau mit Wasserbecken und Peristylhof.

Wenige Meter südlich liegt der im Modell gut erkennbare zierliche Rundbau, das vom Vater Alexanders des Großen errichtete **Philippeion**. Die gut ausgearbeiteten zweigegliederten Marmorstufen sind an Ort und Stelle am besten erhalten. Im Vergleich zu den Rundbauten in Delphi und Epidauros (s. S. 346) war das Philippeion schlicht: Die ionische Ordnung der umlaufenden Säulen verlangte keine Skulpturen, die rekonstruierbare Decke war durch rhombenförmige Deckplatten sternförmig gegliedert, ohne den plastischen Dekor von Epidauros. Die Decke war aus Holz gearbeitet. In der Rekonstruktion des in Einzelheiten einmaligen Gebälkes sind sowohl die ionischen Außensäulen wie die korinthischen Halb-

säulen im Innern der Cella gut sichtbar, die nur noch mit Blattranken und nicht mehr mit Blüten wie in Epidauros geschmückt sind. Die halbrunde, reichprofilierte Basis der sechs verlorenen gold-elfenbeinernen Standbilder Alexanders und seiner Familie ist am Ort zu sehen. Es war die Zeit der Vergöttlichung der Herrscher.

Wendet man sich einige Schritte nach Osten, steht man auf dem geheiligten, ursprünglich gepflasterten Boden einer vorolympischen Kultstätte von chthonischen Gottheiten, Ge und Themis, deren Altar nach Pausanias auf dem Gaionhügel lag. Wie in Delphi war auch eine Orakelstätte vorhanden. Eine Rampe führte zu ihr hinauf. Hier wurde um 600 der **Heratempel** (s. Farbabb. 22), das erste monumentale Bauwerk in Olympia, errichtet (Aufsatzfläche der Säulen rund 19 x 50 m). Vielleicht stand vorher an seiner Stelle ein bescheidener Kultbau aus Holz und Lehmmauerwerk, ähnlich dem Tonmodell aus dem 8. Jh. v. Chr., das bei den Grabungen in Perachóra (s. S. 72 ff.) zum Vorschein kam. Die Rekonstruktion im Modell zeigt einen wuchtig und behäbig wirkenden Bau – ein Eindruck, vor allem hervorgerufen durch den altertümlichen, nur einstufigen Stufenunterbau (Krepis), das niedrige Holzgebälk und die ursprünglich verputzten Lehmziegelwände der langgezogenen, düsteren Cella. Ihre etwa 1 m hohen und 1,2 m dicken Wandsockel sind an Ort und Stelle erhalten. Bohrungen zeigen die Stellen, wo die Holzbalken mit dem Steinfundament verzapft wurden. Auflockernd

Säulen des Heratempels

wirken die 6 x 16 Säulen der Ringhalle (Peripteros), von denen drei in der alten Höhe von 5,21 m wieder aufgerichtet sind. Keine Säule gleicht der anderen ganz in den Ausmessungen, in der Kapitellform, der Zahl der Kanneluren und Trommeln sowie der Art der Lagerfugen. Es gibt allein acht verschiedene Formen der Kapitelle, von denen man einige an Ort und Stelle vergleichen kann. An diesen Säulen ist die »Steinwerdung des dorischen Tempels« zu verfolgen: Wie das natürlich ganz verlorene hölzerne Tempelgebälk waren auch die Säulen ursprünglich aus Holz. Im Laufe der Zeit wurden alle Holzsäulen durch Steinsäulen ersetzt; jede Zeit formte dieses wichtige Architekturstück nach ihrer eigenen Vorstellung. Pausanias im 2. Jh. n. Chr. hat noch die letzte Holzsäule an der Halle hinter dem Hauptraum gesehen. In den Säulenschäften bemerkt man meist rechteckige Einarbeitungen: Hier waren Bilder der Mädchen angebracht, die als Siegerinnen aus den Wettkämpfen zu Ehren der Hera hervorgegangen waren. Deutlich ist am Grundriß zu erkennen, daß die einander abwechselnden Säulen und altertümlichen Halbpfeiler mit den Säulen der Ringhalle korrespondierten, vielleicht wegen der durchlaufenden Holzbalken des Daches. In der düsteren Cella sah Pausanias zwei schlichte Götterbilder: eine sitzende Hera und einen stehenden Zeus. Gehörte der im Museum ausgestellte Frauenkopf mit seinem archaischen Lächeln und seinen weitaufgerissenen Augen zu diesem Götterbild? Die Forschung ist sich darüber immer noch nicht einig, doch weist vor allem die Asymmetrie der Gesichtszüge darauf hin, daß er nicht zu einem frei dastehenden Kultbild gehören konnte, sondern eher zu einer Sphinx. Die dunkelfarbige, riesige Giebelbekrönung in Form einer Scheibe (Scheibenakroter) mit ihren kreisenden Mustern auf dem Dach des Tempels, die ebenfalls im Museum zu bewundern ist, läßt eher auf einen farblich düsteren Gesamteindruck des Tempels schließen, auch wenn wir über die Bemalung des Holzgebälks keine Kenntnis besitzen.

Der Hügel des **Pelopion** – zeitweise wegen Grabungsarbeiten eingefriedet – ragt deutlich aus dem Gelände hervor. Von der polygonalen Mauer und einem Torbau (im Modell gleich hinter dem Zeustempel erkennbar) sieht der Besucher nur unbedeutende Reste. Zwar hat sich die These von einem mykenischen Kult in diesem Bereich als unhaltbar erwiesen, doch ist die Vermutung, daß Leichenspiele für den Heroen Pelops Vorläufer der olympischen Spiele waren, sehr wahrscheinlich. Vom im Plan eingezeichneten **Zeusaltar** sind keine Spuren erhalten, wohl aber haben Archäologen eines der mykenischen Apsidenhäuser von beträchtlicher Größe zur Ansicht offengelassen. Die zahlreichen ähnlichen Bauten in der Nähe bis zum Pelopion wurden wieder zugeschüttet.

Das Modell zeigt deutlich: Der monumentale, in den Jahren 470–456 errichtete **Zeustempel** aus porösem Muschelkalk war architektonischer Höhepunkt der Bauten in Olympia. Dies entsprach seiner Funktion als kultischem Mittelpunkt. Mit rund 28 x 64 m Stylobat und 13 x 6 Säulen ist dieser Ringhallentempel der größte auf der Peloponnes (zum Vergleich: Der 447 begonnene Parthenon in Athen mißt am Stylobat rund 31 x 70 m). Im Zeustempel von Olympia ist die »Idee der dorischen

Wasserspeier von den Hängeplatten (Mutuli) des Zeustempels

Ordnung am vollkommensten verwirklicht« (Grunauer). Nähert man sich dem erst im 6. Jh. n. Chr. durch ein Erdbeben zusammengestürzten Bauwerk, damals wohl schon eine dachlose Ruine, von der westlichen Schmalseite, so fallen die drei Stufen des Unterbaues auf, die für ein Hinaufsteigen viel zu hoch sind (die unteren zwei je 48 cm, die obere 56 cm). Zum Betreten des Heiligtums war die noch vorhandene Rampe an der Ostseite angelegt. Sie führte zum Bronzegitter der Vorhalle (Pronaos) und diese wiederum zur 5 x 9 m hohen hölzernen Türe des Hauptraums. Sie gewährte schließlich Zutritt zu dem in Gold schimmernden Zeusbild (s. S. 102), das nur durch diese Türe Licht empfing. Bei genauem Hinsehen wird man die leichte Krümmung der Stufen zur Mitte hin nach oben wahrnehmen, die sog. Kurvatur. Sie nimmt den Steinmassen optisch die Schwere, läßt sie weniger wuchtig erscheinen. Die Kurvatur setzte sich nach oben fort, was eine ungeheure Präzision bei der Bearbeitung der riesigen Steinblöcke verlangte. Um die poröse Oberfläche des Muschelkalks zu überdecken, wurden alle Außenflächen stuckiert. Die Erhöhung der oberen Stufe, die zum Stylobat führte, vermittelt zwischen der Vertikalen der Orthostaten und den 10,5 m hohen und sich verjüngenden Säulen. Die Säulen besitzen nur eine leichte Schwellung (Entasis). Die seit dem 6. Jh. an Ort und Stelle liegenden Trommeln auf der Südseite vermitteln einen guten Eindruck von ihrer Größe. Wie die maßstabgetreuen Rekonstruktionen der Ost- und Westseite des Tempels zeigen, war das Verhältnis von Dachaufbau und Säulen ausgesprochen ausgeglichen. Die 1,77 m hohen, je ca. 12 t schweren steinernen Architrave (sie wurden wohl durch künstliche Schrägen auf die Säulen befördert), der fast gleich breite Fries, das 0,65 m breite Kranzgesims (Geison) und das 3, 4 m hohe Giebelfeld bildeten zusammen mit den Säulen und Triglyphen (senkrechte Dreierkerbungen) ein harmonisches Ganzes (Verhältnis ung. 2:3). Die Fassade war durch sorgfältige Bemalung farbenprächtig aufgelockert. Die Triglyphen und die vorspringende Hängeplatte am Gesims (Mutulus) schimmerten blauschwarz, die Leisten (Taenia) über dem Architrav und die Säulenringe rot; golden leuchteten die Akrotere. Die Rekonstruktionen vergegenwärtigen auch

die Löwenwasserspeier, die über jedem Mutulus angebracht waren. Über 102 dieser phantasievollen Köpfe wurden meist in Fragmenten gefunden. Sie sind im Museum ausgestellt. An den Metopen der Ost- und Südseite waren goldene Schilde angebracht. Der römische Konsul Mummius hatte sie nach seinem Sieg über die Korinther 146 v. Chr. gestiftet. Man passiert nun eine Reihe von Altären und Basen. Die hohe Basis der Nike des Paionios, die man im Museum bewundert, und die Halbrundbasen der Eleier fallen besonders auf.

Man überschreitet die südliche Altismauer und steht vor den noch ziemlich hoch aufragenden Ziegelmauern der **Südthermen.** Grundrisse spätantiker Häuser grenzen südlich an. Die Thermen sind die

Säulentrommeln des Zeustempels

107

jüngste Badeanlage in Olympia (nicht im Modell). Vor ihrem Bau bog hier die Feststraße nach Osten ab. An dieser markanten Stelle wurde Mitte des 4. Jh. v. Chr. die 80,5 m lange **Südhalle** mit dorischen Außensäulen und korinthischen Innensäulen erbaut – »ein Glanzstück spätklassischer, ja in vielen Einzelzügen schon hellenistischer Architektur« (Mallwitz). Auf den Stufen stehend, konnten von hier aus die Zuschauer den vorbeiziehenden Festzug verfolgen; die vornehmen Besucher standen oder saßen im sechsjochigen Resalit, dem in der Mitte vorspringenden Vorbau (im Modell ganz vorne sehr gut sichtbar). An Ort und Stelle sind die Reste der korinthischen Innensäulen gut zu sehen.

Von der Südhalle aus blickt man auf die Apsis des südlichen **Bouleuterions** (erbaut um 550 v. Chr.), dem Versammlungsort des olympischen Rates. Das Gebäude ist nach dem Vorbild des mittelhelladischen Megarons, des Herrensitzes im 2. Jt. v. Chr., mit Apsis und vorne wie ein dorischer Tempel mit vorgezogenen Seitenwänden (Anten) erbaut. Der Rat bestimmte, wem Ehrenstatuen aufgestellt wurden, und wählte die wechselnden Beamten, z. B. Preisrichter und Priester. Vieles bleibt unklar, so vor allem die Doppelung des Bouleuterions (der Nordbau ist ung. 100 Jahre jünger) und die Funktion des Mittelbaues (Altar?). Die hölzernen Dächer wurden in beiden Hallen von Säulen gestützt, die den Innenraum in zwei Schiffe teilten.

Man wendet sich, da die Absperrung einen weiteren Weg nach Süden verwehrt, wieder nach Norden in Richtung der langgestreckten Ruine der Echohalle. Dabei kommt man an dem unzugänglichen Gebäudekomplex der **Südostthermen** vorbei. Kaiser Nero hat hier ältere Bauten (im Plan als ›griechische Gebäude‹ und als ›Südbau‹ bezeichnet) einreißen lassen, um eine Villa zu errichten, in der er nur wenige Tage wohnte. Ende des 2. Jh. n. Chr. wurden darauf die Thermen erbaut.

Das Modell vermittelt den gewaltigen Eindruck, den die 44 dorischen Säulen der 98 m lange **Echohalle** gemacht haben müssen. Ihren Namen trägt sie wegen des siebenfachen Echos, das sie angeblich hören ließ. Ursprünglich hieß sie ›bunte Halle‹ wegen der (nicht erhaltenen) Wandgemälde, die sie im Inneren schmückten. Von der zweiten Hälfte des 4. Jh. v. Chr. bis in römische Zeit hinein wurde an der Halle, dem architektonischen Abschluß der Altis, in drei Phasen gebaut. Sie zog die Blicke der Besucher in Richtung Stadion auf sich, verstellte aber gleichzeitig den Zugang. Vor der Halle standen Weihegeschenke ptolemäischer Herrscher.

An den sog. Zanesbasen vor dem Schatzhaus wurden seit dem 4. Jh. v. Chr. Zeusbilder aufgestellt. Man kaufte sie mit den Strafgeldern, die im Falle des Betrugs beim Wettkampf gezahlt werden mußten (nicht erhalten).

Wieder an Ort und Stelle zurückgebracht wurden die Säulentrommeln des **Metroons,** einem Anfang des 4. Jh. v. Chr. erbauten dorischen Ringhallentempel mit 6 x 11 Säulen (nur 10,6 x 20,7 m an der Säulenauflagefläche). Auf dem Modell wirkt er unscheinbar im Vergleich zu seinem Vorbild, dem Zeustempel. Auf uralt geheiligtem Boden stehend, ähnlich wie das nahe Heroon, war der Tempel der Göttermutter (der Meter Theon) geweiht, merkwürdig in einer Zeit, in der die alten, erdgebundenen

Das Stadiontor

Kulte längst erloschen waren. Im römischer Zeit war er ›Augustus, Sohn Gottes und Retter Griechenlands‹ geweiht. Fünf Statuen wurden hier gefunden, darunter die Figur Kaiser Claudius' (im Museum).

Aus römischer Zeit stammen, wenige Meter weiter östlich gelegen, die traurigen Ziegelmauerreste des einstmals prachtvollen **Nymphäums.** Im Museum ist die Skulptur des kraftstrotzenden Stiers zu bewundern, der als Symbol des Wassers am vorderen halbrunden Beckenrand stand. Drei wasserspeiende Löwen lenkten das Wasser vom oberen Beckenrand in das untere. Im Modell sind die Statuennischen einstöckig dargestellt, neuere

Rekonstruktionen nehmen indessen zwei Stockwerke an, so daß die doppelte Anzahl von Statuen untergebracht werden konnte. Die Statuen, unter ihnen die hervorragende Figur ihres Auftraggebers, sind im Museum ausgestellt.

Die fröhlich-theatralischen Wasserspiele, die der reichste Mann seiner Zeit und Günstling Kaiser Hadrians, Herodes Atticus, um 160 n. Chr. errichten ließ, fanden auch Kritiker. Sie waren der Meinung, daß ein derartiges Prunkmonument für einen Privatmann den heiligen Boden Olympias entweihte.

Steigt man die heute stufenlose Schatzhausterrasse empor, von der aus man einst auf das Dach des Metroons blicken konnte, gelangt man zu den Fundamenten von zwölf **Schatzhäusern**, erbaut teilweise in archaischer, teilweise in klassischer Zeit, also zwischen dem 7. und 5. Jh. v. Chr. In diesen Schatzhäusern bewahrten die griechischen Poleis ihre wertvollsten Weihegeschenke auf – sichtbare Zeichen der Frömmigkeit und des Reichtums dieser Städte. Schon die Fundamente, noch mehr aber das Modell zeigen, wie unterschiedlich diese tempelartigen Gebäude konzipiert waren. Offenbar war ihren Erbauern große Freiheit in der architektonischen Gestaltung erlaubt. Einige Dachfragmente sind im Museum ausgestellt, vor allem die farbenprächtige Giebelverkleidung des Schatzhauses von Gela und das Giebelrelief des Schatzhauses von Megara.

Das 310 m lange **Stadion** hat im wesentlichen im 4. Jh. v. Chr. seine heute sichtbare Gestalt erhalten. Wettläufe und Wagenrennen wurden hier ausgetragen. Ursprünglich lag das Stadion 80 m weiter westlich. Es ragte also weit in den heiligen Bezirk hinein, und die Vermutung ist ansprechend, daß der heilige Ölbaum das Ziel der Rennen gewesen sei. Erst im 4. Jh. v. Chr. wird das Kampfgeschehen durch einen Wall, der einen Tunnel als Zugang für die Wettkämpfer notwendig machte, und die Echohalle vom heiligen Bezirk getrennt. Gut erkennbar sind heute noch die Kampfrichtertribünen. Trotz ihres Namens dienten sie wohl nur Zeremonienzwecken, da Start und Ziel von dieser Stelle schwer sichtbar waren. Ihnen gegenüber ist der Platz des Altars erkennbar, an der die Priesterin der Demeter Chamyne als einzige verheiratete Frau den Spielen zusehen durfte. Steinsitze gab es für die Zuschauer nicht. Den besten Gesamteindruck von dem Gelände bekommt man außerhalb des Zauns von der Straße aus.

☐ Das Museum

(montags 12.30–19, Di–Fr 8–19, im Winter jeweils bis 17 Uhr, Sa/So 8.30–15 Uhr)
Das Museum besitzt nach dem Archäologischen Museum in Athen die reichhaltigsten Sammlungen in Griechenland. Auf einigen Gebieten, wie der antiken Bronzetechnik, ist die Sammlung von Olympia in der ganzen Welt unübertroffen. Die teilweise hervorragenden Exponate vermitteln einen Querschnitt durch die gesamte Kultur- und Kunstentwicklung Griechenlands – auch ihrer regionalen Besonderheiten – von der Jungsteinzeit bis ins 3. Jh. n. Chr. Nur im Bereich der Vasenmalerei waren die Funde bisher relativ spärlich.

Kurzrundgang

Saal I (Jungsteinzeit ab 3600 v. Chr. bis geometrische Epoche, ca. 700 v. Chr.): hellbrauner vormykenischer Schöpfkrug (Oinochoe) mit Stichel- und Ritzdekor (Vitrine links vom Eingang). Im Saal begegnen fast alle Formen mykenischer Keramik. Eines der schönsten mykenischen bemalten Gefäße ist die ca. 25 cm hohe, **vierhenklige Amphora** im unteren Fach der linken Wand, dem Eingang gegenüber. Die Bemalung ist sicher und schwungvoll ausgeführt, ohne überladen zu wirken. Bei den zeltförmigen Dreiecken am Oberrand kann der Betrachter gerade noch die von der Spitze nach links führenden Wellenlinien als stilisierte Schwanenköpfe erkennen. Rotbemalte mykenische Tonidole in Form des grie-

Ans Joch gespannte Stiere

chischen Phi und Psi (Vitrinen gegenüber dem Eingang zu Saal II). Darstellungen von Göttern, Göttinnen und Sportlern seit dem 9. Jh. v. Chr. (vor allem Vitrine rechts vom Eingang zu Saal II).

Ein interessantes Beispiel der in Saal I ausgestellten tastenden Versuche, den menschlichen Körper in geometrischer Zeit zu gestalten, stellt der **behelmte, lanzenschwingende Krieger** (in der Wandvitrine in der Ecke zwischen den Saaleingängen) dar, der ursprünglich sein **Pferd** am Halfter führte. Er schmückte einen Dreifußhenkel. Der Krieger hat gegenüber den früheren Figuren eine ausgeprägte Wespentaille. Die Genitalien sind stark hervorgehoben; Mund, Nase und Augen sind sichtbar. Der Körper ist an den unteren Partien noch starr, doch die rechte Hand ist zur Wurfbewegung des Speeres erhoben. *Saal II (geometrische und archaische Zeit, 9.–6. Jh. v. Chr.):* Die vielen im Museum gezeigten Tierfiguren, die den Göttern als Votivgaben geweiht wurden, gewannen mit der Zeit an

Ausdruckskraft und Dynamik. Beispielhaft dafür sind **die ans Joch gespannten Stiere** vom Ende des 8. Jh. (in Vitrine links vom Eingang). Sie strahlen spürbar gebändigte Kraft aus.

Ein Höhepunkt und eine griechische Weiterentwicklung der zahlreich ausgestellten, aus dem Orient stammenden Greife, Löwen und Gorgonen, die als sog. Protome Kesselränder zieren und auf Schilden das Böse abwehren, ist der **weibliche Greif** (Wandvitrine ung. Saalmitte linke Wand; korinthische Werkstatt um 620 v. Chr.). Der Bronzebeschlag zierte einen unbekannten Gegenstand (Türe? Truhe?). Der dämonische, geflügelte Löwengreif bekommt durch die vorgestreckte Pranke Leben. Das am Original schwer erkennbare säugende Jungtier ist ein einzigartiges, neues Motiv, das freilich nicht als Idylle zu interpretieren ist. Das Abwehrende des Dämonisch-Bösen bleibt der Gesamtkomposition erhalten, zu der wohl ein spiegelbildliches Gegenstück gehört hat.

111

Wagenlenker oder Athlet   *Weibliche Stützfigur*   *Schreitender Greis*

Von den zahlreich ausgestellten Waffen besitzt besondere künstlerische Bedeutung ein sog. ›illyrischer Helm‹ mit eingelegten ausgeschnittenen Silberblechen, die auf der Stirn einen Eber zwischen zwei Löwen und je einen Reiter auf dem Wangenschutz zeigen (um 530 v. Chr.; Wandvitrine rechte Wand neben querstehender Trapezvitrine).

Für die Loslösung der Plastik von den geometrischen Formen mag der berühmte sog. **Wagenlenker oder Athlet** – einst mit uns unbekannten Sportgeräten in Händen – stehen (2. Viertel 7. Jh., kykladisch? elisch?; in der Vitrine neben dem besprochenen weiblichen Greif). Der Körper, die weit aufgerissenen Augen verraten Anspannung, aber auch urtümliche Lebenskraft und Daseinsfreude. Das Kinn ist wuchtig. Die mächtigen Schultern stehen in merkwürdigem Gegensatz zu dem flachen Oberkörper. Die spätgeometrische Kunst suchte nach neuen, realistischen Ausdrucksformen.

Bronzepferd aus Argos

Welche Gestaltungsmöglichkeiten der Künstler bereits ein Jahrhundert später besitzt, zeigt eine Figurengruppe aus Sparta um 500 (in Vitrine oben an rechter Wand schräg gegenüber dem weiblichen Greif): zu sehen sind ein **schreitender Greis** und ein **schreitender Krieger,** vielleicht Fragmente aus einer Versammlung mythischer Heroen an einem Gefäßrand. Der mit einem schlichten Mantel und Überwurf bekleidete Greis geht nach vorne gebeugt, während der Krieger in der Rechten wohl eine Lanze oder einen Heroldsstab hält und aufrecht und kräftig einherschreitet. Die Gesichter der beiden Gestalten sind spröde und knapp, aber sprechend modelliert.

Unter den vielen Treibarbeiten am Bronzeblech ragt die Darstellung »**Kriegers Abschied**« besonders heraus (Ionien, 1. Hälfte 6. Jh. v. Chr.; in der Wandvitrine nach Vitrine mit dem schreitenden Greis): Durch die Dre-

hung des auf den Kampfwagen aufsteigenden Kriegers hin zu seiner Gattin, die ihr Kind auf den Schultern trägt, bekommt die Szene Bewegung und Leben, ja eine wehmütige Dramatik. Fratzenhaft wirken die übergroßen Schlitzaugen und die lang vorgestreckten Nasen.

Ein Meisterwerk ist der teilweise rekonstruierte bekrönende **Firstschmuck** aus Ton vom Heraion, wohl aus der Bauzeit um 600 v. Chr. Die in kleinste Segmente aufgeteilten konzentrischen Kreise scheinen bei längerer Betrachtung in wirbelnde Bewegung zu geraten.

Saal III (Fortsetzung der archaischen Zeit bis ca. 500 v. Chr.): Den Endpunkt archaischer Plastik dokumentiert in gewisser Weise eine **weibliche Stützfigur** (aus Korinth um 500 v. Chr., in Vitrine rechts zum Eingang zu Saal IV) – vielleicht eine Göttin. Die Starrheit der früheren Mädchenfiguren wird durch die

113

Zeus und Ganymed

Bewegung des rechten Armes gelockert, mit dem sie eine Blume an die Nase zu führen scheint. Durch das Seitwärtsziehen des Gewandes versucht der Künstler zusätzlich Bewegung in die Komposition zu bringen. Den Saum des Kleides bildet ein sorgfältig ausgearbeitetes Zickzackmuster. Die Haarsträhnen hält ein Diadem mit drei Blumen zusammen. Die weiblichen Körperformen sind noch nicht ausmodelliert. Links von der Tür zu Saal IV wird ein einzigartiger bronzener Rammbock mit symbolischem Widderkopf gezeigt (1. Hälfte 5. Jh. v. Chr.).

Saal IV (Klassik; 500–400 v. Chr.): vor allem Plastik. Rechts vom Eingang zu Saal V: Funde aus der Werkstatt des Phidias, darunter ein Weinkännchen mit feinen senkrechten Rillen mit der Aufschrift: »Ich gehöre dem Phidias«. Drei hervorragende Exponate sind besonders anschauliche Beispiele für die griechische Klassik. **Zeus und Ganymed** (links vom Eingang von Saal III kommend, korinthisch, um 470): Es handelt sich wahrscheinlich um die Terrakottafirstbekrönung eines Tempels; Farbspuren sind erhalten. Zugrunde liegt der Mythos, daß Zeus – hier als kräftiger, bärtiger Wanderer im besten Mannesalter mit Knotenstock dargestellt – den trojanischen Königssohn Ganymed in den Olymp als unsterblichen Mundschenk entführt hat. Eine erotische Aura umgibt das Paar. (Der Hahn in der Hand des Gottes ist Symbol der Liebe!) Der homosexuelle Zug der griechischen Kultur tritt in Erscheinung – wie an einigen Stellen von Platons Dialogen. Schaut der Knabe verträumt oder doch wohl eher leicht abweisend? Jedenfalls ist der Mythos vermenschlicht, und die Gefühle sind zum Ausdruck gebracht. **Krieger aus einer Figurengruppe** (links vom Eingang zu Saal VII, korinthisch, um 480 v. Chr.): Die strenge Flächenhaftigkeit des beinahe lebensgroßen, anatomisch genau modellierten, mächtigen Körpers ist durch Drehung des Kopfes unterbrochen. Elfenbeinern schimmert der Ton der Haut, schwarz waren Mantelsaum und Schamhaar, rot mit geometrischem Dekor der Mantel (gut sichtbar). **Bronzepferd** (Vitrine auf hohem Podest), wahrscheinlich von einem Viergespann: Das Pferd scheint in höchster Anspannung vor dem Start zu fiebern. Genaueste Beobachtung, klarer Aufbau und verhaltene Strenge zeichnen dieses einzigartige, technisch und künstlerisch vollendete Meisterwerk aus (wohl Argos um 470 v. Chr.).
Saal IVa (Saal der Nike des Paionios): Das bereits 1875 gefundene 2,1 m hohe, auf einer jetzt an Ort und Stelle stehenden Basis an der

Nike des Paionios

Ostseite des Zeustempels aufgestellte Meisterwerk (um 400 v. Chr.) maß vom Boden bis zur Flügelspitze fast 11 m. Schmerzlich ist vor allem der Verlust der Flügel und des Gesichtes (Rekonstruktion im Saal). Der Kopf des Adlers, über dessen Flügeln die Siegesgöttin Nike schwebt, ist gerade noch erkennbar. In dieser ersten monumentalen Nikedarstellung in der griechischen Kunstgeschichte preßt der Wind des stürmischen Fluges das Gewand eng an den Körper. Das Schweben trotz der Schwere des Steines sichtbar zu machen, ist eine hervorragende künstlerische wie techni-

sche Leistung. Dem Paionios aus Mende – einem bekannten Bildhauer seiner Zeit – ist die Nike als einziges Werk sicher zugeschrieben.

Saal V (Saal der Plastik des Zeustempels): Um 470 v. Chr. zur Erbauungszeit des Gesamttempels im strengen Stil entstanden, bilden die zwei Giebelfelder Pole einer spannungsgeladenen Einheit: im Osten schicksalsschwere Ruhe, im Westen chaotisch-bewegtes Kampfgetümmel. Die Götter greifen ordnend und zukunftsweisend ein. Der – nach neuerer Forschung später entstandene – **Ostgiebel:** Die Gesamtrekonstruktion zeigt die Größendimensionen, in denen die von mehreren Händen unter Führung des unbekannten Olympiameisters geschaffene Gesamtkomposition zu sehen ist. Dargestellt ist eine Szene aus dem Mythos von Pelops, der Augenblick vor der Wettfahrt mit Oinomaos, Der Mythos ist von uralten Märchenmotiven durchdrungen und kündet von der Unabwendbarkeit des Schicksals und dem Wirken der Götter. Es ist die Frühzeit der klassischen griechischen Tragödie! Oinomaos, König von Pisa bei Olympia – in der heutigen Aufstellung links von Zeus –, durch ein unheilvolles Orakel erschreckt, wollte seine Tochter Hippodame – in der Ausstellung links vom König, in der Fassadenrekonstruktion auf der rechten Seite – nur dem zur Gemahlin geben, der ihn im Wagenrennen besiegte. Der Unterlegene wird vom König getötet. Da der König im Besitz unbesiegbarer Pferde aus dem Stall seines Vaters Ares war, schien der Ausgang der Wettkämpfe festzustehen. Pelops, der Göttersohn (rechts von Zeus), besiegt indes durch göttlichen Beistand (andere Version: durch List) die Pferde des Oinomaos. In der heutigen Aufstellung sind die Figuren der linken Seite deutlich vom drohenden Unheil gezeichnet: der nachdenklich düster sorgenvoll nach unten blickende Oinomaos, gefolgt von seiner Frau Sterope mit vor der Brust gefalteten Armen. Der Personengruppe auf der rechten Seite des

Zeus: Vater der Götter und Menschen

Zeus ist ein uralter indogermanischer Gott der Wettererscheinungen, des Blitzes wie des hellen Himmels. In der erhobenen Rechten schwingt er den Blitz. Die Eichen Arkadiens, in die der Blitz oft einschlägt, sind ihm geweiht. Erst die Griechen haben ihn zum Vater der Götter und Menschen gemacht, der ihr Los verteilt, ihre Geschicke lenkt. So erscheint die kraftvolle Männergestalt als Schicksalsgott im Ostgiebel des Zeustempels beim Wettkampf des Oinomaos. Als Herr der Welt sitzt das von Phidias gestaltete Kultbild des Weltenvaters auf dem Thron, das Szepter in der Hand. Auf dem Szepter sitzt der Vogel des Zeus – der Adler. Wer von den Gläubigen das Bild des Phidias sah, mochte an die Schilderung Homers denken, wie der Schicksalsvater eine Bitte gewährte:

> »Sprachs und winkte gewährend mit schwarzen Brauen Kronion
> Und die ambrosischen Haare des Herrschers wallten nach vorne
> Von dem unsterblichen Haupte; es bebte der hohe Olympus.«
> (Ilias A, 528 ff.)

Erst die logisch-strengen Philosophen und später die Christen stießen sich am Kampf des Zeus mit den Titanen und seinem Vater Kronos, an seinen unzähligen Liebesaffären und seinen menschlich-allzumenschlichen Abenteuern.

kraftvoll mächtig dastehenden Zeus – ursprünglich mit dem Blitz in der Faust – hat das Schicksal den Sieg und die Zukunft eines neuen Gechlechts verheißen: der jugendlich nackte Pelops, den Blick sinnend zu Boden gerichtet, und seine junge Braut, die mit der linken Hand das gefaltete Frauengewand, den Peplos, wohl im Gestus der hochzeitlichen Entschleierung hochhebt. Neben ihr eine Dienerin, da Pelops keinen Wagenlenker in den Wettkampf mitnehmen durfte. Sehr gut ist der Kopf des Sehers hinter dem rechten Gespann erhalten. Die Hand an die Wange gestützt, sieht er schmerzvoll das kommende Unheil des Oinomaos voraus. Die äußersten lagernden Gestalten sind als Personifikationen der

Flüsse Alpheios (links) und Kladeos (rechts) gedeutet.

Der **Westgiebel** schildert in jeweils drei Kampfgruppen rechts und links den Höhepunkt des wilden, auf- und abwogenden Kampfes der Kentauren, ungezähmter, sinnlich-gieriger Roßmenschen, gegen den sagenhaften Stamm der Lapithen, Gestalten von Kraft und Anmut. Bei der Hochzeit des Peirithoos (in der Rekonstruktion links von Apollon; nur Kopf und Gliedmaßen erhalten) versuchen die von Wein berauschten Kentauren die schönen Lapithenfrauen und –jünglinge zu rauben. Von den Kämpfern offenbar unbemerkt, erscheint Apollon unnahbar, gebieterisch die Rechte ausstreckend, als Gott der

Die Metopen des Zeustempels: Herakles, duldender Sieger

Wie den Heroen ist Herakles nichts Menschliches fremd. Alte Märchenwunschträume, siegreich alle Proben und Gefahren zu meistern, und das orientalische Motiv vom Drachentöter leben im Herakles-Mythos fort. Erst spät – um 600 v. Chr. – wurde der Mythos in zwölf Taten zusammengefaßt. Die Aufstellung der Metopen folgt dem Bericht des Griechenlandreisenden Pausanias im 2. Jh. n. Chr., nicht der sonstigen Überlieferung: 1. Nachdem der Held dem Löwen von Nemea mit seiner Keule zugesetzt hat, erstickt er ihn mit den Armen. 2. In den Sümpfen von Lerna schlägt der Held der vielköpfigen Wasserschlange die Häupter ab. 3. Die Vögel in den Sümpfen von Stymphalos in Arkadien mit ihren Pest verbreitenden Federn scheucht der Heros mit einer Klapper auf und erlegt sie dann. 4. Den kretischen Stier fängt Herakles lebendig, zeigt ihn dem zu Tode erschrockenen König Erystheus und läßt ihn dann wieder frei. 5. Die Hirschkuh von Keryneia fängt der Held lebend, nachdem er sie ein Jahr lang bis zur Erschöpfung verfolgt hat. 6. Herakles besiegt die Amazonen, ein Märchenvolk jenseits der Grenzen der bewohnten Welt. Er nimmt der Königin den Gürtel ab. 7. Den Erymanthischen Eber jagt der Heros in tiefen Schnee und fängt ihn lebend mit einem Netz. 8. Den menschenfressenden Rössern wirft Herakles ihren eigenen Herrn vor, den Aressohn Diomedes. So werden sie zahm. 9. Aus dem äußersten Westen bringt der Held die Rinder des Riesen Geryon auf einer goldenen Schale. 10. Nur indem er dem Atlas das Himmelsgewölbe abnimmt, kann der Held die Paradiesäpfel der Hesperiden, der Töchter der Nacht, bekommen. Atlas pflückt die Äpfel für ihn. 11. Nur mit Hilfe des Götterboten Hermes, der ihn beim Kap Tainaron auf der Mani zur Unterwelt geleitet, kann Herakles den Höllenhund Kerberos zur Oberwelt heraufholen. 12. Die Ställe des Augeias reinigt der Held durch Umleitung des Flusses Alpheios.

Bereits das erste Abenteuer zeigt die neuartige, philosophische Auffassung der Heldentaten: Der jugendliche Held hat den Kopf müde in die Hand gestützt. In der mutlosen Einsamkeit der Szene hat man die Dimension des Tragischen erkennen wollen. Auch in den übrigen Szenen ist Herakles nicht der strahlende Held, sondern als Dulder dargestellt, der ohne den Beistand seiner Beschützerin Athene seine Taten nicht vollbringen könnte. Dies zeigt sich u. a. in der Augeiasmetope (12), in der die Lanze der Athene die Reinigungsarbeit zu unterstützen scheint.

An diesem Kunstwerk zeigt sich nicht nur die neue, humane Tiefendimension der Szenen, sondern eine durchdachte Durchkomposition der Bilder. Besen und Lanze weisen diagonal parallel nach unten, der Peplos der Göttin betont die Senkrechte, während der Körper des Heros die Diagonale der Lanze senkrecht kreuzt. Eine solche diagonale Komposition ist beim Fang des kretischen Stieres (4) wiederzufinden. Andere Szenen wiederum atmen fast statische Ruhe, wie die Bezwingung der goldgehörnten keryneischen Hirschkuh (5) und der Sieg über die Amazonenkönigin (6). Metopen und Giebelskulpturen sind von solcher Einheitlichkeit, daß ein einziger unbekannter Meister und eine Anzahl von Gehilfen angenommen werden müssen.

Herakles bezwingt den kretischen Stier, Metope des Zeustempels

Die ›Beißergruppe‹ vom Westgiebel des Zeustempels

Apollon vom Westgiebel des Zeustempels

Ring- oder Faustkämpfer

Schönheit und der Ordnung und beendet das Chaos. Links von ihm (vom Zuschauer aus) kämpft der Kentaurenfürst Euryton mit der sich heftig wehrenden Lapithenbraut Deidameia: eine erregte, spannungsreiche und unterschwellig erotische Szene, in welcher der Kentaure die Braut vergeblich im Schwung auf seinen Rücken zu werfen sucht. Wollüstig greifen die Hände des Kentaurs nach der Brust der schönen Frau. Es folgt die schlecht erhaltene ›Knabenräubergruppe‹, dann die ›Ringergruppe‹. Am Ende der Reihe betrachten zwei Lapithinnen erschreckt den Kampf. Rechts von Apollon (vom Zuschauer aus) neben dem Einzelkämpfer Perseus, umschlingt ein Kentaure eine Lapithin mit den Vorderbeinen. In der nächsten Szene versucht ein Kentaure einen Lapithen durch Biß abzu-

wehren (gut erhaltene ›Beißergruppe‹). In der folgenden ›Stechergruppe‹ hält der Kentaure – das Messer schon in der Brust – die Lapithin noch mit letzter Kraft fest.

Die Friesplatten (Metopen) im Hauptraum (Cella) des Zeustempels: Sie waren an Stirn- und Rückwand angebracht und erzählen die Taten des Herakles. Der Heros wurde in Olympia kultisch verehrt und galt als Begründer der Spiele (Rekonstruktion auch im Saal neben den Exponaten, s. S. 117).
Saal VI (Spätklassik, Hellenismus, 4. und 3. Jh. v. Chr.): Hervorragend ist das liebliche, ungemein sinnliche **Köpfchen der Aphrodite** mit leicht geöffneten Lippen (in der großen Vitrine an der türlosen Wand). Es ist unmerklich gedreht und geneigt. Die Beschädigung der Nase und der Augenpartie mindert den Gesamteindruck wenig. Typ der ›Aphrodite von Knidos‹, deshalb vielleicht ein Werk des Praxiteles (zwischen 370 und 320 v. Chr.) selbst.

Lebensvoll wirkt der vielleicht früher vergoldete **Knabenkopf** aus dem 2 Jh. v. Chr. (in der Saalmitte), vielleicht Eros? Der Haarknoten betont die Kindlichkeit. Die Schäden ausgleichende moderne Kopie daneben läßt die Ebenmäßigkeit des Gesichtes erst hervortreten. Pausanias sah im 2. Jh. n. Chr. ein »vergoldetes, nacktes Knäblein«.

Ring- oder Faustkämpfer (links vom Eingang zu Saal VIII): Hervorragend sind die Leiden bestandener Kämpfe in seinem Gesicht geschrieben: die tiefliegenden Augen, die flachgedrückte Nase, der leidvoll geöffnete Mund, vielleicht geschwollene Ohren, der in die Ferne gerichtete Blick. Der Kopf ist sinnend zur Seite geneigt. Nichts verrät mehr triumphierenden Sieg (4. Jh. v. Chr., Schule des Skopas?).
Saal VII (Saal der Hermesstatue): Ein Saal allein ist für diese, wohl ursprünglich für einen Dionysostempel geformte und erst in römischer Zeit nach Olympia gebrachte Hermesstatue vorbehalten (s. Umschlagrückseite).

Pausanias hat sie im 2. Jh. n. Chr. im Heraion – damals eine Art Kunstmuseum – gesehen und mit dem berühmten Marmorbildhauer Praxiteles (zwischen 370 und 320) in Verbindung gebracht. Die vieldiskutierte Frage ist letztlich zweitrangig, ob das Meisterwerk von der Hand des Künstlers selbst stammt oder nur ›sein Ideal verwirklicht‹. Eine harmonische, leicht schwingende Linienführung bestimmt Gestalt und Haltung des kraftvollen Körpers. Der schimmernde Marmor läßt die feinsten Modellierungen deutlich hervortreten und verleiht der Gestalt etwas Ätherisches. Spuren von Bemalung sind an der Sandale zu erkennen. Der rechte Arm ist wohl so zu ergänzen, daß die Hand schräg über dem neugeborenen Dionysosknaben eine Weintraube hielt, nach der das Kind mit dem linken Händchen gierig griff. Lässig entspannt neigt sich der Götterbote zu dem ungeduldig zappelnden jungen Gott: ein reizvoller künstlerischer Kontrast und Vermenschlichung des Göttlichen zugleich.

Saal VIII (römische Epoche): Interessantes Beispiel für die Porträtkunst, die die Römer bei

Kopf der Aphrodite

Hermes und Dionysos

Hermes – allgegenwärtiger Götterbote, Wegebegleiter und göttlicher Schelm – ist vor allem Gott der Hirten. Unter den Herden Arkadiens kam er zur Welt, kaum geboren stiehlt er eine Herde – ein in den Sagen häufig wiederkehrendes volkstümliches ›Delikt‹ der Hirten. Als Zeus seine sterbliche Geliebte Semele, den Mond, mit Donner und Blitz vernichtete aus Zorn über ihr Verlangen, ihn in wahrer Gestalt zu sehen, rettete Hermes Semeles Sohn und nähte ihn in den Schenkel des Göttervaters. So wird Dionysos, der Gott des Weines, der Gott der Ekstase, des Enthusiasmus, des Einsseins mit dem Göttlichen, geboren. In der Hermesstatue von Olympia hat dieser Mythos vermenschlichte künstlerische Gestalt angenommen: der Retter hält das Knäblein im Arm und neckt es spielerisch mit seinem Symbol, der Traube.

121

den Griechen gelernt haben, ist der um 160 n. Chr. entstandene **Porträtkopf des Lucius Verus**, eines Adoptivbruders Mark Aurels (in der Ecke links vom Eingang zu Saal IX). Klar tritt ein abweisend-verschlossener, fast dumpf wirkender Gesichtsausdruck hervor. Üppiges Haar mit Lorbeerdiadem.

Römische Plastik stand oftmals im Dienst politischer Propaganda, die individuelle Züge zurücktreten ließ. Beispiel ist das lorbeerbekränzte **Standbild Hadrians** (117–138 n. Chr., gegenüber dem ersten Fenster). Es atmet statuarische Ruhe, trotz des vorgestellten linken Beines. Hadrian erscheint als unbesiegbarer Herrscher. Auf dem Panzer umschweben zwei Niken die Göttin Athena mit Eule und Schlange. Sie steht auf der Romulus und Remus säugenden Wölfin – Rom und Griechenland sollen sich symbolisch verbinden. Die Forschung hat die Unabhängigkeit des Werkes von stadtrömischen Einflüssen betont.

Schönstes weibliches Porträt in diesem Saal ist die plastisch hervorragend gearbeitete **Frauenstatue** aus der Mitte des 2. Jh. (linke Wand schräg gegenüber dem ersten Fenster). Sie stellt wohl Agrippina d. J. (gest. 59 n. Chr.) dar, die Gemahlin Kaiser Claudius'. Sie trägt die priesterliche Kopfbedeckung des ›Himation‹, hat weiche volle Gesichtszüge und einen melancholischen Zug um den Mund.

Saal IX (Olympische Spiele und Kunst): Aus der Fülle von Sportgeräten und Plastiken aus allen Epochen ragt ein Meisterwerk heraus: der **Wettläufer** beim Start (große Mittelvitrine an der Wand links vom Eingng zu Saal VIII). Es ist eine Weihestatuette aus Argos um 480 v. Chr. Spätarchaische Züge und Frühklassisches sind in ihr vereint: Der Blick ist konzentriert nach vorne gerichtet, die realistisch modellierten Arme und Beine schieben sich angespannt nach vorne. Vor allem in der Mundpartie entdeckt man noch archaische Züge.

□ **Museum der olympischen Spiele**

(geöffnet sonntags 9–16.30 Uhr; werktags 8–15.30 Uhr; in der zweiten Parallelstraße zur Hauptstraße, Hinweisschilder)
Anhand übersichtlich angeordneter Bilddokumente (Trophäen, Photographien, Münzen, Briefmarken) läßt sich die Entwicklung der olympischen Spiele von den ersten Spielen in Athen 1896 bis 1984 gut verfolgen. Wenig bekannt sind die dokumentierten griechischen Spiele in Athen, die viermal seit 1856 stattfanden. Am Eingang kann man Originale der von Adler herausgegebenen Grabungsberichte durchblättern mit Stichen, die den damaligen Zustand des Areals verdeutlichen.

Von Pírgos über Andravída (Ανδραβίδα) nach Várda (Βάρδα)

In der Distrikthauptstadt **Pírgos** (ca. 22 000 Einwohner), Zentrum eines landwirtschaftlich geprägten Hinterlandes, erlebt man vom Tourismus kaum verfälschtes modernes griechisches Leben. Die Stadt ist empfehlenswerter Standort für den Olympiabesucher (einige Hotels). Von hier aus gelangt man leicht mit dem Stadtbus zu ausgezeichneten Sandbadeständen. Die klassizistischen, von Ernst Ziller entworfenen Markthallen an der Platía Eparkíu sind sehenswert. Mehrere moderne Kirchen in der Nähe des großzügigen Hauptplatzes zeugen vom Kunstempfinden der griechisch-orthodoxen Frömmigkeit im 20. Jh.

Beliebtes Ausflugsziel der Bewohner von Pírgos sind die herrlichen Strände beim Hafenort **Katákolo**. Zu sehen sind dort die Außenmauern der Frankenburg Beauvoir, die auf einer antiken Akropolis steht.

Andravída liegt rund 25 km nördlich von Pírgos an der E 56 und ist Durchgangsort der Fernbuslinie Patras-Pírgos (die Busfahrer halten leider nicht immer). Der kleinen, unscheinbaren Stadt (rund 3500 Einwohner) sieht man es nicht an, daß sie ab 1205 als Andréville zusammen mit Chlemútsi fast ein halbes Jahrhundert Zentrum des französisch-fränkischen Rittertums auf der Peloponnes war. Erhalten hat sich nur der leider schlecht gepflegte und verschmutzte Ostchor der Sophienkirche. Er liegt am nordwestlichen Ausgang der Stadt in der dritten Seitenstraße parallel zur Hauptstraße auf der Höhe der modernen Hauptkirche (Nach ›Frankoekklesía‹ fragen!). Die Sophienkirche diente den Fürsten als Grablege und war mit einem Dominikanerkloster verbunden. Drei mächtige gotische Bögen öffneten sich zur dreischiffigen Basilika, von der wenige Fundamentreste festzustellen sind. Die unterschiedliche Größe der Seitenkapellen läßt auf verschiedene Bauabschnitte und Planveränderungen schließen. Gut erhalten ist das Kreuzrippengewölbe, dessen schlichte Gewölbeauflagen mit einfachen, kaum hervortretenden Blattornamenten verziert sind. Die wuchtige Schlichtheit des Gebäudes ist typisch für die Architektur der Kreuzfahrer.

3 km westlich von **Várda** (hinter einer Brücke links, nicht nach Néa Manolás einbiegen!) liegt die **Friedhofskirche der Kímisis Theotóku**, der Entschlafung Mariens, meist einfach ›Paleopanajía‹ genannt (12. Jh. n. Chr.). Obwohl Parallelen zu den Besonderheiten ihrer Architektur im östlichen Mittelmeerraum seit dem 6. Jh. nachweisbar sind, scheint sie von keinem Architekturdenkmal direkt abzuhängen. Durch die überwölbte Vorhalle (Narthex) mit drei Scheinkuppeln, die die ganze Breite der drei Schiffe einnimmt, erscheint der Kreuzgrundriß der Kirche ›eingeschrieben‹, d. h. die Kreuzform ist von außen nicht mehr erkennbar, doch ragt der östliche Kreuzarm mit einem fünfseitigen Altarraum frei hervor. Die achteckige Kuppel wirkt beherrschend. Die sphärischen Dreiecke (Pendentifs), die das Vierungsquadrat zur Kuppelrundung überleiten, sind bis zum Boden herabgezogen, so daß die Ecken der Vierung abgerundet sind und der Zentralraum der Vierung erweitert erscheint. Das sorgfältige Dekor des Mauerwerkes der Außenfassade ist nach der Restaurierung wieder gut erkennbar; es ist typisch für die mittelbyzantinischen Kirchen der Peloponnes: sog. Cloisonnémauerwerk (Steinquader von Ziegeln gerahmt), teilweise mit gedoppelten senkrechten Ziegelreihen; breites Mäanderband unter dem Dachansatz, dreifache Ziegelblendbögen über den Fenstern des Tambours. Ungewöhnlich ist, daß Ziegelsägezahnbänder dreifach den Tambour schmücken und die Cloisonnétechnik an der Westfassade fehlt. Dafür fallen zwei von Ziegeln

gerahmte Kreuze ins Auge, die von drei Quadern gebildet werden. Unter der von den Restauratoren abgetragenen Putzschicht treten Fresken aus der Entstehungszeit der Kirche von ungewöhnlicher Leuchtkraft zutage, wahrscheinlich noch aus der byzantinischen Komnenenzeit (12. Jh. n. Chr.).

Die Killínihalbinsel: Moní Vlachernón (Μονή Βλαχερνών), Chlemútsi (Χλεμούτσο), Lutrá Killínis (Λουτρά Κυλλήνης)

Touristische Hinweise: Eine rund 40 km lange Rundfahrt (mit dem Bus mühsam), die an verschiedenen Orten zwischen Andravída und Gastúni von der E 55 aus angetreten werden kann, führt durch eine fruchtbare Agrarlandschaft mit üppigen Pinien-, Kiefern- und Eukalyptuswäldern. Übernachtungen im Hafenort Killíni, in Kástro oder in Lutrá Killínis.

In Kató Panajía, dem östlichen Ortsteil von Killíni, folgt man zuerst dem Eisenbahngleis neben der Straße, hält sich dann rechts in Richtung der höher gelegenen Kirche und folgt schließlich links den Hinweisschildern zu dem etwa 2 km entfernten Kloster **Moní Vlachernón.**

Die Geschichte des idyllisch gelegenen Klosters mit einer stark sprudelnden Quelle spiegelt einen Teil der neueren griechischen Geschichte wider. Das Kloster ist wohl Stiftung eines byzantinischen Kaisers vor 1204 und wurde von den Franken (vielleicht dem Fürsten von Achaia, Wilhelm II. Villehardouin) umgebaut. In türkischer Zeit wurde das nur dem Patriarchen unterstellte Kloster (>stavropegikón<) reich und besaß Güter bis nach Gastúni. Zur Zeit der Befreiungskämpfe 1826–1828 sollten die Kirchenschätze nach der Insel Zakynthos verbracht werden, sind aber seitdem verschollen. 1969 wurde das Männerkloster in ein Frauenkloster umgewandelt und pflegt nun psychisch Kranke. Das Kirchenfest der Geburt Mariens am 8. September ist in der ganzen Region berühmt.

Der Kunsthistoriker A. Orlandos hat die Eigenart des Katholikón von Moní Vlachernón so charakterisiert: »Es ist eines der schönsten und charakteristischsten Beispiele für die Vermischung östlicher und westlicher Stilelemente.« In der ersten Bauphase (Ende des 12. Jh.) wurde eine dreischiffige Basilika mit Vorhalle errichtet. Das überhöhte Mittelschiff ist holzgedeckt. Je zwei Innensäulen mit byzantinischen Kapitellen, geziert mit flachen Pflanzenreliefs, tragen drei Bogenstellungen zwischen den Schiffen. Die Außenwände zeigen die typischen Zierelemente der mittelbyzantinischen Kirchen auf der Peloponnes: sorgfältige >Kästeltechnik< mit doppelten Ziegelbändern, umlaufende Ziegelsägezahnbänder, ziegelumrahmte Rundbogenfenster. Ein Blick auf die Südseite genügt, um den zweiten Bauabschnitt aus dem 13. Jh. n. Chr. unter fränkischer Herrschaft zu erkennen: Über der Vorhalle wurde als eine Art Querschiff eine Empore (für Fürsten?)

Chlemútsi: fränkische Ritterkultur auf der Peloponnes

Eine in Byzanz bis ins 11. Jh. unbekannte Lebensform prägte im 13. Jh. die Peloponnes: ›Achaia‹ mit der Residenz Andravída (Andréville) und den Burgen Chlemútsi und Beauvoir wurde eine hohe Schule des französischen Rittertums. Der Minnesang der Troubadours, der vom sexuellen Begehren reine Preis der sozial höhergestellten ›hehren Frau‹, wurde gepflegt, ritterliche Turnierspiele abgehalten. Die Chroniken wissen zu berichten, daß junge, abenteuerlustige Ritter aus ganz Frankreich, Burgund und Kampanien nach ›Achaia‹ reisten, um dort in den Dienst des Fürsten zu treten. Achtzig Ritter mit goldenen Sporen dienten ihm. Mit einiger Phantasie können wir in den hohen, weiten Gewölben von Chlemútsi diese kämpferische, von strengen Regeln geprägte Gesellschaft vor unserem geistigen Auge wiedererstehen lassen.

geschaffen und im Westen eine fünfbogige Arkadenhalle vorgesetzt. Sie atmet im Oberteil, der nur durch ein Rundauge und zwei kleine Fenster unterbrochen wird, spätromanische Schwere. Die gotischen Grundelemente des doppelbogigen Fensters mit getreppter Konsole und Dreiviertelsäulen an den Ecken im Obergeschoß der Vorhalle sind mit byzantinisch-mittelalterlichen Ornamenten dekoriert: Blendbögen, Sägezahnbändern und flach reliefierten Spolien.

Die Innenausstattung der Kirche ist nachbyzantinisch (15. Jh. n. Chr. und später). Die nicht sehr gut erhaltenen Fresken im Nebenraum rechts vom Altarraum (Diakonikon) stellen die Szenen des Akathistoshymnus dar, des Hymnus auf die Gottesmutter über ihr rettendes Eingreifen beim Avareneinfall 628 n. Chr. Ganz byzantinisch empfunden ist die wundertätige Ikone (1718) der Maria mit dem Kind (sog. Vlacherniotissa) in Silbertreibarbeit. Die heutige hölzerne Ikonostás mit den Ikonen der Panajía Odegétria (Maria, der Wegbegleiterin) und des Ájios Charálambos steht an Stelle einer ursprünglich marmornen Ikonostás.

Die **Burg Chlemútsi** (franz. Clermont; venezianisch Castell Tornese) bei der Ortschaft Kástro (=Festung), der die Burg ihren Namen gegeben hat, ist die am besten erhaltene fränkische Burg auf der Peloponnes. Sie wurde 1220–1223 von Geoffrey I. Villehardouin, dem ›Fürsten von Achaia‹, erbaut. Seine Hauptstadt war Andréville (das heutige Andravída, s. S. 123), sein Hafen Glarentza, das heutige Killíni. Seine zweite Burg Beauvoir lag beim heutigen Hafen Katákolo 12 km von Pírgos entfernt (s. S. 123).

Da Chlemútsi weder in der kurzen Herrschaft der Byzantiner in dieser Region (1427 bis 1460) noch in der Zeit der Türkenherrschaft (15.–18. Jh.) noch vorher unter den Venezianern wesentliche Veränderungen erfahren hat, ist sie bestes Beispiel fränkischen, von den

Kreuzfahrern beeinflußten Burgenbaues, der auf der Peloponnes in veränderter Form in Mistra (s. S. 235 ff.) und Argos (s. S. 289 ff.) wiederbegegnet. Romanische Stilelemente herrschen vor, aber auch byzantinischer Einfluß ist feststellbar, vor allem an den Einfassungen von Fenstern und Türen. Eine ausgedehnte, dem Gelände angepaßte Vorburg mit nur einem Zugang beherbergte Magazine und Unterkünfte der Ritter. Ein Zugang führte dann zur Hauptburg, dem Sitz des Kommandanten und einer ausgewählten Mannschaft. An die Mauern der ung. 90 m langen, sechseckigen Vorburg aus grob behauenem Kalkstein lehnten sich die Magazine und Unterkünfte an. Wie ältere Pläne und Bodenreste zeigen, war auch das übrige Areal dicht bebaut. Der heutige sehr schmale und 3,6 m lange, in viele kleine Räume unterteilte Eingang war ursprünglich viel breiter und wurde erst von den Türken verengt.

Auf dem Weg zur Oberburg kommt man an einer rechteckigen Ruine mit halbrunder Ausbuchtung vorbei – einer ehemaligen Kirche, die später als Moschee diente. Das Sechseck der Oberburg umgeben zweistöckige Räume. Die Einbuchtungen für die Tragbalken der Holzdecken sind ebenso gut erkennbar wie die mit Ziegel gemauerten Nischen der Feuerstellen. Die ung. 9 m hohen Tonnengewölbe waren durch eckige Verstärkungsbogen aus porösem Muschelkalk gestützt, die heute verloren sind. Sie lagen auf heute teilweise noch erhaltenen schmucklosen Aufsätzen (Kämpfern) auf. Die flachbogigen, von Poros eingefaßten Fensteröffnungen umfaßten ursprünglich zwei Rundbogenfenster. Der östliche zweigeteilte Trakt mit einer Anzahl von Kaminen war der Palas (Empfangs- und Festsaal), im leicht geknickten Nord-Westsaal (70 m) speiste wohl die obere Burgbesatzung. Der Saal war durch eine Freitreppe vom Hof her erreichbar. Die dazwischenliegende Südhalle diente als Küche. Unter ihr lag eine große Zisterne (32,4 x 4,5 m), die von den Dächern gespeist wurde. Der Raum links neben dem Eingang mit einem runden Mauervorsprung war nach alten Plänen eine griechische Kirche, später Pulvermagazin.

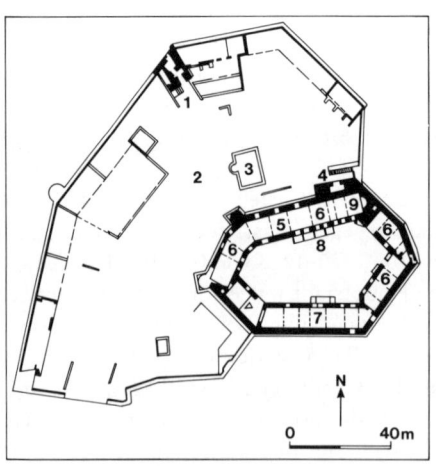

Chlemútsi
1 Eingang
2 Vorburg
3 Kirche, später Moschee
4 Eingang zum Burgfried
5 Speisesaal
6 Palas
7 Küche
8 Freitreppe
9 Kirche, später Pulvermagazin

Die wehrgangartigen, breiten Terrassen über den Gewölben ohne Geschützstände sind heute teilweise restauriert.

Das 5 km entfernte Thermalheilbad **Lutrá Killíni** ist mit Platanen und Eukalyptusbäumen üppig begrünt, besitzt einen breiten Sandstrand und eine ausgedehnte Campinganlage.

☐ Das antike Elis

Touristische Hinweise: Das antike Elis liegt zwischen den Ortschaften Afjío und Kalivía, ca. 14 km von Gastúni, wo die E 55 erreicht wird. Mit dem Bus ist Elis am besten von der eintönigen Provinzstadt **Amaliáda** (rund 15 000 Einwohner, einige Hotels, an der Bahnstrecke Patras-Pírgos) zu erreichen. Mehrmals täglich Busse in Richtung Kéntro an dem künstlichen, durch mächtige Betonmauern aufgestauten Piniós-Stausee. Der Omnibus hält direkt am Museum.

Das seit frühhelladischer Zeit (3. Jt. v. Chr.) bewohnte Areal wurde von einem Adel beherrscht, der seine Macht bis nach Pisa ausdehnen konnte, der geheimnisvollen Stadt, die das Heiligtum von Olympia beschützte. 570 zerstörten die Eleier Pisa. Fortan unterstand Olympia – mit einer kurzen Unterbrechung im Streit mit den Arkadern 364 bis 362 – bis zum Ende der Spiele den Eleiern. Die Wettkämpfer trainierten vor den Spielen in der

Die fränkische Festung Chlemútsi

Stadt. Pausanias sah im 2. Jh. n. Chr. die Stadt Elis als dichtbewohnte, blühende Siedlung. Er berichtet von einer Agora alten Stils aus dem 5. Jh. v. Chr., mit unabhängig zueinander-stehenden Säulenhallen, Stoai, und dazwischen durchlaufenden Straßen. Diese Anord-nung wird durch die Grundrisse bestätigt, die von österreichisch-griechischen Archäolo-gen seit 1910 erarbeitet wurden (im Museum ausgehängt). Von Afjío kommend, kann man die weite offene Fläche erkennen, auf der Säulenhallen (die Südhalle schneidet die heutige Fahrstraße), heilige Bezirke und Häuser locker gruppiert waren. Später kamen römische Bäder hinzu. Die Grundrisse dieser Gebäude sind heute im teilweise bewirt-schafteten Gelände schwer zu erkennen. Am auffallendsten sind die beträchtlich hoch aufragenden römischen Ziegelmauern kurz vor dem Dorf Afjío. Den besten Eindruck erhält der Besucher vom **Theater,** dessen Zuschauerrund er vom Museum kommend zuerst durchschreitet. Das Theater wurde im 3. Jh. erbaut und später, noch in vorrömi-scher Zeit, verändert. Gut erkennbar sind die vier parallel verlaufenden Grundmauern der Bühne und von Teilen der seitlichen Stützmauern.

☐ Archäologisches Museum

(geöffnet 8.30–15.00 Uhr. Sonn- und feiertags 9.00–15.00 Uhr; montags geschlossen)
Besonders sehenswert: weibliche Tonmasken (5. Jh. v. Chr.). Sie tragen individuelle Züge, vielleicht um apotropäische Funktion zu erfüllen. Formschöner Bronzemischkrug (Krater, 5. Jh. v. Chr.). Prachtvolle schwarzfigurige Salbgefäße, wohl aus einer Athener Werkstatt.

Das Dorf Artemesíon im Bergland Arkadiens

Arkadien: Heimat des Pan

Der Nomós Arkadías

Der Distrikt Arkadien ist die gebirgigste Region der Peloponnes. Die 61,5 % der Gesamtfläche bedeckenden Karstgebirge ragen bis 2376 m hoch auf. Noch zum Ende der Türkenherrschaft war nahezu die Hälfte des Bodens von Wald – meist Eichen und Kiefern – bestanden, heute ist es nur noch ein Viertel. Bei Pausanias liest man, daß die Arkader ›im Innern‹ wohnen. Erst im 20. Jh. erhielt Arkadien Zugang zum Meer. Die küstennahe Region Kinuría mit Ástros und Leonídio wurde dem Nomós Arkadias zugeordnet. In der arkadischen Akademie mit Sitz in Athen wird das eigenständige Erbe der Landschaft gepflegt. Das neue Museum in Trípolis ist Ausdruck dieser Bemühungen.

Reiche Kunstschätze und eine in den einsamen Bergregionen, z. B. im Lúsiostal, von Straßenbau und Industrie noch weitgehend unberührte Natur bietet diese Region, doch ist die Natur durch veraltete Energiegewinnung (Braunkohlekraftwerk von Megalópolis)

Auch ich war in Arkadien

Die altgriechische Landschaft Arkadien gilt seit dem römischen Dichter Vergil (70–19 v. Chr.) in der Hirten- und Schäferdichtung als Schauplatz glückseligen, idyllischen Lebens. Das Zitat, mit dem man darauf hinweist, daß man auch einmal in einem solchen Land des Glücks gelebt hat, taucht zunächst in lateinischer Version – Et in Arcadia ego – als Bildinschrift im 17. Jh. auf. Ins Deutsche übersetzt findet sich der Ausspruch in der Form »Auch ich war in Arkadien« (bei Herder, E.T.A. Hoffmann und Eichendorff). Bei Schiller (»Resignation«, 1786) erscheint er in der Form »Auch ich war in Arkadien geboren« und bei Goethe in der Form »Auch ich in Arkadien« als Motto der beiden 1816/17 erschienenen Bände der »Italienischen Reise«. Der Formulierung Wielands – »Auch ich lebt' in Arkadia« (»Pervonte«, 1778) – ähnelt Ingeborg Bachmanns »Auch ich habe in Arkadien gelebt« als Titel und zugleich Anfang einer Kurzerzählung (1952 für die Wiener Monatsschrift »Morgen«).

Aus: »Zitate und Aussprüche«, Duden 12

---

bedroht, wie die Waldschäden deutlich zeigen. Die Abwanderung aus den Gebirgs-dörfern im Norden Arkadiens ist unvermindert intensiv, während die Städte wie Trípolis und Megalópolis leichten Zuwachs verzeichnen.

Trípolis ist Verkehrsknotenpunkt und eignet sich recht gut als Ausgangspunkt für die Erkundung Arkadiens, doch darf man auch in der Hauptstadt der vom Tourismus noch wenig berührten Region kein anspruchsvolles Hotel- und Restaurantangebot erwarten.

Mensch und Kunst in Arkadien

Die Schilderung, die der Geschichtsschreiber Polybios (200–120 v. Chr.) von den Arkadern und ihren Lebensbedingungen gibt, klingt, als habe er sie heute geschrieben: »... ihre Gastfreundschaft und Menschenfreundlichkeit, besonders ihre Religiosität zeichnen sie vor allen Griechen aus ... das Singen und Tanzen scheinen ihre Vorfahren nicht wegen des Vergnügens und der Unterhaltung eingeführt zu haben: Vielmehr sahen sie, daß jeder sein Leben fristen und überhaupt schwer und hart arbeiten muß; auch erkannten sie die Rauheit des Klimas, die in den meisten dieser Gebiete herrscht.«

Der lüsterne und verspielte Hirtengott Pan stammt aus Arkadien. Der Likeon mit seinen Menschenopfern und Zeus als Wolfsgott (*lykus* = Wolf), die geheimnisvolle Herrin in Lykosura, das kantig-harte Jünglingsfragment (Kuros) aus Figália im Olympiamuseum sind Beispiele für eine Kunstlandschaft mit einer »extrem konservativen, im Altertümlichen verhafteten Formensprache ... mit markanter Eigenständigkeit« (Felten) – und einer dem Boden verhafteten Religiosität. Die Plastik Arkadiens ist in internationalen Museen zu finden, die meisten Exponate in Athen. Nur wenige sprechende Beispiele sind in den Museen von Trípolis und Tegéa zu sehen.

Die tiefe Religiosität setzt sich bis heute fort: Dimitsána besitzt rund 25 Kirchen und Kapellen!

Das ›Bärenland‹ (der Name Arkadien kommt vielleicht von *árktos* = Bär) wurde erst in der römischen Dichtung, vor allem bei Vergil, zum romantischen Traumland. Das 18. Jh. hat die römische Romantik aufgegriffen. Goethe wurde 1788 als ›Megalio‹ Mitglied der arkadischen Akademie in Rom. Tanz und Spiel, Lieder vom Grab bis zum Tod begleiten die Menschen Arkadiens. So klagt ein Liebeslied:

»Dort oben in der Nachbarschaft spielt Klarinett und Geige.
Hochzeit feiert die Liebste mein, mein allerschönstes Mädchen.
Freundinnen kämmen ihr das Haar und kleiden sie aufs beste.
Vor kurzem hab' ich sie gefragt, ob einen andern sie liebe.«
(Kusteni, Tragudia tis Dimitsanas, 1984. Übs. G. Weiß)

Von Pírgos nach Trípolis

Die kurvenreiche Distriktstraße 74 von Pírgos nach Trípolis (s. S. 131 ff.) gehört zu den landschaftlich reizvollsten Routen auf der Peloponnes (auch Fernbusse Pírgos–Trípolis). Die Strecke führt von der fruchtbaren Olympiaregion zur üppig bewachsenen Schlucht des Erímanthos und in die baumlosen Berge zum 1000 m hoch, reizvoll am Hang gelegenen Bergdorf **Langádia** hinauf (Camping, 1 Hotel). 26 km vor Trípolis lädt der Luftkurort **Vitína** inmitten duftender Tannenwälder zum Verweilen ein (Hotels, Camping). Ausländische Touristen haben den Ort noch wenig entdeckt. Zwischen Levídi und Trípolis zweigt bei **Kápsas** eine Straße in das Skigebiet im Ménalon-Gebirge ab. Von der Bergsteigerhütte des griechischen Alpenvereins EOS am Skizentrum (1600 m) ist eine Besteigung des aussichtsreichen Ostrakiná (oder Profítis Ilías 1980 m) leicht möglich (markiert). Die antiken Stätten Orchomenos und Mantineia liegen kurz vor Trípolis am Wege.

☐ Levídi (Λεβίδι) und das antike Orchomenos

Touristische Hinweise: Mehrmals täglich Busse von Pírgos nach Trípolis mit Halt in Levídi. Von dort 6 km Fußweg nach Orchomenos.

Im Landstädtchen **Levídi** (rund 1400 Einwohner) schließt der Bürgermeister ein kleines historisches Museum auf, das vor allem dem aus Levídi stammenden Politiker A. Papanastasíu (gest. 1936) gewidmet ist.

Eine wenig befahrene Straße führt von Levídi nach Orchomenos, 6 km entfernt auf einen einsam stehenden Bergkegel im Norden gelegen. Fußgänger können die Strecke auf Wirtschaftswegen – links von der Straße abbiegend – abkürzen. Nach 3 km (Wegweiser) biegt rechts ein Weg ab zur 1 km entfernten **Kímisis Theotókukirche** (verschlossen). In der dreischiffigen Basilika (erst 14. Jh.?) sind wiederverwendete Spolien aus Orchomenos und einer älteren Kirche verbaut. Die Fresken sollen aus dem 18. Jh. stammen.

Homer erwähnt die Macht des reichen **Orchomenos,** das später politisch eng mit Sparta zusammenhing. In einer kurzen Blütezeit im 4. Jh. v. Chr., als Spartas Stern sank, wurden die wohlbefestigte Oberstadt und das Theater angelegt, die Pausanias im 2. Jh. n. Chr. bereits in Ruinen sah. Die Bevölkerung zog sich in Richtung des heutigen Dorfes zurück, wo wahrscheinlich der alte Siedlungskern mit dem archaischen Tempel bei der Kirche lag. Der Ort war auch im Mittelalter besiedelt, vor allem auf der Bergkuppe, wie der byzantinische Turm nahelegt.

☐ Rundgang

An einem Brunnen mit köstlichem Wasser vorbei gelangt man auf einem alten Steinpfad hinauf zur verschlossenen Kirche am östlichen Rand des heute ebenfalls Orchomenos genannten Dorfes. Hinter der Kirche auf einer Terrasse findet man die

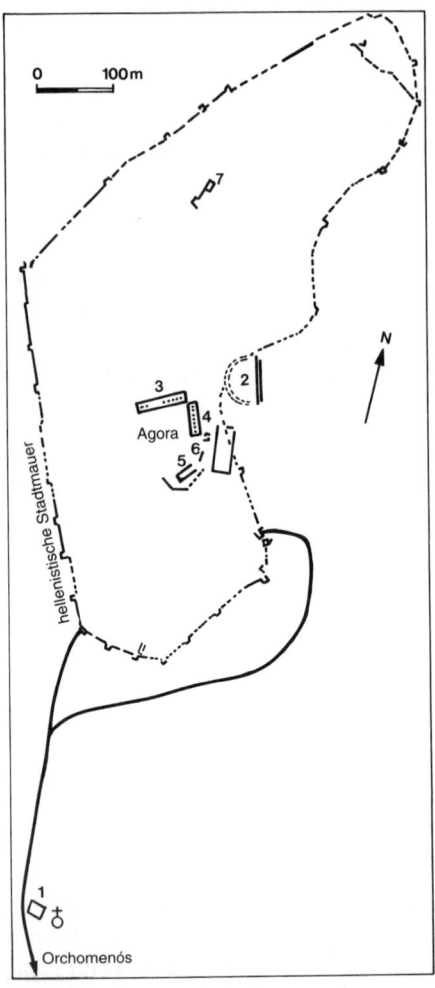

Orchomenos *1 Ringhallentempel*
2 Theater 3 Säulenhalle   4 Bouleuterion
5 Tempel der Artemis Mesopotamites   6 Altar
7 byzantinischer Turm

Fundamente eines spätarchaischen **Ringhallentempels** (Peripteros, 6 x 13 Säulen; 31 x 13 m). Ausgezeichnet gearbeitet sind einige dorische Kapitelle, die heute umge-

stürzt am Boden liegen. Die sorgfältig gemeißelten umlaufenden Ringe (Anuli) sind gut erkennbar. Nach Feltens Vermutung standen auf den gefundenen Kalksteintrommeln Holzsäulen, die mit diesen Kapitellen bekrönt waren. Sie wiederum trugen ein Holzdach.

Auf halber Höhe um den Berg herumgehend, gelangt man zu mehreren isodomen Steinlagen eines Turmes der nur an wenigen Stellen noch sichtbaren ausgedehnten **hellenistischen Stadtmauer** (4. Jh. v. Chr.). Auf einem undeutlichen Weg geht man in nördliche Richtung weiter zum **Theater,** in dem heute wieder Stücke aufgeführt werden. Das steile Geländegefälle wurde wie bei vielen griechischen Theatern zur Überhöhung des Zuschauerrunds (Cavea) genutzt. Als Kulisse diente nicht nur die unten stark abgestützte Bühne (Skene), sondern auch die grandiose Bergwelt. Gut erhalten sind die weißen Marmorbänke der Theateraufseher (Prohedrie). Ein Sitz trägt eine Inschrift eines gewissen Eugeneios, die nach den Buchstabenformen aus dem 4. oder 3. Jh. v. Chr. stammen dürfte. Davor stehen zwei kunstvoll gehaune Ehrensitze für erlauchte Gäste. Ein treppenartiger, vom Berg herabführender Wasserschacht ist links neben der Cavea sichtbar. Er schützte das Theater vor Überflutungen.

Es ist wohl dem Gelände zuzuschreiben, daß der Stadtplaner des 4. Jh. v. Chr. das Theater nicht besser an die **Agora,** das Zentrum des öffentlichen Lebens, anbinden konnte, wie etwa in Mantineia (s. S. 133 ff.). Wie dort war der ebene Platz von öffentlichen Gebäuden umgeben: der **Säulenhalle** mit elf Säulen, deren Fundament noch sichtbar ist, dem Senatsgebäude

(**Bouleuterion,** durch Inschrift gesichert), dem terrassenförmig abgestützten Tempel der **Artemis Mesopotamites** (inschriftlich gesichert) und einem **Altar.** Die langgestreckte Gestalt des relativ kleinen Tempels (6,5 x 20 m) mit hervorgehobener Vorhalle (Pronaos) – wohl ein Lehmziegelbau – darf nicht dazu verleiten, ihn als archaisch einzustufen. Seine frontale Ausrichtung führt mindestens drei Jahrhunderte später in hellenistische Zeit. Einen guten Blick auf das Gelände genießt man vom weithin sichtbaren **byzantinischen Turm.**

☐ Mantineia

Touristische Hinweise: Mehrmals täglich Busse von Trípolis in Richtung Miléa oder Artemísio. Die freundlichen Fahrer setzen den Besucher direkt am frei zugänglichen Grabungsgebiet ab. Mit dem Auto von der Straße Pírgos–Trípolis, ung. 10 km vor Trípolis links abbiegen (beschildert).

Die von hohen Bergen umgebene fruchtbare, regenreiche Schwemmlandebene liegt heute friedlich da. Die alte Geschichte war für die Bauerndemokratie von Mantineia mit kleiner Oberschicht blutig und tragisch. 418 sah die Ebene die Niederlage dieser erst seit dem 6. Jh. v. Chr. aus mehreren Streusiedlungen zusammengewachsenen Stadt (sog. Synoikis-

Die moderne Kirche von Mantineia

133

mos) gegen Sparta. 370 konnten die Bewohner eine schwere Niederlage der Spartaner bei Leuktra zur Neugründung nutzen. Aus dieser Zeit stammt der in den Grundzügen heute noch begehbare reißbrettartige Stadtplan mit Befestigung. Acht Jahre danach standen die Mantinäer auf seiten ihrer ehemaligen Gegner, der Spartaner, gegen den machthungrigen Thebaner Epaminondas – und verloren. 223 verschleppte der Makedonenherrscher Antigonos Doson alle Bewohner und zerstörte die Stadt. Im 2. Jh. n. Chr. förderte, so berichtet Pausanias, Kaiser Hadrian die Stadt. Die römischen Bauten auf der Agora zeugen davon. Mantineia wurde 1887–89 von Fougères und Bérard teilweise flüchtig und unvollständig ausgegraben. Seit 1960 fanden einige Nachgrabungen statt.

□ Rundgang

Links von der Straße fällt die von Papatheodoros 1972 entworfene, aus mykenisch-minoischen, klassischen und byzantinischen Stilelementen komponierte **Kirche** ins Auge. Das phantasievolle Bauwerk wird von anreisenden Fachleuten eifrig diskutiert. Die Frage stellt sich: das reiche kunstgeschichtliche Erbe Griechenlands – ein Geschenk oder eine Last?

Ein schnurgerader Weg führt von der Kirche in das Zentrum der erst im 4. Jh. v. Chr. geplanten Stadtanlage (Längsdurchmesser ung. 1300 m). Das ebene Gelände hat es dem Architekten erlaubt, den Stadtplan rechtwinklig zu entwerfen.

In Mantineia findet sich das erste **Theater** in Griechenland, das nicht in einen

Arkadien

Kórinthos

33

66

Órchomenós
Ορχομενός

E 65

Mykene

Ájionóri
Αγιονόρι

1648 m

Óros Lirkio

Fíchti
Φίχτι

Mikínes
Μυκήνες

Límnes
Λίμνες

Kutsopódi
Κουτσοπόδι

Orchomenos

Levídi
Λεβίδι

Artemísio
Αρτεμίσιο

Óros Ménalon

Argolída

Chonikás
Χωνικάς

Heraion

Manésis
Μανέσης

Midéa
Μιδέα

1980 m

Kápsas
Καψας

Argos
Άργος

Mantineia

Óros Artemísio

Ajía Triáda
Αγία Τριάδα

Néa Tírintha
Νέα Τίρυνθα

1849 m

74

Miléa
Μηλέα

Keniás

1598 m

Kefalári
Κεφαλάρι

Tiryns

Néa Kíos
Νέα Κίος

Kuppelgrab

Ellinikó
Ελληνικό

Trípolis
Τρίπολις

Partheni

7

Mili
Μύλοι

Lerna

Náfplio
Ναύπλιο

Ajia Moní Arias

Asine

Drépano
Δρέπανο

Toló
Τολό

Paléa Episkopí
Παλέα Επισκοπή

1215 m

Chavrió

Árgolikós Kólpos

Tegea

E 65

39

Káto Doli300ná
Κάτω Δολιανά

Parálio Ástros
Παράλιο Άστρος

7

Manthiréa
Μανθυρέα

Moní Lukús

Ástros
Άστρος

Ájios Ándreas
Άγιος Ανδέας

Ájios Pétros
Άγιος Πέτρος

E 961

Lakonía

Párnon

0   5 km

Leonídio
Λεωνίδιο

áchi
ράχι

Eurotas

Chagdarás

1651 m

Vutiáni
Βουτιάνοι

39

Moní
Panajía Eloná

Sparta

1839 m

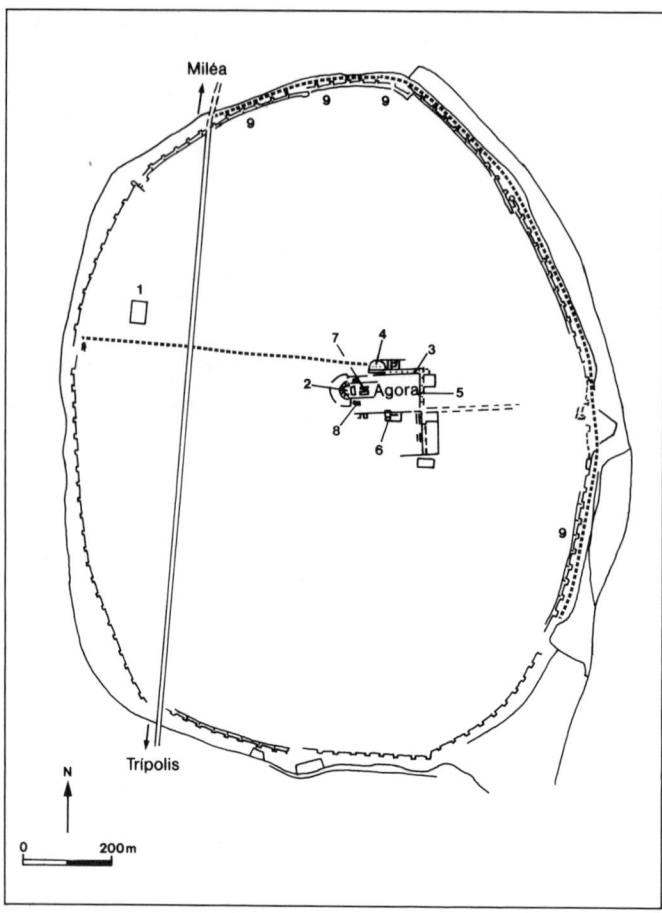

Mantineia
1 *moderne Kirche*
2 *Theater*
3 *Nordkolonnaden*
4 *Exedra*
5 *Ostsäulenhalle*
6 *Bouleuterion*
7 *römische Tempel*
8 *Tempel der Hera*
9 *noch gut erhaltene*
  Teile der
  Stadtmauer

Hang hineingebaut wurde, sondern an einem künstlich aufgeschütteten Hügel lehnt. Die Stützmauern sind erhalten. Das Theater öffnete sich zur Agora, konnte also auch als politische Bühne dienen. Die Geschlossenheit der Agora wurde erst mit den römischen Kolonnadenbauten im Norden und Osten erreicht. Die im Gelände teilweise erkennbaren **Kolonnaden im Norden,** die halbkreisförmige Erweiterung dieser Kolonnaden **(Exedra)** und die

Werkstätten im Norden werden inschriftlich einer Gönnerin aus Mantineia namens Epigone zugeschrieben; einen **Eingang zur Agora,** einen **Altar im Südosten** und die **Ostsäulenhalle** (Stoa) hat ein anderer reicher Gönner, Eurykles (2. Jh. n. Chr.), gestiftet. Auch die **beiden Tempel südöstlich der Theaterbühne** sind römisch, der **Tempel mit Vorhalle** (Prostylon), von dem die Fundamente erkennbar sind, wird der Hera zugeschrieben.

Ein Vergleich mit Luftaufnahmen aus den 60er Jahren zeigt, wie viel seitdem von den 105 Türmen und zehn Toren der **Stadtmauer** durch intensive agrarische Nutzung verschwunden ist, vor allem im Südosten. Eine vollständige Umrundung der Befestigung ist heute wegen der Zäune und Gehöfte im Gelände unmöglich, hinter der modernen Kirche hören die Spuren ganz auf. Die beste Anschauung bekommt man von einem Feldweg, der nach etwa 500 m Wegs auf der Straße vom Grabungsgelände nach Norden rechts abbiegt. Noch gut erkennbar sind ein Tor und die Fundamente des zugehörigen Turmes; eine Art Zwinger schützt den Eingang durch überlappende Mauern. Höchstens zwei Schichten des waagerecht verlaufenden Mauerwerks sind erkennbar. Zwei ähnliche Zwinger sind noch im Osten aufzuspüren.

Trípolis (Τρίπολις)

Touristische Hinweise: Als Handels- und Verwaltungszentrum ist die Stadt gut mit Hotels, preiswerten Unterkünften, Restaurants und Kafenía ausgestattet. Verkehrsknotenpunkt von Bus und Bahn in alle Richtungen (Busbahnhof an der Platía Georgíu). Für den Nichtmotorisierten ist Trípolis der ›Schlüssel Arkadiens‹. Die Fremdenpolizei an der Platía Georgíu muß die Touristeninformation übernehmen.

Die heutige Hauptstadt des Nomós Arkadías (ca. 20 000 Einwohner) ist Bischofssitz, Umschlagplatz der durch künstliche Bewässerung ertragreichen Landwirtschaft (Obst, Wein) und Standort veredelnder Gebrauchsindustrie (Keramik, Gerberei, Teppiche). Erst am Ende der byzantinischen Herrschaft als Zusammenschluß der wenigen Bewohner der antiken Siedlungsreste von Mantineia, Tegea und Pallantion unter dem Namen Drobolítza gegründet, wird sie 1770 Hauptstadt des türkischen ›Sandschak‹ (Provinzverwaltungsbezirk) Morea (= Peloponnes). In den Freiheitskriegen 1828 von den Türken völlig zerstört, erlebte sie nach dem Wiederaufbau einen langsamen Aufstieg. Aus dieser Zeit kann man sehr gute Beispiele klassizistischer Gebäude entdecken, z. B. das Gerichtsgebäude auf dem großzügig angelegten Hauptplatz, der Platía Aréos, das Theater und die in der Außenfront streng dreigliedrige Kathedrale. Die modernen Ikonen im in mystisches Halbdunkel getauchten Inneren bewahren noch die Strenge der byzantinischen Tradition. Die Marmorbildwand ist theaterhaft aufgebaut. In den Läden mit einheimischem Kunsthandwerk, vor allem um die Platía Georgíu, zeigt sich eine bodenständige Handwerkertradition (Leder, Metall). Die lebendigen Tages- und Wochenmärkte sind sehenswert. Gepflegte Parkanlagen mit üppigem mediterranen Pflanzenwuchs laden zur Ruhe ein. Trípolis ist eine liebenswerte Stadt!
Das 1986 eröffnete **Museum** im Odós Spileopúlu bei der Platía Kolokotróni (täglich außer montags 8.30–15.00 Uhr), das im von Ernst Ziller erbauten klassizistischen früheren Hospital untergebracht ist, will als Zentrum der neuesten archäologischen Tätigkeit

in Arkadien vor allem die neueren Funde der Öffentlichkeit zugänglich machen. Über 1000 Stücke sind ausgestellt. Die Besonderheiten der Kunst Arkadiens sind nirgends so gut sichtbar wie in diesem Museum. Viele Funde sind unveröffentlicht. Die Beschriftungen sind nur in griechischer Sprache verfaßt. Kein Katalog.

Museumsrundgang

Garten: Grabmäler (4.–2. Jh. v. Chr.).

Eingangshalle und Vorraum: Grab- und Weihestelen sowie Hermen – sich nach unten verjüngende Pfeiler mit dem Kopf des Hermes – mit teilweise sehr guten Reliefs (hellenistisch und römisch).

Linker Nebenraum vor prähistorischer Sammlung: hervorragend: **sitzende Göttin** (6. Jh. v. Chr.). Lebensvolle Körperformen, gut modellierte Gewandfalten. Inschriftentafeln, u. a. das Diokletianische Höchstpreisedikt zur Inflationsbekämpfung (301 n. Chr.).

Langgestreckter Saal rechts vom Eingang: im Nebenraum Vasen und metallene Gebrauchsgegenstände (hellenistisch und römisch).

Hauptsaal: links: Funde aus dem 7. bis 5. Jh. v. Chr.: Votivgaben aus Ton und Bronze für Demeter, Kore und andere Gottheiten. Die Plastik der Votivgaben weist noch im 6. Jh. v. Chr. einen geometrisch abstrakten, ja derben Stil auf, der in Arkadien charakteristisch ist. Rechts: hellenistische und römische Plastik u. a. lebensvoll lächelnder, oval-länglicher **Frauenkopf. Torso eines Satyr** (3. Jh. v. Chr.), kraftvoll athletischer Männerkörper. Satyrn sind wollüstige Dämonen, halb Mensch, halb Pferd, im Gefolge Pans.

Saal halblinks vom Eingang: u. a. spätgeometrische Grabkratere mit Mäandermustern (um 750 v. Chr.). Krater aus Mantineia (ung. 50 cm hoch), am Gefäßrand mit geometrischer Darstellung von Pferden. Durch diese Vasen, die sonst als Mischkrüge dienten, sollte die Stelle des Grabes gekennzeichnet werden. Die schwarzfigurige Vase zeichnet sich durch eine gewisse Schwerfälligkeit und Plumpheit aus – ein Charakteristikum der darstellenden Kunst Arkadiens. **Kopf eines Jünglings** (Kuros, 6. Jh. v. Chr.) mit zartem ›archaischen Lächeln‹. Anmutig durchmodellierter, rundlicher **Frauenkopf** (1. Hälfte 5. Jh. v. Chr.).

Saal links vom Vorraum: prähistorische Funde (4. Jt. bis um 1200 v. Chr.). Seltene ›primitive‹ Tonfiguren aus dem späten Neolithikum (Jungsteinzeit; 3000–2800 v. Chr.); Knochenwerkzeuge. Gefäße, u. a. geschmackvolle Pithoi (Vorratsgefäße 3000–2500 v. Chr.) teilweise mit Ritzdekor. Mykenische Amphora mit seltenen plastisch gedrehten Bügeln (1400 v. Chr.). Dichter geometrischer Dekor.

Vorraum zu den Sälen im Keller: Votiv- und Grabstelen (500–300 v. Chr.). **Kopf des Asklepeios** (4. Jh. v. Chr.).

Kellersaal rechts vom Vorraum: **mykenische Gefäße** mit Mäander- und Spiralmustern, Sägezahnbändern, stilisierten Vögeln und ›Augenmotiven‹, teilweise glasiert.

Großer zweigeteilter Kellersaal links von der Treppe: Plastik (hellenistisch und römisch), u. a. hervorragender **Porträtkopf einer jungen Frau** (zw. 98 und 117 n. Chr.). Das ovale, kraftvoll modellierte Gesicht mit vollen, sinnlichen Lippen strahlt Energie und Lebensfreude aus. **Porträtkopf eines bärtigen Mannes** (Ende 1. Jh. n. Chr.). Überlebensgroße, wuchtige römische Frauenplastik vom Typ der ›Herakleiotissa‹ (1. Jh. v. Chr.). Tief modellierte Grabstele einer Frau vom Typ der ›kleinen Herakleiotissa‹ (2. Jh. v. Chr.).

Kleiner Kellerraum schräg rechts gegenüber der Treppe, der ›Lykosuraraum‹: u. a. **Weihekessel** (Lebes, um 650 v. Chr.) mit Ritzdekor. Kleinfunde.

Kleiner Kellersaal gegenüber der Treppe: u. a. Segel, Tonfiguren und rotfigurige Vasen (5. und 4. Jh. v. Chr.). **Vase mit Eule** in Vitrine gegenüber dem Eingang.

In den Süden von Trípolis: Tegea und Umgebung

Touristische Hinweise: Stündlich Vorstadtbusse von Trípolis nach dem ca. 7 km vom Stadtzentrum entfernten Tegéa-Episkopí, nicht von der zentralen Busstation, sondern von der Platía Kolokotróni abgehend. Der 2 km lange Fußmarsch von Tegéa-Episkopí durch üppige Kirschplantagen nach Paleá Episkopí, einem beliebten Ausflugsziel der Griechen, ist angenehm.

☐ Kunst und Geschichte

Am Kreuzungspunkt alter Straßen gelegen, war Tegea eine der ältesten und wichtigsten Städte Arkadiens. Vom Aussehen dieser großen antiken und mittelalterlichen Stadt im Gebiet von Paleá Episkopí gewinnt der Besucher nur einen sehr unvollständigen Eindruck. Bis 570 v. Chr. hat sich Tegea der Vorherrschaft Spartas entziehen können. Aus dieser Zeit stammt der archaische Tempel der Athena Alea (›Zuflucht‹) außerhalb des Stadtgebietes – eines der berühmtesten Heiligtümer Arkadiens. Nach 570 blieb Tegea trotz innerer Widerstände unter spartanischer Vorherrschaft bis zum Niedergang der spartanischen Macht im 4. Jh. v. Chr. In diese Zeit fällt um 350 v. Chr. der Neubau des Athenatempels. Im Stadion, das keine Spuren hinterlassen hat, wurden Wettkämpfe zu Ehren der Athena abgehalten. In römischer Zeit erlebte die Stadt eine erneute Blüte, was die Funde auf der unvollständig ausgegrabenen Agora bei der frühchristlichen Basilika beweisen. Nach Pausanias war die Agora mit Kultbildern und einem Aphroditetempel geschmückt. Die Tempel des Apollon und des Dionysos wurden von den Archäologen wieder zugeschüttet. 395 n. Chr. von den Goten Alarichs zerstört, erholte sich die Stadt in frühbyzantinischer Zeit (4. bis 6. Jh. n. Chr.), wie der Bau einer christlichen Basilika beweist. In mittelbyzantinischer Zeit verlagert sich der Siedlungsschwerpunkt (Name: Níkli) nach Nordosten: Zeugnisse sind die byzantinische Kirche des 12. Jh., auf der die moderne Kímisis tis Theotóku errichtet ist, sowie bedeutende Reste der Stadtmauer und privater mittelalterlicher Bauten. In fränkischer Zeit (bis 1296) war Níkli Bischofssitz.

1880–1910 wurde Tegea von französischen Archäologen ausgegraben. Seit 1990 gräbt ein internationales Team unter Federführung Norwegens nördlich des Tempels.

☐ Der Tempel der Athena Alea

Mitten im heutigen Dorf Tegéa-Episkopí befindet sich die frei zugängliche Grabungsstätte des Tempels. Pausanias beschrieb ihn im 2. Jh. n. Chr. als großartigsten Tempel seiner Zeit. Dorische, ionische und korinthische Ordnung erzeugten wie in Bassä einen spannungsreichen Kontrast. Der neunzig Jahre früher gebaute Tempel von Bassä war Vorbild, vor allem für die Verwendung ionischer Halbsäulen in der Cella. Über den ionischkorinthischen Halbsäulen war in Tegea eine Galerie von ca. 3 m hohen rein ionischen Halbsäulen angeordnet. Die Wände wurden dadurch gleichsam unsichtbar gemacht.

Die Göttin Athena in arkadischer Gestalt

Die ›strahlendäugige‹ *(glaukopis)* Athene ist seit mykenischer Zeit die weise Spenderin des Ölbaumes, sie lehrt, die Rosse zu bändigen und Schiffe zu bauen. Wie eine orientalische Göttin, z. B. die Göttin Ischtar, ist sie in der Plastik mit Speer, Schild und Helm bewaffnet. Sie ist die Beschützerin der Städte *(poliuchos)*, nicht nur von Athen, sondern auch des großen politischen Widersachers Sparta. In Tegea war der Göttin der prächtigste und reichste Tempel Arkadiens geweiht. Eine vorgriechische Göttin, Alea, ging ihr voraus. Ihr Kult ist mit der Glaukequelle verbunden; eine Türe führte vom Tempel zur Quelle. Knaben wurden der Göttin geweiht.

Der Dichter des 28. sogenannten homerischen Hymnus hat bei der Schilderung der Geburt der Athena aus dem Haupt des Zeus alle wichtigen Merkmale der Göttin zusammengefaßt:

»Pallas Athene besinge ich nun, die ruhmvolle Göttin
Eulenäugig und findig, mit unnachgiebigem Herzen
Züchtige Jungfrau, Stadterhalterin, stark in der Abwehr,
Tritogeneia, die selber gebar der Meister im Rat, Zeus,
Aus dem heiligen Haupt; sie trug die Waffen des Krieges,
Golden und ganz voll Glanz; ein Staunen umfaßte sie alle,
Die es sahn, die Unsterblichen.«

Die Bedeutung eines ungewöhnlichen Nordeingangs zur Cella ist noch nicht eindeutig geklärt. Sollte er zusätzlich Licht spenden oder den Kultteilnehmern Verbindung zu den Riten gewähren, die in der Cella vollzogen wurden?

Die Ringhalle (Peristasis) glich mit 6 x 14 Säulen der von Bassä (6 x 15) und verliert 4 Säulen gegenüber dem ursprünglichen archaischen Tempel. Die korinthischen Kapitelle innerhalb der Cella weisen die typische Verbindung von pflanzlichen (Blätter) und abstrakten Elementen (Voluten) auf. In der künstlerischen Durchformung stehen diese Meisterleistungen des Architekten und Bildhauers Skopas (4. Jh. v. Chr.) und seiner Schule zwischen den noch schwerfälligen Kapitellen von Bassä und den sich schlank

Tempel der Athena Alea; Rankenfries der Cella

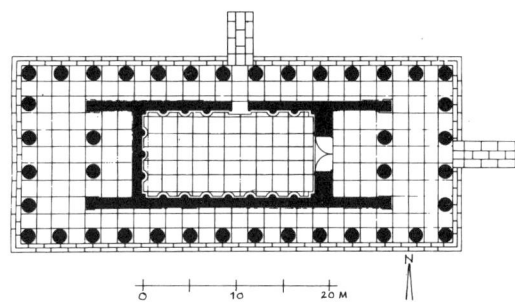

Tempel der Athena Alea, Grundriß

emporstreckenden von Epidauros. Die Plastik der Metopen und der Giebel ist gänzlich verloren. Nach Pausanias war im Osten die Jagd auf den kalydonischen Eber, im Westen der Kampf des Mysers Telephos gegen die Griechen zu sehen. Zu besichtigen ist beim Tempel auch der Brunnenschacht der bereits von Pausanias erwähnten Glaukequelle.

☐ Das Archäologische Museum

Das 1967 eröffnete Museum (9.00–15.00 Uhr, montags geschlossen) im heutigen Ort Tegéa-Episkopí, rund 200 m vom Athenatempel entfernt, enthält kunsthistorisch wertvolle Funde von diesem Tempel und aus Aséa. Vor allem die Plastik der Skopas-Schule (4. Jh. v. Chr.) ist beeindruckend. Die Exponate sind teilweise unveröffentlicht. Kein Katalog. Unzureichende Beschriftung.

Reste des Tempels der Athena Alea im Dorf Tegéa-Episkopí

141

Museumsrundgang

Eingangshalle: Marmorsitze mit Löwenfüßen. Überdimensionales Rankenfries links vom Eingang mit ionischer Zierleiste am Fries (Kymátion) aus der Cella des Athenatempels. *Erste Halle rechts:* hellenistische und römische Plastik. Hervorzuheben das römische Sarkophagfragment mit in die Tiefe wirkender **Darstellung des triumphierenden Achilles,** wie er die Leiche Hektors im Wagen um die Mauern Troias schleift. Kopf des Asklepeios als Philosoph, 4. Jh. v. Chr., vielleicht Skopas oder dessen Schule. Reliefdarstellungen, teilweise auf pyramidenförmigen Stelen Göttergestalten: Dionysios mit Artemis, links Hermes (römisch), die Dioskuren, die göttlichen Zwillinge und Helfer in Seenot (römisch), der in Arkadien so beliebte, schlank und muskulös modellierte Gott Pan mit Ziege in einem Pinienwald, die römische Isis (Saalmitte). Davor in Saalmitte: Votivrelief des Asklepeios und der Hygeia – Tochter des Asklepeios und Göttin der Gesundheit – wohl aus der Cella des Tempels.

Zweite Halle rechts vom Eingang: erste Vitrine links Gebrauchsgefäße (ca. 2800 bis 750 v. Chr.). Zweite Vitrine: ungewöhnlich kleine, formenreiche, nicht über 15 cm große **rotfigurige Vasen** (5. und 4. Jh. v. Chr.). Man kann u. a. erkennen die Götter Dionysios und Artemis, eine Frau mit Spiegel, einen Jüngling im Lauf, geflügelte Göttinnen, Götter vom Gefolge umgeben. Votivfiguren von Tieren und Kriegern – aus flachem Bronzeblech modelliert. Sie erinnern an die Bronzefiguren im Museum von Sparta. 3. Vitrine: u. a. Schmuck, darunter ein **formschönes Goldband** und ein **Goldring,** Tonstatuetten, Votivtiere. Der Speerwerfer (Zeus?) im Mittelfach rechts besitzt einen plastisch modellierten Körper, die angespannte Bewegung ist spürbar (wohl 7. Jh.). Saalmitte: **bärtiger Asklepeioskopf** des Skopas oder dessen Schule (4. Jh. v. Chr.). Votiv- und Grabreliefs, u. a. ein von einer Giebelarchitektur umrahmtes Paar (Hygeia und Asklepeios?), **Reliefgrabstein** (5. Jh. v. Chr.) mit einem kraftvollen Krieger. Sein Schild trägt die Inschrift ›Echemos‹.

Saal links vom Eingang: Kopf der Hygeia (Bild, Original im Nationalmuseum von Athen) aus der Schule des Skopas (4. Jh. v. Chr.); in Saalmitte: bewegter **Torso der Atalanta** (4. Jh. v. Chr.); der pathetisch nach oben blickende breite Kopf des Telephos (oder Herakles?) aus der Skopasschule; die hervorragend modellierten **Füße einer jungen Frau** (4. Jh. v. Chr.); der mit einem Löwenfell schematisiert bedeckte, rund gestaltete Herakleskopf.

☐ Paleá Episkopí (Παλαιά Επισκοπή)

Von der Kirche in Tegéa-Episkopí führt ein Weg (ausgeschildert) 2 km durch üppige Obstbaumplantagen nach Paleá Episkopí, dem Ort des byzantinischen Níkli. An der Stelle einer byzantinischen Kreuzkuppelkirche (12. Jh.) steht heute die 1880 von dem Architekten Ernst Ziller entworfene klassizistische Metropoliskirche. Asteriadis hat die Ausmalung in streng byzantinischem Stil vorgenommen.

Bereits 1888 wurden unterhalb der Metropolis die Stützmauern des hellenistischen Theaters (3. Jh. v. Chr.) gefunden. Durch Nachgrabungen 1990 sind die Mauern gut sichtbar. Leider wurde die Agora ung. 150 m westlich der Metropolis beim modernen Restaurant zum größten Teil wieder zugeschüttet. Zu sehen ist das teilweise erhaltene, aber stark verschmutzte Fußbodenmosaik einer dreischiffigen christlichen Basilika (5. Jh.) mit der allegorischen Darstellung der Jahreszeiten (heute überdacht; 9.00–13.00 Uhr zugänglich; falls der Wächter zur Stelle ist, auch nachmittags). Gut erhalten ist die Darstellung des Juli, symbolisiert durch einen Mann mit Sichel und Ähren, des August, symbolisiert durch eine füllige Frau mit Feldfrüchten in der Hand, und des Oktober, dessen Haupt mit Weinreben umkränzt ist. In seinen Händen hält er Weingefäße. Die Figuren sind steif und formalistisch konzipiert.

Verläßt man die Metropolis westlich durch den Park, stößt man vor dem Kriegerdenkmal auf die mittelalterlichen Stadtmauern und eine Reihe von byzantinischen Häuserruinen (Areal unzugänglich).

Ástros (Άστρος) und das Kloster Moní Lukús (Μονί Λουκούς), Leonídio (Λεωνίδιο)

Touristische Hinweise: Ástros (ca. 2500 Einwohner, 2 Hotels) ist mit dem Bus von Trípolis und Argos erreichbar. Gute Badestrände beim Fischerdorf Parálio Ástros, das sich inzwischen zu einem Ferienort entwickelt hat.

Das Städtchen **Ástros** wird vor allem wegen des nahen Klosters Moní Lukús besucht. Im Museum (8.45–15.00 Uhr geöffnet, außer montags) sind hervorragende Porträtköpfe aus dem Landhaus des Herodes Atticus zu sehen, das beim Kloster Moní Lukús freigelegt wurde.

Auf der aussichtsreichen Straße von Ástros Richtung Trípolis gelangt man nach ca. 4 km zum Kloster **Moní Lukús** (von *lykos*, griech. Wolf?). In seiner Nähe wird das antike Eva vermutet. Das Katholikón aus dem 12./13. Jh. im Hof des wohlgepflegten Nonnenklosters mit blühendem Garten ist der göttlichen Verklärung (Metamórphosis) geweiht (s. Farbabb. 6). Der Tambour der kleinen Viersäulenkreuzkuppelkirche ist reich mit Kästelmauerwerk, Pilastern und getrepptem Sägezahnfries am Dachansatz dekoriert. Die Kirche steht auf einem Bau aus dem 5. Jh., dessen Kapitelle und sorgfältig gemeißelte Friese wiederverwendet wurden. Bestes Beispiel ist der Türsturz über dem Eingang zum Speisesaal des Klosters. Vier abwechslungsreiche Bänder mit Eierstab-, Zungen-, Blatt- und Wellenmuster sind darauf zu sehen. Die in drei Zonen geteilten Fresken des 17. Jh. stammen von verschiedenen Händen. Die freundlichen Nonnen des erst seit dem 17. Jh. historisch gesicherten Klosters malen Ikonen im traditionellen byzantinischen Stil und fertigen Textilien und Teppiche in lebhaften Mustern und Farben.

Mit dem Auto wie mit dem Bus ist eine Fahrt entlang der zerklüfteten Steilküste von Ástros nach Leonídio empfehlenswert. Immer sind die unwirtlich-kahl erscheinenden Berge des **Párnon** in Sichtweite. Unberührte Natur und Einsamkeit findet man dort. Viele Dörfer sind verlassen. Durch schattige Täler, entlang frischer Bachläufe und inmitten einer vielfältigen Pflanzenwelt könnte man hier herrlich wandern.

Leonídio (ca. 3500 Einwohner, zwei Hotels) besitzt eine basilikale Kirche des hl. Charálampos (17. Jh.) und vor allem architektonisch bemerkenswerte, bis ins 18. Jh. zurückgehende Privatwohnhäuser, in denen sich lokaler Baustil, westliche Einflüsse und klassizistische Formelemente verbinden.

Von Leonídio ist nach ca. 12 km das Nonnenkloster der **Panajía i Elóna** (gegr. 15. oder 16. Jh.) erreichbar. Die kleine basilikale Steinkirche mit Holzikonostás scheint am Felsen zu kleben.

Ebenfalls in einer steilen und engen Schlucht, nur zu Fuß erreichbar, liegt das **Kloster des heiligen Nikolaos Sintzas** (s. Farbabb. 4).

Megalópolis (Μεγαλόπολις) und Umgebung

Die in einer ausgedehnten Ebene gelegene kleine Stadt (ca. 4700 Einwohner) ist Zentrum der Energiegewinnung, des Verkehrs (Busse in alle Richtungen) und der Versorgung der umliegenden agrarisch geprägten Region. Das 1968 in Betrieb genommene Braunkohlekraftwerk mit einem Verbrauch von 4,4 Mio. Tonnen im Tagebergbau gewonnener Kohle wird von der Bevölkerung als notwendiges Übel hingenommen. Umweltschäden bis hoch in die Bergwelt Arkadiens sind unübersehbar. Der Omnibusbahnhof liegt an der Südecke des Hauptplatzes. Um die Platía herum befinden sich auch alle sechs Hotels. Ein kleines archäologisches Museum steht an der Odós Stathopúlu.

☐ Aus der Geschichte

Nach der Überwindung Spartas 371 erzwang der Thebaner Epaminondas einen Bund von vierzig arkadischen Städten, um Sparta niederzuhalten. Die ›große Stadt‹ (griech.: Megalopólis) sollte Bundeshauptstadt werden. Kurz nach 370 v. Chr. erfolgte in mehreren Phasen der Bau des Theaters, des Senatsgebäudes, des Bouleuterions – nach seinem Stifter ›Thersilion‹ genannt –, und der Anfänge der mit einem weiten Mauerring umgebenen Agora jenseits des Flusses Helisson. Im 3. Jh. v. Chr. kam das »rings von Säulen geschmückte« (Pausanias) Heiligtum des Zeus Soter hinzu. In römischer Zeit verfiel das künstliche politische Gebilde. Pausanias sah im 2. Jh. n. Chr. die Stadt in Trümmern. 1890 haben englische Ausgrabungen die wichtigsten Monumente freigelegt. Nachgrabungen sind erforderlich.

☐ Rundgang

Von der Hauptstraße nach Pírgos führt nach ca. 2 km vor der Brücke über den Helisson ein breiter Teerweg (Hinweisschild) zum **Theater.** Es ist in einen natürlichen Abhang hineingebaut und besaß fünfzig Sitzreihen für schätzungsweise 18 000 bis 20 000 Menschen. Die rekonstruierte Anordnung der Sitze ist hypothetisch. Im

Das Theater von Megalópolis

Anbau westlich der Orchestra wurden Requisiten aufbewahrt. Es gab keine rollende Szenenwand, wie früher vermutet wurde.

Einzigartig ist die enge räumliche Verbindung des Theaters mit dem Ratsgebäude des arkadischen Städtebundes, dem **Bouleuterion** (Thersilion). Politische Gründe liegen auf der Hand: Ein Redner konnte direkt aus dem Bouleuterion vor das versammelte Theaterpublikum treten. Die rechteckige Umfassungsmauer (66 x 52 m) ist am Boden noch gut erkennbar, ebenso eine Anzahl der Basen von 65 Kalksteinsäulen (erste Bauphase 56 Holzsäulen). Der Grundriß ist dem Ort der Weihen (Telesterion) in Eleusis ähnlich. Nur muß man sich den Raum in Megalopólis lichtdurchflutet vorstellen. Die politische Funktion des Gebäudes war von der religiösen Zielsetzung in Eleusis vollkommen verschieden. Die Säulen, die ein Holzdach trugen, waren gegeneinander versetzt, aber parallel zu den Außenwänden angeordnet, so daß sie den Blick zur Rednerbühne im Zentrum des Raumes möglichst wenig behinderten.

Spuren der **Agora** jenseits des Flusses Helisson, die von einer Reihe von Hallen eingeschlossen war, sind am Boden der

nördlichen Säulenhalle erkennbar (155 m lang; 23 ionische Säulen innen, 83 dorische Säulen außen).

Die **Fundamente des Tempels des Zeus Soter** sind vom Fluß teilweise weggeschwemmt und im Pflanzendickicht schwer zu finden. Der quadratische Komplex des Heiligtums (rund 50 x 50 m) bestand aus einer von einer doppelten Säulenreihe gebildeten Stoa (je Seite 9 Säulen in der Mitte und 16 Säulen außen). Der Tempel mit Vorhalle (Prostylon) und einer inneren dreiseitigen Säulenstellung lag genau in der Mitte der Westseite des Komplexes. Die Anlage erinnert bis in Einzelheiten an das Asklepeion von Messene (s. S. 198 ff.).

Schwer zu entdecken in den landwirtschaftlich genutzten Feldern sind heute auch die Reste der **Stadtmauer.**

☐ Leontári (Λεοντάρι)

Touristische Hinweise: morgens und mittags Busse nach dem 12 km südlich von Megalópolis gelegenen Leontári (540 Einwohner, keine Hotels).

Die unbewohnten Häuserzeilen mit schönen Balkonen aus dem 19. Jh. lassen die einstige Bedeutung der Siedlung, von der noch vor 1914 28 Dörfer abhingen, erahnen. Die Mehrzahl der Dorfbewohner – meist im sehr nahen Braunkohlekraftwerk beschäftigt – wohnen heute rund 1 km vom alten Siedlungskern entfernt in Arbeitersiedlungen.

Leontári, wohl von Léon (Löwe) abgeleitet, war in mittelbyzantinischer Zeit ein lokales Abwehrzentrum gegen die Slaven. In spätbyzantinischer Zeit war es Stützpunkt der Despoten von Mistra. 1460 leistete **die Burg** starken Widerstand gegen den türkischen Eroberer Mehmed II. Nach der Zerstörung durch die Osmanen wurde sie nicht wieder aufgebaut. Viele Mauerreste der Befestigung und von Wohnanlagen sind zu erkennen und harren näherer Untersuchung. Als ›Londari‹ war der Ort dann zeitweise Sitz einer größeren türkischen administrativen Einheit, eines sog. Vilayet.

Am kunsthistorisch wichtigsten Monument, der **Apostelkirche** am Fuße des Burgberges, ist diese historische Entwicklung zu verfolgen. Der dreischiffige, langgestreckte Bau (rund 16 x 7 m) aus dem 14. Jh. ist die Verbindung einer eingeschriebenen Viersäulenkreuzkuppelkirche mit Rundkuppel und einer tonnengewölbten Basilika. Eine Besonderheit ist die Vorhalle (Narthex), die bis auf die Höhe des Hauptschiffes hochgezogen ist, wie in der Metropoliskirche von Mistra, um so eine Empore für hochgestellte Persönlichkeiten zu gewinnen. Eine zweite Kuppel, fast so hoch wie die Hauptkuppel, spendet Licht in den neugewonnenen Raum. Die weihrauchgeschwärzte Kirche wirkt im Innern düster, die Ikonen der geschnitzten Ikonostás sind im volkstümlichen, weichromantischen Stil des 19. Jh. gemalt. Die schlecht erhaltenen Fresken (14. Jh.) der Narthexkuppel sind schwer erkennbar. Die Empore mit Fresken ist unzugänglich. Drei Arkaden mit Balkon wurden in der Türkenzeit vorgesetzt. Der Glockenstuhl sitzt auf dem Stumpf eines türkischen Minaretts. Die Apsiden der Schiffe zeigen Kästelmauerwerk und im Obergeschoß eine außergewöhnliche Doppelreihe von Zierbogennischen mit abgetreppter Ziegelumrahmung. In diese Nischen waren einst glasierte Schalen (Phialostómia) eingelassen – eine Schmuckform, die auf der Mani häufig begegnet.

In Leontári befinden sich vier weitere byzantinische Kirchen, von denen die **Kirche des hl. Athanasios** (bereits 10. Jh.?) gegenüber der Volksschule am wichtigsten ist. Sie ist einschiffig, überwölbt mit Querschiff, aber ohne Kuppel. Von den schlecht erhaltenen Fresken sind die Szene der Bewirtung der Engel durch Abraham und die Verklärung noch gut zu erkennen.

☐ Lykosura

Touristische Hinweise: zweimal täglich von Megalópolis Busse zum einsamen Bergdorf Likósura (Λυκόσουρα). Der Bus hält auf Wunsch 1 km vor dem Ort beim Museum und dem antiken Lykosura. Mit dem Auto über die Straße von Megalópolis nach Kalamáta nach 5 km links abbiegen.

Die antike Stadt Lykosura gilt in der Geschichtsschreibung der Griechen als die älteste der Welt. Auch Pausanias meint in seinen Reisebeschreibungen:»Von den Städten, die die Erde auf dem Festland oder den Inseln aufwies, ist Lykosura die älteste, und diese sah die Sonne als erste. Von dieser haben die übrigen Menschen gelernt, Städte zu bauen.«

Über die Geschichte der Stadt ist indessen wenig bekannt. Die Bewohner von Megalópolis unterstützten sie als religiöses Zentrum.

☐ Rundgang

Am Museum vorbei gelangt man zu einer ehrwürdigen alten Eiche an einem Steilabhang. Unten liegen die spärlichen Reste des von Pausanias sogenannten ›Megaron‹. Es bedarf erheblicher Phantasie, sich hier eine von Mauern umgebene Anlage vorzustellen, die in verkleinertem Maßstab dem berühmten Altar von Pergamon glich. Hier sollte der Kultteilnehmer den Mysterien der ›Herrin‹ (Despoina) ungestört beiwohnen können. Weihegaben an die Göttin wurden gefunden. Am Hang stand ein fast 6 m breiter Altar, dessen sechs Blöcke des Unterbaus (Orthostaten), gekrönt von senkrechten Triglyphen und Metopen, sich 1,3 m hoch erhoben. Zwischen dem Altar und den Seitenmauern, die gleich dem Altar gestaltet waren, liefen zwei Treppen (Breite: 1,2 m). Am Hang ist ein Teil des Stufenunterbaus (Krepis) der Anlage erkennbar, dessen am Rande abgetreppten Steine halbkugelförmige Erhebungen zieren. Hinter dem Altar erhob sich eine Art Säulenhalle, die gegen den Hang zu von einer Stützmauer abgeschlossen war. In ihrer Funktion muß die Halle zum tieferliegenden Altar hin offen gewesen sein.

Vom Megaron führt ein Pfad durch Gestrüpp hinab zu den wenigen Resten einer **byzantinischen Kirche.** Deutlich zu erkennen sind dahinter die Fundamente einer **dorischen Säulenhalle** (64 x 5,8 m; 32 Säulen). Sie schloß den heiligen Bezirk, den Temenos, monumental ab. Von den parallel zur Säulenhalle stehenden Altären sind kaum Spuren erkennbar.

Der **Tempel der Despoina** ist wohl in mehreren Bauphasen seit Ende des 4. Jh. v. Chr. entstanden. Bis ins 2. Jh. n. Chr. wurde an ihm weitergebaut. Die Ziegelwände des wahrscheinlich schmucklosen Tempels waren auf heute noch stehenden Kalksteinsockeln errichtet. Durch eine zweiflügelige Tür blickte der Kultteilnehmer direkt auf die marmorne Kolossalgruppe von vier Gottheiten auf einem hohen, abgetreppten Sockel. Wie in Bassä und Tegea fiel durch eine Südpforte zusätzlich Licht.

Links stand Artemis, einen Fuß schreitend vorgestreckt (heute im Museum). Eine in Bruchstücken erhaltene Schlange ringelte sich um ihren linken Arm. Ihr nachdenklich sinnendes Gesicht ist ganz vermenschlicht. Es hat sich ebenso erhalten wie der bärtige Kopf des Anytos rechts.

Nach der Legende soll er Pflegevater der Despoina gewesen sein. Von den beiden Zentralfiguren in der Mitte der Göttergruppe hat sich das stark abgearbeitete und deshalb flach wirkende Antlitz der Demeter erhalten. Der ekstatische Kult der geheimnisvollen Despoina, die vielleicht auf mykenische Zeit zurückgeht, und ihrer Tochter Demeter trägt Züge eines mystischen Fruchtbarkeitskultes. Die Darstellungen auf den erhaltenen Gewandfragmenten der Göttinnen weisen darauf hin. Beziehungen zu den Mysterien zu Eleusis sind wahrscheinlich. Die erhaltene treppenartige Stützmauer, die hinter dem Tempel auffällt, war wohl nicht als Zuschauertribüne für Mysterien gedacht. Sie fanden im ›Megaron‹ statt.

Wendet man sich vom Museum in südliche Richtung, stößt man in einem beson-

Lykosura *1 Museum 2 Megaron 3 Reste einer byzantinischen Kirche 4 Säulenhalle 5 Tempel der Despoina 6 Altäre 7 Brunnenhaus 8 Säulengänge 9 Propylaion*

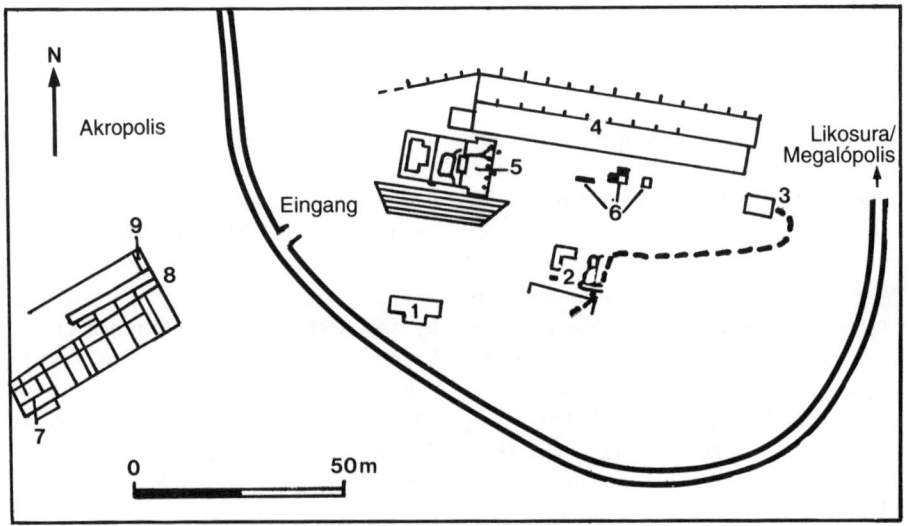

Kolossalgruppe aus dem Tempel der Despoina (Rekonstruktionszeichnung)

ders umzäunten Areal auf einen großen rechteckigen Gebäudekomplex, der verschiedene Räume, im Südwesten ein aufwendig gestaltetes, dreiteiliges **Brunnenhaus** und im Norden eine lange **Säulenhalle** (Stoa), umfaßte. An dieser Stoa verlief der ursprüngliche Hauptweg zum Heiligtum vorbei. Man durchschritt eine Eingangstorhalle **(Propylaion).** Offensichtlich waren die Mysterien der Despoina mit rituellen Waschungen verbunden.

Im **Museum,** das vom Wächter des gesamten Grabungsgebietes aufgeschlossen wird (täglich außer montags 9.00 bis 15.00 Uhr), sind in Kopien (Originale im Nationalmuseum Athen) alle Fragmente

der Göttergruppe des Despoinatempels zusammengestellt. Pausanias schreibt sie einem Bildhauer namens Damophon (2. Jh. v. Chr.) aus Messenien zu – eine Zuweisung, die neueste Untersuchungen bestätigen. Zu beachten sind die überdimensionale Größe der Gliedfragmente und die Einzelheiten des mystischen Festzuges, der an den Gewandfragmenten dargestellt ist. In einer Vitrine sind Bruchstücke einer ›Nilpferdgruppe‹ ausgestellt – eine Darstellung phantastischer mythischer Seetiere. Weiter sieht man Weihefiguren aus Ton, vor allem Despoina darstellend. Die schlichten Tongefäße ohne Bemalung sind offensichtlich Gebrauchsgeschirr.

149

☐ Der Líkeon-Berg – uralter heiliger Bezirk des Zeus und des Pan

Touristische Hinweise: morgens und mittags fährt ein Omnibus von Megalópolis den sehr steilen, teilweise schlechten, rund 25 km langen Weg über Kastanochórion zum Bergdorf Ano Karnés. Bereits 1 km vor dem Dorf beginnt bei einer kleinen Kapelle links der Weg hinauf auf den Berg (Wegweiser), der jetzt durch eine neue Straße bis zum Gipfel mit dem Auto erreichbar ist.

Auf halbem Weg zum Gipfel (immer rechts halten!) passiert man die neu gefaßte ›Schafs-quelle‹. Bereits Pausanias erwähnt, daß sie im Winter wie im Sommer sprudelt. Die moderne Inschrift zitiert die Stelle bei Pausanias: »Nach der Nymphe Hagno erhielt die Quelle im Lykaiongebirge ihren Namen, die ebenso wie der Fluß im Winter und zur Sommerzeit gleich viel Wasser hat. Wenn die Dürre lange Zeit dauert und ihnen die Saat in der Erde und die Bäume zu vertrocknen anfangen, dann betet der Priester des Zeus Lykaios zu dem Wasser, opfert die vorgeschriebenen Opfer und taucht einen Eichenzweig in die Quelle, nur oberflächlich und nicht tief; wenn das Wasser bewegt worden ist, steigt ein Dunst wie Nebel auf; nach einiger Zeit wird aus dem Dunst eine Wolke, die andere Wolken an sich zieht und es in Arkadien regnen läßt.«

Die Ebene von Káto Kámbos ist bald erreicht, auf der die natürliche Rundung des Hippodroms, der Pferderennbahn, und spärliche Steinplatten zu entdecken sind. Vom Gipfel aus ist das Hippodrom besser zu erkennen. Dahinter lag das Stadion. Hier wurden die wohl ältesten Wettspiele in Griechenland abgehalten. An dem Bergsporn des Líkeon selbst sind drei waagerecht verlaufende Steinlagen einer hellenistischen Herberge erhalten, am gegenüberliegenden Sporn die Stützmauern einer Säulenhalle. Dort unten lag wohl auch der Hain des Pan, den Pausanias besuchte.

Der Wanderer kann nun weglos steil zum Berggipfel (1420 m) des »Herrschers des Gebirges« (Pindar) emporklettern oder rund 2 km dem gewundenen Fahrweg folgen. Auf der Hochfläche findet er weit weniger antike Monumente als Pausanias im 2. Jh. n. Chr., der noch zwei Säulen vor dem Aschenaltar des Zeus bewunderte. Die vergoldeten Adler auf ihnen sah auch er schon nicht mehr. Erhalten sind die quadratischen Basisplatten links von einer kleinen Kapelle mit Ruheplatz und eine Säulentrommel. Außerdem findet man einige behauene Steine, wohl Reste der Temenosmauer, die den heiligen Bezirk abgrenzte.

Unterhalb des Gipfels liegt die Aufschüttung des Zeusaltars, wohl an der Stelle des Gitterzaunes, hinter dem aber keine Monumente sichtbar sind. Pausanias möchte nicht von den Menschenopfern reden. Die Enttäuschung über die wenigen Reste dieses uralten Heiligtums wird durch den herrlichen Blick weit nach Megalópolis hin aufgehoben, den schon Pausanias bewunderte.

Von Megalópolis bis Kréstena

Von Karítena bis zum Dorf Platiána führt die kurvenreiche Straße durch die Ausläufer des Líkeon- und des Óros Mínthi-Gebirges (1345 m) – eine landschaftlich sehr reizvolle und abwechslungsreiche Strecke. Die Straße erreicht die sumpfige Küste der Elis beim kleinen Landstädtchen **Kréstena**. Busreisende fahren bis Andrítsena und steigen dort nach Kréstena um.

☐ Karítena (Καρίταινα)

Touristische Hinweise: mehrmals täglich Busse (Richtung Andrítsena) von Megalópolis. 1 km Fußmarsch von der Bushaltestelle bis zum Ort. Mit dem Auto 17 km ab Megalópolis Richtung Kréstena – Káto Samikó – Olympia.

Der vom Alpheios umflossene Burgberg des winzigen Städtchens (230 Einwohner) sollte in der Frankenzeit die unbezwungenen Bergbewohner vor Überfällen auf die reiche Ebene von Megalópolis abhalten. Karítena war seit 1209 als Baronie mit über zwanzig Belehnten im Besitz von Hugues de Bruyère, der die Burg 1254 erbauen ließ. Der Freiheitsheld Kolokotrónis (s. S. 45) kämpfte hier 1821 gegen die Türken.

Die schmale, dem Gelände angepaßte **Burg** mit dreieckigem Grundriß besitzt nicht die typische fränkische Vorburg wie z. B. Chlemútsi oder Mistra. Erhalten sind die in rohem, unbehauenem Kalksteinmörtelmauerwerk hochgezogenen Festungsmauern und Reste von Gebäuden, die wie in Chlemútsi die Festungsmauern als Außenmauern benutzten. In das Gebäude mit Festsaal im Westen sind romanische Rundbogenfenster eingelassen. Vereinzelt sind Ziegelbögen an den Außenmauern zu erkennen (aus späterer, byzantinischer Zeit?). Ein Wegweiser im Süden unterhalb der Burg weist zur kleinen **Burgkapelle (Panajía tu Kástru)**, einer Kreuzkuppelkirche aus dem 12. Jh. Der Tambour trägt nicht wie üblich eine Kuppel, sondern eine elliptische, walmdachartige Blindkuppel. Besonders beachtenswert sind die würfelförmigen Kapitelle der Marmorsäulen: Mit Rosetten und Flechtbändern verzierte Halbkugeln sind ihrerseits von Bändern und Flechtwerk umrahmt. Unter der Kuppel am Boden eine Reliefplatte mit stilisierter Blume. Die Ikonen der Bildwand sind zwar im weich-romantischen Stil des 19. Jh. gemalt, verraten aber byzantinische Reminiszenzen. Neben der Kirche steht die Ruine eines Hauses, das dem Freiheitskämpfer Kolokotrónis gehört haben soll.

Unterhalb der modernen Ortskirche (verschlossen) liegt zwischen Zypressen die **Viersäulenkreuzkuppelkirche des hl. Nikolaos** (12. Jh.) mit nachbyzantinischen Fresken, die im Dunkel der Kirche schwer erkennbar sind. Die **Kreuzkuppelkirche der Zoodóchos Pijí** (der lebensspendenden Quelle) aus dem 15. Jh. steht an der Stelle einer älteren Kirche, deren wohlproportionierter Glockenturm aus dem 14. Jh. noch erhalten ist. Der 9 m hohe Turm besitzt zwei Stockwerke, seine Fassade ist durch Doppelbogenfenster, Kästelmauerwerk und Sägezahnbänder gegliedert.

Karítena

☐ Andrítsena (Ανδρίτσαινα)

Das reizvolle Bergdorf Andrítsena (rund 900 Einwohner; ein Hotel, darunter ein Xénia-hotel; Privatunterkünfte) eignet sich gut als Standquartier, besonders für Busreisende. Von hier aus sind Bassä, Alífira und Figália zu Fuß zu erreichen (keine direkten Buslinien). Das **Museum** von Andrítsena (bis in die Mittagsstunden geöffnet) am Platz unterhalb der Kirche zeigt Kleinfunde aus der Umgebung und farbenprächtige Textilien aus heimischer Volkskunst. Die malerischen, teilweise leider bereits baufälligen Holzhäuser von Andrít-sena mit Balkonen, Erkern und weitausladenden Dächern bewahren türkische Stilele-mente.

☐ Alífira (Αλίφειρα)

Touristische Hinweise: dreimal täglich Busse von Andrítsena nach Kréstena. An der Abzweigung der Nebenstraße nach Alífira aussteigen (nach ca. 8 km), ab hier ca 1 km Fußweg.

Vor der Ortschaft passiert man zwei hellenistische Grabmäler; das erste an der Straße mit fünf monumentalen Pfeilern und einem Giebel ist restauriert. Vom zweiten am Hang ist nur noch die Umfassungsmauer erhalten. Von dort muß man sich den Weg steil am Hang empor zu den Resten der antiken Akropolis Alipheira auf dem südlichen Bergsporn selbst suchen. Ein neuer Weg, der kurz vor dem Dorf Alífira links auf den Berg führt, ist in Bau. Alipheira war eine Gründung von Megalópolis (s. S. 144 ff.). Östlich der dreieckigen Akropolisfestung erhob sich parallel zur Festungsmauer – majestätisch weit ins Land blik-kend – der dorische **Athenatempel** aus der Mitte des 5. Jh. v. Chr. Er bewahrte die archai-

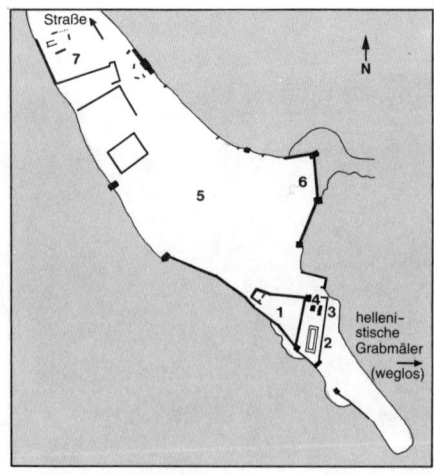

Alipheira *1 Akropolis 2 Tempel der Athena 3 Altar 4 Basis 5 Vorstadt 6 Befestigung der Vorstadt mit Turm des Vuválas 7 Asklepeion*

sche Länge von 6 x 15 Säulen eines älteren Tempels aus dem 6. Jh. v. Chr. Die Säulenzahl entspricht der von Bassä, ebenso die durch das Gelände bedingte Nord-Südausrichtung. Die Säulenstandfläche (Stylobat) ist ebensogut erkennbar wie die Fundamente der schlichten, nur durch zwei Wandzungen unterbrochenen Cella. Auch Säulentrommeln, die Fundamente eines Altars und die quadratische Basis eines Standbildes sind vor Ort.

Besterhaltener Teil der **Befestigungsanlage** mit Mauerwerk aus vieleckigen Quadern ist der rechteckige sog. Turm des Vuvälas. Er schützte die ›Vorstadt‹ (proasteion) nördlich der Akropolis. Das besterhaltene Gebäude dieser Vorstadt ist ein kleines rechteckiges Asklepeionheiligtum (6 x 9 m), von dem noch drei Steinschichten der Mauer stehen. Im Innern findet sich der fast quadratische Steinsockel des Götterbildes, wohl eines Holz- bildnisses mit Elfenbein ummantelt, wie gefundene Elfenbeinreste nahelegen.

☐ Isóva (Ισὸβα) bei Tripití

Touristische Hinweise: Mehrmals täglich Busse von Andrítsena nach Kréstena. Von dort Taxi zum 20 km entfernten Tripití.

Wegen der verkehrsmäßigen Anbindung an Andrítsena und den arkadischen Raum sol- len die bedeutenden Ruinen zweier fränkischer Klosterkirchen der Zisterzienser (Domi- nikaner?) beim Dorf Tripití an dieser Stelle besprochen werden, obwohl der Ort im Nomós Ilía liegt. Die Ruinen, von der Bevölkerung ›Ta palátia‹ genannt, befinden sich hin- ter dem Ort im Tal inmitten eines Haines von Platanen und Pinien. Die Kirche Notre Dame wurde in der Mitte des 13. Jh. erbaut. Die Westmauer mit drei Spitzbogenfenstern und Teile der Nordmauer haben sich von dem nach Ost–West gerichteten einschiffigen monumentalen Kirchenraum (41 x 15,4 m) erhalten. Die Quader sind an den Ecken und Fenstern sorgfältig behauen. An der Nordwand lehnten sich Klostergebäude an. Die Aus- sparungen für die Balken sind noch sichtbar. Die erhaltenen Fragmente lassen eine Rekonstruktion der Chorfenster zu: Es waren Doppelfenster mit Fünfblattrosetten. Das Bauwerk verrät keine byzantinischen Einflüsse; es ist in seiner schlichten Monumentali- tät ein typisches Beispiel für fränkische Kreuzfahrerarchitektur.

Ca. 20 m südlich liegen die Ruinen der fast quadratischen **St. Nikolauskirche** (ca. 11 x 10 m) ohne Vorhalle (Narthex). Sie wurde nach 1263 erbaut, nachdem die Kirche Notre Dame verbrannt war. Sie trägt nicht ausschließlich westliche Architekturelemente, war aber für den katholischen Gottesdienst bestimmt. Am besten erhalten ist die Ostfassade; hier kann man eine Apside erkennen, in die ein Doppelbogenfenster mit Auflageplatte (Kämpfer) des Gewölbes eingelassen ist. Zwei Arkaden auf je einer Säule und zwei Halbsäulen teilten die Kirche in drei Schiffe. Gut erhalten an der Ostfassade ist das getreppte Gesims, das die ganze Kirche umzog.

Szenen aus der Amazonenschlacht am Fries des Apollontempels von Bassä...

Der Apollontempel von Bassä, Phigaleia

Touristische Hinweise: mit dem Auto von Andrítsena ca. 10 km. Keine Busverbindung. Das moderne Dorf Figália ist von Bassä aus nicht mit dem Bus erreichbar.

Bereits 1765 entdeckte der Franzose J. Bocher den Apollontempel von Bassä; englische Archäologen erforschten ihn im 19. Jh. Neben den Tempeln in Paestum und in Athen ist er der besterhaltene griechische Tempel. Seine einsame Lage in einer unwegsamen Bergwelt bewahrte ihn vor Zerstörung. Der schon von Reisenden im 19. Jh. beschriebene Eindruck ist heute beeinträchtigt: Gewaltige Stahlverstrebungen und ein Zelt, finanziert aus UNESCO-Mitteln, sollen einem durch Erderschütterungen drohenden Einsturz begegnen. Entgegen der ursprünglichen Planung wird das Zelt wohl nicht mehr abgebaut werden.

Ein markierter Weg führt rund 500 m südlich ins Tal hinab zu einer reichsprudelnden Quelle, die bereits von Pausanias erwähnt wird. Steigt man dann nördlich den Weg empor, tritt der Tempel unvermittelt ins Blickfeld.

Der außergewöhnlich langgestreckte Ringhallentempel (Peripteros, 6 x 15 statt wie üblich 6 x 13 Säulen) erhebt sich nördlich von einem kleinen älteren Tempel (24 x 7,5 m, 7. Jh. v. Chr.). Seine Fundamente sind noch zu erkennen. Sie liegen schräg unterhalb des Stufenunterbaus (Krepis) des späteren Tempels. Die ungewöhnliche Nord-Süd-Ausrichtung des alten Tempels hat der neue Tempel übernommen. Sie ist wohl vom Gelände bedingt. Pausanias nennt als Anlaß für den Neubau die Pest im Jahre 429 v. Chr. und als Architekten Iktinos, Mitglied der Parthenonbauhütte in Athen. Sind auch die Feststellun-

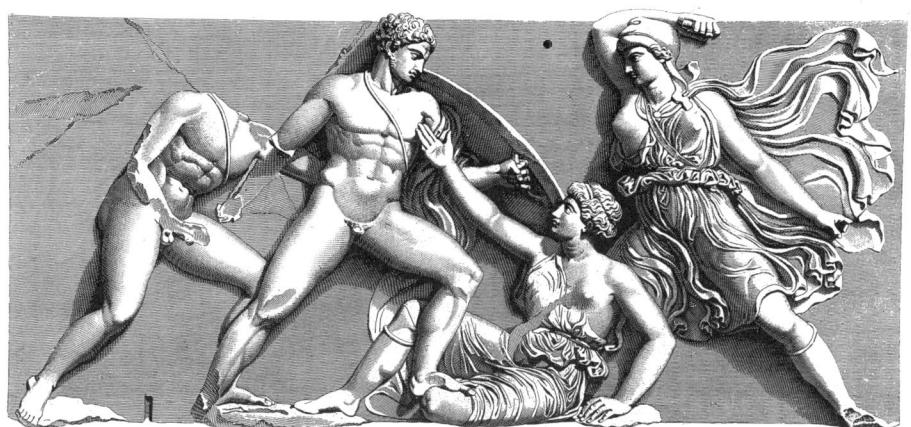

... Stiche von Otto Magnus von Stackelberg, 1826

gen des Pausanias nicht über alle Zweifel erhaben, so konnte doch nur ein Genie wie Iktinos ein so außerordentliches Bauwerk schaffen, in dem Archaisches und Neues zu einer zukunftsweisenden Einheit verschmolzen wurden. Wie Gruben vermutet, gab die Priesterschaft dem Architekten die Maße des altehrwürdigen Apollontempels von Delphi vor. Seine Proportionen (14,5 x 38,2 m) entsprechen – um ein Drittel verkleinert – dem Delphiheiligtum. Gegenüber dem schlichten, traditionellen Äußeren des Ringhallentempels wurde auf eine raffinierte Gestaltung des Innenraumes besonderes Gewicht gelegt. Die zwei Säulenstellungen tiefen, lichtdurchfluteten Vorhallen besaßen prachtvolle marmorne Kassettendecken, ähnlich denen des Tholos von Epidauros. Die Reste in Bassä sind allerdings zu gering für eine Deckenrekonstruktion.

Wie der Parthenon in Athen sollte die Cella innen mit Säulen umgeben werden. Der kühne Architekt hat aber die übliche dorische zweistöckige Doppelordnung mit einem Architrav, wie sie etwa im Zeustempel von Olympia vorliegt, aufgegeben. Statt dessen entwarf er an jeder Seite fünf ionische Halbsäulen, die durch Wandzungen mit der Cella-

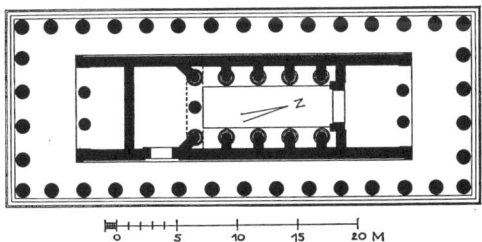

Apollontempel von Bassä, Grundriß

157

Apollon: Gott des pestbringenden Bogens und der heilenden Leier

Eine ungeheure Spannung übergreift im Glauben der Griechen das Wirken des Gottes Apollon. Der unbekannte Dichter (6 Jh. v. Chr.) des Apollonhymnus hat diese Spannung in Verse gefaßt, als er die Geburt des Gottes beschreibt: »Die Leier sei mir lieb und der gekrümmte Bogen, und im Orakel künden will ich den Menschen den untrüglichen Ratschluß des Zeus« (131 f.). Die Saiten der Kithara und die Sehne des Bogens – beide erklingen, wenn er sie berührt, aber wie gegensätzlich ist die Wirkung! Deshalb waren für den frühgriechischen Philosophen Heraklit Leier und Bogen – Symbole desselben Gottes Apollon – Zeichen für die Einheit der Gegensätze.

Der Tempel von Bassä war nach Pausanias dem Apollon Epikurios geweiht »für seine Hilfe in einer Seuche, wie er bei den Athenern den Beinamen Alexikakos (›der Unheilabwender‹) erhielt, als er auch bei ihnen die Krankheit vertrieb. Sie suchte auch die Phigaleer zur Zeit des Krieges zwischen den Peloponnesiern und Athenern heim und nicht zu einer anderen Zeit.«

Für Pausanias und seine Überlieferung ist Apollon also heilender und beschützender Gott. Er ist Vater des Heilgottes Asklepeios. Die lichten Züge Apollons schildert auch der Westgiebel des Zeustempels in Olympia: Hier ist Apollon Symbol für Gesetz und Ordnung. Aber auch in Bassä schimmert das Gegensätzliche des Gottes Apollon durch, ist doch dieser Gott selbst Pest- und Todesgott, der schon bei Homer die tödlichen Pfeile verschießt und zusammen mit der Göttin Artemis Niobes Kinder tötet! Das Dunkel-Bedrohende Apollons tritt im furchterregenden Kultbild des Amyklaion bei Sparta zutage (s. S. 232 f.). Nicht mit Bassä und nur mit dem lokalen Heiligtum des Apollon Pythios in Argos ist auf der Peloponnes die dritte Eigenschaft verbunden, die der Apollonhymnus besingt: Apollon als Orakelgott. Das berühmte Delphi hat keine konkurrierenden Kultstätten geduldet.

◁ *Der Apollontempel von Bassä*

1 Die Ebene von Sparta vor dem Taygetos-Gebirge ▷

2 Blick über den argolischen Golf nach Argos ▷▷

6 Das Kloster Moní Lukús im Parnon-Gebirge

7 Die Kirche der Ajía Varvára in Érimos

8 Das Perívleptoskloster in Mistra

9
Die Heilung
des Blinden;
Fresko im
Narthex der
Aphendikókirche
in Mistra

11
Detail der
Chorapsiden des
Pantanássaklosters
in Mistra ▷

10
Das letzte
Abendmahl;
Fresko im westlichen
Kreuzarm des
Perívleptosklosters
in Mistra

13 Kafenion in einem Dorf auf der Mani

◁ 12 Váthia auf der Mani

15 Blick auf Trizína in der Argolis

16 Die Mani bei Kardamíli

17 Dimitsána in Arkadien

18 Akrokorinth

20 Die Bucht von Náfplio
◁ 19 Die Ajía Sophia in Monemvasía
21 Der türkische Vurtsi-Turm der Festung von Methóni

22 Olympia, das Heraion ▷

23 Das Theater von Epidauros

24 Olympia, die christliche Basilika

wand verbunden waren. Die Säulen trugen ein ununterbrochen umlaufendes Fries. Bewegt und dramatisch haben dort verschiedene Künstler den Kampf der Griechen mit Kentauren und Amazonen dargestellt (heute im British Museum, London). Neue Motive treten zum alten Mythos hinzu: Apollon und Artemis fahren in einem Hirschgespann herbei und bringen Hilfe – ein Hinweis auf den Kult von Bassä? Blickpunkt des von Marmor schimmernden Raumes war eine freistehende korinthische Säule – die erste in der Kunstgeschichte bekannte. Sie konnte nach den Angaben der Entdecker rekonstruiert werden. Aus einem Doppelkranz von stilisierten Akanthusblättern wuchsen wie Stengel Voluten bis unter den Abakus empor. Zwischen ihnen wurde das Volutenmotiv wiederholt. In der Mitte stieg ein Palmenblatt empor. Die Schwere der Steintrommel wurde so umspielt.

So fügt dieser Innenraum zum ersten Mal in der Kunstgeschichte dorische, ionische und korinthische Stilmerkmale zu einer Einheit zusammen. Nur das wichtigste ungelöste Problem dieses mit so vielen Fragen belasteten Raumes sei erwähnt: Weshalb teilt die korinthische, freistehende Säule vom Hauptraum ein ›Allerheiligstes‹ (Adyton) ab, das

Landschaft und Architektur: der Apollontempel von Bassä

Schon die Entdecker der besterhaltenen Tempelanlage der Peloponnes – des Apollontempels von Bassä bei Figália – waren von diesem Einklang von Architektur und Landschaft beeindruckt. So schreibt Hermann, Fürst von Pückler Muskau, am 11. Juli 1836: »...Bis hinter Dragoji, einem ansehnlichen Dorfe am Abhang des Berges, ist die Gegend ziemlich kahl, nur hie und da an den Wassern mit Platanengruppen besetzt. Später kommt man aber in einen Eichenwald, der leider seit kurzem auf sehr liederliche Weise gelichtet worden ist; man verläßt ihn nicht wieder, bis man mitten in der Wildnis, und dreitausendvierhundert Fuß über dem Meere, plötzlich vor dem hier in einsamer Majestät thronenden Tempel steht. Der Kontrast der Umgebung mit der Pracht des Gebäudes, welches nach dem Theseus-Tempel das am besten erhaltene seiner Art in Griechenland ist, hat etwas ungemein Imposantes, und wer kann sich der Verwunderung bei dem Gedanken erwehren, daß es einer so unbedeutenden Stadt, ohne Macht, ohne Reichtum, ohne Handel von irgendeiner Bedeutung, wie Phigalia, dennoch möglich war, auf der kalten Höhe einer zwei Stunden von der Stadt entfernten Bergwüste ein Kunstwerk aufzuführen, das die Finanzen des jetzigen Beherrschers von ganz Griechenland nicht einmal gestatten würde, nur restaurieren zu lassen, obgleich noch sechsunddreißig Säulen davon stehen ...«

Der Brief ist übrigens auch ein Beleg für den rücksichtslosen Eingriff des Menschen in den Wald der Peloponnes im 19. Jh. Über die Bedeutung von Phigaleia irrt Muskau.

durch eine eigene Osttüre wie durch einen Beleuchtungszauber Licht hereinscheinen läßt? War die korinthische Säule vielleicht selbst Ersatz für das Kultbild, dessen Base man noch nicht gefunden hat?

Der eindrucksvoll über der Nedaschlucht gelegene Ort **Phigaleia** war einst wichtiger Umschlagplatz Arkadiens zur Küste. Die Spartaner konnten sich nur zeitweise seiner bemächtigen. Eindrucksvoll ist die 4,5 km lange, teilweise bis 6 m aufragende **Stadtmauer,** im Westen turmlos (5.–4. Jh. v. Chr.?), an den übrigen Teilen dicht mit Rund- und Ecktürmen bewehrt.

Südöstlich vom heutigen Dorf Figália (Φιγάλεια), hinter dem Friedhof, liegt ein **Quellhaus** aus dem 4. Jh. v. Chr. Die Säulengrundfläche (Stylobat) ist noch erhalten, so daß der Archäologe Orlandos 1927 eine Rekonstruktion des tempelartigen Gebäudes mit zwei Säulenreihen und mehreren Wasserbecken geben konnte. Keine Spuren haben sich von den übrigen Tempeln und Kultstätten erhalten, die Pausanias in der Region erwähnt. Auch die Kapelle, die angeblich an der Stelle des Heiligtums der ›Schwarzen Demeter‹ ung. eine halbe Stunde Wegs östlich des Dorfes bei einem Wasserfall steht, enthält – wie die zusammenfassenden Forschungen von Jost bewiesen haben – keine Spuren antiker Baureste.

Korinthisches Kapitell am Apollontempel von Bassä

Im Tal des Lúsios

Touristische Hinweise: Stémnitsa und Dimitsána sind mit dem Auto leicht von der Hauptstraße Pírgos–Trípolis (Abzweigung Karkalú) vom Norden und vom Süden von der Straße Megalópolis–Andrítsena (Abzweigung Karítena) zu erreichen. Nur zwei Omnibusse täglich von Trípolis (Omnibusbahnhof) nach Stémnitsa und weiter nach Dimitsána. Es ist möglich, mit dem Taxi von Dimitsána nach Karkalú zu fahren. Von dort besteht häufig Busanschluß in Richtung Pírgos und Trípolis.

Man kann das dichtbewachsene Tal des Lúsios mit seinem glasklaren, sprudelnden, metallisch schmeckenden Wasser getrost als das Herzstück Arkadiens bezeichnen. Tief hat sich der wildschäumende Fluß in die steilaufragenden Felsen eingegraben, an denen uralte Klöster kleben. Bei Gortys, wo der Gott Asklepeios seinen Pilgern durch das Lúsioswasser Heilung gebracht hat, wird die Schlucht so eng, daß kein Weg am Fluß entlangführt.

Viele Wandermöglichkeiten bieten sich an, etwa eine 12 km lange, aussichtsreiche Wanderung auf wenig befahrener Straße von Dimitsána nach Stémnitsa, immer mit Blick auf das tief unten liegende Lúsiostal und die Berge des Líkeon (im Sommer heiß). Eine stark sprudelnde Quelle mit köstlichem, mineralhaltigem Wasser bringt auf halbem Weg Erfrischung. Von Dimitsána sind die Klöster des Philosophen und des neuen Philosophen zu Fuß leicht zu erreichen. Der Weg von Stémnitsa zum Pródromoskloster ist etwas mühsam.

☐ Dimitsána (Δημητσάνα)

Das Dorf Dimitsána liegt reizvoll auf einem Bergsattel (960 m) hoch über dem tosenden Lúsios (empfehlenswertes Hotel rechts von der Straße nach Stémnitsa, Privatunterkünfte). Der Ort entstand an der Stelle des antiken Theutis. Einige Quadermauern der Akropolis sind noch unterhalb der Taxiarchenkirche (1635) zu sehen. Neben dem an einen italienischen Campanile erinnernden Glockenturm (18. Jh.) der Kirche grüßt weithin sichtbar der von nach Amerika ausgewanderten Dorfbewohnern gestiftete Uhrenturm. Die Baugeschichte der zwölf Kirchlein am Ort ist noch nicht untersucht worden. Teilweise reicht sie bis in byzantinische Zeit zurück. Die ältesten Häuser im Ortsteil Platsa sind in venezianischer Zeit, Ende des 17. Jh., entstanden. Die Holzhäuser sind stark verfallen; leer stehen auch die meisten Steinhäuser, kubische, meist zweistöckige Bauten aus Bruchsteinmauern mit schmiedeeisernen Balkonen.

In der Volksschule bei der Charálamposkirche ist eine wertvolle Bibliothek untergebracht, der sich eine kleine volkskundliche und lokalhistorische Sammlung anschließt (montags–freitags 9.00–14.00 Uhr). Sie geht auf eine ehemalige Klosterschule im Philosophenkloster zurück. Der spätere Bischof von Patras, Germanós, hat hier studiert, ein Führer des griechischen Freiheitskampfes.

☐ Das Kloster Panajías Emialús (Παναγίας Αιμυαλούς)

Am Südausgang von Dimitsána führt ein Weg zu dem 2 km entfernten am Steilhang versteckt unterhalb der Straße Dimitsána–Stémnitsa gelegenen Kloster. Durch die gewundenen, blitzsauberen Gänge des weißgekalkten, von einem gepflegten Garten umgebenen Gebäudes begleitet die einzige Nonne zum einschiffigen, tonnengewölbten Katholikón. Es wurde nach der Stifterinschrift 1608 erbaut und von den in Náfplio lebenden Brüdern Demétrios und Geórgios Móschos im kretischen Stil mit Fresken in kräftigen Farben bemalt. In den teilweise gut erhaltenen Gemälden klingt zwar die byzantinische Strenge

Dimitsána mit dem Uhrenturm der Ausgewanderten

noch nach – z. B. beim Christus Pantokrator –, aber viele Elemente der Renaissancemalerei sind aufgenommen, vor allem die Raumperspektive und naturalistische Licht-Schattenwirkungen. Das Kloster war – wie Dimitsána – Hort des geistigen Widerstandes gegen die Türkenherrschaft.

□ Stémnitsa (Στέμνιτσα)

Die Gründung einer Goldschmiedeschule und gezielte Tourismusförderung haben wohl das romantisch am Hang gelegene Bergdorf (ein vorzügliches Hotel; Privatquartiere) vor einer ähnlich großen Abwanderung wie Dimitsána bewahrt. Trotzdem stehen viele Privathäuser, die in ihrer Architektur den Häusern von Dimitsána gleichen, leer. Stémnitsa war im 17. und 18. Jh. ein wohlhabender Ort, nicht nur wegen seiner Glockengießerkunst; in allen alten Karten ist er als wichtiger Handelsplatz eingetragen.

Das **Museum** am Südausgang des Dorfes gehört wegen seiner stilvollen, lebendigen Ausstellung reichhaltiger Exponate zu den schönsten Volkskundemuseen Griechenlands (geöffnet montags, mittwochs, freitags 17–19 Uhr, wochenends 11–13, 17 bis 19 Uhr). Im Parterre ist eine vollständige traditionelle Silber- und Goldschmiedewerkstatt eingerichtet, vor allem für religiöse Kunst. Die angrenzende Glockengießerwerkstatt zeigt das Handwerk, das Stémnitsa weit über Arkadien hinaus berühmt gemacht hat. In keinem

Museum der Peloponnes ist die volkstümliche griechische Wohnkultur so anschaulich dargestellt wie hier. Unter dem Dach ist eine reichhaltige Ikonensammlung zu bewundern, die alle Stilphasen der religiösen Malerei von Spätbyzanz bis zur Moderne beispielhaft vorführt. Weiter: Waffen, Festkleider aus allen Teilen Griechenlands, Keramik mit antiken und byzantinischen Motiven.

Stémnitsa besitzt, wie das Kloster Emialús, gute Beispiele der nachbyzantinischen, vom kretischen Stil beeinflußten Malerei: Die schmucklose einschiffige tonnengewölbte **Kirche der Maria i Baféro** (am Friedhof, meist verschlossen) bewahrt vor allem in den Oberzonen gut erhaltene Fresken aus der Wende vom 15. zum 16. Jh. Die dichtgedrängten Szenen aus dem Akathistoshymnus (Lobgesang auf Maria bei ihrer Hilfe gegen die Avaren im Jahre 628) und dem Leben Jesu tragen volkstümliche Züge, während sich in der Darstellung der Gesichter der Heiligen in der Unterzone byzantinische und westliche Stilmerkmale mischen.

Die Schlüssel zur schlichten **Kirche der drei Hierarchen** (1715) sind beim gegenüberliegenden Museum oder dem Gemischtwarengeschäft zu erfragen. Der Schöpfer der Fresken, Pediotes, wird in der Forschung als konservativer nachbyzantinischer Maler mit italienischem Einfluß gedeutet. Auch hier gibt der Akathistoshymnus den Erzählstoff für die stark gerahmten dichtgedrängten Bilder. Viele Heilige sind in Medaillons dargestellt. Ihre Gesichtszüge zeigen die gleichen Stilelemente wie bei der Baférokirche.

☐ Das Pródromoskloster (Moní Prodrómu, Μονή Προδρόμού)

1 km nördlich von Stémnitsa windet sich ein unbefestigter, 4 km langer Weg steil hinab zum Pródromoskloster (s. Farbabb. 3). Es klebt an einem grauen Kalkfelsen über dem tosenden Lúsios (Eintritt nur in dezenter Kleidung; das Männerkloster gehört zur strengmönchischen Observanz).

Das auf eine ältere Einsiedelei zurückgehende Kloster ist erstmals 1618 schriftlich bezeugt. 1960 wurden die Gebäude renoviert. Das in den Felsen gehaue Katholikón, ein überwölbter einschiffiger basilikaler Raum, ist innen und teilweise auch außen mit Fresken geschmückt. Über ihre Datierung herrscht in der Forschung Uneinigkeit. Sowohl die spätbyzantinische Zeit (14. Jh.) als auch das 16. Jh. (kretische Schule) und sogar das 19. Jh. werden als Entstehungszeit genannt. Dargestellt sind Heilige und Märtyrer in asketischem, fromm-orthodoxem Stil. Die kleinen Kapellen in den vier Stockwerken, die zu den Mönchszellen im obersten Stockwerk führen, sind nicht zugänglich. Ihre Fresken sollen teilweise eindeutig im kretischen Stil gemalt sein.

☐ Das Kloster des Philosophen (Moní Philosóphou),
das Neue Kloster des Philosophen (Néa Moní Philosóphou)

Touristische Hinweise: mit dem Auto von Dimitsána die Straße Richtung Aráchova. Nach ca. 6 km auf die Straße nach Márkos abbiegen. Von dort führt ein unbefestigter, sehr schlechter Weg zum Neuen Kloster des Philosophen. Keine Busverbindung. Wanderung von Dimitsána: auf der gewundenen Fahrstraße 3 km abwärts zum Dorf Palaiochóri. Vor der Brücke über den Lúsios links auf einem unbefestigten Fahrweg ung. 1 km bis zu einem Bach. An diesem führt ein rotmarkierter, wildromantischer schmaler Pfad, der wohl der alte Pilgerpfad zum Kloster war, durch dichten Pflanzenwuchs rund 4 km bis zu einer Brücke über den Lúsios. Nach deren Überquerung ung. 2 km parallel zum Lúsios immer in Richtung Süden bis zur Einmündung des Weges von Márkos und einem Parkplatz. Dort zeigt ein Wegweiser abwärts zum Kloster. Das Alte Philosophenkloster erreicht man durch eine Mauerpforte des Neuen Philosophenklosters (Schild). Dahinter führt ein schwer zu gehender Geröllpfad zum Alten Kloster.

1641 wählten die Mönche des Philosophenklosters (Philósophos bezeichnet im mittelalterlichen Griechisch den ›Mönch‹) einen ebenen Felsplatz, der an drei Seiten schroff zum Lúsios abfällt, als Standort eines neuen Klosters. Sie bauten Mönchszellen, die jetzt renoviert sind, einen ummauerten Hof und eine kleine wohlproportionierte Viersäulenkreuzkuppelkirche (8 x 13 m) mit Vorhalle (Narthex) und vier Nebenkuppeln, aus kleinen, unregelmäßigen Kalksteinen. Der Tambour ist auffallenderweise zwölfeckig mit vier schmalen Fenstern. Weich abgetönte Fresken aus dem Leben Jesu schmücken die Kirche. Von der Halbkuppel der Mittelapsis blickt – wie häufig – die ›den Himmel umfassende‹ Maria Platitéra, darunter ist die göttliche Liturgie dargestellt. Im rechten Altarseitenraum sieht man Heilige, unter ihnen Joannes Pródromos. Älter als die Fresken sind die 1664 in kretischem Stil von einem Maler namens Viktor geschaffenen Ikonen. Im Turm oberhalb des Klosters war im Erdgeschoß der Speisesaal der Mönche untergebracht.

Dem Pródromoskloster (s. S. 189) untersteht die Verwaltung des Neuen und des Alten Philosophenklosters. 1992 wurde ein langgehegtes Anliegen durch die Renovierung der Anlage des Neuen Philosophenklosters verwirklicht. Tagsüber bewacht ein Mönch diesen ehrwürdigen Ort, an dem eine ›geheime Schule‹ (krifó scholío) ihre nationale und christliche Bildungsarbeit während der Türkenherrschaft durchführte. Kinder lernten hier das Psalmenlesen, die meisten jungen Kleriker der Region, der Gortynia, wurden hier in der Theologie ausgebildet wie auch der spätere Kämpfer für die nationale Freiheit, Erzbischof Germanós. Bei Nacht, nur vom Mond beschienen, machte man sich zur Schule auf. Ein von Dimitsána zum Neuen Philosophenkloster am Lúsios entlangführender, teilweise markierter schmaler Pfad war sicher der Fußweg zur Schule. Noch heute lernen die griechischen Kinder das Lied, das die Kinder in der Türkenzeit auf ihrem nicht ganz ungefährlichen Schulweg sangen:

»Lieber Mond, scheine mir hell,
Schein' mir, daß ich laufen kann,
Daß ich zur Schule gehen kann,
Daß ich lesen und schreiben lerne
Und die Heilstaten Gottes.«

Das Neue Kloster des Philosophen

Die rund 200 m lange, burgartige Anlage des **Alten Philosophenklosters** schmiegt sich einem überhängenden Felsplateau an. Die Außenmauern aus unregelmäßigem Bruchstein ragen heute noch in ihrer ursprünglichen Höhe (12 m) empor. Klettert man durch eine Pforte hinauf zum Katholikón am nördlichen Ende der Anlage, bemerkt man weitere burgähnliche Maßnahmen: Türen hinderten den Eindringling am weiteren Vordringen; ein ausgeklügeltes, teilweise noch erkennbares Wassersystem aus Zisternen und Zuleitungen sorgte bei Belagerungen für das lebensnotwendige Naß. Zu erkennen sind weiterhin die Küche mit Feuerstelle, mehrere Zellen, teilweise noch mit bemalten Mörtelresten. Die jetzige Gestalt der Klosteranlage geht auf das 17. Jh. zurück. Zum ersten Mal erwähnt wird das Kloster in einer wohl gefälschten Siegelurkunde des byzantinischen Kaisers vom Jahre 964, die 1624 erneuert wurde. Alle Stilelemente – pilastergeschmückter achteckiger Tambour, Kästelmauerwerk und Sägezahnband – weisen auf das 12. Jh. als Bauzeit der Kuppel des Katholikóns. Spuren qualitätvoller Fresken in warmer Farbgebung sind im Innern zu erkennen. Das eindrucksvolle Kloster, das noch im 18. Jh. in Blüte stand, wird 1819 als verfallen beschrieben. Es wird heute als ›erhaltungswürdiges Bauwerk‹ eingestuft und soll restauriert werden.

☐ Das Asklepeion von Gortys

Gortys liegt an einer Brücke über dem Lúsios. Eine unbefestigte Straße führt von Ellenikó zum heutigen Dorf Gortys (10 km von Karítena). Vor dem Ortseingang windet sich ein Feldweg zum Asklepeion hinab.

Hinter einem kleinen Gehöft sieht man plötzlich die wuchtigen Grundmauern eines wohl nie vollendeten dorischen, gedrungenen **Ringhallentempels** (Peripteros, 6 x 11 Säulen). Er wurde zu Ehren des Asklepeios in der ersten Hälfte des 4. Jh. v. Chr. begonnen. Die Cella ist weit nach hinten geschoben, die Vorhalle mit zwei Säulen ungewöhnlich stark betont. Wie der Asklepeiostempel in Epidauros ist dieser Tempel frontal ausgerichtet, was durch die abfallende Geländeneigung optisch eine Unterstützung erfährt. Das letzte Entwicklungsstadium des dorischen Tempels ist hier erreicht.

Wenige Meter weiter südlich steht man vor den eindrucksvollen Resten der komfortabelsten **Badeanlage,** die bis heute in Griechenland aufgedeckt wurde. Bereits Mitte des 3. Jh. v. Chr. sind in vollendeter Raumeinteilung alle technischen Errungenschaften vereinigt, die das spätere römische Bad auszeichnen: Hypokaustenheizung (an den Wänden und am Boden geführte Warmluftheizung), Schwitzraum, Wannenbäder, beheizter Auskleideraum. Die Wannen sind noch sehr gut sichtbar. Zusammen mit einer Halle für den Heilschlaf, deren Reste man am anderen Ufer eines im Sommer ausgetrockneten Gießbaches entdecken kann, war hier an unwegsamer Stelle weitab von der Stadt ein religiöses Heilzentrum entstanden, das alle Vorzüge der Natur nutzte. Zeichen einer neuen Zeit!

Die erhaltenen Mauerreste der eigentlichen ausgedehnten **Stadt Gortys,** die politisch mit Sparta verbunden war, muß man im unwegsamen Gelände rund 1 km nordwestlich in Richtung Atsícholos aufwärts steigend suchen. Erhalten sind einige Turmfundamente und vor allem die bis fünf Steinschichten mächtige Nordmauer aus vieleckigen Quadern. Der Tempel eines älteren Asklepeions aus dem 5. Jh. v. Chr. auf einer Terrasse unterhalb der Stadt ist nicht mehr deutlich erkennbar.

Messenien: Kulturlandschaft im Westen des Taygetos

Der Nomós Messinías

Obwohl vom Klima begünstigt und mit fruchtbaren Böden in der messenische Ebene, dem Mündungsgebiet des Pamissos, gehört Messenien zu den am dünnsten besiedelten Regionen der Peloponnes. Rund die Hälfte der knapp 3000 qkm großen Gesamtfläche des Distrikts wird dauernd bewirtschaftet. Zitrusfrüchte, Korinthen und an der Mündung des Pamissos sogar Reis gedeihen hier. In mykenischer Zeit entstanden hier der Palast von Pylos und andere kleinere Herrschaften. Die Begehrlichkeit Spartas auf das reiche Messenien mit seiner fruchtbaren Ebene und die daraus entstehenden jahrhundertelang dauernden Kriege sind wohl der Grund, weshalb sich diese Region in klassisch-griechischer Zeit nicht zu einer eigenständigen Kulturlandschaft entfalten konnte.

Die Distrikthauptstadt Kalamáta bemüht sich um den Aufbau einer touristischen Infrastruktur. In einem neuen Museum sollen in Zukunft die verstreuten Kulturdenkmäler Messeniens konzentriert werden. Vorzügliche Badestrände vor allem rund um Kiparissía, Pílos, Koróni, Finikúnda, Methóni und Kalamáta ziehen immer mehr auch ausländische Gäste an. Der nach 1930 zu Messenien hinzugekommene westliche Teil der Mani lockt Individualisten und kulturell Interessierte, die eine vom Tourismus noch wenig berührte, ursprüngliche Landschaft entdecken können. Der Widerstand der Bevölkerung hat in der Bucht von Navaríno die geplante Errichtung einer Ölgroßraffinerie und den Aufbau einer Schwerindustrie verhindert.

Einen großartigen Blick auf die ausgedehnte messenische Ebene mit ihren unzähligen graugrün schimmernden Ölbäumen, unterbrochen von Platanen, Eukalyptusbäumen und Gruppen riesiger Schilfpflanzen in Wassernähe, gewinnt man, wenn man auf der E 55 in Richtung Megalópolis die ersten Kehren bei Lutró erreicht. Noch eindrucksvoller ist eine Bahnfahrt von Kalamáta bis Zefgolátio.

Kalamáta (Καλαμάτα) und Umgebung

Touristische Hinweise: Ausgezeichnete Bus- und Bahnanbindung; Endstation der zwei Bahnringlinien über Pírgos–Patras–Athen und Trípolis–Argos–Athen. Busse (Abfahrt am neuen Busbahnhof am neuen Markt) mehrmals täglich Richtung Athen, Koróni, Areópolis, Pílos. Zahlreiche Hotels aller Kategorien; Touristeninformation bei der Touristenpolizei (Odós Aristoménus 74).

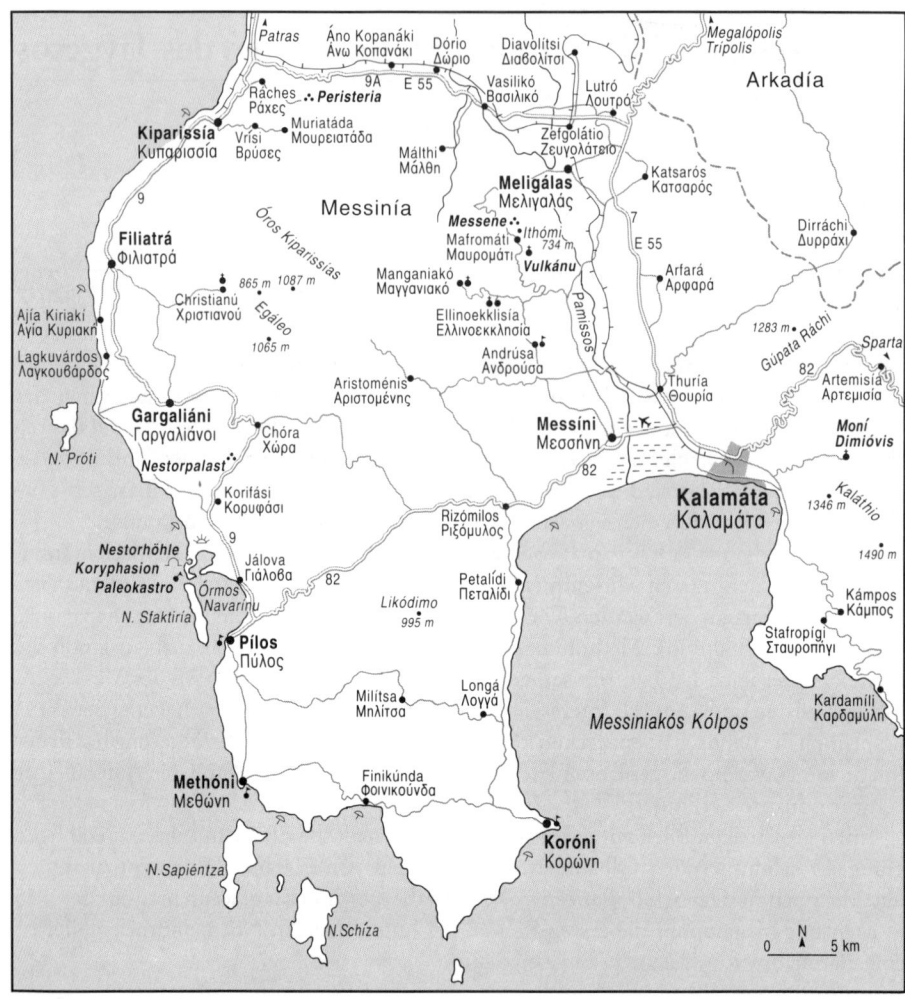

Patras
Áno Kopanáki
Áνω Κοπανάκι
Dório
Δώριο
Diavolítsi
Διαβολίτσι
Megalópolis
Trípolis

Ráches
Ράχες ∴ *Peristeria*
9A   E 55
Vasilikó
Βασιλικό
Lutró
Λουτρó
Arkadía

Kiparissía
Κυπαρισσία
Muriatáda
Μουρειατάδα
Zefgolátio
Ζευγολάτειο

Vrísi
Βρύσες
Málthi
Μάλθη
Meligálas
Μελιγαλάς
Katsarós
Κατσαρός

Filiatrá
Φιλιατρά
Messinía
Messene ∴
Mafromáti •*Ithómi*
Μαυρομάτι 734 m
7
E 55
Dirráchi
Δυρράχι

Όρος Κιπαρισσίας
Vulkánu
Arfará
Αρφαρά

• 865 m 1087 m
Manganiakó
Μαγγανιακό

Christianú
Χριστιανού
Egáleo
1065 m

Ellinoekklisía
Ελλινοεκκλησία
1283 m •
Gúpata Ráchi
Sparta

Ajía Kiriakí
Αγία Κυριακή
Andrúsa
Ανδρούσα
82
Artemisía
Αρτεμισία

Lagkuvárdos
Λαγκουβάρδος
Aristoménis
Αριστομένης
Thuría
Θουρία
Moní
Dimióvis

Gargaliáni
Γαργαλιάνοι
Chóra
Χώρα
Messíni
Μεσσήνη

N. Próti
Nestorpalast ∴
82
1346 m
Kaláthio

• Korifási
Κορυφάσι
Rizómilos
Ριζόμυλος
Kalamáta
Καλαμάτα
1490 m

Nestorhöhle
Koryphasion
Paleokastro
Jálova
Γιάλοβα
82
Petalídi
Πεταλίδι
Kámpos
Κάμπος

Órmos
Navarínu
Likódimo
995 m
Stafropigi
Σταυροπήγι

N. Sfaktiría
• **Pílos**
Πύλος

Longá
Λογγά
Kardamíli
Καρδαμύλη

Methóni
Μεθώνη
Militsa
Μηλίτσα

Finikúnda
Φοινικούνδα
Messiniakós Kólpos

·N. Sapiéntza
Koróni
Κορώνη

N. Schíza
0   5 km
N

Messenien

☐ Gestern und heute

Die Gegend war schon in mykenischer Zeit besiedelt. Von der antiken Stadt Pharai, die auf dem Areal des heutigen Kalamáta stand und von Sparta abhängig war, sind keine Spuren erhalten. Die Franken erbauten im 13. Jh. ihre Burg auf einem byzantinischen Kastell. Die Venezianer fügten eine Nordbastion hinzu. Von einer bedeutenden byzantinischen

Siedlung unterhalb des Kastells zeugt die Apostelkirche. 1821 war Kalamáta eine der ersten Städte, die sich von den Türken unabhängig machten.

Die Distrikthauptstadt des Nomós Messinías (ca. 42 000 Einwohner) leidet noch heute an den Folgen des schweren Erdbebens von 1986. Gleichwohl bemüht sich Kalamáta erfolgreich um den Aufbau einer touristischen Infrastruktur und wird durch die Errichtung eines repräsentativen neuen Museums Kulturzentrum des Nomós. Das heutige Kalamáta hat zwei Gesichter: die Stadt am Strand (ausgezeichnete Sandstrände) mit typisch-pompösen Hotels, Touristenläden, Campingplätzen und Discos und die lebhafte Innenstadt als Handels-, Verwaltungs- und Industriezentrum.

☐ Rundgang

Etwa 200 m östlich der modernen Markthallen und südlich der osmanisch anmutenden alten Markthallen, die wegen Erdbebenschäden leider abgerissen werden, liegt die **Ájii Apóstoli,** die Kirche der hl. Apostel. Es handelt sich eigentlich um zwei Kirchen, wie die äußere Erscheinung deutlich zeigt. Der Westteil, eine überwölbte basilikale Halle mit einer Kuppel, die die gesamte Breite des Schiffes einnimmt, stammt aus der Zeit der Venezianerherrschaft 1685–1715 – wie auch der wuchtige Glockenturm. Er ist über dem Querschiff einer byzantinischen Kreuzkuppelkirche (11./12. Jh.) erbaut. Sie bildet heute das Bema, den Altarraum. Die drei Nischen im Bema sind die früheren Kreuzarme der alten Kirche. Die Schnittstelle zwischen den beiden Kirchen bildet ein Tympanon. Über diesem Bogenfeld ist die thronende Maria gut zu erkennen (noch 12. Jh.?). Ihr ovales Gesicht mit starken Schatten strahlt Erhabenheit aus. Der Faltenwurf des grünlichen Gewandes ist mit verschiedenen Farbnuancen abgetönt. Die übrigen Fresken (14. Jh.) sind schlecht erhalten und in der Dunkelheit kaum zu erkennen (in der Kuppel: Christus Pantokrator mit Propheten und Evangelisten.

Kafenion in Kalamáta

Ostnische: die Auferstehung; Nordnische: Szenen aus dem Akathistoshymnus; Südnische: Wiederkunft Christi). Das Mauerwerk der neueren Westkirche besteht aus einfachen Quadern; die Mauern der byzantinischen Kirche sind in Kästelmauerwerk hochgezogen. Den östlichen

Kreuzarm schmücken Ziegelsägezahn- und Mäanderbänder.

Vorbei an der stark vom Erdbeben beschädigten modernen **Metropolitankirche** gelangt man zum ovalen fränkisch-byzantinischen **Kastro**, der Burg. Die in eine Parkanlage umgewandelte Oberburg, von der nur die Außenmauern erhalten sind, bietet einen schönen Ausblick über die Hauptstadt Messeniens.

In südöstlicher Richtung gelangt man hinab zur **Moní Kalogrión**. Beachtenswert ist die renovierte Kapelle rechts vom Eingang des Frauenklosters der hl. Helena und des hl. Konstantin. Die Restauratoren haben am Altarraum das ursprüngliche byzantinische Kästelmauerwerk (12. Jh.) wieder sichtbar gemacht. Ein Sägezahnband und kufische Muster (arabische Zierschrift) sind erkennbar. Im Innern bewahrt der hallenartige, modern ausgestattete Raum keinen Hinweis auf die frühe Entstehung der Kapelle. In den modernen Klostergebäuden werden von den Nonnen farbenprächtige Seidenstoffe gewebt, deren volkstümliche Muster teilweise an osmanisch-islamischen Dekor erinnern. Die Nonnen züchten auch Seidenraupen.

Der Altarraum der nahebei liegenden **Friedhofskirche** wird – wie bei der Apostelkirche – von einer byzantinischen Kreuzkuppelkirche (11. Jh.) gebildet mit drei auffallend kleinen Seitenapsiden. Die Kuppel ist nicht mehr vorhanden. Die Ziegelornamentik ist aufwendig ausgeführt mit pseudokufischen Mustern und getreppten Ziegelfensterrahmungen.

Alle Museen von Kalamáta wurden geschlossen. Ein Museumsneubau, der an das venezianische Museumsgebäude in Náfplio erinnert, soll in Zukunft die Schätze Messeniens aufnehmen.

☐ Das Kloster Moní Dimióvis (Μονή Δημιόβης)

20 km östlich von Kalamáta liegt malerisch inmitten von Ölbäumen und Tannen am Fuß der Ausläufer des Taygetos das Nonnenkloster Dimióvis (keine Busverbindung, Anfahrt mit dem Taxi). Das tonnengewölbte, dreischiffige, mit einer Rundkuppel gekrönte **Katholikón** wurde 1612–1641 erbaut und ist somit ein Beispiel für griechische Kirchenbaukunst unter der Türkenherrschaft. Die prachtvollen, nur teilweise erhaltenen **Fresken** stammen aus dem Jahre 1663 und bewahren in harter Linienführung ganz die byzantinische Tradition der Palaiologenzeit des 14. Jh. Die Bewegungen und der Faltenwurf der Gewänder wirken starr und unwirklich. Die Glieder sind unnatürlich dünn. Dargestellt sind u. a. Christus Pantokrator in der Kuppel (schlecht erhalten), im Kirchenschiff Szenen aus den Herrenfesten (Dodekáorton) und dem Akathistoshymnus. In der Apsis die Maria Platitéra, der Melismós (die symbolische Opferung des Gotteslammes) und die Bewirtung der Engel durch Abraham. Die Ikonostás aus dem Jahre 1773 ist phantasievoll mit Drachen geschmückt, das Kreuz ziert ein unruhiges Dekor, das fast an Rokokostil erinnert. Die Ikonen der Ikonostás sind typisch für den volkstümlichen Stil: kleine Figuren, Massenszenen, starre Physiognomie, lebhafte Gestik. Die wundertätige Ikone der Allerheiligsten Jungfrau vom Typ der Vladimírskaia ist kunstvolle Treibarbeit auf gemaltem Hintergrund.

Das antike Messene beim Dorf Mafromáti (Μαυρομάτι)

Touristische Hinweise: morgens und mittags Busse von Kalamáta nach Mafromáti. Mit dem Auto von der heutigen Stadt Messíni ca. 16 km nördlich am neuen Vulkánukloster vorbei oder von Norden 8 km von Meligálas aus erreichbar.

☐ Aus der Geschichte

Der schwer einnehmbare, die Landschaft beherrschende Kalksteinkegel des Ithómiberges war für die Bevölkerung Messeniens militärischer Rückzugs- und Fluchtpunkt in den blutigen drei messenischen Kriegen ab 743 v. Chr., die mit langen Unterbrechungen bis 450 v. Chr. dauerten. Sparta wollte die reiche messenische Ebene, die von den Ausläufern des Taygetosgebirge im Osten und den Kiparissíabergen im Westen geschützt wird, in seine Gewalt bringen. Die messenische Bevölkerung hat immer wieder vergeblich versucht, den Stand der ›Heloten‹, unfreier Zinsbauern, abzuschütteln. Erst der sog. Böotische Bund löste die Messenier im 4. Jh. v. Chr. aus ihrer Abhängigkeit von Sparta. Viele Messenier kehrten aus der ›Diaspora‹ Großgriechenland, vor allem aus Unteritalien, in die 369 v. Chr. gegründete Stadt zurück. Aus dieser Zeit stammt die heute noch sichtbare Befestigungsmauer. Bis zum Goteneinfall 395 n. Chr. blühte Messene als Haupt eines Staatenbundes messenischer Städte unter der politischen Vorherrschaft zuerst der Makedonen, dann der Römer. Im Mittelalter wurde das Areal verlassen.

☐ Die Befestigungsanlagen

Pausanias vergleicht die Befestigungsanlagen von Messene mit der berühmten Anlage auf Rhodos. Sie war über 8 km lang und umschloß nach hellenistischer Eigenart nicht nur die Akropolis auf dem Ithómiberg, sondern auch die Stadt und weites Ackerland (ung. 290 ha). Die bemerkenswert gut erhaltenen Mauern dokumentieren das Bestreben, einen militärischen Zweckbau ästhetisch zu gestalten. Dies wird besonders deutlich am sog. **Arkadischen Tor** im Nordwesten des Areals, durch das noch heute die Straße von Meligálas zum Dorf Mafromáti führt. Ein kreisrunder Zwinger von rund 20 m Durchmesser führte durch ein ursprünglich wie in Mykene von einem Entlastungsdreieck bekröntes Tor (5,3 m breit). Die flankierenden Ecktürme waren mit Zinnen geschmückt. Zwei in das Rund eingelassene rechteckige Nischen bargen Statuen von Schutzgöttern. Das quadratische Innentor, zu dem eine gepflasterte Rampe hinaufführte, war von einem gewaltigen Block überspannt, der noch heute an Ort und Stelle liegt. Die aus dem Évamassiv gebrochenen grauen Steinquader sind ohne Mörtel und Ziegelschichten in waagerechten Lagen millimetergenau einander angepaßt und an vielen Stellen zu einer leicht bauchigen Rundung behauen, wodurch sich im gleißenden Mittelmeerlicht ein reizvolles Schattenspiel ergibt. Die Kanten der Ecktürme sind durch einen schmalen Grat bewußt ins Auge fallend präzise senkrecht ausgerichtet. Die nach innen zeigenden Quader sind durch versetzte Kerbungen in mehreren Reihen mit lebhaften Mustern versehen.

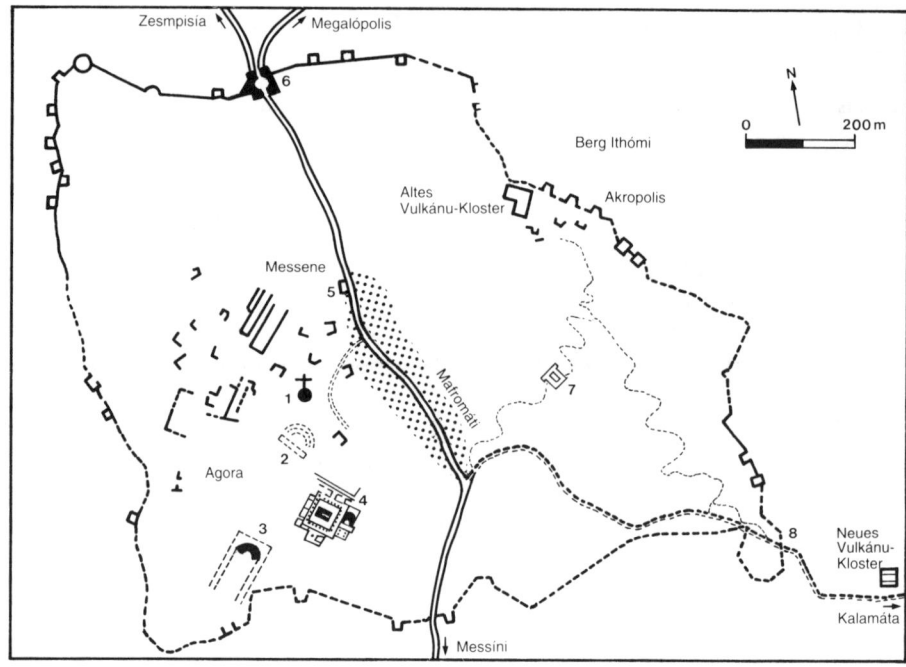

Das antike Messene *1 Nikolaoskirche 2 Theater 3 Stadion 4 Asklepeion 5 Museum 6 Arka-disches Tor 7 Artemis Limnatis-Tempel 8 Lakonisches Tor*

☐ Die antike Stadt Messene

Von der antiken Stadt, die noch der systematischen Grabung harrt, sind nur spärliche Reste inmitten einer Ölbaumplantage aufzuspüren. Auf dem Weg von Mafromáti hinab zum Parkplatz oberhalb des antiken Messene steht rechts oben die mittelbyzantinische, vom Erdbeben teilweise zerstörte **Kirche des hl. Nikolaos** (verschlossen). Das heute holzgedeckte Dach war ursprünglich mit einer Kuppel geschmückt. Vom antiken **Theater** sind noch die Stützmauern erkennbar. Weiter südlich sind einige runde Sitzreihen aus-zumachen, die das einstmals ausgedehnte **Stadion** im Norden abschlossen – ein Zeichen für die Blüte Messenes. Die heute noch reich sprudelnde Quelle im Dorf Mafromáti mit wohlschmeckendem Wasser ist vielleicht die von Pausanias erwähnte Klepsydraquelle.

☐ Das Asklepeiosheiligtum

Von der Geschichte des Asklepeioskultes in Messene vor der Errichtung des späthelleni-stischen Heiligtums ist nichts bekannt. So konnte sogar der Irrtum aufkommen, der Komplex aus dem 2. Jh. v. Chr. sei die Agora der Stadt gewesen. Mit Sicherheit bestehen kultische, aber auch künstlerische Zusammenhänge mit Epidauros. Im Unterschied zu

Die Befestigungsanlage von Messene

Epidauros ist das Heiligtum von Messene aber kein gewachsenes Ensemble, sondern eine von einem unbekannten Architekten in all ihren Teilen effektvoll konstruierte Anlage. Zentrum war der dorische **Ringhallentempel des Asklepeios und seiner Tochter Hygeia,** der spät in Erscheinung getretenen Göttin der Gesundheit. Er bildete die Mitte eines Hofes mit umlaufender korinthischer Säulenhalle und fast auf gleicher Achse liegender Eingangstorhalle (Propylaion). Die Zierleiste unter den Orthostaten der Cella, der dreistufige Unterbau (Krepis) und glatte Säulenreste (12 x 6 Säulen) sind an Ort und Stelle. Das Tempeldach war wohl aus Holz. So bot der Tempel, wahrscheinlich ohne Skulpturenschmuck, einen betont schlichten Eindruck gegenüber der fast quadratischen

199

Das Asklepeiosheiligtum von Messene

korinthischen Säulenhalle mit nach innen geneigtem Pultdach. Die Kapitelle der 23 (an den Seiten: 21) zum Tempel gewandten Säulen waren mit geflügelten Niken zwischen Voluten und Akanthusblättern geziert. Der Architrav (Teile an Ort und Stelle) trug abwechselnd Stierköpfe und Opferschalen, von Girlanden umwunden. Die Säulenkanneluren liefen in Rundstäben, sog. ›Pfeifen‹, aus.

Man betrat das Heiligtum durch das **Propylaion** aus zwei parallelen Hallen, die – anders als in Epidauros – durch drei Türen gegeneinander abschließbar waren. Die hohen Steinbasen der korinthischen Frontsäulen stehen an Ort und Stelle.

Zwischen Tempel und Propylaion stand der **Opferaltar,** fast so breit wie der Tempel. Vom Eintretenden links erstreckte sich eine nahezu **quadratische Halle** (19 x 18 m). Wegen der an den Wänden umlaufenden Steinbänke wurde sie als Bouleuterion gedeutet. Es könnte sich tatsächlich um die Ratshalle der das Heiligtum verwaltenden Priesterschaft handeln, keinesfalls aber um die *boule* des Stadtstaates der Polis Messene. Zwei Etagen verliehen den Mauern ein elegantes Erscheinungsbild. Sieben Fenster in der oberen Etage spendeten Licht; zwischen ihnen rhythmisierten Pilaster innen und außen die

Fassade. Die untere Etage belebten zwei korinthische Pilaster. Rechts des Eingangs liegt ein kleiner **Theaterraum** mit zwölf sehr gut erhaltenen Sitzreihen und einer 21 m breiten gemauerten Bühne mit hohem Bühnenvorraum (Proskenion). Wie in Epidauros fanden hier religiöse Aufführungen für Besucher des Weihebezirkes statt. Eine Inschrift bezeichnet den Raum als ›Deikterion‹, als ›Aufführungsraum‹.

Die nördlichen Gebäude – durch eine große, 7 m breite Freitreppe in der Mitte mit einer Eingangshalle und zwei Seitentreppen zugänglich – scheinen dem römischen Kaiserkult vorbehalten gewesen zu sein. Darauf läßt die Inschrift ›Kaisareion‹ im **östlichen Raum** schließen. Der in die Stützmauer eingelassene **rechteckige Raum** – vom Ausgräber ›Oikos‹ genannt – war wahrscheinlich Brunnenraum. Nördlich schloß sich eine 7 m lange **dorische Stoa** an, die zu den spätesten Bauresten des Komplexes gehört. Das nördlichste der sechs westlichen Gebäude ist inschriftlich als **Tempel der Artemis** Orthia ausgewiesen. Die Verehrung der Göttin begegnet in Sparta wieder. Die Basis des Kultbildes gegenüber dem Eingang des durch vier ionische Säulen und zwei Pilaster dreigeteilten Raumes ist ebenso erkennbar wie die Basen der Artemispriesterinnen, die später hier halbkreisförmig Aufstellung fanden. Auch die anschließenden Gebäude scheinen wie das quadratische Südgebäude kultischen Charakter gehabt zu haben.

Das zwischen Mafrotáti und dem arkadischen Tor direkt unterhalb der Straße am Zugang zu den Ausgrabungen gelegene **Museum** enthält teilweise vorzügliche männliche und weibliche Statuenfragmente u. a. der Artemispriesterinnen mit Weihrauchgefäßen in den Händen. Höhepunkt ist der Torso des nackten Apollon oder Dionysos aus der Schule des Praxiteles (4. Jh. v. Chr.).

Architrav des Asklepeiostempels

☐ **Das Vulkánukloster (Moní Vulkánu/Μονή Βουλκάνου) bei Mafromáti**

In früheren Beschreibungen wird ein Weg von der schon bei Pausanias erwähnten Quelle im Dorf Mafromáti auf den Berg Ithómi angegeben. Er führt an den spärlichen **Resten eines ionischen Tempels** vorbei, der laut Inschrift der Göttin Artemis Limnatis (›am Ufer‹) geweiht war. Der Weg ist heute verwachsen und schwer begehbar. Leicht dagegen ist der Weg vom sog. **Lakonischen Tor** der antiken Stadtmauer aus zum Gipfel (798 m) zu finden (ca. 2 km). Der teilweise unbefestigte Fahrweg führt durch dieses Tor von Mafromáti zum **Neuen Vulkánukloster.** Es wurde erst 1972 erbaut und macht einen wohlhabenden Eindruck. Beim Aufstieg sind rechts die Fundamente zweier quadratischer Türme der antiken Befestigung von Messene zu sehen. Der Rundblick vom Ithómiberg auf die vom Taygetos- und Kiparissíagebirge umschlossene messenische Ebene ist unvergeßlich.

Östlich vom 1583 gegründeten alten Kloster auf dem Gipfel sind spärliche Mauerreste zu finden, die mit dem Heiligtum des Zeus Ithomatas identifiziert wurden. Ein Bildnis des argivischen Bildhauers Hagelados (5. Jh. v. Chr.) an dieser Stelle zeigte Zeus als Kind – nach einem messenischen Mythos soll der Gott hier aufgezogen worden sein.

Die **Klosterkirche,** ein dreischiffiger, basilikaler Bau mit überwölbter Vorhalle (Narthex), ist reich an teilweise beschädigten Fresken aus dem Jahre 1608. Ein Blick durch die teilweise zerbrochenen Fenster vermittelt einen Eindruck der ganz dem strengen byzantinischen Stil verhafteten Malweise der Gebrüder Móschos aus Náfplio (Schlüssel im Vulkánukloster). Die Gesichter haben etwas Starres, Schematisches an sich. Dargestellt sind u. a. in der Halbkuppel der Apsis die ›den Himmel Umfassende‹ (Platitéra), in der Apsis selbst wie oft in nachbyzantinischer Zeit die Apostelkommunion, im Hauptschiff die zwölf Herrenfeste (Dodekaórton), im Südschiff Szenen aus dem Leben des hl. Nikolaos, im Narthex die dort häufig erscheinende Wiederkunft Christi und Szenen aus dem Akathistoshymnus.

Andrúsa (Ανδρούσα) und Umgebung

Touristische Hinweise: selten Busse Richtung Mafromáti und Meligálas, nur Privatquartiere.

Das Dorf Andrúsa (ca. 750 Einwohner) liegt rund 12 km nördlich vom heutigen Messíni. Die in historischen Quellen verschieden benannte **Festung** (Druges, Druxie u. ä.), die heute noch dem Ort das Gepräge gibt, wurde um 1250 erbaut. Hier residierte ein ›Kapitän‹, der von Kalamáta seine Weisungen empfing. Nur die weitläufigen Umfassungsmauern (breiteste Stelle 150 m, Länge ca. 200 m), die ein trapezförmiges Areal einschließen, stehen noch, vor allem im Nordteil. Ecktürme wechseln mit Rundtürmen. Die Mauernischen – gotische Spitzbogen, die durch Ziegel oder Sägezahnbänder betont sind – wurden wahrscheinlich eingefügt, um Steine zu sparen, die in der Umgebung selten sind. In die gleiche Zeit wie das Kastell ist der Bau der **Ájios Geórgioskirche** auf dem Friedhof am südlichen Ortsausgang zu datieren (1250). Eine regionale Bauhütte hat in fränkischer Zeit noch ganz mit mittelbyzantinischen Stilmitteln (Ziegelsägezahnbänder, Kästelmauerwerk) dieses schlichte einschiffige Gotteshaus errichtet. Der Spitzbogen der vermauerten Türe an der Längswand verrät fränkischen Einfluß.

Fährt man von Andrúsa nach Norden in Richtung Meligálas, erreicht man hinter dem Dorf Neochóri den Zusammenfluß von Mafrozúmenos und Pamissos. Die dreischenklige **Brücke** wird bereits vom römischen Reisenden Pausanias im 2. Jh. n. Chr. erwähnt. Durch dichte Vegetation in den Flußbetten kann man nur an einigen Stellen die mächtigen, rechteckigen antiken Quader erkennen, die teilweise bis zur Straßenhöhe reichen und in der modernen Brücke verbaut sind.

□ Die Klosterkirche Samári bei Ellinoekklisía (Ελληνοεκκλησία)

Von Andrúsa kommend, fährt man vor Ellinoekklisía rechts bei einem Kapellchen mit Metallkuppel in einen Schotterweg ein und sieht das Katholikón eines früheren Frauenklosters in der Talsenke liegen (ohne Fahrzeug schwer zu erreichen). Die Kirche ist der Büßerin Maria von Ägypten (Maria Egiptíaka) geweiht. Sie wird auch einfach María Samarína oder Kirche der heilspendenden Quelle (Zoodóchos Pijí) genannt (Schlüssel im Neuen Vulkánukloster). Die eingeschriebene Zweisäulenkreuzkuppelkirche (12. Jh.) mit besonders ausgewogenen Proportionen fand schon im 19. Jh. die Aufmerksamkeit der Architekturforscher. Der wuchtige Glockenturm über den luftigen Arkaden der Vorhalle (Exonarthex) mit von Archivolten gerahmten Zwillingsfenstern ist in fränkischer Zeit (13. Jh.) entstanden. Spolien wurden zum Bau der hohen Sockelzone verwendet. Sägezahnbänder rahmen die Zwillingsfenster der Kirche und setzen sich weiter an der Mauer fort. Der Marmorfußboden im Inneren stammt aus der Entstehungszeit. Ebenfalls erhalten sind das sog. Epistílion, die abschließende Marmorplatte der Ikonostás, die heute den Altartisch bildet, und die reich skulptierten Bogenrahmungen. Die Fresken (Ende des 12. Jh.) sind größtenteils in schlechtem Zustand. Seit langem bekannt ist die Darstellung der Grablegung Christi (Epitáphios) in der Halbkuppel der Mittelapsis: Christus – als Lamm Gottes symbolisiert – wird bedeckt von einem ›aér‹ genannten liturgischen Tuch. In der unteren Zone sind Heilige und Märtyrer dargestellt. In der Kuppel wie üblich Christus Pantokrator und die Propheten. Der Festzyklus (Dodekáorton) und der Passionszyklus in den Gewölben müssen weitgehend rekonstruiert werden. Gut erhalten ist die Auferstehung (Anástasis) im Gewölbe des südlichen Querschiffes. Die Figuren sind maßvoll bewegt. Die Konturen der Physiognomien sind noch nicht so hart voneinander abgegrenzt wie in der Palaiologenzeit des 14. Jh. Die gedämpften Farben gehen ineinander über.

☐ Das Metamórphosiskloster bei Andrúsa, genannt auch Andromonastíri

Beim Dorf **Manganiakó** (Μαγγανιακό), ca. 4. km westlich von Ellinoekklisía, liegt ein aufgegebenes Männerkloster, das seinen Namen wohl von seinem angeblichen Stifter, dem spätbyzantinischen Kaiser Andronikos II. (1282–1328) herleitet: ›Andronikomonastíri‹. Daraus wurde im Volksmund Andromonastíri (›Männerkloster‹). Ein schlechter Weg zweigt von der geteerten Fahrstraße, die nach Koromeléa weiterführt, nach Manganiakó rechts ab. Hinter dem Ort Manganiakó führt ein unbefestigter Wirtschaftsweg zum ehemaligen Kloster in einem romantischen Flußtal (Schlüssel im Neuen Vulkánukloster). Ohne eigenes Fahrzeug ist das Kloster nur äußerst mühsam zu erreichen.

Mit seinen hohen Umfassungsmauern und zwei wuchtigen Türmen macht das Kloster einen wehrhaften Eindruck. Das **Katholikón**, eine ›eingeschriebene‹ Kreuzkuppelkirche mit achteckiger Kuppel auf vier Säulen, stammt aus dem 12./13. Jh. Die Vorhalle (Narthex) wurde später durch einen Exonarthex erweitert. Später wurde auch der wuchtige Glockenstuhl mit zwei Bogenöffnungen aufgebaut. Aus der Palaiologenzeit stammen die Fresken im östlichen und südlichen Kreuzarm. Die Fresken in den anderen Teilen der Kirche wurden während der Türkenherrschaft gemalt, vor allem im 17. Jh.

Die westliche Halbinsel der Peloponnes

Die herbe Mittelgebirgslandschaft dieser touristisch noch wenig berührten Region der Peloponnes erschließt sich am besten bei einer Fahrt auf der kurvenreichen Straße von Koróni nach Methóni. Auf dieser Strecke passiert man auch die herrlich gelegene **Bucht von Finikúnda** mit ausgezeichnetem Sandstrand, Surfschule, Campingplatz, zwei Hotels, einer Pension, einem Apartmenthaus und Privatquartieren. Einsamere Nebenbuchten liegen in der Nähe. Die Küstenstraße von Petalídi bis Koróni (links von der Hauptstraße Kalamáta–Pílos in Rizómilos abzweigen) ist von schönen Badebuchten gesäumt. Überall werden Quartiere in allen Preislagen angeboten; in den Tavernen am Meer kann man das Glück haben, frische Fische wohlzubereitet zu genießen.

☐ Koróni (Κορώνη)

Touristische Hinweise: mehrmals täglich Busse von und nach Kalamáta (umsteigen Richtung Methóni und Pílos in Rizómilos); einige Hotels, Pensionen, Privatquartiere und Ferienwohnungen, Campingplatz; kilometerlanger Sandstrand.

Das romantische Städtchen (ca. 1500 Einwohner) mit engen Treppengassen ist heute vor allem ein freundlicher, ruhiger Ferienort (s. Farbabb. 14). Für Kurzausflügler aus Athen ist der Weg nach Koróni zu weit. Am heute nur noch selten angefahrenen Hafen der Stadt, die im 19. Jh. einen blühenden Handel mit Agrarprodukten trieb, haben sich Tavernen und kleine Läden niedergelassen. Hier wird schönes Kunsthandwerk verkauft, vor allem farbenfrohe Keramik und Weberei.

Von der alten, ›Asine‹ genannten Siedlung, die Flüchtlinge aus der Argolis hier gründeten, sind keine Spuren erhalten. Als Piratenstützpunkt und später als Landeplatz der venezianischen Schiffe bekam Koróni im 12. Jh. seinen heutigen Namen. Von einer dichten Besiedlung und hoher Wertschätzung des Areals in byzantinischer Zeit zeugen die frühbyzantinische Basilika (wohl 5. Jh.) und die mittelbyzantinische Festung, die die Venezianer weiter ausbauten. Nach 1209 haben die Venezianer Hafen und Kastron während ihrer fast dreihundertjährigen Herrschaft zu einer der eindrucksvollsten Festungen im Mittelmeerraum, einem ›Auge Venedigs‹, ausgebaut – das andere ›Auge‹ war Methóni (s. S. 206 ff.). Ein Kommandant *(Castellanus)* mit zwei Assistenten regierte dort eine Garnison mit eigenen Statuten. Am Ende der Venezianerherrschaft belebten fünfhundert Familien das Kastron und den für große Segler ausgebauten Hafen. Bis 1828 war Koróni – von kurzen genuesischen und venezianischen Zwischenspielen unterbrochen – in der Hand der Türken. Der Sockel des Minaretts auf der Burg ist einziger kümmerlicher Rest der türkischen Architektur, die Kastron und Hafensiedlung einst wesentlich geprägt hat, wie ein Stich von 1829 zeigt. Die neuzeitlichen Bauten stammen meist aus der Zeit nach dem großen Erdbeben im Jahre 1886.

Rundgang

Der am Hafen liegende Hauptplatz, die ›Platía‹, ist lebhafter Mittelpunkt des Ortes. Sie wird von der basilikalen **Hauptkirche** mit klassizistischen Architekturmerkmalen beherrscht (Ende 19. Jh.). Am Hafenende, beim Kinderspielplatz, stehen zwei zweistöckige **klassizistische Herrenhäuser** *(archontiká)*, deren Fassaden von Rundbogenarkaden, hervorgehobenen Ecksteinen, Balkonen und Scheinpfeilern gegliedert werden. Der beste Blick auf die malerischen Hausfassaden bietet sich beim Spaziergang auf der steil zum Kastron hinaufführenden Straße: schmale hohe Fenster und Türen, Torbögen als Ladeneingänge, phantasievoll geschwungene Eisengitter, der kontrastierende Wechsel zwischen dem Blau der Tore, Fenster und Läden, dem Grau und Weiß der Wände und dem Rot der Bougainvillea und Geranien.

Das hohe, gotisch empfundene, spitzbogige **Tor zum Kastron** (1. Hälfte 13. Jh.) ist Teil einer nicht mehr erhaltenen Toranlage, die bis in die Antike zurückreicht. Große antike Steinquader sind in der Mauer zu entdecken. Die runde Bogenöffnung über dem Spitzbogen stammt aus türkischer Zeit.

Den besten Gesamteindruck der riesigen Burganlage gewinnt man von der unbefestigten Landzunge mit Leuchtturm, die man innerhalb des Kastron über die erste Querstraße links durch die Mauerbresche erreicht. Drei gewaltige Rundbastionen sind wie die Quermauern reine Zweckbauten, nur durch typisch venezianische Zierwulste verschönert. Die Nordbastion ist wohl das beste Beispiel in Griechenland für die Kunst der Venezianer, die natürliche Bodenformation in die Mauern ihrer Festungen mit einzubeziehen. Von den venezianischen Wohnbauten im Innern des Kastrons ist heute nichts mehr erhalten. Sie wurden als Baumaterial abgetragen.

Rechts am Ende des Hauptweges gelangt man zur Umfassungsmauer des **Nonnenklosters Ájios Joánnes Pródromos.** Die Mauer, in die Spolien eingebaut sind, war Teil der byzantinischen Festung, die heute – außer an der Klosterpforte – unzugänglich ist. Die byzantinische Anlage, von außen durch Bruchsteinmauerwerk erkennbar, wurde von den Venezia-nern im Westen Mitte des 15. Jh. durch eine Außenbastion verstärkt. Links von der Klosterpforte sind die Grundrisse einer dreischiffigen **frühbyzantinischen Basilika** mit Pfeilerresten gut sichtbar. In mittelbyzantinischer Zeit wurde der linke Seitenteil des Altarraumes zu einer kleinen Kreuzkuppelkirche umgebaut. Der rechte Seitenteil des Altarraumes wurde von den Türken zu einer Moschee umgebaut. Der Stumpf des dazugehörigen Minaretts ist noch zu sehen.

□ Methóni (Μεθώνη)

Touristische Hinweise: Wegen seiner guten Sandstrände ist der Ort (ca. 1300 Einwohner) von griechischen Touristen im Hochsommer stark frequentiert. Einige Hotels, Camping, Privatunterkünfte. Mehrmals täglich Busse zum 16 km entfernten Pílos, wo Anschluß in Richtung Kalamáta und Pírgos–Patras besteht.

Der Vurtsi-Turm der Festung von Methóni

Methóni, das antike Pedasos, wird bei Homer als ›weinrebentragend‹ gerühmt. Von der antiken Stadt, die in byzantinischer Zeit Bischofssitz wurde, sind nur Mauerreste und antike Spolien in den späteren Befestigungsmauern erhalten. Der heutige Name erscheint wie Koróni als Stützpunkt für venezianische Schiffe im 12. Jh. Nach langer Belagerung gelang es den Venezianern, diesen wichtigsten Stützpunkt ihrer Ostroute für sich gegen die Franken zu sichern. Zusammen mit Koróni (s. S. 204 ff.) war Methóni eines der zwei ›Augen Venedigs‹. Die Venezianer setzten dort u. a. Kommandanten *(Castellani)* und Administratoren *(Consigliari)* ein. Der Reichtum beider Städte wuchs so an, daß sie 1291 2000 Pfund Gold jährlich an die Mutterstadt abführen mußten. Die Venezianer und die reichen Griechen, die *Citadini*, lebten in dem ausgedehnten Kastell, während die *Villani* das Umland bevölkerten. 1436 soll die Stadt 2000 Einwohner gezählt haben – über ein Drittel mehr als heute. Der Niedergang Methónis begann mit der türkischen Eroberung (1500). Von einem kurzen venezianischen Zwischenspiel 1686–1715 abgesehen, blieb die Stadt bis zur Befreiung durch französische Truppen 1828 türkisch. Die Bevölkerung wurde von den Franzosen aus dem Kastell in die Vorstadt, das heutige Methóni, umgesiedelt. Das rechtwinklig ausgerichtete Straßensystem der heutigen kleinen Stadt stammt vom Franzosen Adabert.

Methóni ist nicht so abwechslungsreich und romantisch wie Koróni. Charakteristisch sind auch hier die phantasievoll gestalteten Eisenbalkone, die betonten Rundbögen mit hervortretenden Trägern (Kämpfern) am Bogenansatz an den Toren und Fenstern im Erdgeschoß, die an Monemvasía erinnern. Herrenhäuser *(archontiká)* mit klassizistischen Stilelementen fehlen.

Rundgang durch die Festung

Eine **dreizehnbogige Brücke,** errichtet 1828 von französischen Ingenieuren, überspannt einen breiten Graben, der die Burganlage vollständig vom Umland abtrennt. Rechts von der Brücke liegt die Bembobastion (1480); links die gewaltige trapezförmige Loredanbastion (1714). Von einem runden Mauervorsprung grüßt das Relief des venezianischen Löwen (spätes 15. Jh.) den Festungsbesucher. Das mit Pilastern, korinthischen Kapitellen und einem abgetreppten Obergesims sorgfältig gestaltete **Eingangstor** (nach 1686) führt links durch einen langgestreckten **Zwinger** zwischen Innen- und Außenmauer. Ein mit Geschützstellungen bewehrtes Zwischentor teilt ihn in zwei Teile.

Rechtwinklig führt ein 6 m hohes **Rundbogentor** in den Innenhof der Burg. Sorgfältig behauene Muschelkalkquader betonen Bogen und senkrechte Mauerkanten des Tores. Die ins Auge fallende Granitsäule im Innern mit einem schlichten byzantinischen Volutenkapitell (›Morosinisäule‹, 1493/4) aus Muschelkalk trug einst den Markuslöwen. Die heute nicht mehr lesbare Inschrift am Kapitell wurde von Reisenden in mehreren Lesarten überliefert und hatte wohl das Gedächtnis des venezianischen ›Rektors‹ Francesco Bembo zum Inhalt. Vor der Säule liegt die Inschriftenplatte des Erbauers der Loredanbastion. Architektonisch bemerkenswert ist das der Morosinisäule gegenüberliegende **Tor durch die venezianische**

Zwischenmauer (13. Jh.) mit gotisch empfundenen, sorgfältig verblendeten Spitzbogen.

An der **Bembobastion** (1480), zu der man durch die jetzige Zwischenmauer gelangt, haben Türken und Venezianer weitergebaut, um den Nordteil des Kastells besser zu schützen. Auffällig sind die große Zisterne und die langgestreckten Magazine.

Der **südliche Teil der Burg** umschloß eine ganze, bis zum Beginn des 19. Jh. bewohnte Stadt. Die Kellergewölbe und das rechtwinklige Straßensystem sind noch gut erkennbar. Die meist aus Holz erbauten Häuser der aus Handwerkern und Händlern zusammengesetzten Bevölkerung sind verschwunden. Erhalten haben sich die Kuppeln eines **türkischen Bades** und zwei Kirchen mit schlichten Holzdecken und Ikonen im gefühlvoll-romantischen Stil des 19. Jh. In ihnen wird auch heute noch Liturgie gefeiert.

Die zu verschiedenen Zeiten aufgeführten **Türme der Ost- und Südmauer** sind in beträchtlicher Höhe erhalten. Die Türme aus venezianischer Zeit erkennt man an den sorgfältig ausgeführten Ecksteinen und den teilweise noch sichtbaren horizontalen Zierwulsten. Das am besten erhaltene, von den italienischen Besatzern im Zweiten Weltkrieg 1942 restaurierte **Südtor,** flankiert von zwei mächtigen, zinnengekrönten Türmen, ist ein schönes Dokument der venezianischen Festungsbaukunst, die militärische Zweckbaute zu einem ästhetisch anspruchsvollen Ensemble zu verbinden wußte. Daneben ein aus venezianischen Bauteilen erbauter türkischer Turm mit pseudovenezianischen Spitzbogen, der, ungeeignet zur Verteidigung, wohl nur ästhetisch motiviert ist.

Das Südtor war einst durch eine in Resten erhaltene Brücke mit dem oktogonalen, zweistöckigen Vorturm, **Vurtsi** (nach 1500, s. Farbabb. 21), verbunden – dem Wahrzeichen von Methóni. Er erinnert an Yedikule in Istanbul und ist im Stil türkisch. Auf frühbyzantinische Zeit dürfte ein **quadratischer Turm** mit auffallend sorgfältigem quadratischem Mauerwerk zurückgehen. Die **Westmauer** ist mit fünf quadratischen Türmen einfach gestaltet und gehört der frühesten Zeit der venezianischen Herrschaft an. Die Breschen gehen auf Wettereinflüsse und Ereignisse des Zweiten Weltkrieges zurück.

Pílos (Πύλος) und Umgebung

Touristische Hinweise: Die schmale Straße von Methóni nach Korifási ist wegen ihrer Küstennähe entlang der Bucht von Navaríno die landschaftlich reizvollste Strecke. Der nur 2100 Einwohner zählende Ort Pílos entwickelt sich immer mehr zu einem touristischen Zentrum (mehrere Hotels, Ferienwohnungen und Privatzimmer im Ort und an der Bucht von Navaríno). Mehrmals täglich Busse direkt nach Patras, Athen, Kalamáta, Methóni (Abfahrt am Hauptplatz). Gute Badegelegenheit erst an der Bucht von Navaríno.

In Pílos

☐ Pílos

Die Besiedlung des Fleckens geht auf den Bau der Burg Neókastro nach 1573 zurück (das ›Neue Kastron‹ im Gegensatz zum ›Alten Kastron‹ beim antiken Koryphasion, s. S. 212). Erst französische Ingenieure legten die Siedlung planmäßig an und nannten sie nach dem mykenischen Palast des Nestor (s. S. 212 ff.) Pílos. Zentrum ist die Platía, der ›Platz der drei Admirale‹, mit einer riesigen Eiche und Blick auf den wenig belebten Hafen. An der Platía ist das streng klassizistische, unbewohnte **Haus des Olympiasiegers Tsiklitíras** neben dem Rathaus (Dimarchío) beachtenswert.

Folgt man der Straße nach Methóni aufwärts, stößt man zuerst auf das Museum (rechts von der Straße, s. S. 217 f.) und dann auf der Anhöhe auf das **Neókastro** (Hinweisschilder, geöffnet 8.30–15 Uhr außer montags). Es wurde von den Türken zwei Jahre nach ihrer – folgenlosen – Niederlage bei Lepanto 1573 zum Schutz der Südwestflanke der Peloponnes erbaut. Die am besten erhaltene und restaurierte Festung Griechenlands umfaßt 75 000 qm. Bis zu 3 m dicke Kalkstein- und Porosmauern umschließen einen Hügel mit einer sechseckigen Akropolis und reichen bis zum Steilabfall an der Küste. Zwei rechteckige Bastionen an der Küste mit Geschützständen und Rampen bewachten zusätzlich diesen strategisch besonders wichtigen Punkt. Die Mauern sind im Innern – auch aus Materialersparnis – von Arkaden unterbrochen, über denen der Wehrgang ringsum verläuft. Ein Zierwulst, wie er auch für venezianische Festungen typisch ist, markiert unterhalb der Zinnen und Schießstände die Außenmauer und die Akropolis. Diese diente bis 1936 als Gefängnis; heute beherbergt sie das Forschungszentrum für Unterwasserarchäologie.

Die große schmucklose Kaserne links vom Eingang der Burg wurde erst 1828 von den Franzosen gebaut. Sie soll in Zukunft u. a. das archäologische Museum aufnehmen. Rechts des Weges wurden bisher unveröffentlichte Grabungen zur Burgbesiedlung im Mittelalter und der frühen Neuzeit vorgenommen.

In der Mitte des unbebauten, heute parkartig angelegten Festungsareals steht eine kurz nach 1573 errichtete Moschee, die von den Venezianern 1686 in die **Kirche der Verklärung Christi** (Metamórphosis) umgewandelt wurde. Der kuppelüberwölbte Zentralraum wurde durch vier Pfeiler in drei Schiffe unterteilt. Das Minarett ist in ziemlicher Höhe erhalten. Eindrucksvoll sind die rechts an der Straße nach Methóni gelegenen sog. **Kamáres** (Bögen), Reste eines Aquäduktes aus türkischer Zeit. Bei der Errichtung des neuen Friedhofes wurden Teile der Anlage zerstört. Nahe bei der Akropolis wurde das Wasser unterirdisch geführt.

Das **Archäologische Museum** (geöffnet 8.30–15 Uhr außer montags) soll in das Neókastro überführt werden. Es zeigt vor allem Funde aus mykenischer und Grabfunde aus hellenistischer Zeit (4.–1. Jh.). Besonders bemerkenswert sind in Saal I: Halsband aus dünn gehämmerten Goldstreifen mit eingestichelten stilisierten Blumen; außerwöhnlich hohe (ung. 30 cm) Büchse (Pyxis; klassisch-geometrisch 8. Jh. v. Chr.), rote, mit phantasievollem Blumenschmuck bemalte spätmykenische flache Schale; sorgfältig geschnittene Steinsiegel mit Tieren und Fabelwesen. Saal II (hellenistische Grabfunde): verschiedenfarbige dünnwandige, elegante Glasbecher.

☐ Die Bucht von Navaríno

Der Badeort **Jálova** eignet sich gut als Ausgangspunkt für die Erkundung der Bucht von Navaríno (mehrmals täglich Busse der Strecke Kiparissía–Pílos). Die nahegelegene mondförmige, von Dünen geschützte Voidikíliabucht besitzt nur eine schmale Öffnung zum Meer und ist herrlich zum Baden geeignet (1 km nördlich von Jálova bei einer kleinen Kirche links auf eine sehr schlechte, unbefestigte Straße abbiegen, dann auf einer Brücke rechts und 4 km westlich zur Bucht).

Die Gegend um die Bucht von Navaríno war bis zum Einfall der Avaren im 7. Jh. n. Chr. besiedelt. Die Byzantiner nannten sie ›den Avaren gehörend‹ *(ton Avarínon)*. Daher rührt der Name Navaríno. Beginnt man die Erkundung von der Südspitze der Halbinsel Koryphasion, so stößt man bei der Meerenge von Sikia auf hellenistische Mauerringe und Hausreste aus römischer Zeit. Sie stammen von der **antiken Stadt Koryphasion** – auch Pylos genannt. Ein landschaftlich reizvoller Nord-Süd-Fußpfad (in der Antike gepflastert) führt vorbei an einem römischen Brunnen am Rande der steil abfallenden Felsen zur **Voidikíliabucht.** Die Grabungsfunde der 60er Jahre (Befestigungen, Hausreste) an dieser Stelle sind wieder vom Sand verschüttet. Die teilweise im Museum von Pílos ausgestellten Funde gehen nicht vor das 5. Jh. v. Chr. zurück.

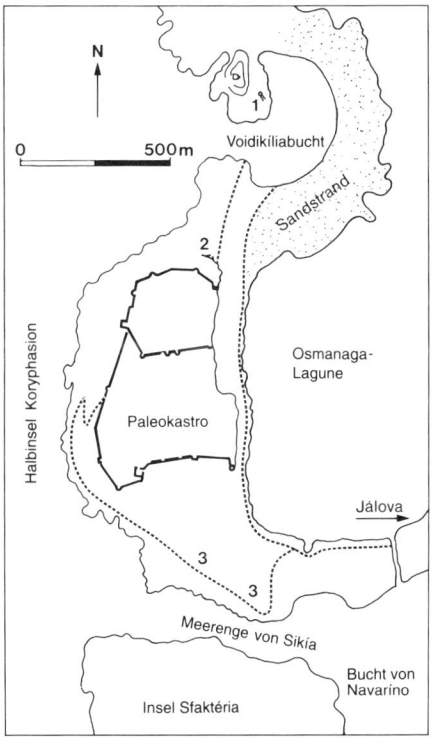

Bereits von der Bucht aus ist der durchbrochene Zaun um das in der Antike als Heroengrab verehrte sog. **Grab des Thrasymedes** aus mykenischer Zeit zu sehen (1,5 qm Grundfläche). Die Kuppel des Tholosgrabes ist eingebrochen. Spuren eines Rinderopfers auf einem Altar und

Die Bucht von Navaríno
1 Grab des Thrasymedes 2 Nestorhöhle
3 Reste von Koryphasion (Pylos)

steinerne Pfeilspitzen nahe beieinander wurden hier gefunden. Vielleicht sollten damit böse Geister vertrieben werden.

Blickt man von der Bucht nach Süden auf den Nordabhang von Koryphasion, ist deutlich die Öffnung der sog. **Nestorhöhle** (44 m lang, 20 m breit, 30 m hoch) zu erkennen. Der Pfad von der Bucht aus ist steil und nur mit festen Schuhen zu empfehlen. Von oben durch eine Öffnung beleuchtet, macht das riesige Gewölbe, von dem Stalaktiten herabhängen, den Eindruck eines mittelalterlichen Domes. Schliemann entdeckte hier 1874 mykenische Scherben. Später wurden Funde bis zum Neolithikum gemacht (etwa die Steinkeile im Museum von Pílos). Wie der römische Griechenlandreisende Pausanias im 2. Jh. n. Chr. berichtet, lag hier der Stall der Rinder des Nestor.

Der steile Fußpfad führt weiter nach oben zur ung. 50 000 qm großen Frankenburg **Paleokastro (Paleonavaríno)**, die durch eine deutlich erkennbare Quermauer geteilt wird. Von den gut erhaltenen Zinnen hat man einen herrlichen Blick auf die Voidikília- und die Navarínobucht. Eine Begehung der unzureichend untersuchten venezianischen und türkischen Gebäudereste ist mit großer Vorsicht vorzunehmen, da Einsturzgefahr besteht und kein gekennzeichneter Rundpfad existiert. Auf den heute nicht mehr sichtbaren antiken Resten der Akropolis von Koryphasion-Pylos errichtete der Franke Nicolas de St. Omer 1278 die Burg. Sie blieb in den Händen verschiedener fränkischer Herren, bis sie 1500 von den Türken erobert wurde. Von den Zweckbauten der Festung sind keine nennenswerten Reste erhalten. Die Burganlage wirkt durch ihre Monumentalität und Lage.

☐ Der Nestorpalast bei Chóra (Χώρα)

Touristische Hinweise: Der Nestorpalast liegt an der Hauptstraße von Pílos (17 km) nach Kiparissía. Mehrmals täglich Busse von Pílos (zentrale Busstation). Auch die Überlandbusse von beiden Richtungen halten in Chóra und – wenn gewünscht – am Ausgrabungsgebiet. Das Dorf Chóra, wo sich das Museum befindet, liegt ca. 3 km vom Ausgrabungsgebiet entfernt. Übernachtungsmöglichkeiten in kleinen Hotels, außerdem gibt es Tavernen.

Der Streit um die Lokalisierung des Palastes des weisen Nestor, der wohlbehalten von Troia heimkehrte, geht bis auf den Geographen Strabon (1. Jh. v. Chr.) zurück. Strabon plädierte für Kakovátos in Triphylien (Elis), ihm folgten u. a. Dörpfeld und Marinatos. Der an sich unfruchtbare Streit berührt die Frage, inwieweit man dem von Homer überlieferten Mythos historischen Glauben schenken soll. Der Archäologe C. W. Blegen, der seit 1939 den wichtigsten Beitrag zur Erforschung geleistet hat, faßt die Skepsis gegenüber den Mythen zusammen: »Wenn es jemals einen Nestor gegeben hat, dann war es gewiß, daß er hier wohnte, im Palast von Englianos, das im 13. Jh. seine Blütezeit erlebte.«

Die flache Anhöhe inmitten einer fruchtbaren Landschaft mit Meeresblick war bereits in mittelhelladischer Zeit besiedelt. Spuren einer später eingeebneten Befestigung sind vorhanden. Um 1300 v. Chr. wurde der heute sichtbare Palast gebaut, der eine ältere Baustufe mit einschließt. Um 1200 v. Chr. wurde der unbefestigte Palast durch Brand zerstört. Die königliche Familie wurde in Kuppelgräbern bestattet, die man heute noch sehen kann. Das einfache Volk wohnte in einer Streusiedlung unterhalb des Palastes. Die Grabungen förderten ungewöhnlich viele Gebrauchsgegenstände zutage. Über tausend durch Brand konservierte Tontäfelchen wurden gefunden. Neben den wirtschaftlichen und verwaltungstechnischen Aspekten geben sie Aufschluß über den weiten politischen Einzugsbereich von Pílos bis Methóni (rund 200 Ortsnamen) mit einer Mindestzahl von 50 000 Untertanen. Im Palastkomplex wohnten mindestens 2500 Personen.

Der Nestorpalast: mykenische Hochkultur ohne Kyklopenmauern

Die Palastkultur Kretas entfaltete sich in politischer Sicherheit. Keine Mauern waren notwendig, denn bis zum Einbruch der Seevölker bot das Meer rings um die Insel genügend Schutz. Anders die Paläste von Mykene und Tiryns: Hier dienten Kyklopenmauern, Mauern aus riesigen Quadern, dazu, sich vor inneren und äußeren Feinden zu schützen und dabei politische Macht zu demonstrieren. Die im Norden der Peloponnes gelegenen Herrschaften waren stärker von den nach Süden drängenden griechischen Achaiern und Dorern bedroht als der Nestorpalast im Süden. Auch scheinen innenpolitische und soziale Spannungen in den mykenischen Machtzentren im Norden heftiger gewesen zu sein.

So konnte sich im Süden Palastbaukunst ohne Kyklopenmauern zum künstlerisch durchdachten, monumentalen Ausdruck von Macht entfalten und die Palastarchitektur zu einem raffiniert angeordneten System von Höfen steigern, mit dem dominierenden Megaron, dem Sitz des Herrschers. Dieser übte auch religiöse Funktionen aus, ohne jedoch Gottkönig zu sein. Das von Kreta übernommene architektonische und malerische Raffinement des Inneren mykenischer Paläste kann in keinem Palast so gut nachempfunden werden wie im Nestorpalast, da die Malerei- und Architekturfragmente nirgends eine so eingehende Rekonstruktion zulassen wie hier. Piet de Jong, Mitarbeiter des Grabungsleiters C. W. Blegen, hat sie einfühlsam ausgeführt. Einige Rekonstruktionszeichnungen sind im Museum zu sehen.

Rundgang

Das Eingangstor zum Palast (**Propylon**) ruhte auf einer einzigen kannelierten Holzsäule. Links vom Propylon liegen zwei kleine Räume, in denen die meisten der oben erwähnten Tontäfelchen gefunden wurden. Hier war sozusagen das ›Palaststeueramt‹ untergebracht. Das Propylon öffnet sich zum zweistöckigen **inneren Palasthof,** der von Piet de Jong farbig

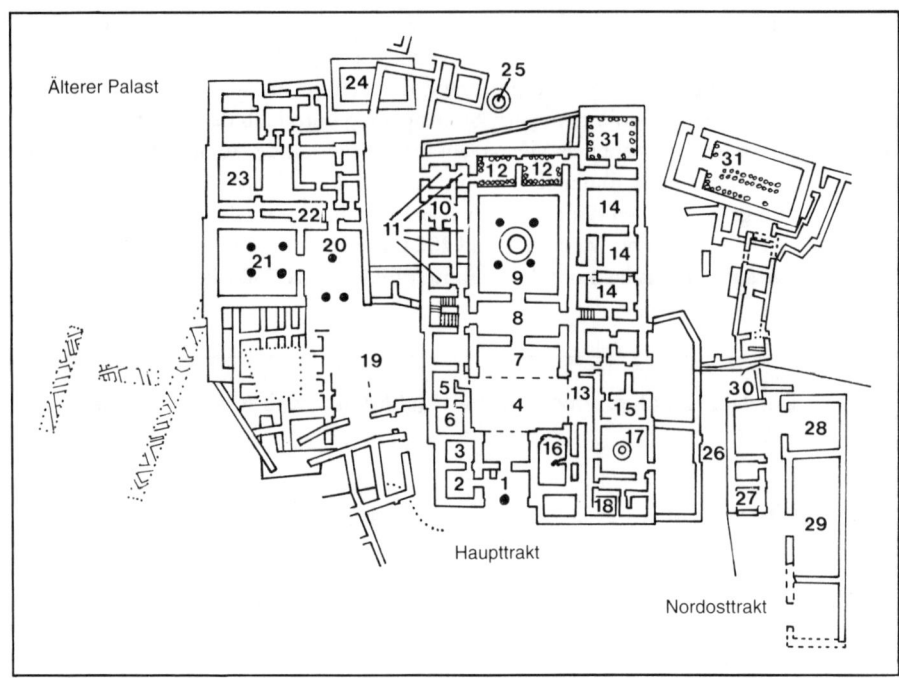

Nestorpalast *1 Eingangstor (Propylon) 2/3 Palaststeueramt 4 innerer Palasthof 5 Warteraum 6 Erfrischungsraum 7 Vorhalle (Portico) 8 Prodomos 9 Megaron 10 Korridor 11 Speisekammern 12 Öllager 13 Vorraum zu den königlichen Privaträumen 14 königlicher Privathof mit Vorratsräumen 15 Baderaum 16 Palastgarde 17 Gemach der Königin 18 Toilette 19 Hof zum älteren Palast 20 Eingangshalle des älteren Palastes 21 Megaron des älteren Palastes 22 Korridor mit Treppe 23 kleine Speisekammer 24 Weinkeller 25 Wachtturm 26 Rampe zum Nordosttrakt 27 Heiligtum 28 Vorratsraum 29 Werkstatt 30 Wasserreservoir 31 Weinlager*

rekonstruiert werden konnte. Auf der linken Seite des Hofes lag ein **Warteraum** mit Bänken, verziert mit bemaltem Stuck. Der folgende Raum wurde als **Erfrischungsraum** für wartende Gäste identifiziert. Hunderte von jetzt zerbrochenen Weinbechern und anderes Gebrauchsgeschirr waren auf hölzernen Borden aufgereiht.

An den inneren Palasthof schließt sich eine **Vorhalle** (Portico) an. Sie war mit Holzpaneelen getäfelt und wurde von zwei

Säulen getragen, deren Basen noch erhalten sind. Der stuckierte Boden war bemalt. Im nun folgenden **Prodomos** belebten Fresken die Wände.

Der Besucher war nun durch all diese erlesene Pracht eingestimmt, den Thronsaal, das **Megaron**, zu betreten. Die Rekonstruktion von de Jong gibt besser als jede Beschreibung eine Vorstellung von der vornehmen Eleganz dieses Herzstücks des Palastes. Das zentrale Herdrund für das

214

heilige Feuer aus Lehm erhebt sich, heute noch sichtbar, ung. 20 cm über dem Boden. Rote Zungensymbole belebten den Außenrand. Vier symmetrisch angeordnete, nach unten zulaufende kannelierte Holzsäulen trugen eine Licht- und Rauchöffnung, die von einem umlaufenden Balkon umgeben war. Ein Thron aus Holz und Elfenbein und ein mit Stuck verkleideter Opfertisch bildeten den Mittelpunkt des Raumes. Ein flaches, im Boden eingelassenes Becken in Thronnähe deutet darauf hin, daß der König von seinem Thron aus Trankopfer spendete. Die geometrische Ornamentik der Fußbodenquadrate ist in de Jongs Rekonstruktion gut sichtbar. Fresken bedeckten die Wände, darunter eine Leierspielerin mit einer fliegenden Taube.

Links, im Südwesten des Megaron, durch einen schmalen, unterteilten **Korridor** getrennt, lagen fünf **Speisekammern,** in denen insgesamt 6000 Gebrauchsgegenstände gefunden wurden. In den zwei Räumen direkt hinter dem Megaron entdeckte man Öl in 33 Gefäßen (Pithoi). Die im Lehm haftenden Böden der Krüge sind an Ort und Stelle sichtbar. Viele Räume waren schon leer und unbenutzt, als das Feuer den Palast zerstörte. Im Vorraum zum königlichen Privathof liegen zerbrochene Ölgefäße, die vom Obergeschoß herabgefallen sind.

Das Megaron des Nestorpalastes, Rekonstruktion von Piet de Jong

Durch den Vorraum südostwärts gelangt man in den am besten erhaltenen **Baderaum** aus mykenischer Zeit. Die erhaltene Badewanne aus Terrakotta, am oberen Rand mit Spiralmustern verziert, verjüngt sich in der Mitte. Eine Stufe erleichterte das Einsteigen. Zwei große 1,20 m hohe Wassergefäße enthielten das Badewasser. Der Badende wurde vom Diener mit Wasser aus flachen Schalen übergossen, von denen neun gefunden wurden.

Über den Vorraum zu dem königlichen Privathof gelangt man zurück zum Seitentrakt des Vorhofes. Dort lag der Zugang zu den Quartieren der Palastgarde rechts vom Propylon. Interessanter ist ein ziemlich großer, stark zerstörter Raum mit einem ebenfalls sichtbaren, mit symbolischen Flammen dekorierten Herd. Er wurde als **Gemach der Königin** identifiziert. Greife und Löwen waren an der Wand abgebildet. Auch weitere, das Gemach der Königin umgebende Räume, teilweise mit figürlichem Fußbodendekor, standen mit dem Alltag der Königin in Zusammenhang. Ein Raum mit Abfluß wird als **Toilette** gedeutet. 17 dort gefundene Bügelkannen enthielten das Spülwasser.

Der stark zerstörte **Gebäudekomplex im Südwesten,** der lange Zeit als Steinbruch diente, ist der ältere Teil des Palastes. Durch einen breiten Hof gelangte man zu einer aus Quadersteinen erbauten Eingangshalle. Sie schmückte ein sehr lebendiges Fresko mit lebensgroßen Hunden, das erhalten ist (Nationalmuseum Athen). Eine Säule stand in der Mitte. Diese Eingangshalle öffnete sich in das Megaron des älteren Palastes. Vier Säulenbasen sind vorhanden, evtl. gab es zwei weitere. Man vermutet zwei Seitenbalkone. Herd und Thron sind verschwunden.

Über einen schmalen Korridor mit Treppe gelangt man zur kleinen Speisekammer. 300 Gefäße, meist Kochtöpfe, zwei runde Pfannen, Kohlebecken und große, zweihenkelige Vorratskrüge wurden hier gefunden. Von den übrigen Räumen des Südwesttraktes verdient vor allem der etwas abseits liegende große Raum Beachtung. Große, in den Boden eingelassene Vorratsgefäße deuten darauf hin, daß es sich um einen Weinkeller handelte. Nahebei stand wahrscheinlich ein Wachtturm.

Von den Räumen des **Nordosttraktes,** der durch eine breite, stukkierte Rampe betreten wurde, ist vor allem der kleine quadratische Raum interessant. Es war wohl ein Heiligtum (mit Kultbild?); denn vor dem Eingang liegt ein rechteckiger, mit Gipsornamenten gezierter Steinblock. Auf einem der zu Hunderten gefundenen Tontäfelchen steht der Name der Göttin Potnia Hippeia, in der späteren griechischen Götterhierarchie vielleicht mit Athena gleichzusetzen. Der viereckige, ziemlich große quadratische Raum am Rande des nordöstlichen Komplexes wird als Vorratsraum für Rohmaterial gedeutet, denn dort wurden große und kleine Vorratsgefäße, Bronzestückchen und Siegelabdrücke in Ton gefunden. Der anschließende große Raum diente als Werkstatt, denn viele der rund 100 gefundenen Tontäfelchen sprechen von Reparaturen an Leder oder Metall und von Wagenteilen. Holzröhren brachten von einer rund 1 km entfernten Quelle das Wasser über Kanäle im Boden des Palastes zu einem Wasserreservoir. Ein zweiter, jüngerer und viel größerer Weinkeller als der

Mykenisches Kuppel-grab nahe dem Nestorpalast

Weinkeller beim Wachtturm war das nörd-lichste Gebäude. Die Reste von 35 Weinge-fäßen sind noch heute im Boden sichtbar, aus rund 60 Siegeln lesen einige Forscher Weingütezeichen heraus.

In nordöstlicher Richtung auf einem alten Weg ung. 100 m weitergehend, durch-quert man auf den Stufen eines alten Tor-weges einen älteren Mauerring. 90 m wei-ter stößt man auf ein **Kuppelgrab** mit 9,35 m Durchmesser, dessen Kuppel 1957 restauriert wurde. Obwohl das Grab bereits in der Antike geplündert wurde, fand man ein königliches Siegel mit Grei-fen, Ringe, Edelsteine, Anhänger, Bronze-speere usw. Zwei weitere, weniger gut erhaltene Kuppelgräber wurden in der ent-fernteren Umgebung gefunden. Die Kam-mergräber des gemeinen Volkes liegen ung. 500 m westlich unterhalb des Palastes.

☐ Das Museum in Chóra

Das Museum illustriert fast ausschließlich die mykenische Zeit. Es befindet sich am obe-ren Ortsausgang von Chóra links an der Straße nach Kalamáta (mehrere Hinweisschil-der). Geöffnet 8.30–15 Uhr, montags geschlossen. Kein Katalog. Unzureichende Beschriftung.

Saal I: u. a. mykenische Gefäßformen (Saug-fläschchen, Bügelkannen, Schnabelkannen, Becher, Schalen). Besonders beachtenswert in Vitrine quer rechts: ein sog. **Kernos,** aus drei amphorenartigen Gefäßen zusammengesetzt, mit Bügel wohl zum kultischen Gebrauch, und ein als **Entenkörper** geformtes, ung. 5 cm langes, linear verziertes Gefäß (Öl-lampe?). Linke Wand unter Glas: dreibeiniger Kantharos, ein Trinkgefäß, am Halsansatz mit Stierköpfen. In den Vitrinen links vom Ein-gang: bemalte Figurinen in der Gestalt des griechischen Phi und Psi. Mittelvitrine (dem Eingang gegenüber): **mykenische Gold-funde** vom Kuppelgrab 3 von Peristería. Die eleganten Formen der zwei Becher und der

Schale mit Henkel erinnern an die in Vafió (s. Abb. S. 234) gefundenen Becher im Nationalmuseum von Athen, doch ist hier die Goldtreibarbeit nicht figürlich, sondern mit Spiralen, Ringen und Haken konzipiert. Darunter ein feinst ziselierter Goldring, Perlen und eine Fülle von Goldapplikationen an Gewändern. *Saal II:* Freskofragmente (Rekonstruktionen von Piet de Jong beigegeben). Gebrauchsgefäße aus Magazinen und Küchenräumen. Rückseite des Saales: von V. Ventris 1952 entzifferte Tontäfelchen in der sog. Linear-B-Schrift – eine Art Wirtschaftsarchiv des Palastes. Ein kreisrunder, steinerner Opfertisch.

Saal III: Freistehend gegenüber dem Eingang: ein wuchtiges, sehr frühes Wassergefäß (Hydria, frühhelladisch, 1. Hälfte 2. Jt. v. Chr.). Neben unbemalten Gebrauchsgefäßen beachtenswert die bemalten Gefäße in der Vitrine quer rechts vom Eingang, darunter ein **Rhyton** – ein spitz zulaufendes Kult- und Trinkgefäß mit stilisierten Palmen. Waffen und Schmuck, besonders die Goldtreibarbeit der **Nachbildung eines Helmes** (Vitrine rechte Wand). Links vom Eingang: **Amphora** im reichen, aufwendigen Palaststil an der rechten Wand mit stilisierten Pflanzen (14. Jh.).

Von Pílos auf der Küstenstraße nach Kiparissía

Von Chóra windet sich die Straße zur Küste hinab durch die von Ölbäumen und Kiefern begrünte Mittelgebirgslandschaft. Ab Lagkovárdos verläuft die Straße nur wenige Kilometer parallel zur Meeresküste. Bis Kiparissía führen viele kleine Stichstraßen zu stillen Badebuchten mit herrlichem Sandstrand.

☐ Die Basilika bei Filiatrá (Φιλιατρά)

2,5 km südlich von Filiatrá in Richtung Ajía Kiriakí wurden 1959 Reste einer fünfschiffigen Basilika mit quadratischem Grundriß (20 x 20 m) aus dem 6. Jh. entdeckt. Die Apsis ist gut erkennbar, außerdem Reste gut ausgearbeiteter Steinplastik (Blumen, Kreuze). In dem ausgedehnten, einst reichen Städtchen Filiatrá (heute ca. 5000 Einwohner) rostet eine knapp 10 m hohe Replik des Eiffelturms vor sich hin. Rund um den Ort sehr gute, malerische Sandbuchten.

☐ Christianú (Χριστιαού)

12 km von Filiatrá entfernt liegt das Dorf Christianú (360 Einwohner) malerisch am Rande des Egáleogebirges (wenige Buslinien von Kiparissía).

Bis 1833 war der kleine Ort Sitz eines Erzbistums, das bereits 1083 von den Byzantinern eingerichtet wurde. Um 1070 wurde mit großem Aufwand die Metamórphosiskirche (Verklärungskirche) mit anschließendem Bischofspalast errichtet. Der sich an die Vorhalle (Narthex) anschließende Bischofspalast mit tonnengewölbten Räumen liegt heute noch in Ruinen. Die 1886 durch Erdbeben zerstörte Kirche wurde 1937 sorgfältig restauriert. Nach der Kirche des hl. Lukas in Phokis (Mittelgriechenland) ist die Metamórphosiskirche die früheste Kirche in Griechenland, die das System der Achtstützen-

Die Metamórphosiskirche von Christianú

kreuzkuppelkirche ausformt. Dabei ruht die 16fenstrige Kuppel (fast 8 m Durchmesser) sowohl auf den Tonnen der Kreuzarme wie auf sphärischen, in die Mauer eingefügten Dreiecken, sog. Trompen. Diese Trompen führen den quadratischen Raum in die Rundung des kuppeltragenden 16eckigen Tambours über. Sie fanden schon früher reichliche Anwendung in der östlichen Kirchenarchitektur. Hochgezogene Gurtbögen unter den Trompen gliedern die Raumecken. So entsteht ein freier, von oben lichtdurchfluteter Zentralraum, der durch die Gliederung des Fenstersystems in drei Stockwerke zur Höhe emporstrebt. Einen beabsichtigten Kontrast zu dem lichten Innenraum schafft das komplizierte System von Bogenstellungen und von außen nicht sichtbaren Blindkuppeln, die eine Art von ›innerer Vorhalle‹ (Exonarthex) bilden. Auch die Seitenaltarräume, Prothesis und Diakonikon, sowie der Narthex sind blind überkuppelt. Die Außenmauern sind sehr sorgfältig und mit den bekannten byzantinischen Schmuckelementen (Kästelmauerwerk, Sägezahnbänder etc.) ausgeführt.

Von der Malerei im Innern sind nur Spuren erhalten. Reste der byzantinischen Steinschneidekunst waren so bedeutend, daß die Chorschranke (Templon, nicht sichtbar) mit geometrischen und pflanzlichen Mustern in sorgfältiger Bohrtechnik rekonstruiert werden konnte. Der wichtige Bau hat die spätere Kirchenbaukunst stark beeinflußt (Ajía Sophía in Monemvasía, Ájii Theódori in Mistra).

☐ Kiparissía (Κυπαρισσία)

Obwohl die Badestrände nahe Kiparissía nicht besonders einladend sind, hat sich die rund 4000 Einwohner zählende Hauptstadt des Verwaltungsbezirkes Trifília zu einem Badeort, vor allem für Camping, entwickelt (einige Hotels, häufig Fernbusse von Pírgos in Richtung Pílos und Kalamáta. Zug nach Pírgos und Kalamáta).

Einzige Spur des ehemaligen Haupthafens des antiken Messene sind die mächtigen Spolien, die zum Bau der **fränkischen Burg** verwendet wurden. Ihre Ruinen beherrschen das Stadtbild; der Blick vom Burgberg ist beeindruckend. Wie alte Karten zeigen, war der Grundriß der Burg ursprünglich ein Quadrat, durch das sich eine Quermauer zog. Man betritt die Festung auf einer langen Rampe von Südosten. Die Mauern im Süden der Rampe stammen aus türkischer Zeit. In die Basis des südlichen Eckturms wurden besonders viele antike Spolien verbaut. Beherrschend in der Mitte des Areals stehen noch ziemlich hoch aufragend die Mauern eines fast quadratischen Turmes, der wahrscheinlich auf byzantinische Zeit zurückgeht. Auch hier sind antike Blöcke in waagrechten Lagen (isodom) verbaut.

☐ Peristería (Περιστερία)

Auf dem strategisch wichtigen Hügel Peristería, nahe bei Kiparissía, liegen dicht beieinander drei Tholosgräber (3 km auf der stark befahrenen Hauptstraße Richtung Patras; dann rechts abbiegen auf einer Nebenstraße durch das Dorf Ráches hindurch zur 6 km entfernten Grabungsstätte; beschildert). Die zwei kleineren Kuppelgräber sind mit einer später gebauten Rundmauer umgeben. Der Ring umschloß wie die Gräberrunde in Mykene einen Bezirk des Totenkultes. Die Goldfunde des größeren Grabes, darunter zwei Goldbecher, sind im Museum von Chóra (s. S. 217 f.) zu sehen. Am Eingang des größten Grabes, rund 70 m nördlich, sind links unter Glas (Fernglas empfehlenswert) zwei Steinmetzzeichen, eine Doppelaxt und ein Zweig, zu sehen. Im Gelände sind Gebäudefundamente zu entdecken, die in der Grundschicht auf mykenische Zeit zurückgehen und von den Römern überbaut wurden.

☐ Muriatáda (Μουρειατάδα)

Reste einer weiteren mykenischen Siedlung befinden sich nahe dem ca. 6 km entfernten Dorf Muriatáda (durch das Dorf fahren, nach ca. 2 km auf einen freien Platz mit einer verfallenen Hütte und Autowracks links von der Straße achten. Von hier aus ist das Grabungsgebiet zu durchstreifen). Im dichten Wald des Hügels Ellinikó sind von den in den Grabungsberichten beschriebenen Kyklopenmauern und den Grundrissen eines Megaron (Herrenhaus) sowie einigen Lagerhallen nur noch einzelne Steine zu sehen. Auf dem Rückweg zur Straße erblickt man 200 m nordöstlich auf einem benachbarten Hügel ein-

Bäuerin aus der Gegend von Kiparissía

zelne große weiße Steine in der Macchia. Dort befindet sich ein vollständig verwachsenes spätmykenisches Kuppelgrab (4,6 m Durchmesser, 6 m Höhe) mit Zugang. Die Kuppel ist eingestürzt. Auf der Fahrt herrliche Sicht auf die Bucht von Kiparissía und die Óri Kiparissías.

☐ Málthi (Μάλθη)

Rund 20 km von Kiparissía entfernt zweigt vor dem Dorf Vasilikó rechts eine ungeteerte Straße nach Málthi ab (keine Busverbindung). Bald sind links in den tieferliegenden Feldern zwei spätmykenische Kuppelgräber zu sehen; eines davon stark überwuchert und schwer auszumachen. Links der Teerstraße steigt man weglos steil empor zu einem befestigten Areal von 80 x 145 m (Wegweiser). Die schöne Aussicht über die messenische Ebene und auf den Berg Ithómi belohnt die Mühe. Das Areal wurde kontinuierlich seit dem 3. Jt. v. Chr. bis in spätmykenische Zeit bewohnt. Der Herrensitz gehörte zur Herrschaft Pylos. An der Stadtmauer sind rechteckige Häuser erkennbar, deren Dichte im Laufe der Zeit immer mehr zunahm. Am höchsten Punkt dürfte der Palast gelegen haben.

Die reichen Funde von Málthi, Peristería und Muriatáda – darunter auch Goldschmuck und Goldgefäße mit hervorragender Treibarbeit – werden künftig im Museum von Kalamáta ausgestellt, soweit sie nicht im Museum von Chóra ihren Platz gefunden haben.

Lakonien: Rivalin des klassischen Athen, Zentrum von Spätbyzanz

Der Nomós Lakonía

Mittelpunkt der antiken Lakonike (Lakedaimon) war der kriegerische Stadtstaat Sparta in der Eurotasebene, der einzigen großen fruchtbaren Ebene der Region. Nahezu die Hälfte der Region ist vom Hochgebirge des Taygetos bedeckt, mit dem Profítis Ilíasberg (2404 m) als höchster Erhebung. Die Südwinde bringen viel Regen, aber während der Sommermonate auch drückende Hitze im Eurotaskessel; im Winter schneit es nicht selten. Schöne Badestrände gibt es nur bei Monemvasía und östlich von Molái, wo aber keine touristische Infrastruktur vorhanden ist. Die Mani, die jetzt nur noch zum Teil zum Distrikt gehört, und der südliche Párnon sind ausgesprochene Entwicklungsregionen.

Lakonien

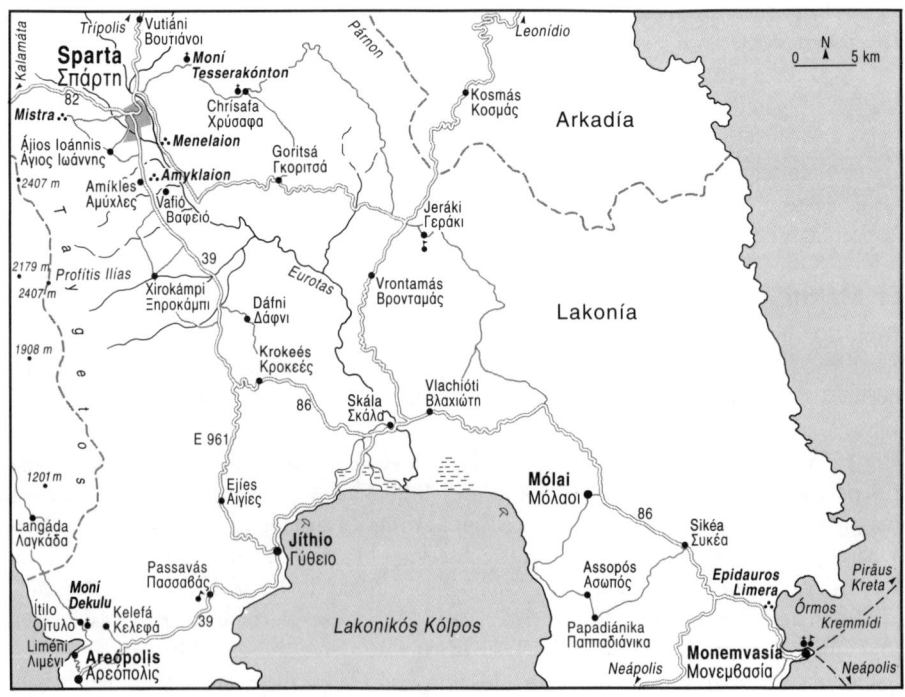

222

Die Lakonía hat neben belastenden Klimagegensätzen und der ungünstigen Bodenstruktur unter ihrer verkehrsmäßigen Randlage zu leiden. Die Bahn berührt die Lakonía nicht. Athen liegt für den Binnentourismus zu weit entfernt. Nicht umsonst ist der Distrikt eine Abwanderungsregion. Ein noch nicht gehobener und gepflegter Schatz sind die antiken und byzantinischen Denkmäler, die nur teilweise dem internationalen Bildungstourismus im Bewußtsein sind. Ansätze zu einer vertieften Pflege dieses Erbes sind vorhanden.

Sparta und Umgebung

Touristische Hinweise: mehrere Hotels, Busse in alle Richtungen vom zentralen Busbahnhof (Kreuzung Leofóros Paleológu – Odós Brasídu), Touristeninformation im Rathaus (Dimarchío) an der Platía Georgíu.

Durch reizvolle Landschaft schlängeln sich die Straßen in die Ebene des träge dahinfließenden Eurotas hinab, um in Sparta sternförmig zusammenzulaufen. Von Kalamáta führt der Weg durch das unwirtliche Taygetosgebirge mit einer bewaldeten Paßhöhe von 1350 m. Das kahle Gebirge gehört als Hintergrund zum Stadtbild von Sparta.

☐ Aus der Geschichte

Ab 1500 v. Chr., ohne direkte Anknüpfung an die vorangehende Zeit, entstand ein dichtes Netz von befestigten und unbefestigten mykenischen palastlosen Siedlungen rund um Sparta. Später besiedelten die ›Dorer‹, griechische Einwanderer, in vier Siedlungsgruppen die Hügel der Gegend mit dem Zentrum Amyklai. In den sog. messenischen Kriegen des 8. Jh. v. Chr. wird das unbefestigte Sparta als Machtfaktor zum ersten Mal greifbar. In diese Zeit wird der älteste Altar des tempellosen Heiligtums der Artemis Orthia datiert. Auch in den übrigen Kultstätten erwachte religiöses Leben und – mit ungezählten Weihegaben – künstlerische Tätigkeit. In den Eroberungskriegen gegen Messenien pries schon um 650 v. Chr. der Dichter Tyrtaios eine kriegerische Moral: Töten ist »ergötzlich«. Doch erst um 500 v. Chr. vollzog sich die sog. spartanische Revolution: Die Führungsrolle übernahm die zahlenmäßig kleine Kriegerkaste der ›Spartiaten‹. Schwache wurden ausgesetzt; Mädchen und Knaben wurden militärisch ausgebildet; der Aufenthalt im Ausland wurde verboten. Kunsthandwerker waren zwar sozial besser gestellt als die Bauern (Heloten), aber politisch ebenso rechtlos. Nach 500 v. Chr. endet das weitausstrahlende Kunstschaffen Spartas.

Die nur wenige künstlerische Leistungen hervorbringende Geschichte Spartas nach 500 v. Chr. – damals war sie verbitterte Rivalin von Athen – soll nur gestreift werden: die Führungsrolle Spartas neben Athen in den Perserkriegen, der Peloponnesische Krieg (431–404), die Auseinandersetzungen mit Korinth, Theben und im 3. Jh. v. Chr. mit dem Achaiischen Bund. Überragende Bauwerke hat die Großmacht Sparta – anders als die

> ### Das neue Sparta: ein bayerischer Versuch, antiken Ruhm wiederzubeleben
>
> Ludwig I. – seit 1825 bayerischer König – war gekrönter Philhellene, ein Griechenfreund, der 20 000 Gulden für sein »Hellas, der edler'n Menschheit treue Wiege« spendete. Künstler wie der Maler Karl Rottmann lieferten dem König Bilder der einst berühmten antiken Stätten. Es war des Königs Wille, diese berühmten Stätten neu zu gründen und in ihrem alten Glanz wiedererstehen zu lassen. Diesen Herzenswunsch legte Ludwig immer wieder seinem Sohn Otto nahe. Dieser war 1833 auf Wunsch der Großmächte England und Frankreich als siebzehnjähriger Kronprinz des neuen griechischen Königreiches in Náfplio gelandet. An erster Stelle sollte verständlicherweise die berühmteste Stadt Griechenlands, Athen, wieder in neuem Glanz erstrahlen. Diesem Ziel galten die Bemühungen von bayerischen Archäologen und Architekten, wie Ludwig Roß, Leo von Klenze und anderen, die auch auf das klassizistische München ausstrahlten.
>
> Aber Sparta, alte Rivalin Athens, blieb nicht vergessen. Vielleicht glaubten die griechenbegeisterten Bayern, eine neue Rivalin Athens könne aus ihren Planungen entstehen. Jedenfalls erläßt in demselben Jahr 1834, in dem Athen Hauptstadt des neuen Königreiches wird, der Regentschaftsrat am 20. 10. in Náfplio das Dekret zur Neugründung Spartas. Großzügige Stadtpläne kommen aus Athen und werden dann von den bayerischen Architekten Stauffert und Baumgarten verworfen und umgearbeitet. Ludwig Roß beschrieb die sichtbaren Altertümer in Sparta und Umgebung, August Jochmus, Freiheitskämpfer und Hauptmann im bayerischen Kriegsministerium, fertigte

Rivalin Athen – nicht errichten lassen. Der bedeutende griechische Geschichtsschreiber Thukydides schreibt am Anfang der Darstellung des Peloponnesischen Krieges, in dem Sparta der Hauptakteur ist: »Wenn die Siedlung Sparta zur Einöde würde, die Heiligtümer und Bauten sich nur in ihren Fundamenten erhielten, dann würden wohl die späteren Nachfahren zweifeln an der Größe von Spartas Macht ...«.

In der Römerzeit hatte sich der Stadtstaat nicht dem antirömischen Achaiischen Bund angeschlossen. Zum Dank wurde Sparta ein ›freies Gemeinwesen‹ *(civitas libera)*. In seinem Reisebericht nennt Pausanias mehr als siebzig Tempel und Heiligtümer.

In der Zeit der Völkerwanderung wurde Sparta zuerst von den Herulern (263–5 n. Chr.), dann von den Goten heimgesucht (396 n. Chr.). Im späten 6. Jh. n. Chr. kamen Sparta und seine Umgebung ganz in die Hand der slavischen Invasoren. 1082 wurde die Stadt Erzbistum. Seit dem 13. Jh. gerät sie ganz in Vergessenheit. Die Bevölkerung wanderte zum neugegründeten Mistra ab; weder Venezianer noch Türken wählten die Stadt als Verwaltungszentrum. 1834 wurde Sparta von den philhellenischen Bayern neu gegründet.

topographische Pläne an, schied aber bald aus Verärgerung über die Griechen aus dem Team und trat in die Dienste der Türken. Eine trapezförmige Anlage mit schachbrettartig verlaufenden Straßen und einem Park an der Spitze – das heutige Stadion – war schließlich Ergebnis der Bemühungen. Das Trapez ist bis heute erkennbar, nur die später gebaute schräg laufende Straße nach Trípolis stört die Symmetrie.

Auch die Bewohner von Mistra bestärkten die Bayern zur Neugründung Spartas. Vor allem die Oberschicht, Kaufleute, Ärzte, Beamte und Militärs, waren mit dem 1832 wiederaufgebauten Mistra von etwa 300 Häusern und 2000 Einwohnern unzufrieden. Naßkalt ist das Klima dort, die Verkehrslage ungünstig. Am 1. 1. 1837 wurde die Verwaltung in einer feierlichen Zeremonie von Mistra nach Sparta verlegt. Aber trotz des Besuches Ottos im Februar 1838 – in Sparta begeistert empfangen – ging die Neugründung unerwartet schleppend vorwärts. 1840 zählte Sparta erst 130 Häuser, erst 1844 waren alle Verwaltungsbeamte umgezogen. Die Bewohner aus Mistra waren mit dem engen Straßennetz unzufrieden, denn sie waren große Hofräume und Balkone gewohnt, das feuchte Klima im Eurotastal ist überdies ebenso ungesund wie das Gebirgsklima von Mistra. Nach und nach entstanden einige öffentliche Gebäude: eine Kaserne, das Verwaltungsgebäude (heute Justiz), die Metropolitankirche (1844, Neubau 1893), das Museum (1875). Aber kein Gebäude kann sich mit den neuen klassizistischen Prachtbauten in Athen am Sintagmaplatz oder in der Universitätsstraße messen. Die Bevölkerung in Sparta wuchs langsam. Amerika lockte vor allem die Jugend. Die Eisenbahnplanung vergaß Sparta. Nein! Die Bayern haben in Sparta keine neue Rivalin Athens mit dem einmaligen Flair einer Verbindung von antiker und moderner Weltmetropole geschaffen, wohl aber den Grund für eine liebenswerte Stadt gelegt, in der man länger verweilen sollte.

Das Haupt der Medusa,
römisches Mosaik aus Sparta

Sparta ist heute Hauptstadt der Provinz Lakonien (12 000 Einwohner) mit einiger Industrie in den Außenbezirken (Baustoffe, Lebensmittel) und einer relativ guten touristischen Infrastruktur. Beim Bummel durch die von den ordnungsliebenden Bayern im Schachbrettmuster angelegte Stadt entdeckt man durchaus reizvolle Partien mit klassizistischen Häusern in den Seitenstraßen. Sie müssen freilich immer mehr den typischen Betoneinheitshäusern mit durchlaufender Balkonfront weichen. Provinzielles Flair besitzt die große, von Arkaden gesäumte Platía mit dem 1906 erbauten Dimarchío (Rathaus) im klassizistischen Stil. Beim Bau der Metropolitankirche nach der Jahrhundertwende wurde eine Verbindung zwischen antiken und byzantinischen Elementen versucht.

☐ Rundgang

Noch in der Unterstadt liegt das sog. ›Grabmal des Leonidas‹, das besterhaltene antike Gebäude in der Stadt (Hinweisschilder). Der aus ungewöhnlich großen, sorgfältig behauenen rechteckigen Quadern gebaute kleine, guterhaltene Tempel oder das Heroon, Kultplatz eines Halbgottes aus hellenistischer (?) Zeit, besteht aus Cella und Vorhalle (Pronaos). Die großen Steinblöcke lassen auch an einen Altar denken. Das von Pausanias erwähnte tatsächliche Grabmal des Leonidas lag weiter in Richtung Akropolis. Dort wurden auch Spiele abgehalten.

Es gibt von hier keinen direkten Weg zur **Akropolis.** Man geht am besten zum

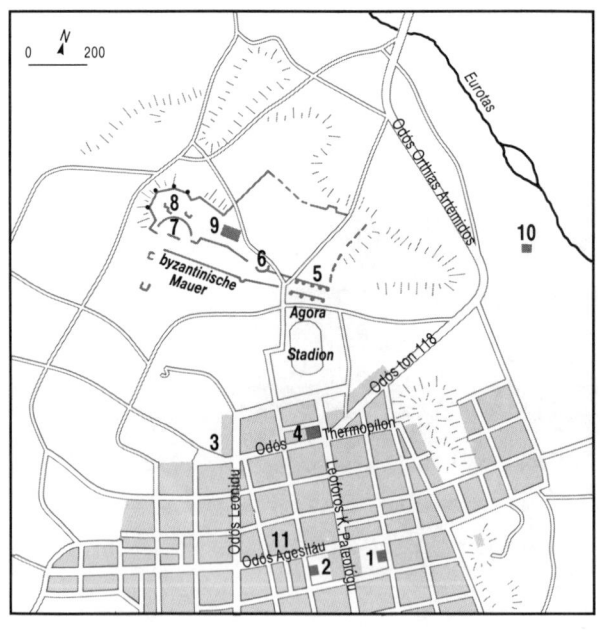

Sparta
1 *Museum für klassische Altertümer*
2 *Dimarchío (Touristeninformation)*
3 *Grabmal des Leonidas*
4 *Koumántaros-Kunstgalerie*
5 *römische Säulenhalle*
6 *archaischer Rundbau*
7 *Theater*
8 *Athena Chalkoikos-Tempel (jetzt Wasserreservoir)*
9 *Nikonbasilika*
10 *Heiligtum der Artemis Orthia*
11 *Bushaltestelle nach Mistra*

modernen Denkmal des Leonidas am Ende des Odós Paleológu zurück, dann links um das moderne Sportstadion herum und steigt zur relativ niedrigen Akropolis hinauf. Nach Durchquerung der bis zu 3 m hohen byzantinischen Akropolismauer sieht man rechts vom Weg einige Säulenbasen. Nur mit viel Phantasie kann man sich die zweigeschossige **Säulenhalle** (Porticus) aus römischer Zeit vorstellen, ähnlich wie die gewaltige Attaloshalle in Athen, die hier einmal gestanden hat. Die noch nicht ausgegrabene **Agora** wird jetzt meist südlich vom Porticus angenommen.

Links vom Hauptweg fällt zuerst die **Grabung eines Rundbaus** mit sorgfältig behauenen Steinplatten auf. Es handelt sich um ein nicht sicher gedeutetes Heiligtum (?) aus archaischer Zeit (7. Jh. v. Chr.). In dem ca. 2 m tiefen Stichgraben nördlich des Rundbaues sind die Rechtecke von Kammergräbern erkennbar. Südlich des Rundbaues führt die fast geradlinig nach Nordwest verlaufende **römische Mauer,** die später von den Byzantinern überbaut wurde, oft schlecht im Gelände auszumachen, in Richtung Theater. An der Mauer sind kleine Anbauten erkennbar. Es handelt sich um Magazine, sog. Fúrnus aus römischer Zeit.

Die Mauer geht in das Gewirr von Bühnenbauten des **Theaters** über, ebenfalls aus römischer Zeit. Nur an den ca. 30 m langen, auf die Nikonbasilika zulaufenden Stützmauern wird deutlich, daß dieses Bauwerk nach Megalópolis das größte Theater Griechenlands gewesen ist, mit 52 Sitzreihen und über 400 m Durchmesser (Epidauros ursprünglich nur 34 Reihen). Die Marmorstufen wurden abgetragen und zum Bau von Mistra verwendet.

Architekturfragmente aus dem antiken Sparta

Von den aus dem 6. Jh. v. Chr. stammenden Fundamenten des bronzeverkleideten **Tempels der Athena Chalkoikos** (›die vom Bronzehaus‹) oder Poliouchos (›die Wächterin der Stadt‹) sieht der heutige Besucher nichts mehr. Hier steht das moderne Wasserreservoir. Die erste Phase des Tempels geht ins 8. Jh. v. Chr. zurück. In der Umgebung wurden neben Keramikfragmenten ausgezeichnete archaische Klein-

---

Artemis Orthia: lakonische Erscheinung einer widerspruchsvollen Gottheit

In die Zeit der Jäger und Hirten geht der Kult der Göttin zurück. Sie schützte die Reinheit der Jagd und des Opfers. In griechischer Zeit wurde sie vor allem in Attika und von den auf die Peloponnes einwandernden Dorern verehrt. Widersprüchliches ist mit ihrem Wesen verbunden: »Schattige Haine liebt sie und Städte der rechtlichen Männer«. Nahe beim Orthiaheiligtum in den Sümpfen des Eurotas gab es auch Heiligtümer des Dionysos, des Gottes der ausschweifenden Ekstase und des Tanzes. Artemis soll ihm den Wagen angeschirrt haben. Der um 600 v. Chr. in Sparta lebende Lyriker Alkmaion beschreibt in seinen Chorliedern Tänze der spartanischen Jugend mit Weihegeschenken zur Frühlingszeit. Am Fest der Orthia wurde auf dem Altar Käse aufgehäuft. Junge Spartaner mußten ihn im rituellen Spiel rauben. Alkman schildert die Göttin, wie sie Käse herstellt:

> »Man sieht dich häufig auf den Bergesgipfeln,
> So oft den Göttern Fest mit Fackeln gefällt,
> Ein goldnes Gefäß haltend,
> So groß wie es Hirten mit sich führen,
> Du schüttest mit Deinen Händen,
> Die Milch einer Löwin hinein,
> Du formst einen festen Käse
> Für den Argostöter Hermes.«
> (Fr. 56)

Die Masken der jugendlichen Tänzer – Vorläufer des Chores in der attischen Tragödie – sind im Museum von Sparta ausgestellt. Die Jugendspiele bekamen in römischer Zeit einen grausam-perversen Charakter. Bei der Mutprobe der Geißelung soll es Todesopfer gegeben haben, berichtet Plutarch (1. Jh. n. Chr.).
Die lakonische Artemis Orthia geht wohl auf eine vorolympische Göttin zurück, wie Inschriften beweisen. In Sparta ist Artemis die Schützerin der schwangeren und unfruchtbaren Frauen. Unzählige Weihegaben haben sie der Göttin gestiftet. So wurde der unverstandene vorgriechische Göttername als ›Orthia‹, die ›Aufrechte‹ gedeutet, die die Frauen aufrichtet.

bronzen gefunden, die im Museum zu sehen sind.

Geht man vom Wasserreservoir in östliche Richtung, passiert man zuerst einige byzantinische Mauerreste, um nach etwa 50 m auf die Fundamente der **Begräbniskapelle des hl. Nikon** und der dreischiffigen **Basilika** zu treffen. Gut zu sehen ist die außen trapezförmig verlaufende mittlere Apsis des Altarraumes und der Unterbau der halbrunden Priesterbank. Wegen der verstärkten Mauern wird angenommen, daß der Altarraum überkuppelt war; das Schiff dagegen war flach gedeckt. Im Osten ist ein außen quadratischer Turm anzunehmen, der später Glockenturm wurde. Es wird vermutet, daß eine frühchristliche Querschiffbasilika im 10. Jh. umgebaut wurde. Westlich von der Vorhalle (Narthex) der Basilika liegt eine unregelmäßig kreuzförmige Kapelle mit östlicher Apsis. Im nördlichen Kreuzarm wurde ein Grab gefunden und nahe dabei vor der Apsis ein achteckiger Marmorbehälter. Er ist an Ort und Stelle. In ihm wurde das heilige Myron, das Salböl des Nikon, aufbewahrt, von dem viele Kranke Heilung erhofften.

Das **Heiligtum der Artemis Orthia** liegt am Eurotas (nur von der Stadt aus zu erreichen, kein Weg am Fluß). Es wurde vor 1929 ausgegraben und ist heute reichlich vernachlässigt. Eine Inschrift weist den Bezirk eindeutig dieser Göttin zu. Man sieht heute Zeugnisse der römischen Endphase einer 1000 Jahre währenden Baugeschichte: die halbrund angeordneten Fundamente des römischen Theaters, den römischen Altar und einen Teil der älteren Umfassungsmauer. Die sehr gründlich vorgenommenen Grabungen ergaben vier Bauphasen: 800–700 v. Chr. ist ein ältester Altar feststellbar; 700–570 v. Chr. ein archaischer Altar und ein dem Heratempel von Olympia ähnlicher, großenteils aus Holz errichteter Tempelbau; ab 570 v. Chr. stand hier ein jüngerer Tempel, Gebäude und Umfassungsmauern wurden errichtet; schließlich erfolgte in römischer Zeit der Bau des Theaters. Nur ein Teil der ungewöhnlich reichen Funde an Weihegaben ist im Museum zu sehen.

☐ Das Museum für klassische Altertümer

Das nach einem Entwurf des dänischen Architekten Hansen (Erbauer der Athener Universität) 1875/6 errichtete niedrige Museumsgebäude in klassizistischem Stil liegt in einem kleinen Park nahe der Platía.

Es zeigt Funde von teilweise einzigartiger religionsgeschichtlicher Bedeutung aus den Heiligtümern rund um Sparta, lokale lakonische Keramik und Plastik sowie einige ausgezeichnete hellenistische und römische Porträtplastiken. Sehr viele Meisterwerke der lakonischen Kunst sind allerdings über die ganze Welt verstreut. Die Beschriftung ist größtenteils mangelhaft, ein moderner Katalog ist nicht erhältlich. Geöffnet außer montags 8.30–15 Uhr.

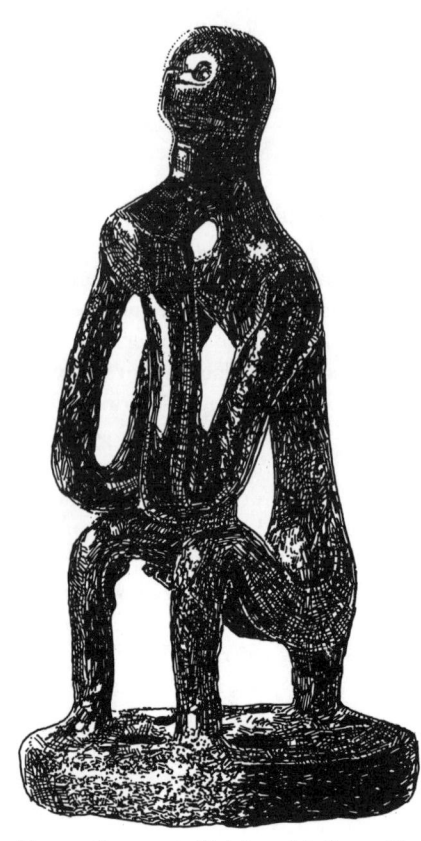

Bronzestatuetten aus dem Heiligtum der Artemis Orthia von Sparta, 7. (links) und 8. Jh. v. Chr.

Museumsrundgang

Eingangshalle: Siegergedächtnissteine der Artemis-Orthiaspiele mit eisernen Sicheln, wohl Siegestrophäen.

Erster Saal rechts vom Eingang: u. a. römischer Volutenkrater (Mischgefäß) mit Dionysosszenen im Flachrelief. Mosaike aus römischen Villen, bemerkenswert das **Haupt der Medusa** gegenüber dem Fenster (s. Abb. S. 225). Es war Mittelpunkt eines großen dekorativen Mosaiks, von Delphinen umspielt. Die Medusa hat in dieser Darstellung viel von ihrer ursprünglich dämonischen

Gestalt verloren, wie sie etwa im Museum von Olympia begegnet.

Zweiter Saal rechts vom Eingang: Höhepunkt der gezeigten Grabstelen heroisierter, d. h. zum Kult erhobener Verstorbener, ist eine **pyramidenförmige Grabstele** aus der reifen archaischen Zeit (frühes 6. Jh. v. Chr.). Auf den Breitseiten sind je ein Paar zu sehen, von dem das eine vielleicht die heroisierten Menelaos und Helena, das andere Agamemnon und Klytaimnestra oder auch Helena und Menelaos darstellen. Während das eine Paar sich umarmt, bedroht in der anderen Szene der Mann die Frau mit dem Schwert und hat sie gewaltsam am Nacken gepackt. Sie hebt flehend die Hand. Die rein symbolische Deutung auf ›Liebe‹ und ›Tod‹ ist für diese frühe Zeit unwahrscheinlich. Freilich erzählt der Mythos die beiden Pole: Eros und Thanatos, Liebe und Tod. Die Schlangen an den Seiten werden als Symbole der Unterweltsmächte gedeutet. Für lakonische Skulpturen geht das Relief ungewöhnlich stark in die Tiefe.

Dritter Saal rechts vom Eingang: Schönes Beispiel für den sog. ›reichen Stil‹ der Spätklassik (Wende 5./4. Jh. v. Chr.) ist das attisch beeinflußte **Votivrelief** an der Saalrückwand. In eleganter, fließender Bewegung gießt Artemis aus einem Krug ihrem Bruder Apollon – mit Lyra dargestellt – Wein in eine Trinkschale. Zwischen ihnen steht der Omphalos, der Nabel der Welt (in Delphi?), flankiert von zwei Adlern. Nach dem Mythos sollen die Adler ausgeschickt worden sein, das Zentrum der Welt zu finden.

Urtümliche Sinnlichkeit strahlt hingegen die 48 cm hohe **Skulptur einer knienden nackten Frau** aus, Symbol einer Geburtsgöttin (wohl Ende 7. Jh., links vom Saaleingang). Saalmitte: Kopf und Rumpf eines **behelmten Kriegers** (1. Viertel 5. Jh. v. Chr.), vielleicht den Verteidiger der Thermopylen 480 v. Chr. darstellend.

Erster Saal links vom Eingang: u. a. **Masken** aus dem Artemis-Orthiaheiligtum in erster und zweiter Vitrine rechts vom Eingang. Eindrucksvoll z. B. das verrunzelte Gesicht eines alten Menschen mit wie zur Klage geöffnetem Mund (wohl 6. Jh. v. Chr.). Zwei Plastiken enthüllen eine tiefgreifende künstlerische Entwicklung Lakoniens: die **weibliche Bronzefigur** (erstes Viertel 7. Jh.) in der dritten Vitrine an der Wand ist von einem tastenden Naturalismus und verhaltener Bewegung geprägt. Die überlangen Arme sind an den Körper gepreßt und korrespondieren mit der Wespentaille. Die Linien sind auf den großen rundlichen Kopf mit wulstigen Lippen und hervorquellenden Augen kontrapunktisch ausgerichtet. Trotz der Unvollkommenheit, die auf einen lakonischen Künstler zurückzuführen ist, übt das Gesicht bei längerer Betrachtung eine große Ausstrahlungskraft aus. Dagegen ist die **Bronzefigur eines nackten Mannes** (um 500 v. Chr., gleiche Vitrine) ein Höhepunkt und gewisser Abschluß lakonischen plastischen Schaffens. Das Gesicht trägt markante Züge, der Kopf ist dem Körper proportionsgerecht. Noch liegt das Gewicht auf beiden Beinen in der Weise des archaischen Kuros, der Jünglingsgestalt, aber die nach vorne geneigte Haltung verrät Bewegung. Die Haltung des Kinns zeigt verhaltene Spannung. Der Körper ist muskulös gestaltet mit guter Beobachtung der männlichen Anatomie. Der rechte Arm ist erhoben. Früher wurde als Ergänzung eine Trompete angenommen. Wahrscheinlicher ist, daß er einen Palmzweig als Siegestrophäe in Händen hielt.

Zweiter Saal links vom Eingang: hellenistische und römische Plastik, besonders lebensvoll und energiereich das nicht idealisierte **Porträt des Ptolemaios III.** (3. Jh. v. Chr.) an der linken Wandseite. Am Eingang des Saales ein idealisierendes Mosaikporträt der Sappho aus einer spätrömischen Villa. Tonmodell eines römischen Kriegsschiffes (Ende 1. Jh. n. Chr.) – eine ganz überdachte Rudergaleere mit Rammsporen. Linke Wand: römischer, steinerner Eber.

Dritter Saal links vom Eingang: prähistorische Funde. Die großen Amphoren im sog. Palaststil (um 1500 v. Chr.) mit zurückhaltender Bemalung sind besonders beachtenswert.

☐ Alexander Soútzos-Museum

Das Museum in einem stilvollen klassizistischen Gebäude (Odós Paleológu, geöffnet dienstags bis samstags 9–17 Uhr, sonntags 10–14 Uhr) ist einzigartig auf der Peloponnes. Grundstock bildet die Sammlung europäischer Gemälde (16.–19. Jh.) des reichen, aus der Region stammenden Reeders Jánnis Koumántaros. Das Besondere allerdings sind die wechselnden Ausstellungen moderner griechischer Kunst, die das griechische Kultusministerium und die Provinzverwaltung Lakoniens veranstalten – eine seltene Gelegenheit, zeitgenössische Malerei aus Griechenland kennenzulernen.

☐ Das Menelaion bei Sparta

Touristische Hinweise: auf der Straße nach Trípolis über die Eurotasbrücke; dann rechts (Wegweiser ›Jeráki‹). Nach ca. 2,5 km links dem Wegweiser zum Menelaion auf dem Hügel Ájios Ilías folgen. Den ca. 1 km langen Aufstieg belohnt ein herrlicher Blick auf den Taygetos.

Weiheinschriften haben die Stätte eindeutig als den von Pausanias im Süden Spartas erwähnten Kultort des Menelaos und der Helena identifiziert. Vorläufer war – wie beim Amyklaion – der Kult einer mykenischen Wachstumsgöttin, bis der Ort um 1200 bis in die zweite Hälfte des 8. Jh. v. Chr. aufgegeben wurde. Um 725 v. Chr. wurden an einem einfachen Altar wieder kultische Handlungen aufgenommen. Nur ein Teil der Weihegaben aus Blei, Terrakotta und Bronze ist im Museum von Sparta zu sehen. Die heute erkennbaren, pyramidenförmig angeordneten Reste des Heiligtums werden auf die Zeit zwischen 500–470 v. Chr. datiert.

Eine ursprünglich mit einem Fries abgeschlossene rechteckige Mauer aus breiten, sorgfältig gearbeiteten Steinblöcken läuft um die Hügelspitze. Oben auf dem Hügel stehen die Reste eines kleinen Tempels (8,5 x 5,5 m), wohl dem Mittelpunkt des Heiligtums. Er ist über eine ursprünglich gepflasterte Rampe zu erreichen. Sein Vorläufer war ein kleiner Giebeltempel (um 600 v. Chr.), von dem sich u. a. Dachziegel erhalten haben.

Etwa 150 m nordöstlich und 250 m südlich des Menalaion (sog. Aetoshügel) wurden seit 1973 Siedlungen ausgegraben, die bis zum Mittelhelladikum in der ersten Hälfte des 2. Jt. zurückreichen. Blütezeit der Siedlungen mit gut erkennbaren Megaronhäusern, Anbauten und Straßen war das 15. vorchristliche Jahrhundert. In ihrer Dichte und Geschlossenheit gehören sie zu den eindrucksvollsten helladischen Siedlungen in Griechenland.

☐ Das Amyklaion bei Sparta

Touristische Hinweise: Busse in Richtung Jíthio bis Amíchles; am Ortseingang nach links dem Wegweiser »Amyklaion« folgen. Nach gut 1 km auf unbefestigter Straße erreicht man bei der Kapelle Ajía Kyriakí die berühmte Kultstätte des Apollon Hyakinthos.

Mindestens seit spätmykenischer Zeit war hier bis zum 12. Jh. v. Chr. die Kultstätte eines Fruchtbarkeitsgottes. Sein vorgriechischer Name war Hyakinthos. Als die Dorer Amyklai eroberten und die Burg schleiften, verband sich der Kult mit dem des olympischen Apollon. Der Mythos beschreibt den Vorgang der Ablösung eines älteren Gottes durch einen jüngeren als unbeabsichtigte Tötung: Apollon nahm mit einem unbedachten Diskuswurf seinem jugendlichen Liebling Hyakinthos das Leben.

Das dreitägige jährliche Fest zu Ehren des Gottes begann mit Trauerriten und endete in ausgelassener Fröhlichkeit, in der soziale Unterschiede verwischt wurden. Die Fundgegenstände setzen Ende des 10. Jh. v. Chr. ein, die Fülle der Weihegaben bis in römische Zeit beweist, daß das Heiligtum eine der beliebtesten Kultstätten Lakoniens war.

Heute erkennen wir südlich der Kapelle nur die gewaltigen, waagerecht verlaufenden Steine der Tempelmauern und die östliche Stützmauer. Sicher mit Absicht wurden drei verschiedenfarbige Kalksteinsorten verwendet, um das Gesamtbild zu beleben. Weitere Architekturfragmente sind im Museum von Sparta aufbewahrt. Mit ihrer Hilfe und der genauen Beschreibung des Pausanias ist der einzigartige ›Thron‹ zu rekonstruieren, der von dem Architekten Bathykles um das über 13 m hohe, archaische Apollonstandbild herumgebaut wurde. Die wie ein Bronzepfeiler gestaltete Statue mit furchterregendem Antlitz, mit Helm, Speer und Bogen bewaffnet, sollte den Pilgern heilsamen Schrecken einflößen, die die Pilgerstraße von Sparta heraufkamen. Der Heilgott Apollon ist zugleich Pestgott (s. S. 160).

☐ Das Tholosgrab bei Vafió (Βαφιό)

Touristische Hinweise: Vom Amyklaion führt ein schwer zu findender Fußweg direkt zum Dorf Vafió. Sicherer ist es, hinter dem Dorf Amíchles auf die Hauptstraße zurückzukehren und am südlichen Ortsausgang vor der zweiten Tankstelle (BP) links abzubiegen. Nach fast 2 km ist das Dörfchen Vafió erreicht. Der Autofahrer sollte hier sein Fahrzeug stehen lassen. Man folgt dem Schild ›Vafió Tholos Tomb‹ zum 800 m entfernt auf einer Hügelkuppe gelegenen Grab.

Das schon im frühen 19. Jh. bekannte Kuppelgrab wurde 1888 von griechischen Archäologen systematisch untersucht. Die Mauern des Zugangs (Dromos) waren ursprünglich fast 30 m lang. Die aus kleineren Steinen als im ›Agamemnongrab‹ von Mykene gebaute Kuppel besaß zur Zeit der Ausgrabung noch eine Höhe von 3 m (heute 1 m, die Wölbung ist nicht mehr zu erkennen) und über 10 m Durchmesser. Die Reste sind kaum noch eindrucksvoll. Berühmt wurde das Grab u. a. durch den Fund des herrlichen Vafióbechers mit Stierdarstellungen (heute Nationalmuseum Athen).

Das Vafiógrab steht in Zusammenhang mit der mykenischen Siedlung Pharis, die auf dem niedrigen Hügel Paleopirgí vermutet wird, 300 m nördlich vom Tholosgrab. Knochenfunde gehen bis in frühhelladische Zeit zurück. Diese vielleicht größte mykenische Siedlung Lakoniens (ung. 20 ha) harrt noch der systematischen Ausgrabung.

Becher mit Stierdarstellung
aus dem Tholosgrab bei Vafió

☐ Chrísafa (Χρύσαφα)

Reizvoll am Abhang des Párnongebirges liegt 18 km nordöstlich von Sparta das Dorf Chrísafa (rund 400 Einwohner, zweimal täglich Busse von Sparta). Die **Kirche Kímisis Theotóku** (der Entschlafung Mariens, früh und abends von der Küsterin geöffnet), eine Viersäulenkreuzkuppelkirche mit achteckiger Kuppel, ist ein unverfälschtes Beispiel spätbyzantinischer Kirchenbaukunst auf der Peloponnes (14. Jh.). Gotisch-fränkischer Einfluß macht sich in den flamboyanten Doppelfenstern der Apsiden und dem leicht spitz zulaufenden Fenster über dem Eingang bemerkbar. Ungewöhnlich ist das von einem Ziegelsägezahnband gebildete überdachte Kreuz an der mittleren Apsis. Der von zwei Bogen durchbrochene Glockenstuhl aus der Zeit der Erbauung mit Sägezahnprofilbögen und Kästelmauerwerk, das sich in den Apsiden fortsetzt, fügt sich gut in das kleingliedrige Bauwerk ein. Die teilweise schlecht erhaltenen, kleinformatigen Fresken sind vom Gewölbescheitel abwärts in je drei Zonen eingeteilt. Unten: Heilige. Mitte: Heiligenleben. Oben: Szenen aus dem Leben Jesu. Die ausdruckskräftige Licht-Schattenkontrastierung in den Gesichtern der Heiligen ist typisch für die Palaiologenzeit (13.–15. Jh.). Jünger dürfte die volkstümliche Darstellung des jüngsten Gerichts im Narthex (Vorhalle) sein. Die Darstellung ist volkstümlich-schematisch ohne Empfindung für den menschlichen Körper.

Die **Ájios Dimítrioskirche** (1641) im höhergelegenen Ortsteil, eine Basilika mit Querschiff ohne Kuppel, ist ein Beispiel für kirchliche Bautätigkeit in der Zeit der Türkenherrschaft.

Rund 2 km von Chrísafa entfernt liegt auf einer Anhöhe weithin sichtbar die **Kirche der Allheiligsten Maria von Chrísafa** (Panajía Chrisafiótissa, 13. Jh.). Der Schlüssel liegt versteckt am Eingang zur Vorhalle oder ist bei der Küsterin der Kímisiskirche. Nahebei steht die kleine **Vierpfeilerkreuzkuppelkirche des hl. Joánnes Pródromos** (14. Jh.). Beide Kirchen gehörten zu einem Kloster, dessen Grundmauern noch erkennbar sind. Die Marienkirche ist eine Kreuzkuppelkirche mit Narthex und äußerer Vorhalle (Exonarthex). Der durch zwei Bogen durchbrochene Glockenstuhl erhebt sich asymmetrisch über dem östlichen Exonarthex. Über den mit Ziegelsägezahnbändern gezierten Tambour wurde ein Jahrhundert später ein wuchtiger, mehrgeschossiger Rechteckturm gebaut. Die Fresken (1292) sind schlecht erhalten: in der Kuppel wie üblich Christus Pantokrator, am linken Pfeiler des Altarraums verblaßt Mariä Verkündigung.

Die Pródromoskirche zeigt ein geschlosseneres Bild als die unruhig wirkende Marienkirche. Das Bruchsteinmauerwerk ist von Archivolten aus Ziegeln über Fenstern und Türe und – außergewöhnlich – über der Türe durch Band-, Schachbrett- und Wellenmuster belebt. In der Kuppel ist wieder Pantokrator zu sehen, an den sphärischen Kuppeldreiekken (Pendentifs) sind die Evangelisten schlecht erhalten.

Ein weiteres Beispiel für den Kirchenbau in der Zeit der Türkenherrschaft ist das **Kloster Moní Tesserakónton** (der vierzig Märtyrer). Man erreicht es, wenn man auf der Straße von Sparta nach Chrísafa ca. 3 km hinter der Eurotasbrücke nach links abzweigt (Wegweiser). Die modernen Gebäude sind schmucklos. Das Katholikón wurde wohl erst im 17. Jh. erbaut. Sein langgestrecktes Schiff hinterläßt eher den Eindruck einer Basilika als einer Kreuzkuppelkirche. Die nachbyzantinischen Fresken sind noch ganz der byzantinischen Tradition verhaftet (17. Jh.).

Mistra

Touristische Hinweise: stündlich Busverbindung von Sparta ab morgens (Kreuzung Odós Likúrgu-Odós Agesiláu, 200 m von der Hauptstraße Konstantínu Palaiológu entfernt). Der Bus hält ung. 100 m unterhalb des Haupteingangs der Ruinenstätte (geöffnet täglich 8.30–15 Uhr). Eine etwa 5 km lange Frühwanderung durch gepflegte Olivenhaine auf der morgens noch wenig befahrenen Landstraße ist auch im Sommer empfehlenswert. Ab Odós Konstantínu-Paleológu den Hinweisschildern folgen. In Mistra ein Hotel und Privatunterkünfte; Campingplatz.

☐ Kunst und Geschichte

In antiker und mittelbyzantinischer Zeit scheint die Gegend nicht besiedelt worden zu sein. Antike Reste, wie z. B. der Sarkophag im Hof der Metropolis, sind von Sparta hierher gebracht worden.

Mistra während der Türkenherrschaft, Stich von John Griffier

Wilhelm II. Villehardouin (1245–1278) war der dritte fränkische ›Fürst von Achaia‹. Er hatte es sich zur Aufgabe gemacht, die letzten Zentren griechischer Macht aus der Peloponnes zu vertreiben und die Slavenstämme in der Taygetosregion botmäßig zu machen. Die Eroberung des byzantinischen Monemvasía und die Gründung von Mistra 1249 dienten diesen Zielen. Der Name Mistra kann vom slavischen ›Myzethra‹ (Ziegenkäse) oder von ›La Maitresse‹ (die Beherrscherin, d. h. die Burg) herrühren. Unterhalb der »prächtigen Burg, dem großen Bollwerk«, wie es in der zeitgenössischen Chronik von Morea heißt, errichtete Wilhelm das strenge, mit gotischen Spitzbogen gezierte Schloß, den Nordostflügel des späteren Despotenpalastes. Gleichzeitig bildete sich eine kleine Siedlung, von der nichts erhalten ist.

Wilhelm II. wurde von den Byzantinern besiegt. Sie setzten seit 1262 einen häufig wechselnden Militärgouverneur (Strategen) ein, ab 1306 einen Gouverneur auf Lebenszeit.

Von 1348 bis 1460 trugen die byzantinischen Herrscher der Peloponnes den Titel ›Despotes‹. Glücklicherweise wurde der fast ein halbes Jahrhundert während Bürgerkrieg, der in der Hauptstadt Konstantinopel zwischen dem Geschlecht der Kantakuzenen und Palaiologen tobte, nicht auf die Peloponnes ausgedehnt. Der byzantinische Kaiser Joánnes VI. Kantakuzenos hielt sich nach seiner Abdankung 1354 lange Jahre auf der Peloponnes auf. 1348 übernahmen die Palaiologen das Despotat der Peloponnes von Manuel Kantakuzenos, der trotz der Bürgerkriegswirren über 40 Jahre lang die Peloponnes lenken konnte. Die Strategenzeit bis 1306 war die Periode der größten kirchlichen Bautätigkeit: Es entstanden u. a. die Metropolis mit ihrem Freskenschmuck, die Aphendikó und die Ájii Theódori. Ein Mauerring schützte bereits die Unterstadt. Die Despoten ließen den Palast mit der Palastkirche der Ajía Sophía zu seiner heutigen Ausdehnung ausbauen. In der Despotenzeit wurde auch die Unterstadt mit einem Mauerring befestigt. Adelshäuser entstanden, neue Kirchen und Klöster wuchsen empor. So am frühesten das Perívleptoskloster und das Pantanássakloster.

Ab dem 15. Jh. herrschen – mit einem blutigen venezianischen Zwischenspiel (1687–1715) – die Türken in Mistra. Jetzt grüßten viele Minarette den Besucher, wie eine Ansicht von 1680 zeigt. Guillet de Saint Georges berichtet in seinem Buch über »das alte und neue Lakedaimon« (Paris 1676) von der aus älteren Bauten errichteten großen Moschee, deren

Mistra: christliche Orthodoxie und Wiedergeburt der Antike

Der Absolutismus des byzantinischen Kaisertums prägte freilich auch Mistra, das von der Hauptstadt faktisch unabhängig war: Ein orientalisches Hofzeremoniell gebot eine genaue Kleider- und Sitzordnung, das heilige Schweigen, das sich demütige Hinwerfen vor dem Herrscher (Proskynese). Offizielle Religion war – wie auch sonst in Byzanz – das griechisch-orthodoxe Christentum. Aber in Mistra war der Patriarch von Konstantinopel, der die strenge Wahrung des Glaubens auch mit Bücherverbrennungen garantierte, weit entfernt. So konnte der hochgebildete Richter Georgios Gemistos Plethon (ca. 1360–1452) in einem kleinen Kreis von ›Eingeweihten‹ eine zeitgemäße Wiedergeburt der antiken Religion durchdenken: Die alten Griechengötter ordnete er nach den Kategorien des Aristoteles, die Schicksalslehre der griechischen Antike erlebte eine Auferstehung. So betete Plethon: »Kommt ihr Götter der Vernunft, wer immer und wie viele ihr seid, die ihr über dem Wissen und den wahren Lehrmeinungen waltet und sie nach Gutdünken verteilt gemäß dem Ratschluß des großen Vaters und Königs aller, Zeus!«

Aber nicht Plethons heidnische Geheimlehren sollten die europäische Geistesgeschichte entscheidend beeinflussen. Auf dem Konzil von Florenz 1439 trat Plethon vor Cosimo di Medici und seinem Kreis als ›Lehrer und Wohltäter‹, als ›Platon und Sokrates‹ auf. Plethon gab wichtige Impulse zur Gründung der ›Platonischen Akademie‹ in Florenz, deren Mitglieder Griechisch lernten, um die Schriften des wiederentdeckten Platon im Urtext zu lesen.

Reste heute im Hof des Despotenpalastes zu sehen sind. Sie soll an Pracht und Schönheit alle christlichen Kirchen übertroffen haben. Bis zu 30 000 Menschen, Türken, Juden, Griechen und Albaner, sollen Mistra damals bevölkert haben. Im Despotenpalast – nun der türkische Serail – residierte zeitweise ein Pascha, der über die gesamte Peloponnes herrschte. In Kirchen und Klöstern ging der Gottesdienst ungehindert weiter. An den vorhandenen Gebäuden wurde weiter gebaut, wie z. B. am Hof der Metropolis; das Untergeschoß der Pantanássakirche wurde neu bemalt, die Nikolaoskirche entstand neu. Die byzantinischen Herrenhäuser, wie den Palast der Phrangópuli, bewohnten jetzt die türkischen Vornehmen. Guillet de Saint Georges berichtet, der Palast mache den Eindruck, als sei er gerade umgebaut. Sorgfältig wäre der Garten angelegt, mit Orangen-, Zitronen-, Aprikosen- und Zypressenbäumen. Der plätschernde Springbrunnen durfte nicht fehlen. Unterhalb des äußeren Mauerrings entstand ein neues, heute schwer

Mistra *1 befestigte Toranlage/Eingang 2 Marmarator 3 überwölbter Gang 4 türkischer Brunnen 5 Haus der Laskariden 6 Kapelle des hl. Christopheros 7 Kapelle des hl. Georg 8 Perívleptoskloster 9 Haus der Phrangópuli 10 Pantanássakloster 11 Monemvasíator 12 Nikolaoskirche 13 Despotenpalast 14 Náfpliotor 15 Palastkirche der Ajía Sophía 16 Palatáki 17 Vrontóchionkloster 18 Aphendikókirche 19 Kirche der Ájii Theódori 20 Evangelístriakirche 21 Metropolis mit Museum*

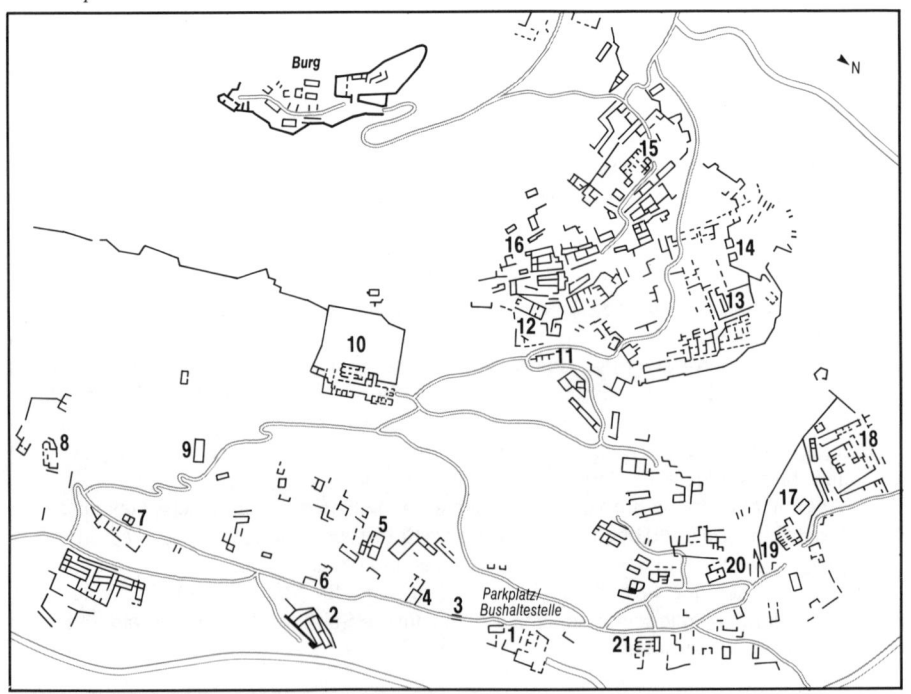

zugängliches Viertel. Das sog. Haus des Krevvatás aus dem 18. Jh. ist von der Straße her gut zu erkennen.

Der griechische Freiheitskampf ließ Mistra in Schutt und Asche zurück. Die von den Türken gerufenen Albaner verbreiteten 1770 Furcht und Schrecken. Die Nonnen des Pantanássaklosters wurden getötet und verschleppt. Die Bewohner von Mistra flohen ins Gebirge, die Unterstadt lag verwüstet, das Kastell war kaum noch befestigt. Als 1834 Neu-Sparta gegründet wurde, zogen die letzten Bewohner aus dem Ruinenfeld. Der Mythos umrankte weiter die Stätte: für Goethe, der sie nur aus Beschreibungen kannte, wurde sie Symbol der Vereinigung des mittelalterlichen Rittertums und der Antike, verkörpert in Helena (s. S. 42 f.).

☐ Rundgang

Heute führen zwei Eingänge in die Ruinenstadt. Den unteren (eine befestigte Toranlage aus dem 14. Jh.) erreicht man bequem zu Fuß vom Parkplatz und der Bushaltestelle aus. Wer nicht gern viel bergauf geht, läßt sich von Sparta aus mit einem Taxi zum oberen Eingang am mittelalterlichen Náfpliotor bringen und braucht dann weitgehend nur noch bergab zu laufen.

Erstes Ziel unseres Rundgangs, den wir in der Unterstadt beginnen, ist die Perívleptoskirche. Durch einen überwölbten Gang, über den einst ein Haus gebaut war – Zeichen für die Raumnot in Mistra –, passiert man nach etwa 50 m rechts vom Hauptweg einen **türkischen Brunnen,** in charakteristischer Stilmischung, teilweise aus antiken und byzantinischen Bauteilen erbaut.

Ca. 100 m weiter erhebt sich am Hang das **Haus der Laskariden** – ein Geschlecht, das viele Beamte und Gelehrte in Spätbyzanz gestellt hat. Während das einfache, am häufigsten anzutreffende Wohnhaus in Mistra einen rechteckigen Grundriß mit zwei Stockwerken und seitlicher Treppe besitzt, hat dieses Haus zusätzlich

einen Balkon mit einer Balustrade, die von Blindbogen geschmückt ist, einem in Mistra häufigen Stilelement. Das gewölbte Erdgeschoß diente als Vorratsraum und Stall. In der großen Halle des Obergeschosses – einst durch Holzwände geteilt – spielte sich das Leben der Familie ab. Steinbänke sind erhalten. Eine Einbuchtung in der Mauer ist Rest eines hölzernen Alkovens, der als Abtritt diente.

Der in der byzantinischen Kirchenarchitektur häufig verwendete Rundbogen findet als bestimmendes Stilmittel seine profane Variante. Ein Vergleich der Rekonstruktion mit dem heutigen Erscheinungsbild zeigt deutlich die wenig geschmackvollen Anbauten, die wohl bereits aus türkischer Zeit stammen.

Unterhalb liegt die schlichte, einschiffige, 1954 restaurierte **Kapelle des hl. Christophoros,** eine typische Privatkapelle der vornehmen Familien. Der Stil der erhaltenen Fresken (Ende 14. Jh.) bereitet auf die Malereien des Perívleptosklosters vor. Besonders gut erkennbar: im Gewölbe der thronende Joánnes Chrysóstomos. Unterhalb der Kapelle liegt das **Mar-**

marator, das nach einem dort gefundenen Marmorsarkophag benannt wurde (heute im Hof der Metropolis).

Kurz vor Erreichen des Perívleptosklosters passieren wir die 1953 vor allem in der seitlichen Vorhalle restaurierte einschiffige **Kapelle des hl. Georg.** Zahlreiche dekorative Ziegelmuster machen den wohlproportionierten Bau zu einem architektonischen Schmuckstück.

Das Perívleptoskloster (s. Farbabb. 8) dürfte kurz nach der fränkischen Zeit, also kurz nach 1262, errichtet worden sein. Ein gut erhaltener fränkischer Turm mit Zinnen, Blendarkaden und einem gotischen Dreipaßfenster diente als Refektorium. Die in den Felsen gehauene, düstere *Katharinenkapelle* mit steinernem Altartisch, durch eine Türe im Westen von der Hauptkirche her betretbar, war wohl die ursprüngliche Klosterkirche. Vor 1350 wurde das *Katholikón* als Zweisäulentyp der eingeschriebenen Kreuzkuppelkirche dem Gelände entsprechend schiefwinklig erbaut. Der Innenraum erscheint überproportional in die Höhe gezogen. Die Mau-

ern sind sorgfältig in Kästelmauertechnik aufgeführt, unter dem Dachansatz mit doppeltem Backsteinsägezahnfries. Dazwischen liegt ein Gesims mit einem seltenen seilartigen Skulpturband. Noch in die byzantinische Zeit, also vor 1460, fällt der Anbau von zwei miteinander verbundenen kuppelbekrönten Kapellen, die dem Aussehen des Katholikón etwas Schwebendes verleihen. In dieser Zeit wurde auch an der gesamten Länge der Südseite eine Vorhalle (Narthex) angebaut.

Die 1962 restaurierten *Fresken* aus der zweiten Hälfte des 14. Jh. zählen wegen der vielfältig abgestimmten Farbtöne, der differenzierten Gestaltung der anatomisch gut beobachteten Körper, die sich unter hauchdünnen Gewändern abzeichnen, und der lebendigen Gesamtkomposition zu den schönsten auf der Peloponnes. Besonderheiten der Farbgebung und Komposition lassen vier verschiedene Maler vermuten. Hellenistische Motive wie Mädchengestalten, die neugierig aus den Häusern spähen, Fische in Flüssen und Felslandschaften beleben die Szenen. Man hat mit Recht auf

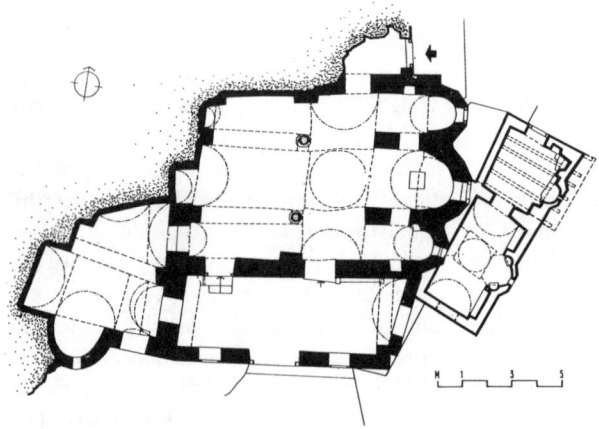

Perívleptoskloster, Grundriß

eine Wiederbelebung der hellenistischen und römischen Kunst geschlossen, doch sind diese Ansätze im byzantinischen Griechenland nie zu einer renaissancehaften Entfaltung wie in Italien gelangt.

Das Bildprogramm legt besonderes Gewicht auf die liturgische Ausdeutung biblischer Szenen und auf die mystische Verklärung. In der byzantinischen Theologie des 14. Jh. stehen diese Themen im Mittelpunkt. Wie üblich sind im Altarraum Szenen zu sehen, die mit Messe und Abendmahl zusammenhängen: Bewirtung der Engel durch Abraham (sog. Philoxenie). Unterhalb der thronenden Maria in der Halbkuppel der Altarnische die Messe der Engel und Kirchenväter. An den Seitenwänden die Apostelkommunion. Über dem Durchgang zum linken Seitenaltarraum (Prothesis) das Opfer Abrahams, über dem Durchgang zum rechten Seitenraum (Diakonikon) die drei Jünglinge im Feuerofen. In der Kuppel vollzieht sich die himmlische Liturgie, vor einem tiefblauen Hintergrund gemalt. Das länglich geschnittene Gesicht des Allherrschers (Pantokrator), das den Gläubigen trotz seiner majestätisch großen Augen weich anblickt, bewahrt offenbar bewußt menschliche Züge. Engel und Propheten, Symbole des alten Bundes, umgeben ihn. Maria, die zum Himmel Aufgenommene, thront zwischen Engeln und weist auf das Neue Testament hin als Symbol für das Zeitalter der Gnade. Ihr in der Rundung gegenüber vollzieht sich die Bereitung des Thrones (Hetoimasía). Die Evangelisten an den Raumzwickeln der Kuppel (Pendentifs) symbolisieren die Verkündigung des Wortes an allen vier Enden des Kosmos. Im nord-südlich gerichteten Querschiff und

Die Taufe Christi, Fresko im westlichen Kreuzarm des Perívleptosklosters

im westlichen Kreuzarm ist das Leben Jesu (Verkündigung, Geburt, Taufe, Darstellung im Tempel, Einzug in Jerusalem, Letztes Abendmahl, s. Farbabb. 10) dargestellt. Beispielhaft kann man die Verklärung auf dem Berge Tabor im Gewölbe des westlichen Kreuzarmes näher betrachten: Sie ist einbezogen in die Liturgie der Karwoche. Das länglich weichgeschnittene Gesicht Christi – ähnlich wie beim Pantokrator in der Kuppel – ist von starken Licht-Schatten-Kontrasten geprägt. Der Blick schweift am Betrachter vorbei mystisch in die Ferne. Die Gebirgsszenerie vermittelt einen Anflug von Tiefenwirkung.

Man steigt den Hauptweg zum Pantanássakloster empor und passiert links nach

ung. 200 m das **Haus der Phrangópuli.**
Wie der Name andeutet, war die Familie
fränkischer Herkunft. Als Beamte, oft in
diplomatischer Mission, dienten einige
Glieder im 14. und 15. Jh. den Despoten
von Mistra. Der Palast gleicht bis in Einzelheiten dem Haus der Laskariden.

Der gepflasterte Pfad führt weiter steil
hinauf zum **Pantanássakloster.** Man geht
an der südlichen Klostermauer entlang, die
oben durch die Fenster der Klosterzellen
und unten durch zwei Rundbogen und
eine Mauerverstärkung unterbrochen
wird. Das Kloster ist heute das einzige –
von wenigen Nonnen – bewohnte Gebäude in Mistra.

Der Stifter und Bauherr, um 1430 der
›Kanzler‹ der Despoten von Mistra, Joánnes Phrangópulos, hat gleich mehrmals, an
der Kirchennordseite und auf einem Kapitell im Inneren, seinen Namen verewigt.
Malerisch ist der Gesamteindruck der Viel-
zahl von übereinanderlagernden Kuppeln
und Halbkuppeln. Erst im Innern erkennt
man, daß hier ein Übereinander des frühchristlichen Basilikatypus und der byzanti-

nischen Kreuzkuppelkirche voll verwirklicht wurde, eine schöpferische Synthese,
der man in Mistra mehrmals begegnet. Die
Apsiden sind unten durch ein Sägezahnfries und in der Mitte durch eine gotisch
empfundene Reliefgirlande dreigeteilt (s.
Farbabb. 11). Die schmalen unteren, erst
später vermauerten Fenster laufen in Spitzbogen mit getreppter Oberkante und
fächerartigen Endverzierungen aus. Gotische Blendbogen umrahmen die Drillingsfenster des weit ins Land blickenden, vier-
stöckigen Glockenturms. Der Turm und
der anschließende Arkadengang fügen sich
zu einem stufenförmig sich aufbauenden
harmonischen Ganzen zusammen. Das
Eingangsportal von der Vorhalle (Narthex)
in das Hauptschiff ist mit pseudokufischen
Mustern, die aus der islamischen Kunst
stammen, und mit Rautenmotiven geschmückt.

In der Oberzone haben sich farbenprächtige *Fresken* erhalten, die aus der Bauzeit stammen. Obwohl sie viele Einzelheiten mit den Fresken von Perívleptos
gemeinsam haben, stehen sie doch nicht

Das Pantanássakloster ▷

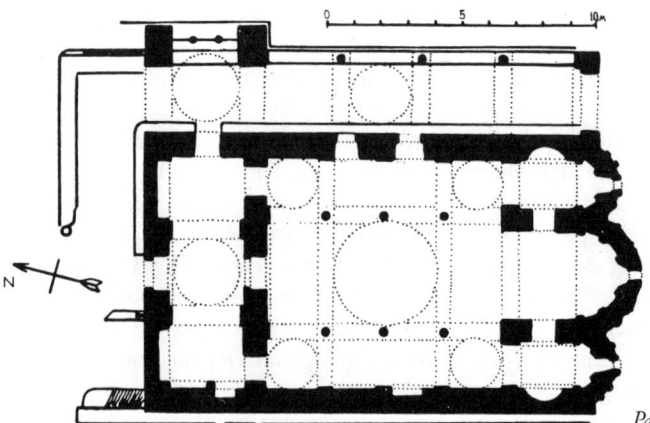

Pantanássakloster, Grundriß

auf demselben künstlerischen Niveau. Die aus Konstantinopel stammenden Maler beabsichtigten in kräftigen Strichen eine eilig, aber mit sicherer Hand gemalte, aufgeregt-pathetische Bilderpredigt, die an spätere volkstümliche Ikonenmalerei erinnert. Im Gewölbe des Südarmes sieht man die Verkündigung Mariens und Christi Geburt. Die Szene vor dem Hintergrund einer unwirklichen braungrünen Gebirgslandschaft ist Beispiel für die Farbigkeit, die Dichte der Erzählweise und die Liebe zum Detail. Im Mittelpunkt scheint Maria, deren blaues Gewand mit kräftigem Pinselstrich gleichsam nur schematisch angedeutet ist, auf ihrem Ruhebett zu schweben. Die anbetenden Engel im Hintergrund sind typisch für die Massenszenen, die ein Merkmal der frühen Pantanássafresken sind. Zu Füßen der Maria füttert ein Hirte seinen Hund. Daneben rechts ist gleich die Badeszene schwungvoll gemalt. Gewölbe im Westarm: Darstellung Jesu im Tempel, die Taufe. Im Nordarm: Auferweckung des Lazarus. Dieselben Beobachtungen wie bei der Geburtsdarstellung lassen sich hier machen: das unwirklich, kristallin gemalte Gebirge, der Schematismus des Faltenwurfs und der Körperanatomie, die Liebe zum Detail bei dem Juden, der sich vor dem stinkenden Lazarus die Nase zuhält, die Dramatik der Gestik beim auf das Grab zuschreitenden Christus. Die Auferstehung füllt das ganze Gewölbe des Altarraums mit stark bewegten Figuren. In der Halbkuppel der Apsis: Maria mit dem Kind.

Die Fresken des Untergeschosses stammen aus dem 17. Jh. Auf kleinen, heute stark nachgedunkelten und mit bloßem Auge schwer erkennbaren Bildern ist der Akathistoshymnus dargestellt, der Lobpreis auf Maria als Retterin vor den Avaren 628 n. Chr.

Bereits von der Klosterpforte von Pantanássa aus sieht man den oben abgetreppt mit Doppelziegeln betonten Bogen des wuchtigen **Monemvasíatores,** dem einzigen Durchgang zwischen der vornehmen Oberstadt und dem Wohnviertel der Unterstadt.

Oben links am Hang steht die **Nikolaoskirche.** Sie ist die einzige Kirche in Mistra aus der Türkenzeit. Typisch ist, daß das Grundschema der Kreuzkuppelkirche sich wieder dem basilikalen Langhausschema nähert. Die wenigen erhaltenen Fresken sind Beispiele der volkstümlichen Malerei des 17.–18. Jh.

Der sanft ansteigende, gepflasterte Weg nach Nordwesten führt direkt auf den größten freien Platz der Stadt – majestätisch abgeschlossen durch die fast rechtwinklig aneinanderstoßenden Flügel des **Despotenpalastes.** Neben dem Tekfur-Sarayi-Palast in Istanbul (14. Jh.) ist er, obwohl Ruine, der am besten erhaltene byzantinische Palast überhaupt. Der Platz davor diente als Versammlungs- und Gerichtsplatz, in türkischer Zeit auch als Basar, von dem ein rechteckiges Mauerfundament in der Mitte noch erkennbar ist. An der Nordostecke erinnert das Quadrat der Moschee mit rundem Minarett deutlicher an die türkische Zeit. Wenige Meter westlich davon erhebt sich bis zum Ansatz des ursprünglichen Satteldaches der *älteste Teil des Palastes,* der auf den fränkischen Gründer von Mistra, Villehardouin, zurückgeht (Baujahr nach 1250). Die schmucklose Fassade, aus Bruchstein mit grauem Mörtel gefügt, nur von wenigen

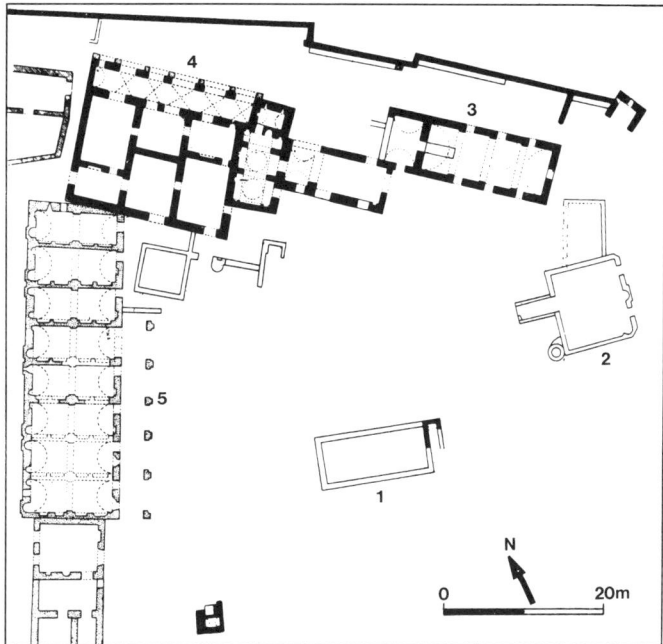

*Despotenpalast,
Grundriß
1 Basar
2 Moschee
3 Villehardouin-
   Flügel
4 Kantakuzenos-
   Trakt
5 Thronsaal-Flügel*

spitz zulaufenden Fenstern und dem typischen Balkon im Obergeschoß unterbrochen, wirkt düster-abweisend.

Westlich schließt sich der umfangreiche, nach 1348 begonnene *Trakt des Despoten Manuel Kantakuzenos* an, mit Küchenflucht, Kapelle, Turm und sechs Räumen im Obergeschoß. Während seine Fassade zur Hofseite hin einen ebenso trutzigwuchtigen Eindruck macht wie der Villehardouinbau, bietet die am besten unten von der Aphendikókirche her zu betrachtende Fassade ein freundliches Bild, durchaus vergleichbar mit frühen italienischen Stadthäusern: Eine zum Eurotastal offene sechsbogige Arkade trägt eine Balustrade mit Blendbögen. Die Türen zu dieser Galerie sind mit hochgotischem flamboyanten Maßwerk dekoriert.

Diese architektonischen Elemente übernimmt der nach 1383 begonnene *Thronsaalflügel* im Süden (sog. Chrysotriklinon). Er schließt sich fast rechtwinklig an den Kantakuzenenflügel an. Auch seine Fassade wurde durch eine nicht erhaltene Arkade mit Galerie aufgelockert, die auf nach außen sich öffnenden Gewölben ruhte. In der Mitte des Thronsaals bot ein apsidenartiger Erker im Inneren für den Baldachinthron des Herrschers Platz. Rechts und links des Thronsaals liefen noch erhaltene Steinbänke für den Hofstaat entlang. Sechs Rundfenster sorgten dafür, daß der Saal auch von oben genügend Licht bekam. Sie beleben zusätzlich die Fassade. Der 36 x 10 m große Saal war vom Untergeschoß her heizbar. Mit einiger Phantasie kann man sich in diesem sicher

245

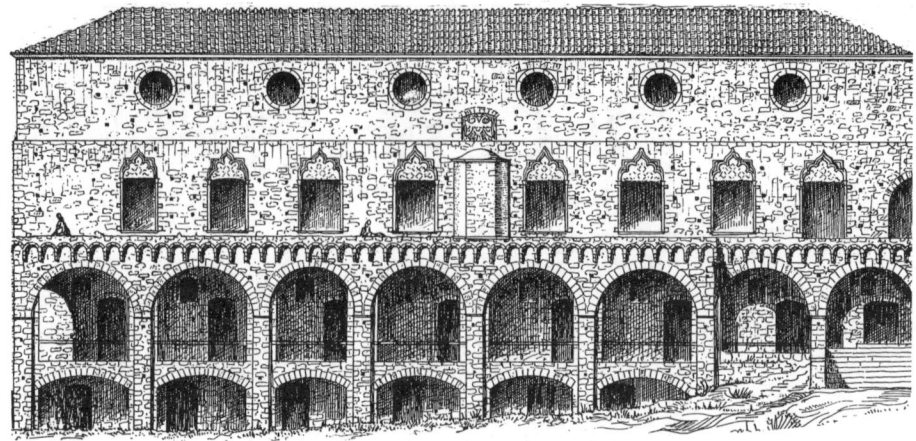

Der Thronsaalflügel des Despotenpalastes, Rekonstruktion nach Orlandos

mit Fresken, Holztäfelung und Tuchen reichgeschmückten Saal Empfänge und die Zelebrierung des raffinierten byzantinischen Hofzeremoniells vorstellen.

Man läßt das verschlossene **Náfpliotor** mit wuchtigen, zinnenbekrönten Türmen rechts liegen, wendet sich nach einem scharfen Wegknick quer zum Hang abwärts, dann nach rechts und steht nach ung. 200 m vor der **Palastkirche der hl. Sophía.** Ihr Name soll an die Hauptkirche in Konstantinopel erinnern. Vielleicht war sie ursprünglich Christus, dem Lebensspender (Zoodótes), geweiht und mit einem kleinen Kloster verbunden. Wie der Kantakuzenentrakt des Palastes wurde sie nach 1348 als eingeschriebene Zweisäulenkreuzkuppelkirche im Auftrag des Despoten Kantakuzenos erbaut. Die außergewöhnlich schlanken Proportionen der Kirche – wohl westlicher Einfluß – kommen durch mehrere Anbauten, Kapellen und Höfe aus der ersten Bauzeit nicht voll zur

Geltung. Nur in loser Beziehung zum Hauptbau steht der ehemals dreigeschossige Glockenturm, der in türkischer Zeit als Minarett diente. Die Kirche war Moschee.

Im Altarraum blickt Christus, auf tiefem Blau gemalt, majestätisch auf die Gläubigen. In der in das Rechteck des Kirchenraumes eingebundenen Südostkapelle sind Maria, die sich zum Kind herabbeugt (sog. Vlacherniotissa), und die Geburt Mariens zu sehen. Einzelheiten wie das Bad des Kindes entsprechen byzantinischer Tradition. Andere Details wie Kleidung und Architekturhintergrund weisen auf westliche Einflüsse.

Steil windet sich der Weg zur **Burg** hinauf. Die 10 x 50 m große Anlage Villehardouins, in der man trotz späterer Umbauten eine typische ›Frankenburg‹ erkennen kann, ist durch ein einziges Außentor betretbar. Es wird im Nordosten von einem schlanken hohen Turm aus spätby-

Der Despotenpalast

zantinischer Zeit geschützt. In südlicher Richtung betritt man den *äußeren Burghof* mit mehreren türkischen Gebäuderuinen. Die Mächtigkeit der in einem halbrunden Wachturm auslaufenden Südbastion mit Geschützständen aus türkischer Zeit kann man am besten von außen erkennen.

Zum Haupttor zurückgehend, gelangt man über eine Rampe auf den *inneren Burghof*. Links liegt der rechteckige, im Süden halbrund vorkragende Donjon, die Wohnung des Kommandanten. Er ist über einer gewölbten, halbunterirdischen, rund 6 m tiefen Zisterne erbaut. Wahrscheinlich war der Rundbau früher mit einem überwölbten Türmchen geschmückt. Das gesamte

Gebäude mit einer erkennbaren Brüstung erinnert an Chlemútsi (s. S. 125 f.) und gehört zur ursprünglichen Bauperiode (1249). Die Westspitze der Innenburg wird von einem fränkischen Rundturm abgeschlossen – dem höchsten Punkt der Burg mit dem besten Blick auf die Stadt und ausgedehnte Ölbaumhaine.

Man geht den gleichen Weg zurück, an der Palastkirche vorbei, biegt dann aber nach rechts ab. Nach einigen Metern Abstieg liegt rechts das älteste und größte Herrenhaus von Mistra, genannt **Palatáki** (kleiner Palast). Möglicherweise war er Witwensitz der 1450 verstorbenen Gattin Kaiser Manuels II. Palaiologos. Der Komplex besteht aus zwei schiefwinklig durch Zwischentrakte aneinandergebauten Satteldachhäusern. So entsteht ein in Mistra seltener Hof, in dem eine Zisterne Regenwasser speicherte. An das schmucklose Nordgebäude (um 1300) war ein zinnenbekrönter Turm angebaut. Die architektonischen Stilmittel sind dieselben wie beim Despotenpalast und den übrigen Herrenhäusern.

Beim Monemvasíator nimmt man jetzt den Weg abwärts nach Norden und biegt in den unteren Querweg ein. Dieser endet in dem ehemals ganz von einer Mauer umgebenen Gelände des einstigen **Vrontóchionklosters**. Es wurde um 1290 gegründet und von den byzantinischen Kaisern reich beschenkt. So konnten auf dem Klostergelände gleich zwei prachtvolle Kirchen gebaut werden: 1290 die Kirche der Ájii Theódori als Grabeskirche und 1310 als Klosterhauptkirche (Katholikón) die Odejétriakirche.

Die stark von der Architektur Konstantinopels, aber auch vom Westen beeinflußte **Kirche der Odejétria,** genannt auch **Aphendikó** (Gebieter), diente der späteren Kirchenarchitektur von Mistra als Vorbild. Sie ist eine zweistöckige eingeschriebene Kreuzkuppelkirche, die von Konstantinopel das aufwendige System von insgesamt sechs Kuppeln übernommen hat (s. Farbabb. 5). Das Untergeschoß, eine Flucht von zwei Arkaden, erhebt sich über dem Grundriß einer dreischiffigen Basilika. Im zweiten Stock erst tragen Bogenstellungen und Gewölbe die Kuppeln. So entsteht ein einzigartiger lichtdurchfluteter Raum, geprägt durch das Wechselspiel von Gewölben, Bogen und Kuppeln. Westlichen Einfluß verrät der dreigeschossige Glockenturm. Von Blendbögen umrahmt ruhen seine Fensterbogen auf schlanken Marmorsäulen, deren Weiß lebhaft mit den grau-braunen Mauerquadern kontrastiert.

Vier Seitenkapellen wurden an die Kirche angebaut (zeitweise verschlossen). Die *nordwestliche Kapelle* ist Grablege des auf einem Fresko als Mönch und Despot dargestellten Theodoros II. Palaiologos. Das Gesicht trägt individuelle Züge. An der Westwand ist das Stifterbild des Archimandriten, d. h. Klostervorstehers, Pachomios teilweise erhalten; er überreicht das Kirchenmodell der Jungfrau Maria. Darüber schwebt der Chor der Märtyrer. Der Maler verwendet wie bei den Evangeliumszenen in der Vorhalle (s. Farbabb. 9) weiche, vielfach abgeschattete Farbtöne. Die unrealistisch typisierten Gesichter mit tiefliegenden, engstehenden Augen sind mit der Malweise des italienischen Künstlers Cavallini (1250–1338) verglichen worden.

An der Wand der *Südwestkapelle* sind Abschriften kaiserlicher Schenkungsurkunden (Chrysobulle) zu sehen. Vier lebhaft bewegte Engel betonen das Kreisrund der Kuppel. In kräftigen Strichen und starken Farbkontrasten sind die Gewänder dargestellt.

Die Südhalle, ursprünglich ein Säulengang, wurde Grablege von Vornehmen. Sie waren an den Wänden abgebildet. Erhalten sind nur noch wenige Gewandreste. Dargestellt in der Kapelle ist u. a. in flüchtigem Stil und leuchtenden Farben mit Parallelen in Bulgarien und Rußland der Marientod, Zacharisszenen, die Geburt Jesu.

Die anschließende *Südostkapelle* birgt eine Darstellung aus dem Jahre 1366 der drei Kirchenväter Joánnes Chrysóstomos, Basilios und Gregor von Nazianz. Der

gelehrte Joánnes Eicháites (11. Jh.) ent-
scheidet über ihre Rangstellung.

Das untere Stockwerk war ursprünglich
ganz mit farbigem Marmor verkleidet, der
auch den Rahmen für die teilweise gut
erhaltenen Heiligen- und Märtyrerdarstel-
lungen bildete. Der Maler versucht, mit
kräftigem Pinselstrich die Gesichter individuell zu gestalten. Im Altarraum über einer
Doppelreihe von Kirchenvätern die in diesem Bereich häufige Apostelkommunion,
im Gewölbe der Apsis die Himmelfahrt,
darunter – nach der Ordnung der Evange-
lienlesungen – der ungläubige Thomas und
die Erscheinung vor den elf Jüngern, in der
Halbkuppel der Apsis die thronende Maria
zwischen zwei Engeln (stark beschädigt).
In der Wölbung zwischen Altarraum und
Kuppelöffnung ist rechts die Geburt Christi gut erhalten. Wie in der Geburtsszene in
der Pantanássa sind mehrere Einzelszenen
malerisch zu einer Gesamtkomposition
zusammengefaßt. Die Personen sind klein
und wirken unbedeutend im Rahmen des
Gesamtbildes.

Die zweite Kirche des Vrontóchionklosters, die **Kirche der Ájii Theódori,** war
ursprünglich Hauptkirche und wurde erst
nach Vollendung der Aphendikókirche
Grabeskirche. Inschriftlich kann ihre Bauzeit ziemlich genau zwischen 1290 und
1295 bestimmt werden. Sie gehört zum
oktogonalen Typ der Kreuzkuppelkirche,
der zuerst auf der Peloponnes in Christianú (s. S. 218 f.) ausgebildet wurde und
viele Parallelen hat, u. a. Ósios Lukás in
Böotien und Kloster Daphni bei Athen.
Nach der heute anerkannten Frühdatie-
rung der Ajía Sophía in Monemvasía –
ebenfalls eine oktogonale Kreuzkuppelkirche – war diese das Vorbild der Ájii

Die Kirche der Ájii Theódori

Kirche der Ájii Theódori, Grundriß

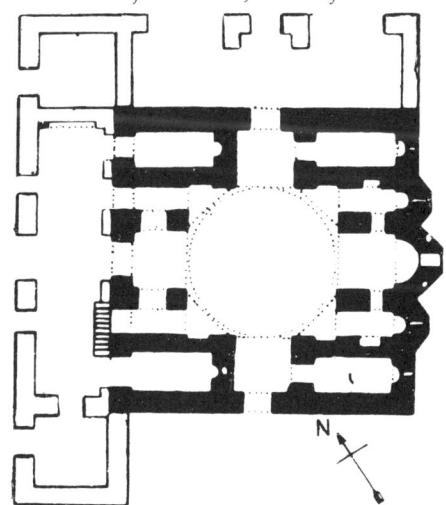

249

Theódori. Die Vorhalle (Narthex) wurde später wohl nach dem Modell der Aphendikókirche hinzugefügt (verschlossen). Sie verdeckt den ursprünglich monumentalen Eindruck der Westfassade mit fünf Portalen. Die gewaltige Kuppel, die den gesamten Raum bis zu den Mauern der Seitenflügel überspannt, erzeugt einen geschlossenen Raumeindruck, der zu Sammlung und Andacht einlädt. Vier Fenster in der Kuppel fluten ihn mit Licht. Einen ähnlichen Raum finden wir nur noch in der Ajía Sophía in Monemvasía, die ja Vorbild der Theodoroskirche gewesen war. Dem Architekten stellte sich das Problem, die gewaltige oktogonale Kuppel organisch in den Gesamtbau einzubinden. Es wurde durch ein treppenartiges Ansteigen der Dächer im Westen und Osten bis zum Ansatz des Tambours gelöst. Auch das leicht geschwungene Dach des Querschiffes reicht bis zum Tambouransatz. Es gibt keine ›Kuppelsymphonie‹ wie bei der Pantanássa. Der Eindruck der Höhe wird durch starke Betonung der Horizontalen an der Fassade gemildert. So ist die Ostfassade in fünf breite Zonen gegliedert.

Von der plastischen Ausgestaltung der Kirche ist der Steinsims an der Basis des Tambours hervorzuheben. Im Flachrelief werden Traube und Rebe auf halbrundem Profil dargestellt – uralte Symbole des Abendmahls.

Die *Fresken* aus der Zeit des Kirchenbaus sind sehr schlecht erhalten. Gut sichtbar ist der Verkündigungsengel an der Trennmauer zwischen Altarraum und linkem Altarseitenraum (Prothesis). Rechts vom heutigen Eingang ist ein Soldatenheiliger in Überlebensgröße erhalten. Die Gesichter erscheinen schematisch und

hart, doch ist die Kleidung in warmem Rot-Braun lebendig wiedergegeben. Die Bilder der Nordostkapelle mit der Darstellung eines Manuel Palaiologos, der zur Muttergottes betet, sind ohne künstliche Beleuchtung kaum erkennbar.

Man wendet sich auf dem Hauptweg dem Ausgang des Geländes zu und gelangt nach wenigen Metern zu der am Hang gelegenen **Evangelístriakirche** – eine in Mistra häufige eingeschriebene Zweisäulenkreuzkuppelkirche wohl aus dem 15. Jh. (z. B. Ajía Sophía, Perívleptos). Der Nordgiebel des Seitenarmes ist als Prospekt für den aus dem Tal hinaufsteigenden Besucher mit reicher Ziegelornamentik ausgestattet, die vor allem an die Ajía Sophía erinnert, von der die Evangelístria mehrere Anleihen übernommen hat, etwa den gewölbten Narthex mit Frauenempore, dessen Dach sich nicht erhalten hat. Ein Anbau im Westen, an den sich eine Bogenstellung anschließt, war wohl einst Beinhaus. Der Tympanon mit Zwillingsbögen und einem breiten Band mit wellenförmiger Ziegelornamentik gehörte zu einer tieferliegenden Arkadenstellung, die an der Friedhofsmauer entlanglief. Bemerkenswert ist der von einheimischen Handwerkern gefertigte Skulpturenschmuck der Kirche: Fast schablonenhaft ist der Kubus der Kapitelle mit symmetrisch angeordneten Pflanzenornamenten, Quadraten und Kreuzen bedeckt. An den Ecken ragen dicke Wulste wie Fichtenzapfen hervor. Die Ranken, Palmetten und Lilien setzen sich in den ausladenden, als umgekehrte Kegelstümpfe geformten Gewölbeansätzen (Kämpfern) fort.

Die schlecht erhaltenen Fresken aus dem Beginn des 15. Jh. ahmen ältere Vorbilder nach. Die Malereien an der Ikonostás wurden erst Ende des 19. Jh. angebracht. Gut erhalten ist der hl. Polykarp in rötlichem Braun auf grünem Hintergrund am Bogen zwischen Altarraum und linkem Altarseitenraum, der Prothesis. Im Altarraum: thronende Maria, darunter Apostelkommunion und Christus als Lamm Gottes zwischen Engeln.

Die letzte Station des Rundganges ist die dem hl. Demetrios geweihte **Metropolis** mit ihrem auffallenden, dreistöckigen, wuchtigen Turm aus Bruchstein. Er stammt aus dem 15. Jh., während die ursprüngliche dreischiffige, holzgedeckte Basilika nach einer Inschrift 1291 durch den späteren Metropoliten Nikephoros erbaut wurde. Vorbild war die Nikonbasilika in Sparta (s. S. 229). Am Mauerwerk der Südmauer hebt sich unterhalb der jetzigen Kuppeln deutlich ein zweiter Bauabschnitt teilweise aus Bruchsteinen und bemalter Ziegelarchitektur ab. Anfang des 15. Jh. hat ein Bischof namens Matthäos fünf Kuppeln, die Frauenempore und die westliche Vorhalle sowie einen kleinen Bischofspalast hinzufügen lassen, der 1754 durch den arkadengeschmückten Hof erweitert wurde. In seiner Mitte steht ein antiker Opferaltar wohl aus hellenistischer Zeit mit sich verjüngender kannelierter Basis. Die östliche Vorhalle stammt wohl ebenfalls aus der Zeit des Umbaus.

Der reiche, teilweise schlecht erhaltene *Freskenschmuck* wurde von verschiedenen Malern Ende des 13. bis in die erste Hälfte des 14. Jh. gemalt. Qualität und Stil sind unterschiedlich. Die Fresken im nördlichen Schiff und dem Altarseitenraum (Prothesis) sind den Heiligen Demetrios und Nestor gewidmet. Sie wurden in konservativer Manier Ende des 13. Jh. gemalt, wahrscheinlich diente das byzantinische, nach Monaten geordnete Heiligenbuch (sog. Menologion) als Vorbild. Die Farben sind kräftig; Grünblau und Rotbraun herrschen vor, die Bewegungen sind starr, die Gewandfalten wirken wie gefroren, die Körperformen sind oft nicht richtig proportioniert. Die Märtyrer und Heiligen – teilweise wie bei Tragikonen in Medaillons eingerahmt – sind individuell gezeichnet.

Das Gewölbe der Vorhalle und Teile der Wände wurden etwas später, Anfang bis Mitte des 14. Jh., bemalt. Mit Liebe zu oft drastischen Details meistern ihre Schöpfer große Szenen auf rotumrahmten Feldern, so etwa die raumgestaffelte Hetoimasia, die Vorbereitung des Thrones, über der Außentüre. Die Farben sind abgetönt, die Gestalten wirken lebendig, wie z.B. die von Schlangen umwundenen Sünder im jüngsten Gericht. Es ist die Blütezeit des Palaiologenstils an der Wende zum 14. Jh. Dargestellt sind in der Wölbung der Vorhalle das jüngste Gericht, die Hölle (Ostwand) und in der unteren Zone an der Nordwand Konzilien.

Wendet man sich in das Hauptschiff, so erkennt man in der im 15. Jh. erneuerten Kuppelzone Fresken aus dem 17. und 18. Jh. (Christus Pantokrator, Apostel) mit der für diese Zeit typischen Starrheit. Die Darstellung der ›Herrin Maria‹ mit dem Kind (Kryótissa) in der Apsis gehört noch dem 13. Jh. an, ist aber restauriert, ebenso einige Propheten und Bischofsgestalten.

Ein großer Verlust ist die Zerstörung der oberen Hälfte der Bilderfolge vom Leben Jesu über den Arkaden. Die Dichte der Erzählkunst ist heute noch erkennbar.

Das südliche Seitenschiff mit dem Altarseitenraum (Diakonikon) ist Cosmas und Damian geweiht und wurde ebenfalls noch im 13. Jh. ausgemalt. Der Palaiologenstil kündigt sich an. Licht und Schatten sind in den flatternden Gewändern mit kräftigen Farben deutlich abgesetzt, die Gestalten raumfüllend gruppiert. Bestes Beispiel ist das Bild des majestätischen Christus, den die Engel anbeten, und die Vorbereitung des Thrones (Hetoimasia) in der Wölbung des Diakonikon. Gut erhalten und gut sichtbar sind die Szenen aus dem Marienleben und dem Leben Jesu im Gewölbe des Südschiffes.

Fresko im Narthex der Metropolis, Detail aus dem Jüngsten Gericht: Der Engel schlägt das Buch des Lebens auf

☐ Das Museum der Metropolis

(8.30–15 Uhr geöffnet außer montags) Das Museum besitzt reichhaltige Sammlungen byzantinischer Steinschneide- und Kleinkunst. Leider ist die Herkunft der Ausstellungsstücke unvollkommen angegeben. Kein Katalog. Neben Architekturfragmenten und Gemälden sind Alltagsgegenstände ausgestellt: teilweise handwerklich hochwertige Elfenbeinarbeiten, Bronzeschnallen und Goldringe, Keramikfragmente und Lampen. Seltenheitswert besitzt das jetzt bräunliche Gewebe einer Frauentracht (17. Jh.?).

Jeráki (Γεράχι)

Touristische Hinweise: mehrmals täglich Busse von Sparta; Übernachtungsmöglichkeit nur in Privatquartieren.

Jeráki (ca. 1600 Einwohner) liegt in einer von ausgedehnten Ölbaumhainen und Zypressen bestandenen Ebene. Die Gegend war bereits in der Jungsteinzeit bewohnt. Spuren von Kyklopenmauern aus dem 2. Jt. v. Chr. finden sich auf dem Festungshügel. Vom antiken Geronthrai mit einem Ares- und Apollontempel zeugen nur die vielen, in die Kirchen verbauten Spolien. Die von Pausanias im 2. Jh. n. Chr. erwähnte Siedlung stand ganz unter dem politischen Einfluß Spartas. Die 1936 untersuchten Fundamente einer frühchristlichen Basilika beweisen (beim Dorfbrunnen nur wenige Spuren mehr sichtbar), daß hier im 5. Jh. eine wohlhabende christliche Gemeinde lebte. Ganz spärlich sind die Nachrichten aus der mittelbyzantinischen Zeit. Nach dem vornehmen, grundbesitzenden Byzantiner Hierax (daraus: ›Jeráki‹) wurde wohl der heutige Ort benannt. Nach 1205 wurde die Gegend als fränkische Baronie heftig umkämpft, bis es Guy de Nivelet durch den Bau der Festung 1254 gelang, seine Herrschaft zu festigen. Der Bau von sechs Kirchen im 11.–13. Jh. läßt auf eine wohlhabende Bevölkerung in dieser Zeit schließen. Der Aufstieg von Mistra im 14. Jh. ließ Jeráki in den Hintergrund treten.

Für die Kunstgeschichte ist Jeráki vor allem wegen seiner vor den Bauten von Mistra entstandenen, qualitätvollen Monumente aus der Komnenenzeit des 12. Jh. von Bedeutung. Außerdem finden sich hier hervorragende Beispiele für die spätere Mischung fränkischer und byzantinischer Stilmittel.

☐ Rundgang

Ein Rundgang ist nur mit einem im Ort wohnenden, staatlich besoldeten Führer lohnend, der die Kirchen aufschließt. (Im Kafenion nach dem ›Fílakas‹ fragen. Für das Kastro ist ein besonderer Führer angestellt.)

Am südöstlichen Rand des Dorfes liegt an einem Feldweg die eingeschriebene Vierpfeilerkreuzkuppelkirche des **Ájios Sózon** (erbaut um 1200). Wuchtige Marmorblöcke, teilweise mit Inschriften, sind unregelmäßig in das Bruchsteinmauerwerk verbaut. Rechts und links des Haupteingangs sind zwei Kämpferkapitelle mit Kreuzzeichen im Kreis aus einer älteren Kirche (der frühchristlichen Basilika?) integriert. Der charakteristische Ziegeldekor byzantinischer Kirchen ist erst in der Oberzone stärker vertreten: Hier wirken die Giebel des Querschiffes schon beinahe überladen mit gemusterten Ziegelbändern.

Der teilweise gut erhaltene *Freskenschmuck* (erste Hälfte 13. Jh.) ist das Werk einer provinziellen Malschule, die die statischen Stilmittel der Komnenenzeit verwendet. Nur in wenigen Gesichtern kündigt sich bereits die Bewegtheit, das Licht-Schattenspiel des Palaiologenstils (13./14. Jh.) an. Hier seien nur die besterhaltenen Bilder genannt: in der Halbkuppel der Apsis: Maria, die ›den Himmel umfassende‹ (Platitéra), das Jesuskind haltend. Darunter die Apostelkommunion. Über dem Zwillingsbogenfenster das Mandylion (eine Andeutung auf die Abendmahlsstreitigkeiten im 12. Jh.). Das Mandylion ist das Schweißtuch, das Christus nach der Legende dem König von Edessa gesandt haben soll. Hier ist es mit Querstreifen reich dekoriert. Schlecht erhalten unter dem Apsisfenster der Melismós, die Darstellung des Gotteslammes.

Eine der besterhaltenen Szenen befindet sich an der Nordwand über dem Seiteneingang. Es ist die apokryphe, d. h. nicht in den Evangelien erwähnte Darstellung der Speisung Mariens durch einen Engel. Die fast kühle Symmetrie der schmalen Gesichter wird hier besonders gut deutlich. Dieselbe Beobachtung läßt sich auch bei der gut erhaltenen Darstellung der Flucht nach Ägypten darunter machen. Gegenüber, an der Südwand, die Geburt Mariens. Das Ruhebett der hl. Anna scheint zu

Maria in Ägypten (Aigyptíaka), Fresko im Nordschiff der Nikolauskirche

Christus-Fresko in der Kirche der Panajía Evangelístria

schweben. Arm und Hand sind dünn und überlang gezeichnet. Spannung liegt in der Darstellung des zwölfjährigen Jesu im Tempel. Im Tambour sind Engel und Propheten der Hetoimasia, der Bereitung des Thrones, zu erkennen.

Die zweischiffige, schlichte, tonnengewölbte Kirche des **Ájios Nikolaos** (letztes Viertel des 13. Jh.) besitzt nur in der Apsis des nördlichen Schiffes ein kleines Fenster.

Nur mit Hilfe einer breitstrahlenden Taschenlampe lassen sich die vorzüglichen Fresken im dunklen Nordschiff betrachten. Sie wurden in der frühen Palaiologenzeit, wohl von Künstlern aus Konstantinopel, gemalt. Einzige erkennbare zusammenhängende Szene ist die Kreuzigung an der Südmauer der Wölbung. Am besten

erhalten ist die asketische Gestalt der Büßerin Maria in Ägypten (Aigyptíaka) an der Rückseite der gemauerten Chorschranke. Porträthaft ist ihr Gesicht gestaltet in starken, leider verblaßten Farbkontrasten – typisch für den Palaiologenstil. Schlechter zu erkennen ist die bartumwallte Gestalt des ägyptischen Abtes Zosimos, der Maria den Kelch reicht. Teilweise sind hier nur die zeichnerischen Konturen sichtbar. Gut erhalten ist das bärtige Antlitz des hl. Lávros an der Ostseite der Apsis in für die Palaiologenzeit typischen starken Farbkontrasten.

Links an der zur Festung führenden Straße liegt an einem freien Platz die **Kirche des hl. Athanasios** (12. Jh.). Plan und Bauweise mit Spolien gleichen bis in Einzelheiten der Ájios Sózonkirche. Nach ihrem Vorbild wurde sie auch 1964 restauriert. Die wenigen erhaltenen Bilder werden als volkstümliche Malerei der Palaiologenzeit ins 14. Jh. datiert. Typisch ist die Gestalt des hl. Athanasios an der Nordwand. Der kahle Schädel ist überlang, das Gesicht mit hervorquellenden Augen kaum modelliert, der Bart nur mit dicken Strichen angedeutet. An der Nordwand des Ostflügels ist das häufig wiederkehrende Motiv des gierigen Judas, der nach den Fischen greift, ins Absurde gesteigert: Er scheint in seiner Gier über dem Tisch zu schweben. An der südlichen Mauer des Ostflügels die apokryphe Darstellung Mariens im Tempel.

Am Nordende der Ortschaft steht links am Hang die einschiffige, schlichte, tonnengewölbte **Ájios Joánnes Chrysóstomos-Kirche** aus dem 13. Jh. 1450 wurde die Kirche durch den Priester Kontoleon restauriert, wie eine Inschrift bezeugt. Eine mächtige Marmorplatte mit dem ›Höchstpreisedikt‹ des Kaisers Diokletian (301 n. Chr.) bildet den Türsturz. Das Edikt schrieb Höchstpreise für Nahrungsmittel und andere lebenswichtige Güter fest, um die Inflation im römischen Reich zu bekämpfen. Obwohl in dieser Form an mehreren Orten bekanntgemacht, verfehlte es gänzlich seine Wirkung. Links vom Eingang steht ein ca. halber Meter hoher, runder antiker Opfertisch mit sich verjüngendem kanneliertem Sockel.

Der fast vollständig erhaltene *Freskenschmuck* (um 1300) atmet noch die künstlerische Tradition der Komnenenzeit, weist aber durch den lebendigen Realismus der ausdrucksvollen Gesichter in die Palaiologenzeit.

Dargestellt sind 14 Szenen aus Evangelien und Apokryphen und 45 Heilige und biblische Gestalten, teilweise in kreisrunden Rahmen. Nur auf die besterhaltenen Bilder sei hingewiesen: In der Halbkugel der Apsis Maria Platitéra auf leuchtendem Blau gemalt. Darunter der Melismós – Christus auf einer flachen Schale als geopfertes Gotteslamm. Südliches Gewölbe vor dem Altarraum: der zum Himmel auffahrende Christus in konzentrischen blauen, die Himmelssphären andeutenden Kreisen, getragen von Engeln. Es folgen: Erweckung des Lazarus, Hypapante (Begegnung Symeons mit dem Jesuskind), Maria im Tempel, Verrat, Palmsonntag mit der Darstellung eines halbnackten Knaben. Die Genitalien sind deutlich sichtbar – ein äußerst seltener Realismus in der byzantinischen Malerei. Gegenüberliegende Gewölbenordwand vom Altarraum her: die Verklärung mit lebhafter Mimik der erschrockenen Jünger. Marientod: Christus in Gloriole trägt ihre Seele zum Himmel. Bewachung des Grabes mit lebhafter Blicksprache. Abstieg zum Reich der Toten (schlecht erhalten).

Etwa 200 m oberhalb der Chrysóstomoskirche liegt die **Kirche der Panajía Evangelístria** am Ostrand des Dorfes. Die nur 4,6 x 6,4 m große, einschiffige eingeschriebene Kreuzkuppelkirche mit sehr weit hochgezogenem Tambour ist die älteste von Jeráki (Ende 11., Anfang 12. Jh.). Wie bei den übrigen Kirchen von Jeráki sind in dem mit Ziegeln durchsetzten Bruchsteinmauerwerk reichlich antike Bauteile verwertet, darunter eine Triglyphe unterhalb des Südfensters.

Die meisten der guterhaltenen, 1970–1978 restaurierten *Fresken* sind in der zwei-

Die Kirche der Panajía Evangelístria

nes Christi durch die Engel. In den zur Kuppel überleitenden Pendentifs die vier Evangelisten. Das ernste, ausdrucksvolle Philosophengesicht des Evangelisten Lukas weist frühe Züge des Palaiologenstils auf. In der Apsis Maria mit dem Kind ohne die sonst hier erscheinenden dienenden Engel. Darunter vier Hierarchen. Die gemauerte Chorschranke ist mit weiteren Hierarchen geschmückt. Links von der mittleren ›schönen Pforte‹ Maria mit dem Kind (schlecht erhalten) und Christus. Herrlich leuchtend in den Farben ist die wohl erst im 13. Jh. entstandene Höllenfahrt an der Nordwand. Jedes Antlitz ist individuell gestaltet. Diese Beobachtung gilt auch für die Himmelfahrt in der Wölbung über dem Altar. Mit in ergebener Haltung geöffneten Händen empfängt Maria die Speisung durch den Engel (Südwand). Hingewiesen sei auf die besondere Art der Mäandrierung, die häufig zwischen den Fresken als Fülldekor erscheint. Durch verschiedene Länge der Linien bilden sich Kreuze (sog. Swastika-Mäander).

ten Hälfte des 12. Jh. entstanden, einige – vor allem der Abstieg ins Reich der Toten – erst Ende des 13. Jh. Die sehr qualitätvollen Arbeiten, die kühle Eleganz ausstrahlen, wurden wohl von Künstlern aus der Hauptstadt Konstantinopel geschaffen. Sie stehen noch in der Tradition der Komnenenzeit des 12. Jh., besonders der majestätische Christus Pantokrator in der Kuppel. Der Schmuck des Gewandes, der edelsteinbesetzte Strahlenkranz, der breite, ornamentale Rahmen haben viele Parallelbeispiele. Darunter im Kuppelzylinder Propheten, zwei davon in kaiserlicher Tracht (wohl David und Salomon), und die sog. Hetoimasia – die Bereitung des Thro-

☐ Die fränkische Festung

Die etwa 1,5 km vom Dorf entfernte Festung muß zu Fuß erobert werden – eine Stunde sollte man für den Aufstieg einplanen. Die Festung und Nekropole wird von einem Wächter (im Dorf nach ihm fragen) betreut, der einige der Kirchen rund um den Burgberg aufschließt. Sie sind interessante Beispiele für die Mischung fränkischer und byzantinischer Stilelemente.

1254 erbaute der französische Baron Guy de Nivelet auf einem Bergrücken 2 km südöstlich eine relativ kleine Burg (125 x 60 m), deren schmuckloses Bruchsteinmauerwerk sich ganz dem Bergrücken anschmiegt. Er war nicht so uneinnehmbar wie der steile Fels von Mistra, aber leicht zu verteidigen. Vor allem die Südmauer mußte durch zwei Vierecktürme verstärkt werden. Die Zinnen und der innere Wehrgang, dessen Nischen und Arkaden offensichtlich auch ästhetischen, nicht nur militärischen Zwecken dienten, sind teilweise gut erhalten. An den Konsolen unterhalb der Zinnen ist erkennbar, daß zwischen ihnen in regelmäßigen Abständen vierekkige Wachttürmchen angebracht waren. Die über eine Rampe zugängliche Burg scheint weder eine zweite Mauer noch einen Donjon besessen zu haben.

Unterhalb der Burg und auf dem langen Bergsporn entwickelte sich eine heute vollkommen verlassene, unbefestigte Siedlung, deren festungsartig erscheinende, mächtige Hausruinen noch nicht genügend untersucht sind.

Gleich am Fuß des Ruinenfeldes steht links die einschiffige **Kirche der hl. Paraskeví.** Während außen an der nur mit einem Sägezahnband geschmückten Apsis keine fränkischen Einflüsse zu entdecken sind, erscheinen die volkstümlich-provinziell anmutenden Skulpturen an der Kalksteinumfassung einer Gebetsnische (sog. Proskinetári) fränkisch beeinflußt. Dies gilt vor allem von den wappenähnlichen Tierdarstellungen über dem Spitzbogen und den Scheiben unterhalb der Konsole. Die unbedeutenden Fresken stammen aus dem 15. Jh. (nördliches Gewölbe: Heilung des Lazarus; südliches Gewölbe: Geburt Jesu; Engel und Heilige). Unterhalb der zur Burg führenden Rampe liegt die einschiffige, gewölbte **Kapelle der Zoodóchu Pijís,** der lebensspenden Maria, mit später

Fränkischer Türbogen an der Kapelle der Zoodóchu Pijís

hinzugefügtem Narthex (jetzt ohne Dach). Sie zeigt fränkische Architekturformen, vor allem mit Kästchen und Dreiecksbändern geschmückte Spitzbögen; vielleicht wurde sie noch vor dem Burgbau 1254 errichtet.

Die Kirche des **Ájios Geórgios tu Kástru** im Burghof ist eine dreischiffige Basilika, deren Südschiff und Vorhalle wohl in einer zweiten Bauphase nach 1260 errichtet wurden. Baron de Nivelet hat nach 1254 zwei Schiffe als Burgkapelle erbauen lassen, das eine diente wohl dem griechisch-orthodoxen, das andere dem römisch-katholischen Gottesdienst. Beim Fest des Kirchenpatrons versammelt sich

Marmorne Gebetsnische (Proskinetári) der Kirche des Ájios Geórgios tu Kástru

hier noch heute das Volk zu einem berühmten Kirchenfest. Die Schiffe sind durch Arkaden verbunden. Ein Kleinod aus der Frankenzeit ist die marmorne Gebetsnische (Proskinetári) in der Giebelform des gotischen Tabernakels – heute mit einer Ikone aus dem 19. und 20. Jh. Die Wappen unter der Giebelspitze und rechts und links vom Profilbogen sind noch keinem fränkischen Geschlecht eindeutig zugewiesen. Die Lilien könnten auf die Anjous hindeuten. Islamischer Einfluß bei den Mond- und Sternensymbolen ist unwahrscheinlich. Die aus dem 15. Jh. stammenden Fresken sind provinziellvolkstümlich.

Die kleine, einschiffige **Taxiarchenkirche** (2. Hälfte 13. Jh.) auf dem Bergsattel ung. 200 m südlich der Burg besitzt einen sehr schönen Eingang. Der Spitzbogen ist mehrfach abgestuft und geziert mit kleinen knopfartigen Erhebungen, Perlenschnüren und Zickzackbändern.

Monemvasía (Μονεμβασία)

Touristische Hinweise: Schnellboote zwischen Piräus und Neápolis im Sommer mehrmals täglich, mehrmals wöchentlich Fährschiff Piräus-Kreta, mehrmals täglich Busse von Sparta. Die Hotels sind im Sommer ausgebucht. Empfehlenswert sind die zwei Hotels in der Unterstadt. Mit dem Auto kann Monemvasía auf einer nur bis Jeráki landschaftlich reizvollen Straße über Skála und Mólai erreicht werden oder auf der E 961 Sparta–Jíthio. Auf dieser in Chánia links abbiegen. Die Straße führt durch ein eintöniges Sumpfgebiet.

☐ Gestern und heute

Auf dem imposanten, bis 300 m hohen, von Mineralien rot gefärbten Kalksteinfelsen im Meer – ursprünglich nur durch eine Brücke mit dem Festland verbunden – thronte schon in mykenischer Zeit eine Burg. Mindestens seit 582 war er Rückzugsgebiet vor den Slaven und während der gesamten byzantinischen Zeit besiedelt. In der byzantinisch-mittelalterlichen Blütezeit Monemvasías im 14. Jh. wurde auch das Festland im heutigen Ortsteil Jéfira Wohngebiet. Aus dieser Zeit haben sich nur die Lage der Hauptkirchen, der Hauptplätze, die Straßen- und Mauerführung, einzelne Architekturteile und als einziges Bauwerk die Ajía Sophía in der Oberstadt erhalten. Immer wieder wurde der ›durch ein Tor zugängliche‹ (d. h. Monemvasía) Ort von Piraten überfallen. Eine kurze fränkische Zwischenperiode hinterließ keine Spuren. 1460–1540 soll Monemvasía unter den Venezianern als ›Napoli di Malvasia‹ 40 bis 50 000 Einwohner gezählt haben. Seit damals erzeugt man hier den berühmten Malvasierwein. Auch auf diese Periode gehen keine erhaltenen Gebäude zurück, ebensowenig auf die Türkenzeit (1540–1690; 1715–1821), von den Resten der Moschee auf dem Hauptplatz abgesehen. Die Türkenzeit brachte einen wirtschaftlichen Rückschritt mit sich, da der Weinanbau verboten wurde. Das heutige Erscheinungsbild des Ortes ist wesentlich von der intensiven kurzen Bauperiode der Venezianer 1690–1715 geprägt, die byzantinische Stilelemente aufnahmen. Auch nachdem der ›heilige byzantinische Fels‹ von den ausgehungerten Türken den Griechen übergeben worden war, blieb Monemvasía ein bedeutungsloses Städtchen, obwohl einige reiche, landbesitzende Familien hier ihren Wohnsitz hatten (aus der Familie Ritsos stammt der 1909 in Monemvasía geborene Dichter Jannis Ritsos). 1911 verläßt die letzte Familie die Oberstadt, die Unterstadt ist fast menschenleer.

Blick auf die Unterstadt von Monemvasía

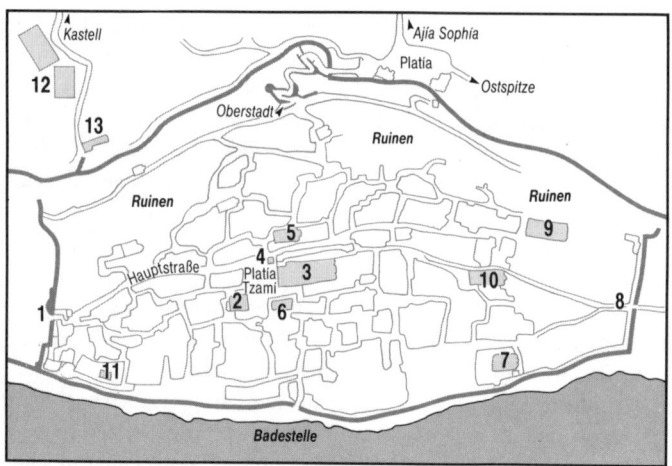

Monemvasía *1 Haupttor 2 Moschee 3 Christós Elkómenos-Kirche 4 Campanile 5 Panajía Mirtidiótissa 6 ehemalige Bischofsresidenz 7 Panajía Chrisafiótissa-Kirche 8 östliche Mauerbresche 9 Hotel 10 Ájios Nikolaos-Kirche 11 Stellákishaus 12 Zisternen 13 Gebäude des Kommandanten*

Durch den Besuch vor allem griechischer Touristen sind sowohl Jéfira auf dem Festland als auch Monemvasía heute wieder belebter. Die Auflage, die historischen Häuser originalgetreu zu renovieren, können nur wohlhabende Käufer aus dem In- und Ausland erfüllen. Monemvasía – noch ohne Infrastruktur – wird wohl nur als Ferienort überleben können. Eine Künstlerkolonie scheint im Entstehen, die den romantischen Reiz der Stadt auf dem Felsen in Gemälden, Aquarellen und Zeichnungen einzufangen sucht.

☐ Rundgang durch die Unterstadt

Vom Ortsteil Jéfira gelangt man über einen Damm zum Eingangstor von Monemvasía. Auf dem Weg sind Reste von Befestigungsmauern auf dem Fels zu entdecken. Die sich 200 m weit nach oben ziehende Westmauer wurde in türkischer Zeit aus grobkörnigem Sedimentgestein wenig imposant zwischen zwei Bastionen errichtet. Typisch venezianisch ist der sich parallel zum Gelände ziehende Zierwulst.

Das tonnenüberwölbte **Eingangstor** aus venezianischer Zeit ist mit Zierleiste und Reliefornamenten ungewöhnlich reich dekoriert. Das eisenverstärkte, aus starken Bohlen gefügte Türblatt zeugt von heftigen Kämpfen.

Auf altem Kopfsteinpflaster spaziert man auf der Haupt- und Marktstraße bis zur **Platía Tzamí.** Die zweistöckigen, teilweise restaurierten Fassaden der Handelshäuser rund um die Platía erheben sich über Gewölben, in denen Laden, Werkstatt oder Magazin untergebracht waren. Eine Hintertreppe führte zu den Wohnräumen im ersten Stock. Die Platía ist nach der **Moschee** *(Tzamí)* benannt. Das Gebäude mit quadratischem Grundriß war ursprünglich eine Petroskirche (16. Jh.), dann erst Moschee. Demnächst soll ein Museum in den überkuppelten Bau einziehen. Der um 1697 errichtete, nach Art eines italienischen Campanile freistehende, zweistöckige, sich verjüngende Glockenturm besitzt mit Rundbogen und Rundfenster typisch venezianische Stilelemente.

Die **Christós Elkómenos-Kirche** (›Kirche des weggeschleppten Christus‹), eine dreischiffige Basilika mit Kuppel, wurde auf einem ursprünglich byzantinischen Grundriß 1697 in venezianischem Stil errichtet. Der Name rührt von einer Ende des 12. Jh. nach Konstantinopel gebrachten berühmten Ikone, die den gefesselten Erlöser zeigte, wie er zum Kreuz geschleppt wird. Eine Ikone mit Kreuzigungsszene im Palaiologenstil des 14. Jh. wurde vor wenigen Jahren gestohlen. Die heute noch zu sehenden Ikonen stammen aus dem 19. und 20. Jh. und sind teilweise im strengen byzantinisch-kretischen Stil, teilweise im westlich gefühlvollen Nazarenerstil des 19. Jh. gemalt. Kunsthistorisch wertvoll ist die byzantinische Steinplastik der Kirche. Das Relief über dem Portal war ursprünglich eine Brüstungsplatte (wohl bereits um 1000) einer Ikonostás, vielleicht aus der Vorgängerkirche: Zwei radschlagende Pfauen – altchristliche Symbole für Erlösung und Heil – treten auf eine Schlange – Symbol des Bösen –, auf der ein Kuhkopf liegt. Der Türsturz (ebenfalls bereits um 1000?) ist mit plastisch hervortretenden Halbkugeln verziert, die durch geometrische Muster belebt sind. Die Thronsessel aus Gips, die dem Eintretenden sofort ins Auge fallen, stehen wahrscheinlich auf einem byzantinischen Marmorfundament. Welche weltliche Potentaten sich hier niedergelassen haben, ist ungewiß.

Hinter dem Campanile führt eine Gasse bergauf direkt zur einschiffigen, tonnengewölbten Kuppelkirche der **Panajía Mirtidiótissa** (Kirche der myrtenbekränzten Maria). Verehrer der ›Myrtenbekränzten‹ aus Kíthira haben die Kirche zwischen 1690 und 1715 errichten lassen (verschlossen). Auffallend sind die wohlproportionierte Fassade aus isodomen Quadern, die von Pilastern eingefaßte und von einem Ziergiebel gekrönte Türe, das Relief eines myrtenbekränzten Kreuzes über dem Rundfenster. Über allem lastet wuchtig die schmucklos zementierte Kuppel.

Wieder auf der Platía Tzamí, geht man rechts von der Hauptkirche durch eine Passage, die einen ausgedehnten Gebäudekomplex mit der Kirche verbindet. Es war ein Kloster, später **Bischofsresidenz.** In dem pittoresken Viertel mit seinen gewundenen Gassen, von Pflanzen überwucherten Torbögen, Treppen, Höfen und Gärten wurden in letzter Zeit mehrere Häuser im alten venezianischen Stil restauriert. So ragt heute der einzig ganz erhaltene runde venezianische Kaminaufsatz mit einem kunstvoll getreppt eingefaßten Fenster an der Seitenwand nicht mehr als Ruine zum Himmel, sondern ist in ein Wohnhaus integriert.

Weiter zur Südmauer hinabsteigend gelangt man zu einem freien Platz mit der **Panajía Chrisafiótissa-Kirche,** der zwischen 1690 und 1715 neuerbauten Kirche der heiligen Maria von Chrísafa (verschlossen). Eine wuchtige Rundkuppel beherrscht den weißgetünchten kubischen

Bau, dessen drei Apsiden anzeigen, daß die ursprüngliche Kirche aus dem 16. Jh. dreischiffig war. Die an die Stadtmauer angelehnte kleine Kapelle, ›der heilige Brunnen‹, bewahrt eine Ikone, die von Chrísafa (s. S. 234 f.) hierher geflogen sein soll. Dorthin zurückgeholt, ist sie wieder zum heiligen Brunnen geflogen.

Von hier lohnt ein Abstecher über ein Ruinenfeld zur östlichen Stadtmauer, deren Wehrgang und Zinnen besonders gut erhalten sind. Einen Gesamteindruck der Ostmauer gewinnt man, wenn man durch die merkwürdigerweise durch keine Bastion geschützte östliche Maueröffnung auf das offene Plateau hinaustritt.

Unterhalb der neuen Hotelanlage geht man zurück zur dreischiffigen, tonnengewölbten **Ájios Nikolaos-Kirche,** die 1703 von einem Arzt namens Likinios aus einer byzantinischen, nach Korfu ausgewanderten Familie errichtet wurde (verschlossen). Das eingeschriebene Kreuz, über dem sich die fensterlose Kuppel erhebt, ist von außen gut erkennbar. Über dem westlich empfundenen Portal steht ein Dreieck, das die Stifterurkunde und den byzantinischen Doppeladler umrahmt.

Den Rückweg wählt man am besten an der Südmauer entlang (auf der Mitte des Weges Durchgang zu einer schönen Badestelle). Vor der Südwestbastion stößt man direkt auf das vollständig restaurierte **Stellákishaus,** benannt nach seinem letzten Besitzer. Es ist ein anschauliches Beispiel für ein nach 1690 erbautes Patrizierhaus mit lauschigem Innenhof. Rundbogen und flamboyant geschwungene Nischen rhyth-

Die Kirche der Ajía Sophía

misieren die aus unregelmäßigen Hausteinen gefügte Fassade.

☐ Rundgang durch die Oberstadt

Auf dem ausgedehnten, verwachsenen Gelände der Oberstadt befindet sich das bedeutendste Kunstmonument von Monemvasía – die **Ajía Sophía.** Eine mit alten Kopfsteinen gepflasterte Treppengasse führt von der Hauptstraße steil bergan (Wegweiser). Sie ist durch mannshohe Mauern mit Schießscharten gesichert und endet beim eisenbeschlagenen Haupttor der Oberstadt. Dahinter öffnet sich ein dunkler Durchgang, der Wachträume und vielleicht Gefangenenzellen barg. Er führt zur zentralen, heute mit Platanen bestandenen Platía der Oberstadt, die von langgestreckten, teilweise unterteilten Gebäuden umgeben war, wie die erhaltenen Grundmauern zeigen.

Man besucht von der Platía aus zuerst die **Ostspitze.** An ziemlich hochaufragenden Ruinen und tiefen Gewölben vorbei gelangt man bis zu dicht am Felsen gebauten Militäranlagen. Die ziemlich großen Ruinen der offensichtlich einst vornehmen Häuser besitzen zum Teil noch Mörtel und Stuckreste an den Wänden. Man hat sie sich vom gleichen Typ wie in Mistra vorzustellen, doch wurden noch keine Rekonstruktionen versucht. Von der Ostspitze ist die Lage der **Ajía Sophía** direkt am nördlichen Steilabfall des hier etwa 135 m aufragenden Felsen gut zu erkennen. Es ist eine der ältesten, noch vollständig erhaltenen byzantinischen Bauten auf der Peloponnes (Ende des 11. Jh.; 1958 restauriert). Ihr ursprünglicher Name war Panajía Odejétria (die heilige Jungfrau als Führerin).

Sie ist eine eingeschriebene Kreuzkuppel-kirche des Achtstützentyps, der in der Kirche des hl. Lukas in Phokis (Mittelgrie-chenland) und in Daphni (bei Athen) zum ersten Mal erscheint und in vereinfachter Form dem Peloponnesreisenden in der Theodoroskirche von Mistra begegnet (s. S. 249 f.). Der mächtige Kuppeltambour (7 m Durchmesser) wird von 16 getreppt abgesetzten Fensteröffnungen mit doppelter Ziegelrahmung unterbrochen. Die äußere Vorhalle (Exonarthex) wurde in venezianischer Zeit zu einer dreibogigen, doppelstöckigen Loggia umgebaut, deren kubische Wucht seitdem den Gesamtein-druck der Kirche beherrscht. Im Süden schloß sich ein in zehn Räume unterteiltes Nonnenkloster an, das von den Türken abgerissen wurde. Beachtenswert ist die Steinschneidekunst: Die kubischen Mar-morkapitelle der dreibogigen Fenster zei-gen Blatt- und Pflanzenornamentik, Tier-darstellungen und einen Mann mit merk-würdig hervortretenden Augen. Er wird als ›Tänzer‹ gedeutet, da er sein Gewand spielerisch in die Höhe hebt. Den Türsturz zum Narthex schmückt ein byzantinisches Marmorrelief (12. Jh.) mit der Darstellung zweier Lämmer und zweier Vögel. In der Kirche liegen mehrere Marmorgesimse mit Pflanzenornamenten und geometrischen Figuren. Die Freskenreste datieren aus der frühen Palaiologenzeit (2. Hälfte des 13. Jh.). Über dem Altarraum ist in verblaßten Farben Christus Pantokrator dargestellt; die Gesichtszüge sind stark hervorgeho-ben wie auch bei den Hierarchen, den Kir-chenvätern in den Bogenstellungen zur Hauptkuppel. Auf die sphärischen Drei-ecke, die zur Kuppel überleiten (Trompen), sind stark beschädigte Vignetten von Heili-gen gemalt.

Von der Ajía Sophía führt ein Pfad direkt nach Westen zur Ruine des auf byzantini-sche Zeit zurückgehenden **Kastells** hinauf. Auf einem stark überwucherten Pfad steigt man südöstlich zu den eindrucksvollen **Zisternen** hinab. Ihre Begehung ist nicht ungefährlich. An der oberen Zisterne sind zwei Bögen einer Galerie noch sichtbar. Dahinter lag das eigentliche Reservoir. Das Reservoir der unteren Zisterne war über-wölbt. Jede Zisterne besaß große, mit ho-hen Mauern eingefaßte, sorgfältig zemen-tierte Auffangflächen. Unterhalb ragt ein überkuppeltes Brunnenhäuschen deutlich aus dem Gestrüpp heraus. Nur wenige Meter südlich liegt am Steilabfall das schmucklose, ursprünglich zweistöckige **Gebäude des Kommandanten,** der von hier sowohl Ober- wie Unterstadt gut überblicken konnte.

☐ **Epidauros Limera**

Im Nordosten der Bucht von Kremídi bei Monemvasía (gute Bademöglichkeit) befindet sich eine eindrucksvolle Befestigungsanlage (4. Jh. v. Chr.). Sie gehörte zu einer Siedlung, von der Pausanias berichtet, Kolonisten aus Epidauros hätten sie gegründet. In Wirklich-keit begann die Besiedlung bereits in mykenischer Zeit, in der zweiten Hälfte des 2. Jt. v. Chr. Im Peloponnesischen Krieg (431–404 v. Chr.) wurde sie von den Athenern zer-stört. Endgültig verlassen wurde sie erst im 7. Jh. n. Chr.

Die Mauer besteht aus polygonalen, genau aufeinandergefügten Kalksteinblöcken. An den Ecken ist sie sorgfältig mit Schmuckkanten in typisch frühhellenistischer Mauerbauweise des 4. Jh. v. Chr. abgeschlossen. Auf älteren Zeichnungen sieht man, daß die Außenmauer durch eine zweite Mauerführung verstärkt wurde. Der Zwischenraum war mit grobkörnigem Sedimentgestein angefüllt. Im Abstand von ung. 40 m stehen Türme mit gut erkennbarem quadratischem Grundriß. Die über $\frac{1}{2}$ km lange Anlage umgab die nochmals durch Mauern geschützte Oberstadt, die Akropolis, abgesehen von der steil abfallenden Südflanke. Die im Innern der Anlage feststellbaren Ruinen gehören römischer und christlicher Zeit an. Im 19. Jh. waren noch die Fundamente eines Tempels des Asklepeios und der Aphrodite zu sehen, von denen der Griechenlandreisende Pausanias im 2. Jh. n. Chr. berichtet.

Frauen aus Kardamíli auf der Mani

Die Mani: karges Rückzugsgebiet und einzigartige byzantinische Kunstlandschaft

Gestern und heute

Der nicht sicher gedeutete Name tritt in byzantinischen Quellen als Name einer Burg, ›Maina‹, und als Name einer Region in Erscheinung. Die heute administrativ zum Nomós Messenien gehörende ›Äußere Mani‹ und die lakonische ›Innere Mani‹ bilden landschaftlich, kulturell und historisch eine Einheit.

Wer von Kalamáta nach Süden fährt, wird ab Langáda die Veränderung der Landschaft bemerken: die Vegetation wird schütter, die Aleppokiefer verschwindet aus den tiefen Schluchten, die Berge werden kahl. Macchia und dürftige Ölbaumhaine auf steinigen, quellenlosen Kalkböden beherrschen das Bild. Es ist der typische Eindruck der Mani, des südlichen, ung. 60 km langen, am Kap Ténaro auslaufenden Taygetosgebirges. Die verkehrsungünstige Randlage (der Ausbau des Straßennetzes und die Omnibusanbindung bis Váthia sind erst Errungenschaften aus den siebziger Jahren dieses Jahrhunderts) und die dürftigen natürlichen Bedingungen prägen die Menschen, ihre Geschichte und die Kunst.

Die seit der Altsteinzeit an den Rändern ununterbrochen besiedelte Mani war ein von den politischen Zentren im Innern der Peloponnes kaum beherrschbares Rückzugsgebiet. Der von Sparta befestigte Hafen Jíthio, die byzantinische Burg Maina, die fränkische und dann türkische Burg Passavás, die türkische Festung Kelefá konnten nur das Meer und die wichtigsten Verkehrswege bewachen, nicht das Landesinnere. So war die Mani unbesiegtes Zentrum der griechischen Befreiungsbewegung gegen die Türken, dann aber auch widerspenstige Region im neuen griechischen Staat. 1831 wurde der griechische Ministerpräsident Kapodistrías von Gliedern der in Areópolis ansässigen Familie Mavromichális in Náfplio ermordet.

Konservative Frömmigkeit prägt die Mani als eigenständige Kunstlandschaft. Die Dichte der meist nur einschiffigen Kirchen und Kapellen – oft allein in der Landschaft stehend, aus riesenhaften Bruchsteinblöcken ohne Mörtel gefügt – ist einzigartig in der gesamten Mittelmeerwelt. Die Architekturformen, vor allem die verschiedenen Varianten der Kreuzkuppelkirchen, sind zwar gemeingriechisch, doch ist bei größeren Kirchen die Ziegelornamentik am sorgfältigsten und abwechslungsreichsten im gesamten griechischen Raum angewandt. Im Bildschmuck wie in der Plastik wurden volkstümliche, oft humorvoll-realistische Darstellungsweisen durch die provinziellen Maler und Steinmetzen bevorzugt, die nur gebrochen an der Kunstentwicklung der Hauptstadt teilhatten. Eindeutig hauptstädtische Einflüsse sind selten. Frühchristliche, ›archaische‹ Stilrichtungen haben sich auf der Mani bewahrt (Bulárii, Ájios Panteleímon). Einzelne Motive, wie

Kampf ums Überleben: die Bewohner der Mani

Die Bewohner der Mani müssen in der kargen Natur ums Überleben kämpfen. Dieser Kampf drückt sich noch heute in den zerfurchten, harten Gesichtern aus. Er zwang die Manioten zur Auswanderung in alle Teile der Erde. Die Zurückgekehrten renovieren ihren Familienbesitz, ihre Pírgi, pflegen Gärten und Felder. Der Kampf ums Überleben beschwor bis ins 20. Jh. hinein dauernde blutige Fehden der rivalisierenden Großfamilien herauf, die sich in den charakteristischen burgartigen Türmen (Pírgi) verschanzten. Die Manioten waren die berüchtigsten Seeräuber im Mittelmeer, vor allem zu Beginn der Neuzeit. Das heute verschlafen wirkende Städtchen Ítilo wurde wegen seines blühenden Sklavenhandels ›Groß-Algier‹ genannt. Todesmut, Trauer und Wehmut drückt sich in den Heldenliedern der Räuber aus, die zugleich Kämpfer gegen die Türken waren:

»Zum Fenster blickt' ich weit hinaus
Nur ich und meine Tochter
Ich schaute sehnsuchtsvoll aufs Meer
Hinaus in die Schwärze des Kreuzes*
Ob meine Zargana** wiederkommt
Dimitri, der mutigste Kämpfer
Auf dem Wasser wie auf dem Land
Mein einziger Sohn, mein geliebter.
Wo ißt du jetzt sauer verdientes Brot   * Hafenbucht
Mit Funtis, ohn' Kinder und Erben?«   ** Name des Piratenschiffes

Der ständige Existenzkampf läßt die Menschen in einer archaischen Frömmigkeit, in Magie und Totenglauben nach Verbindung mit außerirdischen Mächten suchen. Der Unterweltskult am Kap Ténaro war über die griechischen Grenzen hinaus berühmt. In den unzugänglichen Gebirgsregionen hielt man bis ins 10. Jh. am Heidentum fest, während in Meeresnähe schon große christliche Basiliken entstanden. Die Klagelieder der Mani, ein reicher Liederschatz, erinnern eher an den Schicksalsglauben der griechischen Tragödie als an christliche Zukunftshoffnung. Der Fährmann der Totenwelt, Charos, ist in ihnen noch lebendig:

»Charos möge ruhig Kaiser sein
Charos als König hier herrschen
Das Geld, es möge sein eigen sein
Das Land, er soll es besitzen
Das Weinland und alles Weideland
Die Häuser und was sie bewahren
All diese Schätze gäbe ich drein
Brächt er mir meinen Georgios zurück ...«

der gekreuzigte Christus mit offenen Augen, begegnen auf der Mani und ebenso im entfernten Kappadokien in Kleinasien, während sie im übrigen byzantinischen Reich in Vergessenheit geraten sind.

Zur Kunstlandschaft gehören die trutzig aussehenden ›Pírgi‹ (d. h. Türme) – wohl eine Übernahme der Geschlechtertürme aus Italien im 15. und 16. Jh. In ihrer ältesten Form sind sie bis auf die sorgfältig behauenen Ecksteine schmucklos aus Bruchsteinen mit Schießscharten errichtet, die oberen Stockwerke waren nur über Leitern erreichbar. Bis zu sechs Stockwerke und bis 25 m hoch konnten die Türme werden. Im 19. Jh. bekommen sie längliche Giebelhäuser und Torbögen. Sie werden verziert mit Erkern und Zinnen, die Fenster sind mit Quadern betont.

Es empfiehlt sich, Landschaft und Kunst möglichst zu Fuß zu erkunden. Denn wie in der klassischen griechischen Kunst stehen Architektur und Landschaft in enger Beziehung. Die schönsten Kirchen sind verschlossen. Dies ist nicht nur durch die Furcht vor Dieben bedingt. Die Kirchen sind heute noch behüteter Schatz im Herzen des Volkes. Der neugierige Fremde ist ein Störenfried in dieser spröden Region. Die Schlüsselbewahrer kunsthistorisch besonders wichtiger Kirchen wie der Episkopí bei Stafrí und Ájios Stratigós in Áno Bulárii kann man mit Glück und nach vielen Fragen in Pírgos Dirú oder in Jeroliménas aufspüren (fragen nach dem »fílakas tón Bizantinón ekklesión«).

Von Kalamáta nach Areópolis (Αρεόπολις)

Touristische Hinweise: mehrmals täglich Busse von Kalamáta nach Areópolis, die in Kámpos, Kardamíli, Plátsa, Nomitsí und Ítilo halten. Vor Areópolis wird die Verwaltungsgrenze zwischen Messenien und Lakonien passiert, Busreisende müssen daher meist in Ítilo umsteigen.

Eine Fahrt auf der kurvenreichen und zuweilen gefährlich engen Straße entlang der Küste zwischen Kalamáta und Areópolis vermittelt einen ersten Eindruck von den landschaftlichen Besonderheiten der Mani.

☐ Kardamíli (Καρδαμίλη) und Kámpos (Κάμπος)

Die 15 km lange Fahrt vom 300 m hoch gelegenen Kámpos hinab zum freundlichen Küstenort Kardamíli (Strand, Camping, Unterkünfte aller Art) bietet herrliche Ausblicke auf den messenischen Golf. Eine Wanderung auf der wenig befahrenen Straße ist ein Vergnügen. Straßenschleifen lassen sich auf Abkürzungen umgehen. Einladend wirkt die mit

◁ *Die Mani bei Alika*

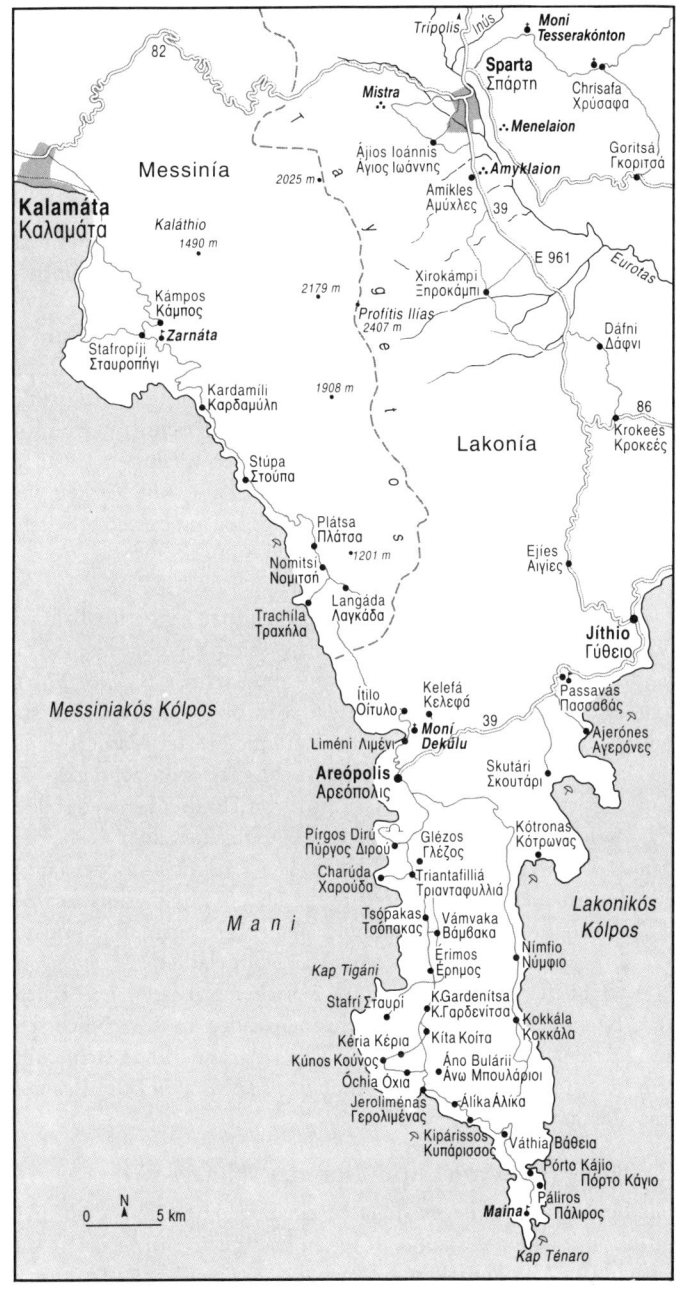

Die Mani

Palmetten gezierte Eingangstüre der Kreuzkuppelkirche Ájii Theódori aus dem 14. Jh. in **Kámpos** (Schlüssel im Kafeníon oberhalb). Die teilweise schlecht erhaltenen, steif in nachbyzantinischem Stil gemalten Fresken aus dem 16. Jh. zeigen in der Westwölbung Christus, umgeben von drei konzentrischen Kreisen. Der zweite Kreis stellt Gestalten des Alten Testaments, der dritte Kreis Tierkreiszeichen dar. Maria Platitéra ist Thema der verblaßten Fresken in der mittleren Apsis, darunter Kirchenväter, die Opferung des Lammes, den Melismós, feiernd.

Etwa 500 m vom Südausgang des Ortes in der Nähe eines maniotischen Pírgos (Wegweiser) findet man ein bereits in der Antike geplündertes **Kuppelgrab** mit eingestürztem Tholos und 13 m langem Zugang (Dromos).

Die auf einem isolierten Hügel 700 m hoch gelegene **Burg Zarnáta** ist bereits von Kámpos aus gut zu sehen (Aufstieg am besten vom Dorf Stafropíji ca. 1 km von Kámpos in Richtung Kardamíli). Seit der Antike war die Burg wichtigste Sperrfestung der äußeren Mani. Die Franken haben sie auf gut erkennbarem (byzantinischem?) Mauerwerk aus vieleckigen Steinen erbaut. Einige Forscher vermuten sogar spätmykenische Entstehungszeit (2. Hälfte 1. Jt. v. Chr.). Darauf haben die Türken weitergebaut. Der beherrschende maniotische Pírgos ist vom Burgfried am besten erhalten. Seine Entstehungszeit ist frühestens das 18. Jh. Die nachbyzantinische Marienkirche mit datierten Fresken (1787) bei der Festung ist verschlossen.

Am Ortseingang von **Kardamíli** zweigt man hinter der Brücke links ab und folgt etwa 300 m einem Bachbett bis zum romantischen Gemäuer einer **venezianischen Burg** aus dem 18. Jh. Aus gleicher Zeit stammt die Kirche des **Ájios Spiridón** (verschlossen) auf dem Burggelände. Ihr fünfstöckiger, von Bogenfenstern durchbrochener Glockenturm mit reliefverziertem, gemauertem Pyramidendach erinnert deutlich an den Campanile der Taxiarchenkirche in Areópolis. Wuchtig lastet die achteckige Kuppel auf dem Kirchenbau. Die weißen Marmoreinfassungen von Tür und Fenstern bilden einen reizvollen Kontrast zum graubraunen Mauerwerk. Die Nischen über der Türe bargen wohl einst Wappen und den venezianischen Löwen. Das Gesims mit zwei Tauben und Ranken stammt aus dem Balken einer Chorschranke aus spätbyzantinischer Zeit. Damals entstanden wohl auch die übrige Einfassung mit sorgfältigem Bandmuster, Kelchsymbolen und Vögeln, gekrönt vom byzantinischen Doppeladler.

An der befestigten Küstenstraße zwischen Kardamíli und **Trachíla** reihen sich romantische Badebuchten und Felsenriffe aneinander. In den rötlich schimmernden, bis 100 m aufragenden Felsen, direkt an der Küstenstraße öffnen sich natürliche Höhlen. Auf steilem Felsen grüßen bei **Stúpa** Reste der fränkischen Burg Beaufort des Fürsten Wilhelm von Villehardouin (1245–1278).

☐ Plátsa (Πλάτσα) und Nomitsí (Νομιτσή)

Die beiden Dörfer liegen dicht beieinander hoch über dem messenischen Golf. **Plátsa** prunkt mit einem erstaunlich weiten Dorfplatz und sechs Kirchen. Byzantinisch ist die einschiffige **Ajía Paraskevíkirche** links am nördlichen Ortsausgang, durch einen moder-

In Kardamíli

nen angebauten Kirchensaal zu betreten (geöffnet). Volkstümliche Fresken in leuchtenden Farben und schematisierender Darstellungsweise (14./15. Jh.) zieren die Ikonostás
und die Wölbung (u. a. Christus Pantokrator, Maria mit dem Kinde, Christus als Basileus,
d. h. als Kaiser, Heilige).

Die Zweisäulenkreuzkuppelkirche des **Ájios Joánnis** aus dem 15. oder frühen 16. Jh. auf dem Hauptplatz mit einem überproportional hohen Tambour birgt eine Fülle von Fresken aus der Bauzeit der Kirche. Sie sind noch vom Palaiologenstil beeinflußt und versuchen, charakteristische Physiognomien mit gravitätisch schwerer Liniengebung und Bewegungsablauf zu verbinden. In der Wölbung bei der Türe: Christus in Tierkreiszeichen. An der Türfront u. a.: Christus als Weltenrichter, Szenen aus dem Leben Jesu mit der Kreuzigung. An der Ikonostás Geburt und Taufe, Maria und Christus Basileus. In der Halbkuppel des rechten Altarseitenraumes (Diakonikón): Auferstehung und Christus als Opferlamm (Melismós).

Den Schlüssel zur **Ájios Nikolaoskirche** am Südausgang von Plátsa rechts von der Hauptstraße kann man beim Papás des Dorfes erbitten. Sie ist eine der ältesten Kirchen auf der Mani, wohl noch Anfang des 10. Jh. als dreischiffige Basilika erbaut, wie sie im Osten des byzantinischen Reiches häufig anzutreffen ist. Die fensterlose Kuppel wurde erst 1337/8 bei der Renovierung durch einen gewissen Spanis aufgesetzt.

Das reiche, guterhaltene Bildprogramm paßt in Stil und Komposition in die Zeit der Renovierung. Nur unter dem Strahl einer Taschenlampe kommen die leuchtenden Farben, in denen sattes Blau und Braun-Gelbtöne überwiegen, im dunklen Raum zur Geltung. Das südliche Seitenschiff ist mit Heiligendarstellungen und Szenen aus dem Leben des hl. Nikolaos ausgemalt, das nördliche mit Heiligen. Als Beispiel für den regionalen Stil des Freskenprogrammes sei die Deesis – Johannes der Täufer und Maria als Fürsprecher der Menschheit vor Christus – in der Halbkuppel der zentralen Apside herausgegriffen: Meist ist an dieser Stelle Maria abgebildet. In den Provinzkirchen Kappadokiens und Süditaliens dagegen tritt in Grabeskirchen die Deesis an dieser Stelle auf. Vielleicht hat der Renovator Spanis die Deesis als Symbol der Fürbitte für sich selbst dort malen lassen. Die Szene ist von großer Spannung erfüllt: Streng blickt das asketische Gesicht Christi; die stark hervorgehobene Augenpartie betont die Einzigartigkeit des Antlitzes des Erlösers. Dieser Ausdruck ist der Palaiologenzeit, die die Gesichter real-menschlich zeichnet, sonst fremd. Die erhobenen Hände Mariens betonen die flehentliche Bitte, die sich in ihren Zügen spiegelt. Das typisch von wildem Haar umrahmte Gesicht des Johannes ist demütig nach unten geneigt. So mischt sich in den künstlerisch hochstehenden Fresken die Darstellungsweise der Palaiologenzeit mit eigenen Stilakzenten des Künstlers, der die theologischen Aussagen stark betont.

Im nahegelegenen Straßendorf **Nomitsí** zählt man vier Kirchen aus byzantinischer und drei aus postbyzantinischer Zeit. Die Kirche der **Ájii Anárjiri** (hl. Cosmas und Damian) in der Ortsmitte (13. Jh.) hat einen seltenen quadratischen Grundriß mit einem eingeschriebenen Kreuz, über dem sich die auf vier Bögen ruhende Kuppel erhebt. Die Fresken im Inneren sind in schlechtem Zustand.

Besonderes Interesse verdient die **Metamórphosiskirche** aus dem 11. Jh. am südlichen Ortausgang von Nomitsí (in einigen älteren Beschreibungen auch Ipapantíkirche genannt). Das Kästelmauerwerk der eingeschriebenen Viersäulenkreuzkuppelkirche ist besonders sorgfältig und schmuckreich ausgeführt (glasierte Ziegel unterhalb der Giebelzone, in der Oberzone glasierte Schüsseln von hoher handwerklicher Qualität). Wie in Episkopí sitzt über der sog. ›königliche Pforte‹, dem zentralen Eingang zur Ikonostás, ein halbkreisförmiger, marmorner Bogen, den ein sorgfältig gearbeitetes Flachrelief aus Kreisen mit geometrischen und pflanzlichen Ornamenten schmückt. Die vier Bogenansätze an den die Kuppelgewölbe tragenden Kapitellen hat ein volksverbundener, humorvoller Steinmetz geschaffen. Wir erkennen zwei Tiere (Hase oder Löwe?), an einen Baum gebunden, Trauben pickende Pfauen, zwei Füchse, die einen Pflug ziehen, eine Sphinx, die ein Tier im Maul hält, einen Jäger mit Hund, Palmetten mit Kreuzen u. a. Die Fresken von hoher Qualität, sicher von verschiedenen Malern im 13. Jh. gemalt, verdienten endlich eine Monographie und eine gründliche Restaurierung. Man hat Dreidimensionalität in diesen auf der Peloponnes einmaligen Malereien entdecken wollen und sie mit gleichzeitiger Malerei Italiens in Verbindung gebracht. Im Altarraum u. a.: Geburt Jesu mit einem Hirten, der auf einer Flöte bläst. Darüber: der ungläubige Thomas. Südwand: der barmherzige Samariter und die Heilung des Blinden. Kuppel: Christus Pantokrator mit Propheten und Evangelisten. Nordarm u. a.: Auferstehung und Pfingsten. Südarm: Verklärung, Abendmahl. Westarm u. a.: Höllenfahrt, Einzug in Jerusalem, Verrat. Linker Altarseitenraum (Prothesis) u. a.: Verkündigung, Melchizedek oder Abraham. Rechter Altarseitenraum (Diakonikon): Heilige und Märtyrer. Im Nordwestteil der südlichen Wölbung: Beweinung des Leichnams Christi. Von diesem Bild ist die braune Umrißzeichnung erhalten. Meisterhaft ist die schwungvolle Linienführung.

Nach **Langáda** – 2 km südlich von Nomitsí – ist ein Heimatmuseum der Mani aus Pírgos Dirú zurückgekehrt (geöffnet 9–18 Uhr). Der gut Deutsch sprechende Besitzer führt durch die Fülle von Karten, Bildern und Gebrauchsgegenständen. Schräg gegenüber ist die Vierstützenkreuzkuppelkirche des **Ájios Sotíras** (11. Jh.) geöffnet. Bemerkenswert ist die marmorne Bildwand mit Ikonen im romantischen ›Nazarenerstil‹ des späten 19. Jh. Die Wandmalereien sind schlecht erhalten.

☐ Ítilo (Οἴτυλον) mit Kloster Dekúlu

Reizvoll und eine Alternative für Busreisende, die von Kalamáta kommend nicht in Ítilo auf den Anschlußbus warten wollen, ist die 10 km lange Wanderung auf der vor allem in den Morgen- und Abendstunden nur wenig befahrenen gewundenen Straße nach Areópolis. Der Weg windet sich am **Kloster Dekúlu** vorbei (Abkürzung von Ítilo über das Kloster am Hang zur Hauptstraße) über **Liméni**, den zauberhaft gelegenen Hafen von Areópolis, hinauf nach Areópolis. Die reizvoll am Steilabhang der Bucht von Ítilo gelegene basilikale Klosterkirche (erbaut 1765) mit Rundkuppel ist gewöhnlich verschlossen (Schlüssel im Nachbarhaus). Im Innern ist eine reich verzierte, geschnitzte Ikonostás zu bewundern. Volkstümliche Fresken bedecken die Wände, darunter ein sorgfältig gemalter Zyklus der Tierkreiszeichen. Der Zodiakalzyklus begegnet in nachbyzantinischer Freskenmalerei häufig. Hoch über Liméni lädt das ›Limeni Village‹ (Hotel-Restaurant) im Pírgi-Stil zum Verweilen ein.

Die Bucht von Ítilo

Areópolis (Αρεόπολις) und Umgebung

Touristische Hinweise: mehrmals täglich Busse nach Kalamáta, Jíthio-Sparta und Jeroliménas; mehrere Hotels und Privatpensionen. Eine ca. 20 km lange Wanderung Pírgos Dirú – Glézos – Triantafilliá – Nikándri – Charúda auf wenig befahrenen Straßen mit Blick auf den 1214 m hohen, kahlen Sangiás-Berg ist lohnend. Ausgangspunkt für Busreisende in Richtung Jeroliménas ist die Haltestelle in Pírgos Dirú. Der ca. 4 km lange Weg zu den Höhlen von Pírgos ist anstrengend.

☐ Areópolis

Die etwa 600 Einwohner zählende Verwaltungshauptstadt der lakonischen Mani ist idealer Ausgangspunkt für die Erkundung der Region. Gewundene Gassen, Läden und empfehlenswerte Tavernen rund um die ausgedehnte Platía laden zum Bummeln ein. In dem abwechslungsreichen Ort mit freundlichen Bewohnern könnte man einige Tage verweilen.

276

Als kurz vor dem griechischen Befreiungskampf Anfang des 19. Jh. die Stellung des Beys, des türkischen Regionalgouverneurs, auf die Familie Mavromichális überging, begann der Aufstieg des Dorfes Tsímova als Sitz der Familie. Nach den Ruhmestaten des Petrobey Mavromichális (s. S. 47) wurde der Ort in ›Stadt des Ares‹ (= Areópolis) umbenannt.

Viele Häuser in dem typisch griechischen Landstädtchen sind aus Naturstein kubisch gebaut, wehrhaft, mit kleinen Fenstern. Zwei Pírgi (Wohntürme) aus dem 18. Jh. fallen besonders auf: der mit acht Zinnen und Rundbogenfenstern geschmückte Varelákuturm und der jetzt zu einem Hotel umgebaute Kapetanákuturm.

Zentrales Gebäude ist die von den Mavromichális Ende des 18. Jh. gestiftete **Taxiarchenkirche** (Kirche des Erzengels Michael, unregelmäßig geöffnet). Ihr vierstufig getreppter, campanileartiger Glockenturm ist Wahrzeichen der Stadt. Volkstümlich-rustikalen Charakter besitzen die Flachreliefs über der Nord- und Südtüre. Die Gesichter sind schematisch und rund. An der Nordtüre schwebt über den Erzengeln Michael und Gabriel – der eine in Kriegerrüstung, der andere in geistlicher Tracht – die Hand Gottes mit der Taube. Rechts und links rahmen der hl. Georg und der hl. Theodoros hoch zu Roß die Szene. Über dem Südportal schwebt der byzantinische Doppeladler mit einem Wappen, flankiert von zwei Löwen und zwei frontal dargestellten Erzengeln. Über dem Adler blickt ein Heiliger (Christus?) umgeben von zwei Tauben herab. Die sechsseitige Apsis zieren Blindbogen, ein schmaler Fries mit Blumendekor und darunter ein Fries mit Tierkreiszeichen. Die Fresken im Innern sind Beispiele für die sich an byzantinischen Vorbildern orientierende Kirchenkunst der siebziger Jahre dieses Jahrhunderts.

Im Besitz der Familie Mavromichális ist die einschiffige aus unregelmäßigen Hausteinen grob gemauerte **Kirche des Ájios Joannis Pródromos** südwestlich der Platía mit hohem Glockenstuhlaufsatz über dem Eingang. Die Fresken in gedämpften Brauntönen erzählen lebendig das Leben Jesu, den Akathistoshymnus und Märtyrerszenen. Auf der unteren Zone sind in voller Größe die Heiligen Stylianos, Antonios und Onuphrios zu sehen. Volkstümlich ist die Malweise: überlange Gliedmaßen, grob angedeutete Gesichtszüge, starre Gewandfalten. Die Bilder sind hervorragendes Beispiel für religiöse Volkskunst am Ende der Türkenherrschaft.

Dies gilt auch von den restaurierten Fresken der nahegelegenen zweischiffigen **Kirche des Ájios Pétros** (tagsüber geöffnet). Lebendig wirkt hier das Gesicht des hl. Georg. An der gemauerten Ikonostás des rechten Kirchenschiffes ist Christus Basileus (Kaiser) als Lehrer und Weltenrichter zu sehen, darüber die Apostel. Sie sind in byzantinischem Stil etwas starr in rötlichen gedämpften Farben gemalt (spätes 18. oder frühes 19. Jh.).

☐ Pírgos Dirú (Πύργος Διρού)

Attraktion des kleinen, halbverlassenen Ortes sind die Höhlen an der Bucht von Dirós (rund 4 km vom Dorf entfernt an der Straße Areópolis-Jeroliménas, Juni–September 8–18 Uhr; Oktober–Mai 8–15 Uhr). Auf einer bequemen Bootsfahrt kann man das unterirdische Flußsystem mit künstlich beleuchteten Stalaktiten und Stalagmiten einer der drei Höhlen erkunden.

Historisch interessanter ist die unzugängliche ›Fuchslochhöhle‹ (Alepótripa), in der Werkzeuge, Tongefäße, Zeichnungen und Knochen gefunden wurden, die bis in die Altsteinzeit zurückgehen. Einige der Funde sind in einem kleinen Museum kurz hinter dem Kassenhäuschen zum Höhlengelände ausgestellt.

Durch winkelige Gassen zwischen teilweise halbverfallenen Häusern von Pírgos muß man sich zur **Kirche des Ájios Joánnis** (12. Jh.) durchfragen (Schlüssel im Haus hinter der Kirche). Antike Marmorblöcke wurden in waagrechter und senkrechter Anordnung zum Mauerbau verwendet. Von den teils schlecht erhaltenen Fresken sind vor allem der Einzug Jesu in Jerusalem und die von Heiligen umgebene Muttergottes erkennbar. Die elegante Linienführung und die zarte Farbgebung lassen vermuten, daß fremde, vielleicht sogar hauptstädtische Künstler hier am Werk waren (vielleicht noch 12. Jh.).

In naher Umgebung von Pírgos Dirú finden sich weitere sehenswerte Kirchen. Ungefähr 200 m hinter Pírgos Dirú biegt man auf einem Betonweg nach **Glézos** ab. Hinter dem Dorf läuft man in südwestlicher Richtung zunächst auf Steinpflaster, dann auf einem Feldweg stetig bergauf, bis man nach etwa 700 m die mit ihrem roten Ziegeldach weithin sichtbare **Kirche des Ájios Michaíl** (auch: Ájios Stratigós; Taxiárchis) erreicht. Es ist eine wohlproportionierte eingeschriebene Viersäulenkreuzkuppelkirche aus der zweiten Hälfte des 11. Jh. Wie in der Ájios Joánnis-Kirche in Pírgos bilden Kalksteinquader – teilweise in Kreuzform angeordnet – und Ziegel in Kästeltechnik das Mauerwerk. Schmale Marmorpilaster betonen das Achteck des Tambours. Die vier marmornen Zugbalken in der Vierung sind mit Inschriften (Anrufung des Kirchenheiligen, vielleicht Nennung des Stifters), Halbkugeln, geometrischen und pflanzlichen Motiven geziert. Der Pantokrator in der Kuppel scheint aus der Bauzeit der Kirche zu stammen, Glockenturm und Vorhalle (Narthex) sind neuzeitlich.

Wieder auf der Hauptstraße, folgt man ihr etwa 2 km bis zum Dorf **Triantafilliá.** 100 m hinter den ersten Häusern führt ein Fußpfad (ca. 1 km) zu der um 1000 erbauten **Kirche des Ájios Pétros** inmitten einer Zypressengruppe hinauf. Der schlichte Bau (verschlossen) ist die wohl früheste Kreuzkuppelkirche auf der Mani. Das Kreuz ist noch nicht eingeschrieben. Die Kuppel, auffallenderweise ein ungleichmäßiges Achteck, ist oval geformt. Die vier Säulen, die die Gewölbebögen tragen, sind in die Kreuzarme eingebunden. Im Innern befinden sich eine marmorne, jetzt leider übertünchte Chorschranke und Freskenreste (14. Jh.), darunter am unteren Teil der Kuppel Reste des Mandylion, der Darstellung des hl. Tuches von Edessa, das von der Stadtmauer herabhängt. Der Legende nach soll Christus das Schweißtuch dem König von Edessa gesandt haben.

Am südlichen Ortsausgang von Triantafilliá zweigt rechts die Straße zum 3 km entfernten Dorf **Charúda** ab. Ein Kirchhof umgibt die Kirche des **Ájios Michaíl** aus dem 11. Jh. (Schlüssel bei einer Frau im Haus links von der Kirche). Es ist eine viersäulige, eingeschriebene Kreuzkuppelkirche mit drei Apsiden. Durch die Anordnung der achteckigen

Pfeiler wirkt der Kirchenraum dreischiffig. Ursprünglich war die achteckige Kuppel halbkugelförmig und zog sich bis zu den doppelbögigen Blindfenstern herunter. Daran erinnern noch die Pilaster mit Wasserspeiern zwischen diesen Fenstern. Die Grundmauer ist bis zur Höhe des Bogenansatzes über dem Hauptportal unregelmäßig aus Spolien aufgezogen. Ein Zahnschnittband markiert die Oberzone aus regelmäßigen Quadern in Kästelmauertechnik. Über dem Band sind mehrere Schmuckteller aus bunter Keramik eingelassen. Phantasievolle Pflanzenmotive zieren den Türsturz des Westtores. Die Fresken im Inneren haben das Leben Jesu und hagiographische Szenen zum Inhalt. Die mit kräftigen Strichen und leuchtenden Farben in volkstümlicher Komposition wiedergegebenen Teile stammen aus dem 18. Jh. Die Fresken in dezenter Farbgebung und zurückhaltender Linienführung entstammen der 2. Hälfte des 14. Jh.

Von Areópolis nach Jíthio (Γύϑειο)

Die ca. 30 km lange Strecke quer durch die Ausläufer des Taygetosgebirges führt in der Umgebung von Jíthio durch enge Schluchten und üppige Vegetation. Eingebettet in die großartige Landschaft reihen sich nahe der Küstenstraße vor Jíthio Badebuchten aneinander.

Die in der ersten Hälfte des 17. Jh. von den Türken erbaute Garnisonsfestung **Kelefá** ist bereits von Ítilo weithin sichtbar (Bus Jíthio – Areópolis, Abzw. Kelefá – Vlachós). Die aus unregelmäßigen Hausteinen aufgeführten Mauern sind bis zur Höhe des Wehrganges gut erhalten und bilden fast ein Rechteck. Die Außenmauern einiger Garnisonshäuser sind erhalten. Die Burg gewährt einen herrlichen Blick auf die Bucht von Ítilo.

Von dichter Macchia umgeben, erhebt sich die **Burg Passavás** auf einem rund 200 m hohen Plateau (Bus: Haltestelle Skannáki – Váthi). Ca. 10 km vor Jíthio durchquert die Straße von Jíthio nach Areópolis eine wilde Schlucht. Der Aufstieg zur Burg ist auf schmalen Pfaden von allen Seiten, am besten von Westen her möglich. Von der bei Homer erwähnten Stadt **Las** zeugen noch die gut sichtbaren polygonalen Kyklopenmauern im Osten der Festung. Die Franken erkannten die strategisch ausgezeichnete Lage der Burg. Von hier aus konnten sie die Schlucht im Norden und die Küste im Süden kontrollieren. Baron Jean de Neuilly ließ die Burg 1254 erbauen; erst Mitte des 14. Jh. fiel sie in die Hände der Byzantiner. Wohl von einem fränkischen Familienmotto stammt der Name: ›Pas avant!‹ (›Nicht weiter!‹) oder ›Passe avant!‹ (›Vorwärts!‹).

Die heutige trapezförmig verlaufende, zinnenbekrönte Mauer aus Bruchsteinmauerwerk stammt aus der Zeit der türkischen Rückeroberung von den Venezianern seit ung. 1700. Die Nordostecke schützt ein quadratischer Turm, an den übrigen Ecken stehen Rundtürme, von denen heute nur noch die Außenmauern erhalten sind. Architekturreste aus fränkischer Zeit entdeckt man in einer rechteckigen Ruine mit Spitzbogenfenstern. Dieses Gebäude wurde später in eine Moschee umgewandelt, wie der Rest eines Michrab (Gebetsnische) und der Stumpf eines Minaretts zeigen.

Der Hafen von Jíthio

Von Passavás ist eine rund 3 km lange Wanderung auf wenig befahrener Straße nach **Ajerónes** sehr empfehlenswert: Der schöne Badestrand des Dörfchens inmitten üppiger Vegetation liegt vor einer grandiosen Bergkulisse. Die Wanderung kann ca. 4 km weiter zum Dorf **Skutári** an der gleichnamigen Bucht ausgedehnt werden.

☐ Jíthio

Touristische Hinweise: sehr günstige Busverbindungen nach Sparta; Kalamáta; Areópolis; mehrere Hotels.

Die weit in mykenische Zeit zurückreichende Geschichte von Jíthio hat keine sichtbaren Spuren hinterlassen. Doch wissen wir, daß das seefahrende Volk der Phöniker (vor 1500 v. Chr.) dort nach der begehrten Purpurmuschel suchte und einen Hafen anlegte, den die Spartaner später befestigten. In römischer Zeit sah Pausanias noch einige Götterstatuen und Tempel. Er berichtet vom Selbstbewußtsein der Einwohner im 2. Jh. n. Chr.: »Die Bewohner von Gytheion behaupten, daß niemand von den Menschen Gründer ihrer Stadt sei, sondern Herakles und Apollon seien um den Dreifuß in Kampf miteinander geraten und hätten nach dem Streit gemeinsam die Stadt gegründet.«

Die heute ung. 7000 Einwohner zählende Hafen- und Fischerstadt ist schon wegen der malerisch amphitheaterartigen Anlage der bunten, teilweise klassizistischen, mit Balkonen gezierten Häuser rund um das Hafenbecken einen Besuch wert. Sie hat etwas von der Atmosphäre einer verträumten Hafenstadt bewahrt. Auf dem Larísionhügel liegen die unbedeutenden Reste einer mittelalterlichen Burganlage.

Einziges erhaltenes antikes Monument ist das Theater aus römischer Zeit im Osten der Stadt hinter der Kaserne. Die zehn Sitzreihen der Cavea sind heute wieder für Theateraufführungen restauriert. Falls sie nicht durch moderne Holzaufbauten überdeckt sind, sieht man die Grundmauern der Skene. Nördlich der Cavea sind die Grundrisse eines dreiteiligen Heiligtums (des Dionysos?) sichtbar, das später wohl als christliche Kirche gedient hat. Darauf weisen halbrunde Grundmauern hin – wohl die Apsis der Kirche.

Reiche Ausbeute bot das Hafenbecken für die Unterwasserarchäologie (teilweise veröffentlichte Reste von Tempeln, Wohnhäusern und Plätzen). Bemerkenswert ist vor allem das rechtwinklige, axiale Straßennetz – typisch seit der Zeit des Hellenismus ab dem 4. Jh. v. Chr. Die Reste sollen mit Taucherbrille bei ruhigem Meer zu sehen sein.

Das **Museum** im klassizistischen Rathaus (Dimarchíon; geöffnet 9–15 Uhr außer montags) zeigt vor allem römische, nicht beschriftete Funde aus Jíthio und Umgebung. Besonders bemerkenswert sind im ersten Saal der gut durchmodellierte römische weibliche Torso, vielleicht eine Aphrodite, und im zweiten Saal der Kolossalkopf eines spätrömischen Kaisers.

Zwischen Areópolis und Jeroliménas (Γερολιμένας)

Beide Orte empfehlen sich als Stützpunkte für weitere Ausflüge in die nahe Umgebung (mehrmals täglich Busse zwischen beiden Orten). Jeroliménas ist ein malerisch gelegener Fischerhafen mit zwei Hotels und vorzüglichen Fischtavernen, einer Post- und Polizeistation. Vor dem Ausbau des modernen Straßennetzes diente der Hafen dem Güteraustausch der abgelegenen Mani mit dem Norden.

☐ Von Trissákia (Tsópakas, Τσόπακας) über Vámvaka (Βάμβακα) nach Érimos (Έρημος)

Touristische Hinweise: Die etwa 15 km lange Tour ist auch zu Fuß sehr schön. Busse von Jeroliménas nach Tsópakas.

In der Ortsmitte von Tsópakas folgt man dem Wegweiser nach Kulúmi und biegt 2 km hinter dem Ort auf einen schlechten Fahrweg zur **Trissákia**, ›drei Kirchen‹, genannten Kirche der hl. Barbara. Die drei ursprünglich durch Durchgänge verbundenen einschiffigen, gewölbten Räume sind aus unregelmäßigem Haustein erbaut. Die Apsiden sind eingestürzt. Überraschend gut ist die marmorne Chorschranke erhalten, geschmückt mit typisch byzantinischen geometrischen und pflanzlichen Flachreliefs sowie stilisierten Tierdarstellungen. Fresken in ursprünglich leuchtenden Farben belebten die gesamte Wandfläche mit der Darstellung der zwölf Hauptfeste des Kirchenjahres (sog. Dodekáorton). Heute ist nur noch das letzte Abendmahl zu erkennen. Judas greift gierig nach dem großen Fisch, der in der Mitte des Tisches als christliches Symbol an Stelle des Brotes dargestellt ist. Die Gesichter zeigen die individuelle Bewegtheit, die den Palaiologenstil des 14. Jh. auszeichnet. Ansätze von Perspektive sind aber – anders als in der Metamórphosiskirche von Nomitsí (s. S. 274 f.) – nicht zu erkennen.

Von der Hauptstraße ist das Dorf **Vámvaka** im Osten bereits zu sehen. Auf schlechten, steil ansteigenden Nebenstraßen erreicht man es zu Fuß nach etwa 1 km (mit dem Auto auf der besseren Straßen über Mína-Vríki). Am südlichen Ende des Dorfes liegt auf einer Anhöhe die eingeschriebene Zweisäulenkreuzkuppelkirche der **Ájii Theódori** aus dem Jahre 1075 (Schlüssel im Dorf, abends geöffnet). Ziegeldekor und andere Schmuckelemente sind – der frühen Entstehungszeit der Kirche entsprechend – schlicht. Rechts von der Tür entdeckt man einen antiken Grabstein mit lakonischer Inschrift. Der Steinmetz Nikítas Marmarás, d. h. der ›Marmorarbeiter‹, ist in einer Inschrift 1075 ausdrücklich als Schöpfer der schönen Steinschneidearbeiten genannt. Der Türsturz, aus zwei Balken gebildet, ist von Akanthusranken, Kreuzen mit Blattwerk, Knoten und Pfauen rechts und links von einem Kreuz mit Trauben geschmückt. Der Zierbalken über der Ikonostás zeigt Greife. Die phantastischen Geschöpfe – halb Löwe, halb Adler – sind Motive aus der antiken Mythologie.

Man folgt der Hauptstraße etwa 1 km nach Süden, bis beim Dorf Lákkos eine Straße nach **Érimos** abzweigt. An der weiterentwickelten Ziegelornamentik der **Kirche der Ajía Várvara** (s. Farbabb. 7) am Rande des Dorfes ist zu erkennen, daß sie ein Jahrhundert später als die von Vámvaka erbaut wurde. Dünne marmorne Pilaster unterstreichen das Achteck des hochgezogenen Tambours. Das runde Giebelfeld über der Eingangstür schmücken zwei Pfauen, rechts und links von einem Kreuz. Die Fresken sind nachbyzantinisch. Die Heiligen in der Altarmauernische sind in Nachahmung des Palaiologenstils des 14. und 15. Jh. mit individuellem Gesichtsausdruck gemalt. Das Fresko mit der Gestalt der Gottesmutter ist offensichtlich spät schlecht restauriert worden. Gut erkennbar ist der Melismós, die symbolische Darstellung der Opferung des Gotteslammes.

☐ Sérjios-Vákchoskirche (Turlotí) bei Kíta (Κοίτα), Gardenítsa (Γαρδενίτσα), Episkopí bei Stafrí (Σταυρί), Kap Tigáni

Dicht beieinanderliegende byzantinische Kirchen in herrlicher Lage können bei dieser etwa 20 km langen Fahrt oder genußreichen Wanderung erkundet werden. Sie führt durch eine karge, von schütteren Ölbäumen bestandene Küstenebene, mit Blick auf das abweisende Sangiasgebirge und das leuchtend blaue Meer (Busse von Jeroliménas oder Areópolis nach Kíta, dem Startpunkt).

Ein Abstecher zum kahlen **Kap Tigáni** (›Bratpfanne‹) führt direkt von der Hauptstraße über Mézapo nördlich nach Ajía Kiriakí (8 km). Von dort steigt man zum Kap hinunter. Reste von Kyklopenmauern bezeugen, daß es schon in mykenischer Zeit befestigt worden ist. Eine Basilika, deren Grundriß am Boden deutlich zu erkennen ist, stand hier wohl seit dem 9. Jh. Ist das Burgareal mit der in byzantinischen Quellen genannten Festung Maíne identisch, wie manche Forscher vermuten, so war hier das eigentliche Machtzentrum der byzantinischen Herrschaft.

1 km nördlich von **Kíta**, dessen beeindruckende Turmsilhouette seine einstige Bedeutung ahnen läßt, entdeckt man rechts am Hang eine der in Schmuck und Proportionen schönsten Kirchen der Mani. Ein schlecht erkennbarer Trampelpfad führt zu ihr hinauf. Die eingeschriebene Viersäulenkreuzkuppelkirche der Heiligen Sérjios und Vákchos, auch **Turlotí** (›die mit Kuppel Versehene‹) genannt, stammt aus der Mitte des 12. Jh. (verschlossen). T-förmig angeordnete Marmorplatten und Kästelmauerwerk gliedern die untere Mauerzone, die von einem Ziegelsägezahnband abgeschlossen wird. Auf der oberen Mauerzone sind quadratische, verschiedenfarbige, glänzend gebrannte Keramikfliesen diagonal verlegt, gerahmt von einem dreifachen Ziegelband. Das Muster wiederholt sich zwischen den Rundbogenfenstern der Giebelzone. Marmorne Pilaster betonen die Ecken des Tambours.

Im Innern der Kirche ist die Flachreliefplastik der Kapitelle beachtenswert: Trauben wechseln ab mit Blattmotiven und rosettenförmigen Zierbändern. Vom stark zerstörten Freskenschmuck sind die Umrisse des streng blickenden Christus-Pantokrator in dem im 12. Jh. geläufigen Typ gut zu erkennen.

Wieder auf der Hauptstraße, folgt man ihr ung. 1 km nach Norden und biegt dann links nach **Káto Gardenítsa** ab. Bald erblickt man rechts vor dem Dorf die Erlöserkirche **Ájios Sotíras** (Mitte 11. Jh., Schlüssel bei einem alten Mann im Dorf). Es ist eine eingeschriebene Zweipfeilerkreuzkuppelkirche mit einem harmonisch sich anpassenden Exonarthex aus dem 12. Jh. Rechteckige Spolien, oft wie in der Turlotí T-förmig verlegt, beleben die in Kästeltechnik aufgeführten Mauern. Später wurden auf den antiken Steinen Kreuzmotive angebracht. Spuren von Bemalungen sind im Innern zu entdecken. Hier begegnen auf der Mani zum ersten Mal pseudokufische Zierbuchstaben, vor allem unter der Gesimszone der Altarmauernische. Auch Vertiefungen für (verlorene) Keramikteller sind zu entdecken. Nur in den Altarseitenflügeln haben sich Fresken im volkstümlichen Stil mit gedrängten Volksszenen und kleinen miniaturhaften Gestalten aus der Wende zum 14. Jh. erhalten; u. a. das Fest des Herodes und die Enthauptung des Johannes. In typisch volkstümlich synchroner Erzählweise holt der Soldat zum tödlichen Schlag aus, während das Haupt bereits auf dem Teller liegt.

Von Gardenítsa kehrt man zur Hauptstraße zurück und folgt der nächsten Abzweigung nach Westen in Richtung **Stafrí.** Nach etwa 1,5 km biegt man von dieser Straße zum Dorf **Ájios Jeórjios** (Schild) ab. Zwischen zwei Pírgi führt ein rotmarkierter, steiniger Pfad hinab zur alleinstehenden **Episkopí** (Bischofskirche), einer eingeschriebenen Zweisäulenkreuzkuppelkirche aus dem 12. Jh. (verschlossen). Der nahezu schmucklose Bau

Die Kirche Ájios Sotíras in Kóto Gardenítsa

aus unregelmäßig gemauerten Bruchsteinen bietet eine archaische Außenansicht. Vom Querbalken der ursprünglichen Ikonostás ist ein Bogen aus drei flachreliefierten Marmorteilen erhalten. Diese Technik tritt in der frühchristlichen Architektur auf und ist selten mehr später anzutreffen. Die jetzige Ikonostás ist mit dunkelfarbigen, starr wirkenden Fresken aus dem Jahre 1771 bemalt. Der Einfluß der kretischen Malschule ist spürbar. Links ist Maria mit dem Kind (sog. Vrefokratúsa), rechts Christus als Basileus, als kaiserlicher Gebieter, dargestellt. Nur ein Fresko, die Maria Platitéra in der Halbkuppel der Altarmauernische, stammt aus dieser Spätzeit. Die übrigen Fresken stammen aus dem 12. Jh. In hellen Brauntönen sind die eleganten schlanken Figuren in anmutigen Bewegungen auf leuchtendem Blau gemalt. Bis in die Einzelheiten der Gewandtechnik ähnelt der Malstil den Figuren der ersten Schicht in Ájios Stratigós in Bularii. Der Einfluß des Komnenenstils, der in der Hauptstadt Konstantinopel im 12. Jh. entwickelt wurde, ist unverkennbar. Drandakes, der die Fresken 1964 untersucht hat, vermutet, daß der Bischof einen Maler von dort beauftragt hat.

☐ Türme und Kirchen rund um Bulárii (Μπουλάριοι)

Eine etwa 6 km lange Kunstwanderung von Jeroliménas nach Bulárii erschließt beispielhaft die Kunstlandschaft der Mani. Am Ortsausgang von Jeroliménas biegt man von der Hauptstraße rechts ab und erreicht nach ung. 2 km Káto Bulárii (Unterbularii). Mehrere einschiffige kleine, leider meist verschlossene Kapellen säumen die Betonpiste hinauf zum Oberdorf Ano Bulárii. In den beiden Dörfern zeugen mehr als zwanzig solcher kleinen Gotteshäuser von der tiefen Volksfrömmigkeit auf der Mani. Rechts von der Straße grüßt zuerst der Mantúvalus-Turm, ein typischer Pírgos vom Beginn des 19. Jh. Die Legende erzählt, daß er zum Zeichen der Versöhnung der mächtigen Clans der Mantuválu und der Mavromichális erbaut wurde. Ein angebautes, langgestrecktes Giebelwohnhaus macht ihn zum typischen Pirgospíti (Turmwohnhaus). Wenige Meter oberhalb ragt der sich verjüngende Anemodurá-Turm in den Himmel. Aus riesigen Blöcken geschichtet und mit Schießscharten versehen, mutet er durchaus archaisch an, geht aber wohl erst ins 17. Jh. zurück. Der Wohntrakt ist noch erheblich später anzusetzen.

Zwischen dichten Feigenkakteen führt ein immer undeutlicher werdender Pfad zur schlichten Kirche des Ájios Stratigós in der Bergsenke hinab (verschlossen). Die Kuppel der eingeschriebenen Kreuzkuppelkirche aus dem 11. Jh. ruht auf zwei im Verhältnis zur Wölbung überschlanken Säulen mit ionischen Kapitellen – römische Spolien. Typisch byzantinische Flachreliefs, in denen Pflanzenmotive, Knotenornamentik und Fabelwesen zu erkennen sind, schmücken das Marmorgebälk am Wölbungsansatz. Die Untersuchung der Kirche durch den Kunsthistoriker Drandakes 1964 steht am Beginn der modernen wissenschaftlichen Beschäftigung mit der Mani. Seit der Erstellung des Freskeninventars durch Drandakes wurde der Bestand der Bilder erheblich beschädigt. Räumt man den notdürftigen Fensterverschluß der Südöffnung vorsichtig zur Seite, so sind vor allem die zur ersten Malschicht (12. Jh.) gehörenden Fresken in der Kuppel und der Mittelapsis gut zu erkennen. Gedämpfte Blau- und Brauntöne herrschen vor. Der elegante Schwung der Engel, die Christus bei der Himmelfahrt umgeben, die sorgfältige Ausarbeitung der Gewandungen, der Versuch, in den Gesichtern Stimmungen auszudrücken – dies alles beweist das hohe Niveau der Fresken, deren Maler sicher von der hauptstädtischen Kunst der Komnenenzeit beeinflußt wurden. Volkstümlicher sind die Fresken aus dem 14. Jh. in der Vorhalle (Narthex) gemalt. Sie stellen meist Heiligengestalten in starrer Haltung und schematisierten Zügen dar (Taschenlampe erforderlich!). Von der modernen Dormitíonkirche führt ein Weg über eine Brücke zur etwa 500 m weit entfernten **Kirche des Ájios Panteleímon.** Die nur 2,9 x 5,8 m große, einschiffige Kirche mit zwei Halbkuppeln (Konchen) im Altarraum liegt versteckt in einem Olivenhain. Sie ist inschriftlich auf das Jahr 991/2 datiert. Malereien in der nördlichen Konche zeigen den hl. Panteleímon (ohne Bart), in der südlichen den hl. Nikítas (mit Bart). Die schematisierten Gesichter mit übergroßen Augen, die zum Gebet erhobenen übergroßen Hände (sog. Orantenstellung) weisen auf frühchristliche Katakombenmalerei und auf Ägypten zurück. Aber auch Parallelen zur Höhlenmalerei Kappadokiens lassen sich ziehen. An der linken Seitenwand: Reste des häufig dargestellten Bades des neugeborenen Jesus und rechts Reste der Taufszene. Nicht in Orantenstellung, aber im gleichen Malstil sind weitere drei Heilige dargestellt.

☐ Kúnos (Koύνος), Kéria (Κέρια), Óchia (Όχια)

Die abwechslungsreiche, ca. 15 km lange Rundtour mit dem Auto oder zu Fuß auf einer kargen Hochebene mit Blick auf das Meer und die kahlen Ausläufer des Taygetos vermittelt einen intensiven Eindruck von der grandiosen, kargen Landschaft der Mani und führt zu hochstehenden Kunstwerken.

3 km hinter Jeroliménas biegt man von der Hauptstraße links auf die Straße nach **Kúnos** ein, das man nach ca. 2 km erreicht. Am Rande des Dorfes stehen die schlichten einschiffigen **Kapellen der ›Fünf Heiligen‹** (Pentájii, verschlossen). Die jüngst freigelegten künstlerisch hochstehenden Fresken, wohl noch aus dem 13. Jh., sind vom Palaiologenstil geprägt. Besonders gut erkennbar sind der Marientod und die Abbildung der Maria Odejétria, der Wegweiserin.

Von Kúnos aus bereits sichtbar ist das 1 km entfernte Dörfchen **Kéria** mit der eingeschriebenen **Viersäulenkreuzkuppelkirche des Ájios Joánnis** aus dem 12. oder 13. Jh. (Schlüssel bei einem alten Mann, der nahe der Kirche wohnt). Auffallend ist die große Zahl der in die Außenmauern eingefügten Reliefplatten. Diese Spolien stammen teils aus byzantinischer (Pflanzenornamente, geometrische Motive), teils aus hellenistischer oder römischer Zeit. Man erkennt u. a. einen stark verwitterten Reiter mit Hund und die Darstellung eines hellenistischen Grabmals mit Giebel und antiken Grabsymbolen. Vier Gestalten sind frontal abgebildet; eine Frau greift – wohl zum Zeichen der Trauer – nach ihrem Schleier.

Nach einem Kilometer erscheint die eindrucksvolle Turmsilhouette von **Óchia** im Blickfeld. In einiger Entfernung des halb verlassenen Dorfes steht vor der Kulisse einer steilen Felswand die **Ájios Nikolaoskirche** aus dem 12. Jh. Sie besitzt einen Campanile mit gemauerter Dachpyramide (1861). Einige Wasserspeier in Tiergestalt haben sich am Kuppelansatz des restaurierten Tambours erhalten.

Von Jeroliménas zum Kap Ténaro

Steil ins Meer abfallende Felsen, eine unnahbare, rauhe Gebirgslandschaft, einsame Buchten und das tosende Meer gewähren im südlichen Zipfel der Mani einzigartige Naturerlebnisse.

☐ **Kipárissos (Κυπάρισσος), Váthia (Βάϑια), Pórto Kájio (Πόρτο Κάγιο)**
Touristische Hinweise: Busse – nicht täglich – von Jeroliménas nach Váthia und Porto Kájio. Gelegentliche Schlaglöcher in der ansonsten guten Straße erfordern erhöhte Aufmerksamkeit vom Fahrer.

Die antike Stadt **Kipárissos,** nach der Verlegung des Hafens vom Kap Ténaro hierher auch ›Neue Stadt‹ (Kainúpolis) genannt, erlebte ihre wirtschaftliche Blüte im 1. Jh. n. Chr. In das mörtellose Mauerwerk der halbzerfallenen Kirche **Ájios Charálambos** am Strand wurden die Reste eines Tempels verbaut, z. B. über dem Eingang ein ionisches Kapitell.
Eindrucksvoll sind die 6 m hohen Apsiden der **Basilika des hl. Pétros** aus dem 6. Jh. n. Chr. in einer Zypressengruppe am nordwestlichen Ortsrand. Leider ist sie wegen der vielen Gehegemauern nur schwer zu erreichen. Nach manchem Irrweg steht man schließlich vor den Ruinen. Sie sind neben den spärlichen Resten zweier Basiliken aus dem 5. oder 6. Jh. in Alika und bei der Kirche Kímesis tis Panajías in Kipárissos Beweis für das frühe Eindringen des Christentums an den Rändern der Mani. Marmorsäulen sind verstreut zu entdecken.
Schon bald zeichnen sich in der Ferne auf einem Hügel die Pírgi von **Váthia** ab (s. Farbabb. 12), das man nach etwa 4 km steilansteigender Straße erreicht. Durch den Ausbau mehrerer Türme im Untergeschoß zu Unterkünften ist neues Leben in das fast verlassene Dorf eingezogen (auch Kafinío). Sehenswert ist das in der Rezeption des Hotels ausgestellte Steinmühlenwerk.
Herrliche Ausblicke bietet die 8 km lange Fahrt hinab nach **Pórto Kájio,** einem freundlichen Küstenort mit Strand, Camping, wenigen Unterkünften und zwei Tavernen. Der windgeschützte Hafen war schon in der Antike beliebt. Die Venezianer nannten ihn ›Wachtelbucht‹ (Porto delle quaglie). Heute noch ziehen die Wachteln, die dort auf ihren Wanderungen einfallen, viele griechische Jäger an. Die Türken machten den Hafen zum Flottenstützpunkt. Ein Spaziergang vom Hafen, vorbei am einschiffigen Kirchlein **Ájios Nikolaos** mit volkstümlichen Ikonen aus dem 19. Jh. (geöffnet) zum Leuchtturm bietet schöne Ausblicke.
Beim **Kap Ténaro** soll sich das ›Tor zur Unterwelt‹ öffnen; hier soll Herakles nach Pausanias den Höllenhund hinaufgebracht haben.
Man folgt der Teerstraße Richtung Váthia etwa 2 km und nimmt die erste Straße links in Richtung Páliros bis zur Grabeskirche aus Beton. Hier folgt man einem Weg nach rechts, der in der Bucht von **Pórto Stérnes** endet. Weithin sichtbar ist die verfallene ein-

schiffige überwölbte **Asómatoskirche,** die auf den Fundamenten eines kleinen Tempels steht (wohl erst 4. Jh. v. Chr.): Vier Lagen waagrecht verlaufender, aber unterschiedlich dicker wohlbehauener Steinschichten sind gut zu erkennen. Der eigentliche Hain des Poseidon, der hier die Funktion des ›Seelenführers‹ hatte, ist in der Bucht östlich von der Kirche zu suchen (moderne Marmortafel). Der Poseidonkult an dieser Stelle war weit über Griechenland hinaus berühmt. Es gibt nur noch Andeutungen von Höhlen (Einheimische lokalisieren den ›Eingang zum Hades‹ bei den Höhlen östlich vom Kap Ténaro). Ein mit Steinen begrenzter Hohlweg von der Schlucht im Norden her ist erkennbar. Rund um die beiden Buchten sind teilweise imposante Gebäudefundamente aus hellenistischer (ab 4. Jh. v. Chr.) und römischer Zeit zu entdecken.

Die Ostküste der Mani

Durch die Befestigung der ca. 40 km langen kurvenreichen Ringstraße von Alíka 2 km südlich von Jeroliménas bis Areópolis ist dem Motorisierten eine neue Landschaft auf der Peloponnes erschlossen: die kleinen, mit Pírgi bewehrten Siedlungen – am Steilhang des Sangiasgebirges klebend – werben mit individuell-eingerichteten Privatquartieren. Kleine Sandbadebuchten tief unten am Meer laden zum Baden. Immer neue Ausblicke bieten sich auf das von Strömungen abwechslungsreich getönte Meer. Es besteht durchaus die Möglichkeit, in den kleinen Tavernen frisch gefangenen Fisch zu genießen. Die Ostküste ist Ferienland für Individualisten!

In Kokkála an der Ostküste der Mani

Die Argolis: zentrale Kunstlandschaft von der Steinzeit bis zur Moderne

Der Nomós Argolídos

Der antike geographische Begriff Argolis umfaßte auch den Isthmós von Korinth und die Kinuría, die verwaltungsmäßig heute zu Arkadien gehört. Über die Hälfte des heutigen Distrikts sind gebirgig. Auf der intensiv bewässerten Ebene von Argos, begünstigt durch ein mildes Klima und ringsum geschützt von Gebirgen, gedeihen alle Arten von Zitrusfrüchten. Doch durch die intensive Bewässerung sinkt der Grundwasserspiegel beängstigend schnell. Im Schutz der Gebirgsschwelle von der Korinthía in den Süden konnte sich hier die mykenische Kultur mit den Festungen Mykene und Tiryns entfalten. Auch nach dem Ende der mykenischen Zeit entwickelte Argos eine eigenständige Kunsttradition in Keramik und Plastik, wie die Exponate der Museen von Argos und Náfplio zeigen. In hellenistischer Zeit seit dem 4. Jh. v. Chr. ist Epidauros nicht nur religiöser Mittelpunkt, sondern schöpferisches Kunstzentrum, das weit über Griechenland hinaus ausstrahlt. In mittelalterlich-byzantinischer Zeit wurden in der Argolis seit dem 11. Jh. Kirchen gebaut. Hier begegnen die ausgereiftesten Schöpfungen der mittelbyzantinischen Kirchenarchitektur auf griechischem Boden. Einzigartig ist die Bedeutung Náfplios in seiner romantischen Atmosphäre türkischer, venezianischer und neuzeitlich griechischer Architektur und als Stätte moderner Kunstproduktion. Einheimische wie fremde Künstler beginnen hier griechische Kunsttradition, Volkskunst und Landschaft neu zu entdecken. An den wenigen guten Stränden der Argolis rund um Toló-Asine, um Míli-Lerna und bei Náfplio suchen vor allem Athener Erholung.

Argos (Άργος)

Touristische Hinweise: Verkehrsknotenpunkt: Busse in alle Richtungen, Abfahrt bei der Platía Demokratías vor dem Gerichtsgebäude, Busse nach Arkadien nordöstlich der Platía Demokratías im Odós Fídonos; Bahnverbindung Athen – Kalamáta. Argos ist an sich idealer Standort für Exkursionen, doch ist das Bettenangebot der wenigen Hotels noch beschränkt, und der Fremde wird vor allem an Festtagen gleich nach Náfplio verwiesen. Keine touristische Infrastruktur.

☐ Kunst und Geschichte

Von der Jungsteinzeit (1. Jt. v. Chr.) bis zum Ende der mykenischen Zeit (um 1200 v. Chr.) reichen die prähistorischen Funde in und um Argos. Nach der ›dorischen Wanderung‹ um

Die Argolis

1000 v. Chr. beginnt Argos in der Sagentradition eine wichtige Rolle zu spielen (der homerische Diomedes ist König von Argos, der Sagenkreis ›Sieben gegen Theben‹).
Im 8.–6. Jh. v. Chr. erlebte die Stadt einen politischen und kulturellen Höhepunkt: Aus der Auseinandersetzung mit Sparta, der dauernden Rivalin von Argos, ging sie siegreich hervor, bedeutende Herrscher wie der Tyrann Pheidon führten Neuerungen, etwa Silbermünzen, ein. Die geometrische Keramik aus Argos, die man heute in den Museen von Argos und Náfplio betrachten kann, bezeugt eine künstlerisch eigenständige Handwerkstradition, für die ein unruhig und überladen wirkender Dekor charakteristisch ist. Die argivische Plastik war bereits in der Antike berühmt. Mit den wuchtigen Kurosgestalten des Kleobis und des Biton (im Museum von Delphi) erreicht sie im 5. Jh. ihren Höhepunkt.
In der Mitte des 5. Jh. wurde das Königreich ein demokratisch verfaßter Stadtstaat. Nur weniges ist aus dieser Zeit erhalten: die Fundamente des Bouleuterions, des Senatsgebäudes, und des Portikus in der Agora, die spärlichen Reste des Apollontempels in der Deirás, dem Bergsattel, die Ruinen des Aphrodisions und die Befestigungen auf dem Burgberg, der Lárissa. Argos war dauernde Rivalin von Sparta und zeitweise erste Macht auf der Peloponnes (390 Besetzung von Akrokorinth, Leitung der isthmischen Spiele). Erstaunlich, daß das für 20 000 Zuschauer konzipierte Theater am Ende des 4. Jh., einer Zeit des Niedergangs der peloponnesischen Staaten, erbaut wurde. Damals kam es zu revolutionären Bewegungen. Mehr als tausend wohlhabende Bürger, die als Feinde der Demokratie verdächtigt wurden, sollen zu Tode geprügelt worden sein; Tausende von Argivern waren zur Auswanderung gezwungen.

Aus römischer Zeit sind beeindruckende Architekturreste erhalten: die gewaltigen Thermen, das Odeion, Theaterumbauten, Mosaike aus römischen Villen, Bauten auf der Agora.

395 n. Chr. wurde Argos von den Goten verwüstet. Doch das Leben erlosch nicht völlig: Bereits im 5. Jh. wurde Argos Bischofssitz und die erste christliche Basilika in der Deirás gebaut. Ende des 5. Jh. brannten Slaven und Avaren das damalige Dorf nieder.

Aus der byzantinischen Zeit sind außer der Akropolis, die im 12. Jh. befestigt wurde, und der Kirche dort vor allem die Grundmauern der zweiten Basilika auf der Deirás erhalten. Die Stadt zählte in der Verwaltungsstruktur des byzantinischen Reiches zu den bedeutenden Städten. Franken, Venezianer und Türken haben an der Burg weitergebaut, ohne nennenswerte Spuren zu hinterlassen.

1821 tritt in Argos die Nationalversammlung zusammen. Die Prosperität der Stadt als Zentrum eines landwirtschaftlich geprägten Hinterlandes im 19. Jh. spiegelt sich in schönen klassizistischen Häusern, z. B. im Odós Karatzás, und der 1859 erbauten, innen marmorverkleideten Ájios Pétros-Kirche, benannt nach dem Bischof von Argos im 10. Jh. Sie empfängt den Gläubigen mit von Kerzen erleuchtetem Halbdunkel. Seit 1902 wird Argos von französischen Archäologen untersucht. Neuerdings beteiligen sich auch griechische Wissenschaftler an der Forschung. Heute ist Argos mit rund 22 000 Einwohnern eine lebhafte Stadt mit einem quirligen Markt auf der Platía Demokratías.

☐ Rundgang

Vom Odós Gúnaris führen Sackgassen steil den Hang hinauf. Durch Vorgärten gelangt man zum sog. **Kriterion** mit Nymphäum, dem Kultplatz der Nymphen, und dem Ende der römischen Wasserleitung. Die von einer Wasserleitung gespeisten zwei Becken des Nymphäums sind in den Felsen gehauen. Wie die nach Athen verbrachten, in den Fels geschlagenen Reliefs, Rachegöttinnen darstellend, nahelegen, befand sich davor das rechteckige Areal des Gerichtshof von Argos (Kriterion), zu dem man über gut erhaltene Stufen hinaufstieg. In der Mitte wird ein Heiligtum vermutet.

Ein Fußpfad endet nach etwa 200 m am oberen Rand des **Theaters,** das Ende des 4. Jh. größtenteils in den Felsen gehauen

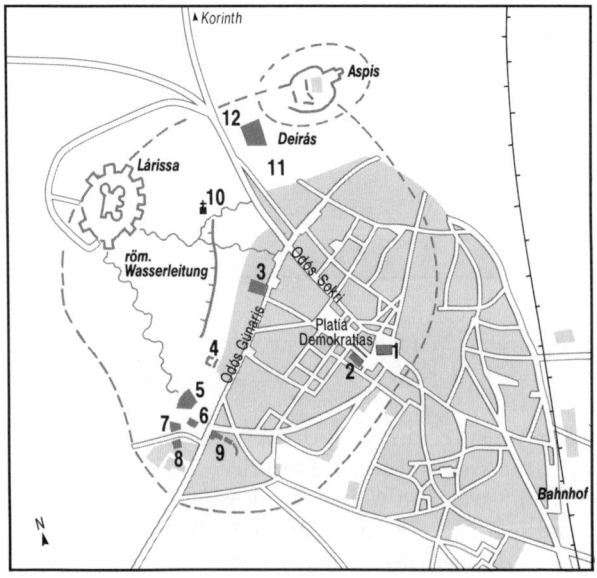

Argos
1 *Ájios Pétros-Kirche*
2 *Archäologisches Museum*
3 *Ájios Joánnes-Kirche*
4 *Kriterion*
5 *Theater*
6 *Bäder*
7 *Odeion*
8 *Aphroditeheiligtum*
9 *Agora*
10 *Kloster Panajía tu Vráchu*
11 *mykenische Nekropole*
12 *Heiligtümer des Apollon
und der Athena*

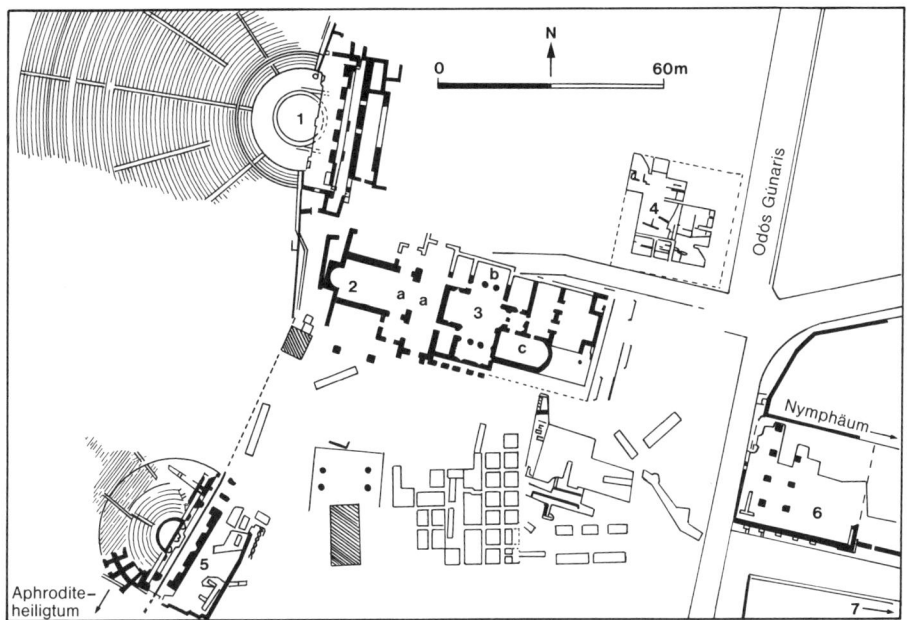

Argos, Theater und Agora *1 Theater 2 Heroon 3 Thermen (a Ankleideräume b Frigidarium c Caldarium) 4 Wohngebäude 5 Odeion 6 Bouleuterion 7 Gymnasion*

wurde. Die auf Erdaufschüttungen rechts und links vom Felsen aufgebauten sechzig Sitzreihen sind verschwunden. Das Theater faßte rund 20 000 Besucher und war damit eines der größten der griechischen Welt. In römischer Zeit wurde die heute noch gut sichtbare, ursprünglich kreisrunde Orchestra in ein Wasserbecken für Gladiatorenseeschlachten verwandelt. Die Umbauten wurden in unserer Zeit entfernt, um die Basen der rückwärtigen dorischen Säulenhalle, das Proskenium und die höher gelegene Skene wieder herauszuschälen. Beachtenswert ist von den steinernen Ehrensitzen in der ersten Reihe der kaiserliche Thron (wohl 3. Jh. n. Chr.).

Östlich an das Theater grenzen die eindrucksvollen Reste der **römischen Thermen** (2. Jh. n. Chr.). Der von einer Apsis abgeschlossene, in großer Höhe erhaltene Raum war ursprünglich ein Heroon, Kultplatz eines Halbgottes. Das Postament einer verlorenen Statue, wohl des verehrten Heros, ist zu erkennen und eine Krypta mit drei Felsengräbern. Die Apsis wurde in christlicher Zeit als Kirche genutzt. Zwei längliche, in den Fundamenten erkennbare Säle dienten wohl als Umkleide. Gemauerte Bänke entlang der Wände deuten daraufhin; der Boden war mit geometrischen Mosaiken belegt. Daran anschließend das Frigidarium, der

Das Theater von Argos

Kaltraum, flankiert von zwei Seitenräumen. Das südlichste Becken ist noch sichtbar. Die Kolonnaden an den Außenmauern, heute nur in den Basen erkennbar, waren reich mit Skulpturenschmuck versehen, von dem einige Reste im Museum ausgestellt sind. Über einen quadratischen kleinen Raum gelangte der Badende zu den Heißräumen, Caldarien. Die Ziegelsäulen der Fußbodenheizung sind gut zu sehen, ebenso Reste der Wandheizung. Die Caldarien besaßen Marmorbecken und Mosaikfußböden, von denen Reste erkennbar sind.

Ausgrabungen der sechziger Jahre brachten nördlich und südlich der Thermen quadratisch angelegte Gebäudekomplexe in mehreren Schichten zutage, deren Zweck noch ungeklärt ist (wohl **Wohngebäude**).

Ca. 100 m vom Skenegebäude des Theaters entfernt liegt das **Odeion,** die Stätte für Vorträge und musikalische Aufführungen. Die oberen, in den Felsen gehauenen 35 Sitzreihen gehören einem früheren Theater- und Versammlungsraum aus dem 5. Jh. v. Chr. an, überdeckt durch ein halbkreisförmiges, wohl überdachtes Odeion aus dem 1. Jh. n. Chr. Die Orchestra und die Parodoi, die seitlichen Zugänge, waren mit Mosaiken geschmückt. In den erkennbaren Nischen des Proskeniums standen Statuen.

50 m südlich vom Odeion ist der hl. Bezirk (Temenos) aus Tuffstein des **Aphroditeheiligtums** noch gut erkennbar, ebenso die Grundmauern des wohl 430–420 v. Chr. erbauten Tempels mit Cella und Vorhalle (Propylon) sowie der Kern eines 6 m langen Opferaltars.

Man passiert erneut das Grabungsgelände, überquert den Odós Gúnaris und besichtigt die bisher ausgegrabenen Reste der bis ins 5. Jh. v. Chr. zurückreichenden **Agora**. Pausanias sah hier im 2. Jh. n. Chr. noch 18 Tempel. Zuerst fällt das quadratische Fundament mit den Basen von 16 ionischen Säulen auf. Es handelt sich wohl um das *Bouleuterion,* wie ein Vergleich mit Sikyon nahelegt. Darunter befand sich eine Gräberstätte aus geometrischer Zeit (8. und 7. Jh. v. Chr.). Nach 395 n. Chr. wurden über Bouleuterion und Säulenhalle Bäder und Läden errichtet, deren Backsteinruinen heute noch erkennbar sind. Östlich vom Bouleuterion sind die drei Seiten von dorischen Säulenhallen (Länge 83,5 m) erkennbar, die ursprünglich wohl eine Palästra oder ein *Gymnasion* (5. Jh. v. Chr.) umschlossen. Den Hinweis auf ein Gymnasion liefern Inschriften (am Ort). Etwa 50 m südöstlich der Säulenhalle liegen die kreisförmigen Fundamente eines römischen *Nymphäums* mit Brunnen, im Inneren umgeben von acht korinthischen Säulen. Es wird vermutet, daß es später in ein christliches Baptisterium umgewandelt wurde. Auch für die Christen war das Wasser Zentrum der heiligen Handlung. Noch weiter südlich lagen Thermen. Östlich davon befindet sich das Rund einer Opferstätte *(Thysiasterion)* in Ausgrabung. Überall sind Wasserleitungen zu sehen, die das Wasser von den Thermen beim Theater und bei der Agora ableiteten. Südlich von der heutigen Grabungsstätte der Agora wird das *Stadion* vermutet (heute noch Privatbesitz).

Beim Aphrodision führt eine Treppe hinauf zur **Lárissa,** dem Burgberg (289 m). Bei der Georgioskapelle folgen wir rechts vom modernen Wasserreservoir einem deutlich sichtbaren Fußpfad steil zur Burg hinauf, vorbei an Resten der Stadtmauer. Die Burg besteht aus einem äußeren und einem inneren Mauerring. Der äußere Ring ist fränkisch, die Bastion im Süden venezianisch. An der Nord- und Westseite ist am Fuß das Mauerwerk aus vieleckigen Steinen aus dem 5. Jh. v. Chr. gut erkennbar. Die Byzantiner setzten nach dem 10. Jh. n. Chr. Bruchsteinmauern darauf. Der französische Archäologe Vollgraf meint sogar, an einigen Stellen mykenische Kyklopenmauern entdecken zu können. Am nördlichen äußeren Mauerring sieht man die Ruinen einer im 12. Jh. erneuerten byzantinischen Kirche. Sie ist teilweise aus antiken Quadern errichtet. Die Befestigungsanlagen wurden im griechischen Freiheitskampf zu Beginn des 19. Jh. noch genutzt.

Da der steile Fußpfad von der Lárissa über das **Kloster Panajía tu Vráchu** zur Deirás schlecht zu finden ist, wird die Autostraße empfohlen. Der Weg zum Kloster führt rechts ab (Wegweiser). Weithin sichtbar überragt das strahlend weiße Gebäude die Gegend. Es geht bis ins 9. Jh. zurück und wurde oberhalb einer Höhle erbaut, die vielleicht das in der Literatur bezeugte Heiligtum der Hera Akraia beherbergte.

Über die Autostraße steigen wir nun zur **Deirás** hinab. Rechts am Wege, der in die

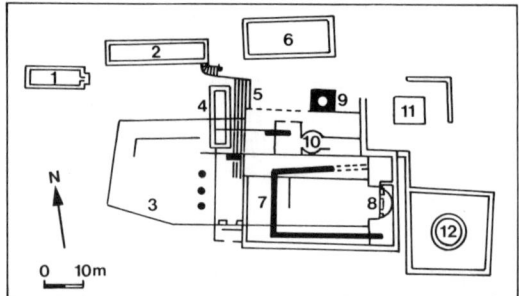

Argos, Deirás *1 Zisterne 2 Säulenhalle 3 Narthex eine byzantinischen Basilika 4 Altar 5 Treppen im Fels 6 Orakelstätte 7 Fundamente einer byzantinischen Basilika, vermutete Stätte des Apollontempels 8 Apsis der Basilika 9 frühchristliches Baptisterium 10 byzantinisches Baptisterium 11 Haus mit Zisterne 12 Tholos*

Senke der Deirás um die Aspís (Schild) genannte Anhöhe herumführt, liegt die **Grabungsstätte** des Apollon Pythios- und des Athena Oxyderkes-Heiligtums (der ›scharfblickenden Athena‹). Wir steigen zum tiefsten Punkt des felsig-steilen Geländes hinab, das künstlich in vier Ebenen geteilt wurde. Vorbei an einer großen, in den Felsen gehauenen Zisterne gelangen wir zum Platz des Heiligtums. Eine in den Fundamenten schlecht erkennbare Säulenhalle und die Grundmauern des Narthex einer christlichen Basilika umschließen einen Hof, der zum Hang hin durch einen 14 m langen, in den Felsen gehauenen Altar begrenzt wird. Im Hof standen Weihegeschenke (Statuen, Dreifüße) und Urkundensteine, wie Spuren im Fels vermuten lassen. Hier und auf der Treppe wohnten die Kultteilnehmer den Opferhandlungen bei. Ihre gut erkennbaren zehn Stufen führen zur zweiten Ebene hinauf. Auf dieser Ebene müßte sich das Hauptheiligtum des Apollon Pythios befunden haben; doch sind keine Spuren vorhanden. Die dürftig erhaltenen Fundamente eines rechteckigen Baues nördlich der Treppe wurden als Orakelstätte (Manteion) gedeutet. Gut sichtbar sind auch die Fundamente einer klei-

nen christlichen Basilika (5. Jh.) und ihrer Erweiterung (10. Jh.). Die Apsis mit Priesterbank ist erhalten. Über den beiden runden Fundamenten auf dieser Ebene erhoben sich ein frühchristliches und ein byzantinisches Baptisterium.

Eine Ebene höher, im Osten der Baptisterien, sind die Fundamente eines rechteckigen Hauses erkennbar, in das später eine große Zisterne eingebaut wurde. Ihr Dach ruhte auf zwanzig Säulen. Hier hat man das Athenaheiligtum oder ein Asklepeion vermutet. Östlich der Apsis der Basilika befindet sich das Steinrund eines Rundtempels (Tholos), umgeben von einer schiefwinkligen Steinmauer.

Entweder auf dem steilen Fußweg oder auf der Fahrstraße ist von der Deirás der Gipfel der schon in mittelhelladischer Zeit in der ersten Hälfte des 2. Jt. v. Chr. besiedelten **Aspís** leicht zu erreichen. Hier ist nur noch das Mauerwerk der fast kreisrunden Befestigung zu erkennen: Reste kyklopischer mykenischer Mauern, zwei hellenistische Turmfundamente an den Ansatzpunkten der Stadtmauer (4. Jh. v. Chr.), byzantinische Ausbesserungen, die dreieckige Ostbastion der Venezianer.

☐ Das Museum

Das Museum im Odós Ólgas, nahe der Platía Ajíu Pétru, besitzt eine außerordentlich reichhaltige Vasensammlung vom Mittelhelladikum bis zur römischen Zeit. Das Gebäude, ein Geschenk des Französischen Archäologischen Instituts, das auch die meisten Exponate ausgegraben hat, ist mit dem klassizistischen Kallérghi-Haus verbunden. Geöffnet 8.30–15 Uhr außer montags; kein Katalog, Vitrinen numeriert.

Kurzrundgang

Garten: Mosaike mit Darstellung der Monate, u. a. Jagdszenen, Bakchos mit Gefolge.

Eingangshalle: zwei dreifüßige Amphoren (Ende 8. Jh. v. Chr.). Jeder Abschnitt der unterteilten Fläche wird mit dichten geometrischen Formen oder stilisierten Tier- und Menschendarstellungen gefüllt. Die Ringer unter den Henkeln des rechten Gefäßes könnten eine mythologische Szene darstellen.

Hauptsaal: vorwiegend Keramik in zwanzig Vitrinen zeitlich geordnet von 2000 v. Chr. bis 500 v. Chr. Vitrine 3: eine Sonderform der Tonidole in der Gestalt eines griechischen Phi ist die Kurotróphos, ›die das Knäblein Umsorgende‹ (13. Jh. v. Chr.). Arme und Kind sind plastisch herausgearbeitet und durch die Bemalung betont (s. Abb. S. 22). Das Gesicht ist durch eine überlange Nase raubvogelartig in zwei Hälften geteilt. Die ovalen Augen erscheinen übergroß. Alleinstehend: Mischkrug (Krater 8. Jh. v. Chr.) mit Figuren von Männern und Pferden inmitten einer sehr dichten, horizontal betonten Ornamentik – typisch für den unruhig-überladenen Stil der argolischen Keramik. Saalmitte: Bronzepanzer mit Helm eines Schwerbewaffneten (Hoplit, 7. Jh. v. Chr.) – hervorragendes Bei-spiel argivischer Bronzekunst. Die Brustform ist plastisch herausgearbeitet. Vitrine 12: rotfigurige Darstellung der Blendung des Polyphem durch Odysseus auf einem Gefäßfragment (s. Abb. S. 28). Vitrine 13: seltene Lyra, deren Klangkörper durch einen Schildkrötenpanzer gebildet wird. Zwei Hopliten zu Pferd (6. Jh. v. Chr.). Die Grundformen des menschlichen Körpers sind erfaßt. Mittelvitrine Saalrückwand: bewegter, religiöser Reigentanz dreier Figuren (6. Jh.? v. Chr.).

Sog. ›Lernasaal‹ im Parterre: Funde vom 6. Jt. bis 800 v. Chr. in chronologischer Anordnung. 18,2 cm hohe Terrakottastatuette einer nackten Frau aus der mittleren Jungsteinzeit (um 3500 v. Chr.). Der plastisch und erstaunlich realistisch modellierte Torso besitzt ungewöhnliche Ausstrahlungskraft (s. Abb. S. 18).

Skulpturensaal im 1. Stock: Hervorragend der Porträtkopf des Geta, Sohn des Caracalla (3. Jh. n. Chr.). Eingang: Hygeia, Tochter des Asklepeios. Die Frauengestalt ist unter dem Gewand vorzüglich herausgearbeitet. Geziert in den Bewegungen ist Dionysos mit Bock. Votiv- und Grabsteine klassisch bis römisch mit Festprozessionen, mythologische Szenen und Kulthandlungen in flacher Plastizität.

Das Heraion von Argos und das Kuppelgrab

von Prósimna (Πρόσυμνα)

Touristische Hinweise: mit dem Auto ca. 3 km in östlicher Richtung beim Bahnhof von Argos links abbiegend nach Chonikás. Busverbindung Argos-Chonikás. Das Heraion ist von 9–15 täglich außer montags geöffnet. Der etwa 20minütige Spaziergang zum Heraion hinauf (Wegweiser) vermittelt den besten Eindruck von der beherrschenden Lage des Heiligtums über der fruchtbaren Ebene von Prósimna. Pausanias gebrauchte diesen vorgriechischen Namen für die Hügel, heute führt eine kleine Ortschaft diesen Namen.

☐ Kunst und Geschichte

Die Besiedlung der naheliegenden Hügel im Nordwesten geht bis in die Jungsteinzeit zurück, wie Gräber ganz in der Nähe des Heraion beweisen. Es wurden über fünfzig Kammergräber aus mykenischer Zeit freigelegt, am berühmtesten aber ist das ung. 1 km vom Heraion entfernte, 1872 entdeckte Kuppelgrab von Prósimna im Nordwesten des Heiligtums. Beim Kuppelgrab von Prósimna wurde ab 1925 ein der Hera geweihtes Terrassenheiligtum ohne Tempel freigelegt. Wie das Tempelheiligtum der Hera selbst, das Heraion von Argos, geht auch diese Kultstätte auffallenderweise nicht vor das 8. Jh. v. Chr. zurück. Auch auf der Akropolis von Tiryns gibt es einen Heratempel. Er wurde über dem geheiligten Herdrund des Megaron errichtet. In Argos stehen aber weder das Terrassenheiligtum noch das Heraion in Beziehung zu einer mykenischen Burg. Man kann also nur schwerlich einen Bogen schlagen zwischen dem mykenischen Kult in der zu jener Zeit schon dichtbesiedelten Gegend und den weithin berühmten Feiern im Heraion, dem wichtigsten Heiligtum von Argos.

Die Zählung der Jahre erfolgte in Argos nach der Abfolge der Priesterinnen. Hundert Kühe wurden im langen Zug zum Tempel geführt und ihr Fleisch nach der Opferung unter die Bürger verteilt. Sportliche Wettkämpfe wurden abgehalten. Ein Kuhgespann zog den Wagen der Priesterin von Argos zum Heraion. Als einmal – so erzählt die Legende – das Gespann nicht rechtzeitig eintraf, spannten sich die Brüder Kleobis und Bithon vor den Wagen, um die Mutter rechtzeitig zum Tempel zu bringen. Die Argiver haben die Statuen der berühmten Brüder (geschaffen um 580 v. Chr.) dem Gott von Delphi geweiht (im Museum von Delphi).

☐ Rundgang

Der Rundgang beginnt am höchsten Punkt des Heiligtums und folgt so den Bauphasen dieses gewachsenen Komplexes, die von oben nach unten fortschritten. Eine heute noch gut sichtbare **Mauer aus viel**eckigen Steinen (8. Jh. v. Chr.) stützte die oberste Terrasse ab, auf der wahrscheinlich schon ein kleiner Tempel stand, ähnlich den Hausmodellen, die hier und in Perachóra als Weihegaben gefunden wurden.

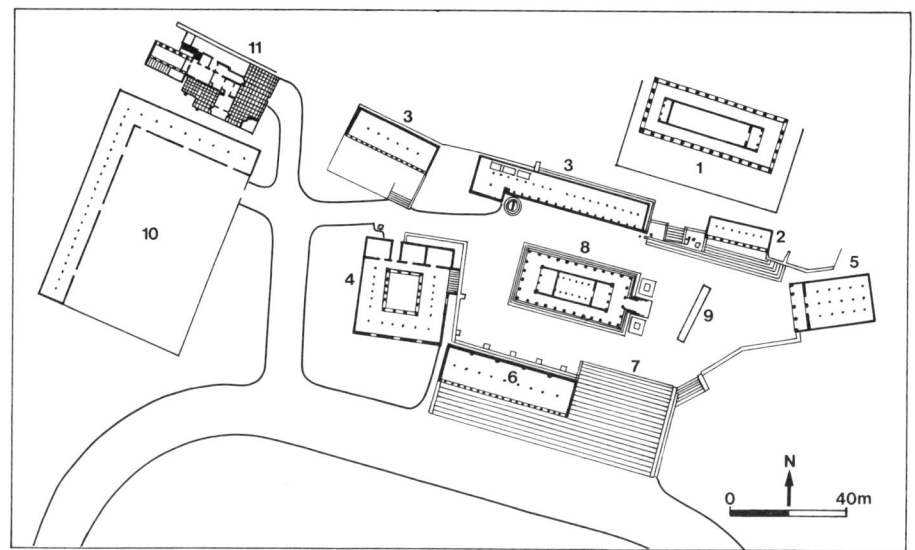

Heraion von Argos *1 geometrischer, erster Heratempel 2 kleine dorische Säulenhalle 3 größere dorische Säulenhallen 4 Bankethaus 5 vierschiffiger Säulensaal 6 zweischiffige Halle 7 Freitreppe 8 jüngerer Heratempel 9 Altar 10 Gymnasion 11 Thermen*

Das Baumaterial dieses geometrischen Tempels wurde für den **ersten Heratempel** (2. Hälfte 7. Jh. v. Chr.) verwendet. Er ist der früheste bekannte Ringhallentempel (Peripterostempel) Griechenlands. Die 14 x 6 schlanken Säulen des hölzernen Tempels standen fast 3 m weit auseinander. Drei Standspuren auf der Säulenauflagefläche (20 m), sind erhalten. Die wichtigsten Architekturteile waren bunt bemalt.

Im frühen 6. Jh. v. Chr. folgte der Bau einer kleinen zweischiffigen **dorischen Säulenhalle.** Sie ist die älteste bekannteste dorische Halle, die Hunderte von Nachfolgerinnen in der ganzen Mittelmeerwelt finden sollte. Wenige Jahrzehnte darauf folgten im Westen zwei **größere dorische Säulenhallen** nach.

Im gleichen Jahrhundert entstand das **Bankethaus** für hohe Gäste und Sportler. Ruhebetten haben sich erhalten. Zum dritten Mal in wenigen Jahrzehnten wurde im Heraion eine neue Architekturform entwickelt, die ihren Siegeszug im Hellenismus antritt (Olympia, Epidauros): das Peristylhaus mit zweischiffigen dorischen Säulenhallen im Innern. Es ist »eine einwärts gekehrte Architektur« (Lauter), die den Blick wie beim Hauptraum eines Tempels nach innen lenkt.

Mitte des 5. Jh. v. Chr. wurde die untere Terrasse zu einem in sich geschlossenen, religiösen Versammlungsort ausgestaltet: An der Ostseite entstand ein vierschiffiger **Säulensaal** und später der Ratssaal von Megalópolis. Das Ensemble wurde nach

Süden durch eine **zweischiffige Halle** begrenzt, deren Säulenauflageflächen und einige dorische Säulentrommeln zu sehen sind. Die Stützmauern der Halle wurden zu einer gewaltigen **Freitreppe** umgestaltet, die auf einen Altar zulief. Als der hölzerne erste Tempel abbrannte, wurde nach 420 v. Chr. ein dorischer **Peripteros** erbaut. Er ist religiöser und architektonischer Mittelpunkt der zweiten Terrasse. Die Fundamente mit 6 x 12 Säulen sind gut sichtbar. Viele kleine Stücke der Giebel- und Schmuckplattenskulpturen wurden gefunden, lassen sich aber nicht eindeutig rekonstruieren. Das Kultbild der Hera – nach Pausanias von dem berühmten Bildhauer Polyklet aus Argos (ab 450 v. Chr.) geschaffen – wurde in der Antike dem berühmten Elfenbeinkultbild der Athena im Parthenon, dem Werk des Phidias, an die Seite gestellt. Die rechtwinklige Säulenhalle des **Gymnasions** und die **Thermen** lagen außerhalb des heiligen Bezirkes und stammen aus römischer Zeit.

Auf dem Weg von Chonikás nach Mykene liegt in einem Ölbaumhain versteckt **das Kuppelgrab von Prósimna**. Beim Schild »Versikia« biegt man rechts auf eine teilweise unbefestigte Straße ab, der man bis zu einer weißleuchtenden Kapelle folgt. Durch den Ölbaumhain läuft man in Richtung einer freistehenden Zypresse 50 m nordöstlich bis zum eindrucksvollen Kuppelgrab. Der einsturzgefährdete Dromos beträgt 18 m, die Höhe der eingestürzten Kuppel ung. 10 m. Aufbau und Technik entsprechen den mykenischen Kuppelgräbern.

Das Heraion von Argos

Die nahe Umgebung von Argos

☐ Chonikás (Χωνικάς), Plataníti, (Πλατανίτη), Ajía Triáda
(Αγία Τριάδα): Höhepunkte mittelbyzantinischer Kirchenbaukunst

Touristische Hinweise: nur werktags dreimal täglich Ringbus von Argos in die drei Orte Chonikás, Anífi und Ajía Triáda (ca. 12 km). Zwei Busse auch von Náfplio nach Mánesis über Ajía Triáda. Von Chonikás ist eine rund 6 km lange Wanderung auf wenig befahrenen Straßen empfehlenswert. Der Motorisierte fährt auf einer Nebenstraße entweder direkt nach Chonikás oder zweigt von Tiryns östlich nach Ajía Triáda ab. Von Chonikás sind es nur 7 km bis nach Mykene.

Wie ein antiker Tempel steht die eingeschriebene Viersäulenkreuzkuppelkirche von **Chonikás** auf einem dreistufigen Marmorunterbau. Nur die letzte Stufe ist sichtbar. Die Kirche ist der ›Entschlafung Mariens‹, der Kímisis Theotóku, geweiht und wohl Mitte des 12. Jh. erbaut worden. Ungewöhnlich hoch (2,2 m) ist der achteckige Tambour mit schmalen Rundbogenfenstern. Der Altarraum (Hierón) ist erhöht und durch eine schlichte moderne Holzikonostás mit silbernen Metallikonen vom Kirchenraum getrennt. Die stark nachgedunkelten Fresken stammen wohl aus dem 19. Jh. Im Hierón führen Mauerdurchgänge zum rechten und linken Altarnebenraum (Diakonikon und Prothesis). Der Bau ist mit Tonnen eingewölbt, wobei die Haupttonnen, die das Kreuz bilden, erhöht sind (6,3 m). Die Fassade ist außerordentlich sorgfältig ausgeführt: Ziegelzahnleisten gliedern das Kästelmauerwerk auf halber Höhe und unter dem Dachansatz. Sie schmiegen sich den auffallenden dreifachen Ziegellagen über den Bogenprofilen (Archivolten) der Türen an. Am Bogenansatz sind kufische Schmuckfelder mit arabischen Zierbuchstaben zu sehen, die öfter auch auf der Mani begegnen. Von den an den Türen und unter den Fenstern der Apsis und an den Mauerecken verwendeten antiken Baumaterialien aus dem Heraion (s. S. 298 ff.) sind die Kreuze rechts und links der Türe besonders auffallend.

Ung. 4 km südlich von Chonikás liegt **Plataníti**. Am südlichen Ortsausgang steht direkt an der Straße die winzige eingeschriebene Kreuzkuppelkirche der Verklärung des Erlösers (**Metamórphosis Sotíros**, verschlossen). Wahrscheinlich wurde sie am Anfang des 12. Jh. erbaut. Ihr Grundriß ist fast quadratisch (5,4 x 5,9 m) ohne Mittelstützen. Der Kuppelzylinder (1,4 m) wirkt im Verhältnis außergewöhnlich hoch.

Der Ort **Ajía Triáda** (1160 Einwohner) hieß in fränkischer Zeit nach dem ersten katholischen Bischof von Korinth, Wilhelm von Moerbeke (gest. um 1286), Mérbakas. Moerbeke war einer der ersten Übersetzer aristotelischer und neuplatonischer Schriften ins Lateinische. Wahrscheinlich hat er den Ort neu gegründet. Am südlichen Ortseingang in einem Friedhof steht die eingeschriebene Viersäulenkreuzkuppelkirche der allerheiligsten Jungfrau (**Panajía**; Schlüssel beim in der Nähe wohnenden Popen). Sie wurde im späten 12. Jh. gebaut und gleicht bis in Einzelheiten der Kirche von Chonikás: dreistufiger Unterbau, überschlanke Säulen, hier mit originalen Blatt-Kapitellen, achteckiger Tambour mit acht schmalen Rundbogenfenstern, Einwölbung der Vorhalle (Narthex) und der überhöhten Kreuzseitenarme, dreiteiliger Altarraum. Die ursprünglichen Fresken sind übertüncht, doch hat man mit ihrer Restaurierung begonnen. Christus-Pantokrator, umgeben von vier gerahmten Bildern der Evangelisten in den Bogen der Vierung, ist in byzantinischer Tradition spätestens Ende des 19. Jh. gemalt. Undeutlich sind die älteren Fresken in den zur Kuppel überleitenden Pendentifs.

Über einem nahezu 2 m hohen Sockel aus antiken, weißen Marmorblöcken verschiedener Größe und Herkunft, teilweise mit Inschriften, beginnt in reizvollem Kontrast das Kästelmauerwerk aus grauem Kalkstein. Besonders reiches Ziegeldekor weisen die Drillingsfenster des Giebelaufsatzes im Querschiff auf. Besondere Aufmerksamkeit verdienen die antiken und mittelalterlichen Reliefs in der Fassade: Die Sonnenuhr an der Südseite ist typisch byzantinisch. Je ein Grabrelief mit griechischen Inschriften ist an der Nord- und Südmauer verbaut. An den Apsiden der Ostseite sieht man Steine mit Rosetten, Sternornamenten und Ranken.

☐ Midéa (Μιδέα) und Manésis (Μανέσης, früher Déndra)

Touristische Hinweise: mit dem Auto von Argos in östlicher Richtung (nach Ajía Triáda beim Bahnhof fragen) zum 15 km entfernten Dörfchen Manésis. Mit dem Bus (zweimal täglich) von Argos bis Ajía Triáda, von dort ca. 5 km zu Fuß nach Manésis und Midéa (sehr schlechte Busverbindung, Wegweiser in Ajía Triáda).

Das berühmte **Kuppelgrab von Déndra** (im Dorf nach den ›Mikinaikí Táfi‹ fragen), eines von mehreren hier freigelegten mykenischen Schacht- und Kuppelgräbern, hat einen 25 m langen Dromos und einen Durchmesser von 14 m. Es stammt aus dem 14. Jh. und barg in zwei Gruben ein Paar und eine junge Frau. In zwei weiteren Gruben waren Überreste von Opfertieren und Weihegeschenken niedergelegt, darunter ein Goldbecher mit der getriebenen Darstellung eines Tintenfisches (heute im Nationalmuseum in Athen).

Nahe bei Manésis (Wegweiser » Archeological Sites of Dendra« in der Ortsmitte) befinden sich zwei in den weichen Fels gehauene Kammergräber mit Zugang (Dromos) und mehrere Schachtgräber, teilweise unter Dach.

Am Ortseingang von Midéa rechts abbiegend (Hinweisschilder), ung. 2 km von Manésis, liegt weithin sichtbar die 266 m hohe **Akropolis von Midéa.** Die eindrucksvolle, sich an das felsige Gelände anschmiegende kyklopische Mauer aus riesigen, nur grob behauenen Quadern ist 4–5 m breit und bis zu 7 m hoch. Auf dem höchsten Plateau lag wohl der Palast des Herrschers, eines Vasallen der mykenischen Könige. Von Mauern gestützte Terrassen dehnten das Burgareal aus. 1 km westlich wurde eine Begräbnisstätte mit 11 Kammergräbern aufgedeckt.

☐ Lerna

Touristische Hinweise: Die gut gepflegte überdachte Grabungsstätte (geöffnet 9–15 Uhr außer montags) liegt am Südausgang des Ortes Míli links zum Meer hin in einem sumpfigen Gelände (Hinweisschild). Mit dem Auto über Néa Kíos am Meer entlang nach Míli. Stündlich Busse vom 11 km entfernten Argos (nicht alle Fernbusse halten!). Das Meerwasser ist stark verschlammt und lädt nicht zum Baden ein.

Bei Lerna findet sich die eindrucksvollste jungsteinzeitliche und frühhelladische Grabungsstätte in Griechenland. Das gutbewässerte Gebiet in der sonst ›dürstenden‹ Argolis hat schon in der frühen Jungsteinzeit (6.–5. Jt. v. Chr.) Siedler angezogen. Diese früheste Viehzucht treibende und jagende Bevölkerung hat indes keine baulichen Spuren hinterlassen. Das **älteste sichtbare Hausfundament** stammt aus der mittleren Jungsteinzeit (Beginn des 3. Jt. v. Chr.). Es liegt im Süden des ›Hauses der Ziegel‹. Das rechteckige

Lerna 1 ältestes sichtbares Hausfundament 2 frühhelladische Häuser 3 Tor und Vorhof 4 Thronsaal 5 zweiter Saal 6 Außenkorridore und Treppen 7 Apsidenhäuser 8 Gräberrund 9 Gräber um 1500 v. Chr. 10 Vorratsraum mit Pithoi

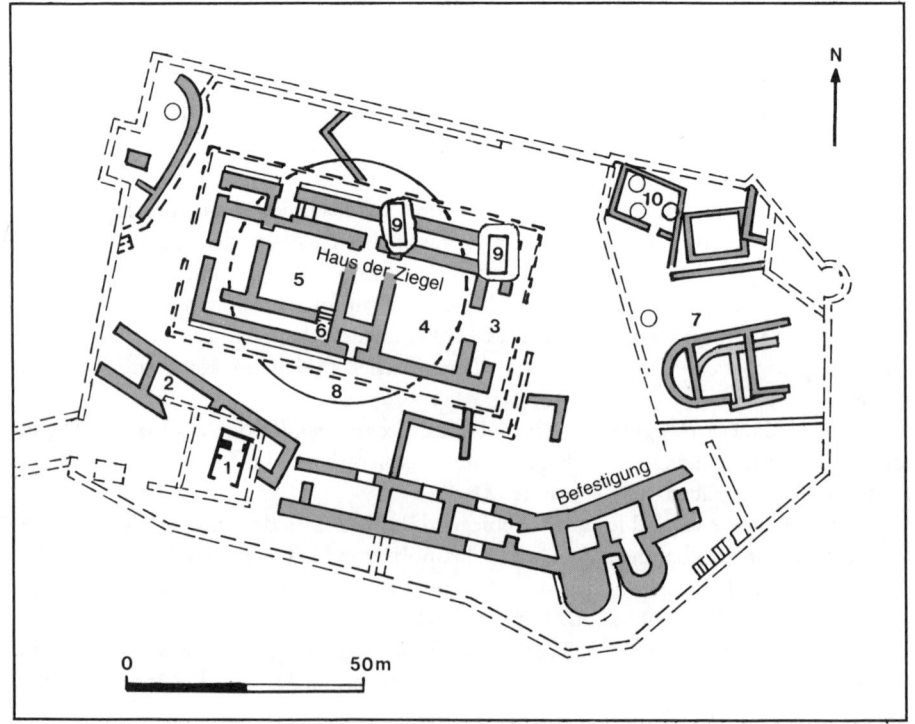

Gebäude war innen unterteilt, wie Mauerzungen zeigen. Hier wurde die weibliche Terrakottastatuette gefunden, die heute im Museum von Argos ausgestellt ist.

Ohne Katastrophe ging die Jungsteinzeit in Lerna in das frühe Helladikum über. Um 2500 wurden weit größere Häuser aus rechteckig zubehauenen Steinen gebaut. Aus dieser Zeit stammt auch die **Festungsmauer** mit zwei Türmen, an denen mehrere Jahrhunderte lang gebaut wurde. Der Zwischenraum der Festungsmauer ist in Kammern unterteilt.

Höhepunkt der Bautätigkeit der fortgeschrittenen frühhelladischen Zeit (ab 2500) ist der Bau des ›Hauses der Ziegel‹, wohl eines Palastes (25 x 12 m). Der Fußbodenbelag bestand aus feinem gelbem Lehm. Die Wände waren aus gut gebrannten, 1 cm dicken, überlappenden Ziegeln hochgezogen. Lehmziegel bedeckten den Palast, Gipsstuck in gehämmerter Technik schmückte die Innenwände. Durch ein breites Tor und einen Vorhof gelangte man zum größten viereckigen Raum (8 x 6,4 m), wohl dem Thronsaal. Ein Zwischenraum führte in einen zweiten Saal. An den Außenkorridoren sind Treppen erkennbar: Der Palast besaß also mindestens einen ersten Stock. Um 2000 v. Chr. zerstörte ein Brand Palast und Festungsmauer. Nach 2000 setzte eine neue Bautätigkeit ein. Zum ersten Mal traten Apsidenhäuser auf, wie sie z. B. in Olympia begegnen. Der wahrscheinlich heilige Bezirk des früheren Palastes wurde nicht mehr besiedelt. Ein Gräberrund schützte vor Bebauung. Um 1500 v. Chr. wurden die Gräber ausgehoben, die die früheren Palastmauern durchschnitten. Durch den Bau von Mykene und Tiryns verlor Lerna an Bedeutung, blieb aber bis in protogeometrische Zeit besiedelt. Nur ein Siebtel der Gesamtfläche wurde von den Archäologen bis 1958 ausgegraben. Der Ort hält noch Überraschungen bereit.

☐ Die ›Pyramide‹ von Kefalári (Κεφαλάρι)

(Regionalbusse auf der Strecke Argos-Trípolis halten an der Abzweigung nach Kefalári, von dort 5 km Fußweg) Fährt man von Kefalári weiter in Richtung Ellinikó (Wegweiser), liegt kurz vor Ellinikó links der Straße ein aus großen vieleckigen Steinen errichtetes Bauwerk. An einer Seite ist gut erkennbar, daß es Pyramidenform besaß. Es handelt sich um einen Wachtturm aus frühhellenistischer Zeit (wohl noch 4. Jh. v. Chr.), Teil eines Befestigungssystems. Östlichstes Glied dieser Kette ist die ›Pyramide‹ bei Ligúrio. Dazwischen lagen die Festungen Katsingri, Kasarmi und Kastraki. Alle drei Festungen wurden im 5. Jh. v. Chr. auf strategisch wichtigen Hügeln erbaut.

Mykene, das Löwentor, Zeichnung von Otto Magnus von Stackelberg, um 1830

Mykene

Touristische Hinweise: Ausgezeichnete Verkehrsanbindung (im Sommer mindestens stündlich Busse von Árgos und Náfplio; Bahnstation der Strecke Athen-Trípolis 2 km von Mykene entfernt in Fíchti). Im ganz vom Tourismus geprägten Dorf Mikínes (400 Einwohner) mehrere Hotels, Pensionen und Camping.

☐ Kunst und Geschichte

Nach dem weithin sichtbaren Palastareal von Mykene am Fuße des 807 m hohen, kahlen Ilíasberges und den Gräbern im Umkreis wurde die ›mykenische Kultur‹ benannt –, denn hier wird sie am deutlichsten greifbar, und die Vermutung liegt nahe, daß Mykene eine lockere Oberherrschaft über kleinere Herrschaften wie Tiryns und Málthi ausübte.

An einer im Vergleich zum Nestorpalast in Messenien ziemlich unfruchtbaren, aber strategisch günstigen Anhöhe konnten die auf der Burg residierenden Herrscher den Süden bis Náfplio und die von Norden kommende Straße kontrollieren. Spuren aus der Jungsteinzeit und der frühhelladischen Zeit sind gering, doch eine mittelhelladische Befestigung im späteren Palastbereich ist sicher bezeugt. Wahrscheinlich entstand sie mit den ersten Schachtgräbern um 1700 v. Chr. Der Bau der großen Kuppelgräber und des Palastzentrums ging mit dem Aufstieg Mykenes im 15. und 14. Jh. v. Chr. einher. Der kretisch-minoische Einfluß war groß. Die berühmten Funde Schliemanns in den Schachtgräbern III und IV des Gräberrunds A stammen wahrscheinlich aus Kreta oder sind mindestens stark von dort beeinflußt. Der sich in den Grabbeigaben manifestierende Totenkult hat ägyptische Vorbilder. Der Bau der Kyklopenmauer ist Zeichen größter Machtentfaltung, weist aber auch auf erste Bedrohungen von innen und außen hin. Die Forschung nimmt

Das Grauen der Atridensage: Untergang der Welt Mykenes

Neun Könige Mykenes kennen die griechischen Sagen: vier aus dem Geschlecht des Perseus und fünf aus dem Geschlecht des Pelops. Die fünf Pelopiden sind Atreus, Thyestos, Agamemnon, Orestos und Teisamenos. Der Fluch barbarischer Wildheit und Grauens lag über dem Geschlecht der Pelopiden. Er begann mit dem Zeussohn Tantalos, der seinen Sohn Pelops schlachtete und den Göttern zum Mahl vorsetzte, um ihre Allwissenheit zu prüfen. Pelops – von den Göttern wiedererweckt – warf seinen Diener Myrtilos ins Meer, der ihm half, den König Oinomaos zu besiegen. Den Beginn dieses Wettkampfes schildert der Ostgiebel des Zeustempels in Olympia (s. S. 115 f.). Nach schlimmen Taten wurden die Pelopssöhne Herren von Mykene. Atreus wiederholte die Tat des Tantalos und schlachtete die beiden Söhne des Thyestes. Später wurde Atreus durch Thyestes und dessen Sohn Aigisthos erschlagen. Die Söhne des Atreus, Agamemnon und Menelaos flohen nach Sparta, heirateten die Königstöchter Klytaimnestra und Helena und vertrieben den Thyestes. Agamemnon wurde König von Mykene, Menelaos von Sparta. Gemeinsam zogen sie vor Troia, um die entführte Helena zu befreien. Aigisthos verführte derweil Klytaimnestra, die Agamemnon grollte, weil er ihre Tochter Iphigenie geopfert hatte, um günstigen Fahrwind für die Flotte herabzuflehen. Heimtückisch wurde Agamemnon bei seiner Heimkehr von dem ehebrecherischen Paar ermordet. Orestes, von seiner Schwester Elektra in Sicherheit gebracht, rächte seinen Vater und ermordete seine Mutter. Die Erinnyen, die Rachegöttinnen, verfolgten den Mörder, der schließlich entsühnt wurde.

Nur lose ist der grausige Sagenstoff, der die antiken Dramatiker bis Seneca zur Bearbeitung gereizt hat, mit Mykene verbunden. Argos tritt manchmal an die Stelle Mykenes. Kein ernsthafter Historiker verwertet heute die Sage, um die uns fast vollständig unbekannte Geschichte des mykenischen Königtums mit konkreten Ereignissen zu verbinden, wie dies z. B. Heinrich Schliemann getan hat. Der schwedische Religionshistoriker M. P. Nilsson erwähnt sie nicht einmal bei seiner Rekonstruktion des mykenischen Königtums aus den Gesängen Homers. Gewiß aber spiegeln die Sagen eine ferne Erinnerung an einen Dynastiewechsel in der Abfolge der mykenischen Könige und an den Untergang Mykenes durch den Einfall fremder Völker und durch innere Aufstände.

soziale Spannungen im mykenischen Machtbereich an. Wachttürme und Brücken wurden gebaut. Nach der Sage übernahmen damals die tragikumwitterten Atriden die Macht. Zur Zeit der letzten Machthöhe, um 1250 v. Chr., entstand das Löwentor; die Mauer wurde nach Süden erweitert. Ende des 13. Jh. verwüstete eine Brandkatastrophe die Stadt. In dieser Zeit wurde die Wasserzufuhr durch die Nordbastion gesichert.

Endgültig erlosch das Leben für Jahrhunderte erst um 1100 v. Chr. Neue Siedlungstätigkeit beweisen die Reste des Heratempels aus geometrischer Zeit. 468 eroberte Argos im Streit um die nemeischen Spiele Mykene. Ein hellenistisches Dorf in der Unterstadt, hellenistische Häuser auf der Akropolis, ein kleines Theater und das Perseiabrunnenhaus lassen auf bescheidene Siedlungstätigkeit seit dem 4. Jh. v. Chr. schließen.

Neu entdeckt wurde Mykene im 18. und beginnenden 19. Jh. 1841 legten griechische Archäologen das Löwentor frei, 1876 brachte Schliemann – der Tradition Homers vertrauend – fünf Königsgräber ans Licht. Die weiteren, noch lange nicht abgeschlossenen Grabungen sind mit den Namen der griechischen und englischen Archäologen Tsountas, Mylonas, Wace und Taylor eng verbunden.

☐ Rundgang innerhalb der Akropolis

Die stark zerstörten Ruinen lassen – anders als in Pylos (s. S. 212 ff.) – nur begrenzt Rekonstruktionen zu.

Man betritt die Festung durch eine 14 m vorspringende **Bastion.** Von hier aus konnten Angreifer nach allen drei Seiten beschossen werden. Anders als bei sonst bekannten Kyklopenmauern wurden die Quaderecken mit Hilfe bronzener Sägen und nassen Sandes abgerundet. Der Türsturz des gewaltigen **Löwentores** (um 1250) hat ein Gewicht von ca. 20 t. An der Schwelle erkennt man breite Rillen und Aushöhlungen für die Türangeln. Die Aussparungen für die Querbalkenverriegelung sind an den seitlichen Pfosten gut sichtbar. Die Löwen(innen?) im Entlastungsdreieck symbolisierren die Allmacht des Herrschers, halten aber auch in apotropäischer Funktion das Böse fern. Ihre Köpfe bestanden vielleicht aus blitzendem Metall. Ihre Vorderpranken stehen auf Säulen – entweder Symbol des zu schützenden Palastes oder einer Göttin.

Rechts vom Löwentor erhob sich ein zweistöckiger Gebäudekomplex – ›Wächterhaus‹, wie die Lage vermuten läßt, oder ›**Kornspeicher**‹, wofür dort gefundene Getreidekörner und Tongefäße sprechen. Ein Treppenhaus zwischen ›Kornspeicher‹ und Löwentor führte auf die Mauerzinnen.

Südlich von ›Kornspeicher‹ und Treppenhaus liegt das **Gräberrund A.** Das mit Erde aufgefüllte, von Steinplatten gebildete Rund mißt 28 m im Durchmesser. Man fand sechs unberaubte Familiengräber der Könige, die dem Familienkult dienten. Auch ein Altar war vorhanden. Neun Männer, acht Frauen und zwei Kinder wurden hier gefunden. Zahlreiche kostbare Gegenstände begleiteten sie auf ihrem Weg ins Jenseits.

Ein Vergleich mit der Kunst Kretas zeigt, daß es sich bei manchen dieser Dinge um reine Importware handelt, so z. B. bei den goldenen Spendegefäßen in Form eines Löwen- bzw. Stierkopfes. Freundliche Handelsbeziehungen bestanden im 16. und 15. Jh. zwischen Kreta und Mykene. Andere Kleinode wurden von aus Kreta eingewanderten Handwerkern geschaffen. So tragen die goldenen Totenmasken den in Kreta verpönten Kinn- und Backenbart. Die Funde sind im Athener Nationalmuseum zu sehen, auch die Grabstelen mit Reliefdarstellungen von Männern, die auf

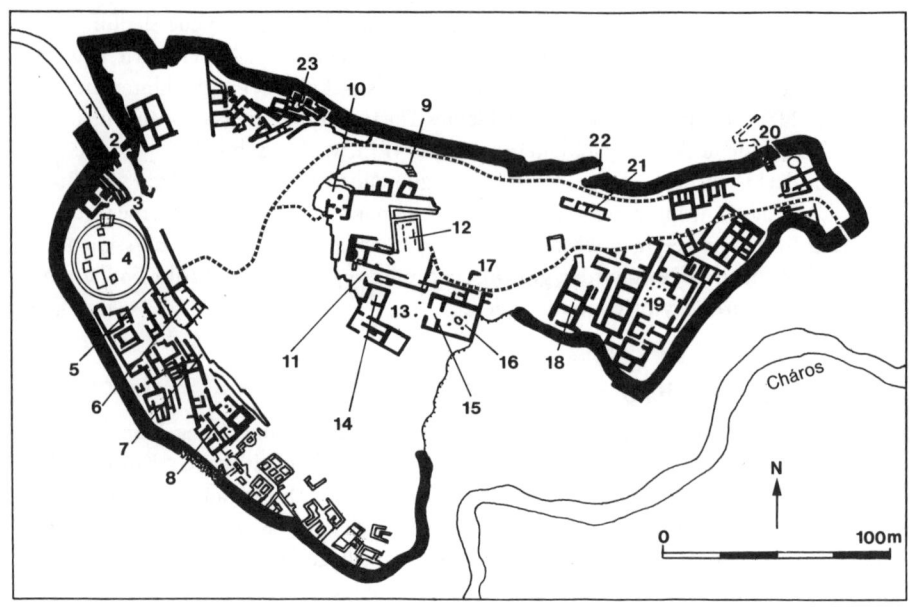

Mykene, Akropolis *1 Bastion   2 Löwentor 3 Kornspeicher und Treppenhaus   4 Gräberrund A   5 große Rampe   6 hellenistische Ölmühle   7 kleine Rampe   8 heiliger Bezirk   9 Nordtreppe   10 Propylon   11 Westportal   12 Privatgemächer des Königs und Grundmauern des Heratempels   13 Palasthof   14 Gästehaus   15 Säulenvorhof und Prodomos   16 Megaron   17 terrassierter Hof   18 Werkstätten   19 Säulenhaus   20 Stufen zur Zisterne   21 Vorratshäuser   22 Nordtor 23 Militär- oder Vorratsgebäude*

Wagen zur Jagd oder in den Krieg ziehen, manche auch nur mit schlichten Ornamenten geziert.

Moderne Stufen führen aus dem engen Hof hinter dem Löwentor auf eine steile, ursprünglich sanfter ansteigende und breitere **Rampe,** die heute nur noch 24 m beträgt, da sie in hellenistischer Zeit durch eine **Ölmühle** unterbrochen wurde. Die Rampe war ursprünglich so angelegt, daß die königlichen Wagen bis zur Nordtreppe vorfahren konnten. Da um 1200 die Schutzmauer des Gräberrundes erweitert

wurde, war der Bau einer kleineren Rampe notwendig, um zu den Häusern im Süden des Palastes zu gelangen.

Das Gewirr dieser Häuserruinen kann man teilweise nur von der Rampe aus anhand des Planes betrachten, da das Areal wegen der laufenden Grabungen nicht zugänglich ist und zusätzlich überdacht wurde. Die wichtigsten Häuser (Haus Wace, das Tsountas-Haus, der Tempel der Idole) bildeten einen **heiligen Bezirk,** der

Das Gräberrund A von Mykene

Heinrich Schliemann erforscht Mykene und Tiryns

Bedeutsame Etappen seines erstaunlichen Lebens lagen bereits hinter ihm, als der millionenreiche Kaufmann und Archäologe aus Leidenschaft sich Mykene (1874–76) und Tiryns (1884–85) zuwandte. Nach großen Reisen, die ihn auch zum ersten Mal nach Mykene und Tiryns führten, begann das Unternehmen Hissarlik (1870–1873) an der Westküste Kleinasiens. Mit Feuereifer wurde an mehreren Stellen gleichzeitig rücksichtslos in die Tiefe gegraben, um zur angeblichen Ilias Homers vorzudringen. Der Rat erfahrener Archäologen wurde mißachtet, für jedes ausgegrabene Objekt die genaue Fundstelle anzugeben. Ende Mai oder Anfang Juni 1873 entdeckte er die troianischen Goldschätze – für den homergläubigen Schliemann der Schatz des Priamos. Heute ist sicher, daß der Schatz aus der frühen Bronzezeit stammt und nicht einzigartig ist. Der Name Schliemanns war in aller Munde. Schliemann konnte zwar nach Zahlung einer Abfindungssumme den Goldschatz behalten, aber sein Ruf als verantwortungsbewußter Archäologe war so schlecht, daß das griechische Kultusministerium die Lizenz zu den Grabungen in Olympia dem Deutschen Reich und nicht dem erfolgshungrigen Amateurforscher überließ. Schließlich bekam Schliemann 1874 die Grabungserlaubnis für Mykene, einem nicht mehr ganz unbekannten Areal. Bereits 1841 hatten griechische Archäologen das Löwentor entdeckt. Die Grabungserlaubnis war mit der Auflage verbunden, mit dem Vertrauensmann der griechischen archäologischen Gesellschaft Panagiotes Stamatakis, einem erfahrenen Archäologen, Grabungspläne auszuarbeiten. Stamatakis hat selbst 1877 das sechste Grab des Gräberrundes A in Mykene entdeckt. Er berichtet:»Sie müssen wissen, er (Schliemann) reißt gern alles Römische und Griechische ein, damit die pelasgischen Mauern frei werden. Wenn wir griechische und römische Scherben finden, sieht er sie mit Abscheu an ...« Den vorsichtigen Facharchäologen brachten Schliemanns aufsehenerregende Goldfunde aus fünf Schachtgräbern des Gräberrundes A zum Schweigen. Unter den Funden befand sich die berühmte Goldmaske eines Fürsten, der »nach der Vorstellung« Schliemanns Agamemnon war. Schliemann gibt einen hochdramatischen Bericht von der Freilegung der Bestattung:»Das runde Gesicht, mit all seinem Fleisch, war wunderbar unter seiner schweren Goldmaske erhalten; es existierte keine Spur vom Haar, aber beide Augen waren vollkommen sichtbar, ebenso der Mund ...«. Wie in Hissarlik gab Schliemann in seinen Berichten die Fundorte ungenau an, viele Irrtümer hielt er wider besseren Wissens aufrecht, vor allem die Datierung der Funde, die er in die Zeit des ›troianischen Krieges‹ um 1180 v. Chr. und nicht um 1400 oder noch früher datierte. Nach den Erfolgen in Mykene waren die nächsten Jahre 1878–1882 nochmals Troia gewidmet – diesmal ohne solch aufsehenerregende Funde wie 1873.

Als neue Projekte scheiterten, bekam Schliemann 1884 von der Griechischen Regierung die Grabungserlaubnis für Tiryns. Hier wurde unter Mitarbeit des Mitglieds des Deutschen Archäologischen Instituts von Athen, Wilhelm Dörpfeld, gründliche archäologische Arbeit geleistet, ohne spektakuläre Funde. Zum ersten Mal trat die Besonderheit der mykenischen Palastarchitektur ans Licht. Ausgezogen war Schliemann, die Welt Homers zu finden. Er fand die bisher unbekannte mykenische Welt. Mit Recht konnte er behaupten: »Ich darf mich rühmen, eine neue Welt für die Archäologie entdeckt zu haben.«

Goldene Totenmaske aus dem Gräberrund A, Stich aus dem 19. Jh.

seit 1973 neuerlich intensiv erforscht wurde. Er wird nach Süden zu durch weitere, großenteils noch nicht systematisch ausgegrabene und gedeutete Hauskomplexe getrennt; im Mittelpunkt des heiligen Bezirkes steht das als ›Wohnung der Priester‹ gedeutete Haus. Im Haus Wace wurden u. a. ein kleiner Opfertisch, Idole und religiöse Szenen mit Frauen, im Tempel ebenfalls Idole und im Tsountas-Haus auch ein Opfertisch gefunden. Die meisten Funde sind im Museum von Náfplio zu betrachten.

Zum **Palast** gelangt man heute über die teilweise erhaltene **Nordtreppe,** ursprünglich mit Wachthaus, und betritt ihn durch die Torhalle (Propylon). Die runden Sockel der zwei Mittelsäulen sind heute wieder an Ort und Stelle. Das Niveau des Fußbodens lag ursprünglich höher. Ein schmaler, nicht überdachter Korridor führt zum sog. **Westportal** mit einem großen Schwellenstein aus rötlichem Sedimentgestein, der an Ort und Stelle zu besichtigen ist.

Links gelangte der Besucher durch einen heute noch gut erkennbaren Korridor und über eine Treppe direkt in die **Privatgemächer des Königs,** die durch den Bau des hellenistischen Heratempels radikal eingeebnet worden sind. Der Tempel besaß einen kleineren Vorläufer schon in geometrischer Zeit (8. Jh. v. Chr.).

Parallel zum Korridor in die Privatgemächer führte ein anderer Gang in den großen **Palasthof** (15 x 12 m). Im Süden gab eine niedrige Mauer den Blick auf die Ebene frei. Die Nordwand bestand aus Quadersteinen mit Holzfachwerk, mit Mörtel bestrichen, der aber nicht mehr erkennbar ist.

Den Mörtelboden des quadratischen **Gästehauses** (nach Wace Thronsaal) gliederten rotumrandete, rote, gelbe und blaue Quadrate (an Ort und Stelle nicht sichtbar). Der Palasthof führte in gleicher Breite und vorne wohl auch in gleicher Höhe in das zweistöckige **Megaron** über, dem eigentlichen Palastzentrum. Die von zwei

Prinzessin mit Federbusch, Fresko aus Mykene (Museum von Náfplio)

Säulen getragene Halle, deren Basen sichtbar sind, war zum Vorraum (Prodomos) durch eine große einflügelige Tür zugänglich. Dieser Vorraum war möglicherweise vom Hauptraum (Domos) nur durch einen Vorhang getrennt. Die Böden von Säulenhalle, Prodomos und Hauptmegaron glichen dem des Palasthofes. Die Wände von Domos und Prodomos waren mit Fresken (männlicher und weiblicher Hofstaat, Streitwagen) geschmückt, deren Reste das Athener Nationalmuseum bewahrt. Der südöstliche in den Chavosbach abgestürzte Teil des Domos ist heute rekonstruiert, so daß die zentrale Anordnung gut zu erkennen ist: die Lage des von einem Kranz von Feuersteinen umgebenen kreisförmigen Herdes von 3,40 m Durchmesser und 15 cm Höhe war früher am Boden durch eine Abdeckung gut erkennbar, ebenso die Fundamente der vier symmetrisch um das Rund postierten, mit Bronzeblech verkleideten Holzsäulen, die das Dach trugen. Leider sind diese Bodenreste heute stark verschmutzt. Der nicht erhaltene Thron muß nach Analogie zu anderen mykenischen Palästen in der Mitte der Südwand gestanden haben.

Der Palast hatte im heute teilweise sichtbaren **Treppenhaus** einen zweiten, später als der Nordeingang gebauten Zugang. Die breiten, teilweise aus Holz, teilweise aus Stein gebauten Treppen führten über einen Vorhof ins Gästehaus und wieder durch einen kleinen Durchgang zum großen Vorhof. Die Treppen sind an der Mauer des Vorhofes sichtbar.

Geht man vom Domos ung. 50 m westlich über eine heute flach und kahl wirkende Fläche, die in mykenischer Zeit ein **terrassierter Hof** war, so stößt man auf ein Gebäude mit mehreren hintereinanderliegenden Räumen, die durch einen langgestreckten Hof voneinander getrennt waren. Funde von Edelsteinen, Elfenbein- und Goldresten lassen darauf schließen, daß es die **Werkstätten der abhängigen (?) Handwerker** waren, die für den Herrscher arbeiteten. Ein Ofen ist wieder aufgebaut.

Östlich der Werkstätten befindet sich das ›Säulenhaus‹, mit zehn Säulenfundamenten in einem Hof. Ein Raum wurde als Megaron gedeutet.

Geht man in östlicher Richtung zwischen den nur im Untergeschoß erhaltenen, nicht näher bestimmten Gebäuden G und D hindurch und übersteigt den Felsen, befindet man sich im spätesten Anbau der Akropolis (letztes Viertel 13. Jh. v. Chr.). Die technisch kunstvolle Anlage diente zur Sicherstellung der **Wasserversorgung** (Begehung ist mit einer Taschenlampe möglich). Auf insgesamt 159, von breiteren Absätzen unterbrochenen Stufen gelangte man über die Kyklopenmauer zur eigentlichen **Zisterne,** die durch ein unterirdisches Röhrensystem von einer heute versiegten, 360 m entfernten Quelle am Ilíasberg gespeist wurde. Die kyklopische Mauer läuft spitz über den Treppen zusammen. Spitzbogenöffnungen im Norden und Süden der Ostbastion konnten als Ausfallpforten und zum besseren Verkehr mit dem Umland genutzt werden. Eine ist gut gegenüber dem Stufeneingang sichtbar.

Ein Kiesweg führt von der Ostbastion direkt an der Nordmauer entlang vorbei an den eingezäunten und früher überdachten **Vorratshäusern** mit großen geometrisch ritzverzierten Vorratsgefäßen (Pythoi) zum **Nordtor.** Bis in kleine technische Details der Drehzapfenvertiefungen und der Holzriegellöcher gleicht es dem Löwentor. Die jetzigen Holztore mit Querbalken sind anschauliche Nachbildungen. Folgt man weiter der Nordmauer, stößt man auf mehrere Gebäude, die als **Militär- oder Vorratsgebäude** gedeutet wurden. Das ausgedehnte Ruinenfeld zwischen dem Palast und diesen Gebäuderesten wurde noch nicht systematisch erforscht. Zum Innenhof des Löwentores gelangt man auf einer bis in mykenische Zeit zurückgehenden Treppe.

☐ Rundgang in der Umgebung der Akropolis

Gleich am Löwentor finden sich im Bereich der vielleicht schon vormykenischen Nekropole, von der das Gräberrund A erst durch den Mauerbau abgetrennt wurde, alle Entwicklungstypen der Kuppelgräber: das sog. **Grab des Aigistos** – um 1500 erbaut – gehört zur ältesten Gruppe, deren Gräber noch sehr schlicht gestaltet waren. Der 22 m lange Dromos bestand aus rohen Feldsteinen (erhalten nur im Torbereich), die Türstürze sind unbehauen, der Eingang war ursprünglich zugemauert. Am Eingang sind die isodomen Quader sorgfältig behauen. Die Kuppel hatte eine Höhe von 13 m, ihr oberer Teil ist eingestürzt. Die Konstruktion muß heute abgestützt werden. Um 1250 v. Chr. wurde die Eingangsseite mit Kalkstein geschmückt, wovon Reste zu erkennen sind.

Das **Grab des Löwen**, so genannt wegen seiner Nachbarschaft zum Löwentor, gehört zur jüngeren Gruppe (Entstehung um 1350 v. Chr.). Es liegt außerhalb des umzäunten Geländes (vom Parkplatz am Zaun entlang ung. 100 m nach Norden gehen). Hier ist der 22 m lange Dromos aus regelmäßig zugehauenen Tuffsteinblöcken gebaut. Der Eingang war mit einer doppelten flachen Schmuckleiste verziert. Die Kuppel ist eingestürzt.

Zur jüngsten Gruppe gehört das **Grab der Klytaimnestra**, vielleicht das jüngste der Kuppelgräber überhaupt (um 1220 v. Chr.). Sein 37 m langer und 6 m breiter Dromos und die Türfassade sind mit sorgfältig behauenen und geglätteten Sedimentsteinen verkleidet, ein Entlastungsdreieck war mit Skulpturen versehen.

Bei der Restaurierung des Klytaimnestragrabes wurde 1951 zufällig das **Gräberrund B** entdeckt, mit 24 Gräbern, 14 davon Königsgräber. Der Durchmesser des von einer kreisförmigen Mauer aus Bruchstei-

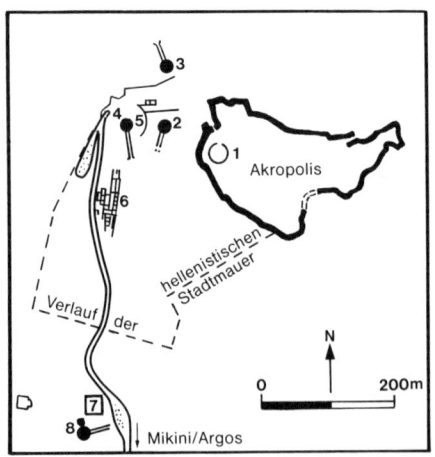

Mykene, Umgebung der Akropolis
*1 Gräberrund A   2 Grab des Aighistos
3 Grab des Löwen   4 Grab der Klytaimnestra
5 Gräberrund B   6 mykenische Häusergruppe   7 mykenische Siedlung   8 Schatzhaus des Atreus*

Die Kuppelgräber: Höhepunkt der mykenischen Architektur

Die mykenischen Kuppelgräber sind die größten stützenlosen Räume der Antike vor dem Pantheon des römischen Kaisers Hadrian im 2. Jh. n. Chr. Die Mykener kannten noch keine konisch zugehauenen, der Rundung angepaßten Steine wie später die Römer, Meister des Kuppelbaus. Vielmehr schichteten sie in sog. ›Pseudogewölbetechnik‹ gleichhohe Steine mörtellos in nach oben leicht versetzten Ringen übereinander, bis sich das Rund schloß. Die sich zum Tor hin erhöhenden Seitenwände des Zugangs (Dromos) stimmten ein auf das Erlebnis der aufwendig mit Plastik und bunten Steinen geschmückten Torfassade und der gewaltigen Gewölbe. Diese waren mit bronzenem, goldenem oder vergoldetem Schmuck verziert.

Die Kuppelgräber waren für Fürstensippen bestimmt. Hier wurde den Toten der Sippe geopfert – in Einzelfällen vielleicht auch Menschenopfer. Hier wurden kultische Tänze aufgeführt; hier erschienen nach den mykenischen Religionsvorstellungen die Toten.

Von den neun in Mykene gefundenen Gräbern sind die sog. Gräber des Atreus und der Klytaimnestra die bedeutendsten. Das Grab des Atreus war nicht nur der mächtigste Grabbau in Mykene, sondern der gesamten mykenischen Kultur. Pausanias hat dieses Grab nicht gesehen, wohl aber andere Kuppelgräber, welche er irrtümlich für Schatzhäuser hielt: »In den Trümmern von Mykene befindet sich die Perseia genannte Quelle und die unterirdischen Gebäude des Atreus und seiner Söhne, in denen sich ihre Goldschätze befanden.« Heinrich Schliemann ist dem Hinweis des Pausanias gefolgt.

nen umgebenen Runds gleicht dem von A. Wie dort waren die Gräber durch Stelen gekennzeichnet (im Museum von Náfplio). Die unterschiedlich tiefen und großen Gräber von B sind teilweise älter als von A (Wende 17./16. Jh. v. Chr.). Die Funde – weniger reich als im Gräberrund A – gehen bis in die mittelhelladische Zeit zurück (1. Hälfte des 2. Jt.). Frühmykenische Meisterwerke wie ein kleiner 9 mm großer Siegelstein mit einem männlichen Profil, Bronzeschwerter, Bergkristallgefäße, Schmuck u. a. sind darunter. Die Funde

sind größtenteils nach Athen verbracht worden.

Bleibt man im Bereich der nachmykenischen Siedlung, von der sich Mauerreste erhalten haben, so stößt man 30 m südlich vom Gräberrund B auf eine **mykenische Gebäudegruppe,** die nach einem Brand am Ende des 13. Jh. v. Chr. aufgegeben wurde. Sie ist heute vollständig überwuchert. Das nördlichste Gebäude ist das ›Haus der Schilde‹, da man hier kleine Elfenbeinschilde fand, in die eine Acht eingraviert war. Das mittlere ist das ›Haus des

Ölhändlers‹ mit gepflastertem Hof, Megaron und Feuerstelle. Über ein Meter hohe Gefäße wurden hier in einer unterirdischen Kammer entdeckt. Das südlichste Gebäude ist das ›Haus der Sphinxe‹. Hier barg man Elfenbeinplatten mit verschiedenen Sphinxgestalten.

Verläßt man auf der Autostraße nach Süden den Bereich der hellenistischen Siedlung, die ungefähr das heute abgezäunte Gelände abdeckt, gelangt man 200 m südlich beim zweiten Parkplatz zuerst zu einer weiteren, noch nicht vollständig ausgegrabenen **Siedlung** und sogleich zum sog. **Schatzhaus des Atreus.** Es ist das kunsthistorisch bedeutendste Bauwerk außerhalb der Akropolis von Mykene. Pausanias behauptet, daß Atreus hier seine Schätze aufbewahrt habe. Jedenfalls müssen die Grabräuber hier reiche Beute gemacht haben. Es ist zusammen mit dem Kuppelgrab der Klytaimnestra und dem ›Schatzhaus des Minyas‹ das jüngste der erhaltenen Kuppelgräber (erstes Drittel bis Mitte des 13. Jh. v. Chr.). Der archäologische Befund legt gleiche Entstehungszeit mit dem Löwentor und

den gleichen Architekten für alle drei Bauwerke nahe. Die aus gleichmäßig behauenen Sedimentsteinen gefügten Wände des in den Abhang eingeschnittenen Dromos sind 35 m lang und 6 m breit. Das Tor (5,4 x 2,7) war mit gewaltigen hölzernen Türflügeln verschlossen. Der Türsturz besteht aus zwei riesigen Blöcken, von denen der innere, der Rundung der Kuppel angepaßte Block mit 9,5 m Länge, 5 m Breite und 1,2 m Höhe ein geschätztes Gewicht von 120 t hat. Er wurde auf einer später wieder abgetragenen Rampe auf Rollen (?) in die richtige Höhe gebracht. Eine Rekonstruktion gibt einen Eindruck des erlesenen Kunstwerkes: grüne lakonische Marmorsäule mit Reliefs, Entlastungsdreieck mit eingelassenen roten und grünen Steinen flankiert von kleineren Säulen. Die Kuppel in Pseudogewölbetechnik (s. S. 317) hat eine Höhe von 13,5 m und einen Durchmesser von 14,6 m. Spuren von Kupfernägeln weisen darauf hin, daß der Innenraum mit Bändern und Rosetten verkleidet war. Eine zweite, kubische innere Kammer war ursprünglich mit Platten und Skulpturen geschmückt.

Náfplio (Ναύπλιο)

Touristische Hinweise: Hotels und Pensionen aller Kategorien. Restaurants und Tavernen für jeden Geschmack. Baden nur an einem kleinen Strand beim Xenia-Hotel. Informationsbüro am Hafen (Ajíu Anastasíu). Der Busbahnhof am Odós Singrú ist Ausgangspunkt aller Busse Richtung Epidauros und Portochéli. Halbstündlicher Verkehr nach Argos (12 km) über Tiryns.

☐ Gestern und heute

Malerisch um einen aus dem Meer ragenden Hügel gruppiert, überragt von der Burg Pala-mídi, bietet die Stadt (ca. 10 600 Einwohner) eine einmalige Atmosphäre, in der sich byzantinische, venezianische und türkische Tradition begegnen. Läden mit Kunsthand-werk, gutsortierte Buchhandlungen, gemütliche Tavernen und elegante Restaurants erfül-len die unterschiedlichen Wünsche der Fremden. Die Spezialitäten der Bäckereien sollte man kosten!

Bereits in der Steinzeit (Ende des 3. Jt. v. Chr.), als das Gebiet der heutigen Altstadt unbewohnbares Sumpfland war, wurde das Kalkplateau des Stadtberges besiedelt. Ein starker Mauerring aus vieleckigen Quadern schützte im 3. Jh. v. Chr. die griechische, poli-tisch von Argos abhängige Stadt mit einem unbefestigten Naturhafen. Besonders gut erkennbar ist diese Mauer über der Frankoklisía. Die Stadt wurde im 1. Jh. n. Chr. unter der Römerherrschaft aufgegeben. Die Byzantiner haben die strategische Bedeutung des Ortes neu entdeckt, der 879 Bischofssitz und später Sitz eines Gouverneurs wurde. Diese byzantinische Stadt, von der wenige Reste außer den Spuren einer Stadtmauer unterhalb der antiken Mauer und auf Akronáfplio erhalten sind, umfaßte den gesamten Hang des Stadtberges. Die Venezianer eroberten 1246 die Burg, das gesamte Stadtgebiet wurde ihnen aber von den fränkischen Baronen erst 1377 abgetreten. Durch Pfahlkonstruktio-nen und Erdanschüttungen wie in Venedig dehnten sie das Stadtgebiet weit nach Osten und Norden aus. Erst 1540 fiel Náfplio in die Hand der Türken, die es schon 1686 an den berühmten venezianischen Feldherrn Morosini wieder abgeben mußten. 1715 wurde die Stadt wieder türkisch, bis sie 1828 für sechs Jahre zur Hauptstadt des befreiten Griechen-lands wurde. Der Wittelsbacher Otto, der erste König des befreiten Griechenlands, lan-dete hier. Der monumentale in den Felsen gehauene ruhende Löwe an der 25. Märzstraße – 1833 vom Bildhauer Siegel entworfen – erinnert an diese Zeit.

Náfplio ist neben Monemvasía, Methóni und Koróni die Stadt, in der sich der venezia-nische Stil in der Profan- und Kirchenarchitektur am längsten und nachhaltigsten entfal-ten konnte. Die Stadt wurde am Ende der Türkenherrschaft nicht zerstört und durch rechtzeitige Denkmalpflege geschützt. So begegnen sich hier in einzigartiger Weise vene-zianische und türkische Stilelemente, byzantinische Tradition und der Klassizismus des befreiten Griechenlands. Dies macht Náfplio noch heute zur schönsten Stadt in der Levante. Trotz Denkmalschutz verfallen allerdings viele der alten Holzhäuser mit Lehm-putz und kleinen Balkonen. Am besten erhalten haben sich diese der türkischen Tradition verpflichteten Häuser unterhalb der Mauern von Akronáfplio in der Umgebung der Fran-koklisía. Wie in Monemvasía haben sich in Náfplio Künstler unterschiedlicher Nationali-tät niedergelassen, die die reizvolle Atmosphäre der Stadt einzufangen und mit modernen Mitteln umzusetzen suchen. Beispielhaft für dieses Kunstschaffen in Náfplio sind die Bil-der von Diana Antonakátu. In der Pinakothek, wenige Meter vom Gymnasium entfernt, (geöffnet 8–13 Uhr, samstags geschlossen) werden Bilder moderner griechischer Maler in enger Zusammenarbeit mit der Nationalgalerie Athen ausgestellt. Ausstellungen – spe-ziell den Malern in Náfplio gewidmet – sind geplant.

☐ Rundgang

Man beginnt bei dem Odós Singrú, der das rechtwinklig breite Straßennetz der Mitte des 19. Jh. entstandenen Vorstadt ›Prónia‹ von dem schmalen Gassenwinkel der ummauerten Altstadt trennt. An dem Odós Singrú liegen das spätklassizistische **Justizgebäude** (1911) und das dringends renovierungsbedürftige klassizistische **Haus von Mauers,** des in Griechenland glücklosen bayerischen Rechtsgelehrten. Im 17. Jh. war das Gelände des Justizpalastes noch ein Meeresarm, im Norden von nicht mehr erhaltenen venezianischen Bastionen geschützt.

Westlich in die Odós Amalías einbiegend, gelangt man zu dem klar und schlicht konzipierten Bau des ersten griechischen **Gymnasiums** (1823). Einige Häuser weiter die **Kadettenschule** mit Militärmuseum. In dem Gebäude wurde 1990 ein weiteres Museum eingerichtet, das in Bild und Dokument die tragische Geschichte Griechenlands im 19. und 20. Jh. erschütternd demonstriert. Die Bilder von während der deutschen Besatzung 1943 verhungerten Kindern bleiben in Erinnerung (geöffnet täglich 9–14.30 Uhr).

Nördlich der Amalías erstrecken sich die rechtwinkligen Gassen der erst nach 1686 ausgebauten Unterstadt, in der das sehenswerte **Volkskundemuseum** (s. S. 328) liegt. Schlendert man durch die

Náfplio *1 Haus Maurer 2 Justizgebäude 3 Gymnasium 4 Militärmuseum 5 Volkskundemuseum 6 Rathaus (Dimarchío) 7 Basilika der hl. Theresa 8 Inselfestung Vurtsi 9 Archäologisches Museum 10 Vuléftiko-Moschee 11 Koranschschule (Medrese) 12 Ajía Sophía 13 kleine Moschee 14 Kirche des Ájios Spirídon 15 Frankoklisía 16 Metropolitankirche des Ájios Georgios 17 Xeniahotel 18 Festung Grimani 19 spätantike Mauer 20 fränkische und venezianische Palastruinen 21 letzte Festungsmauer 22 Reste der byzantinischen Burg/der türkischen Moschee*

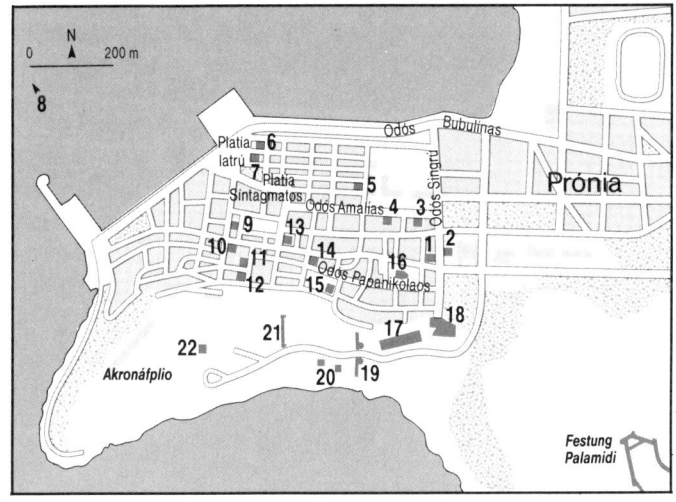

romantischen Gassen westlich zur großzügig-elegant angelegten Platía Iatrú am Hafen, gelangt man zu dem schönsten spätklassizistischen Gebäude Náfplios, dem **Rathaus** (Dimarchío). Unaufdringliche Horizontalblenden grenzen die drei Stockwerke klar voneinander ab, die Fenster- und Türfassungen sind bis zu den Blenden hinuntergezogen, was den kubischen Bau optisch in die Höhe streckt. An jeder Seite unterbrechen zwei Balkone die Fassade. In der modernen, im Innern hallenartig wirkenden und düsteren **Basilika der hl. Theresa** prangt eine mehrstöckige, reichgeschnitzte Ikonostás.

Von der alten Mole am Hafen hat man den besten Blick auf die 1471 erbaute Festung auf einer kleinen Insel im Meer. Sie ist heute unter dem türksichen Namen **Vurtsi**, d. h. Burgturm, bekannt. Erst Wohnung des Scharfrichters, dann bis 1970 Hotel, dient dieses Wahrzeichen Náfplios nun noch als Denkmal und Café.

An der großzügig-weiten Platía Síntagmatos ist in der einstigen venezianischen Kaserne das **Archäologische Museum** untergebracht (s. S. 326 ff.). Gouverneur Agostino Sagredo ließ den eleganten Zweckbau 1713 errichten.

Über eine Treppe steigt man zum Eingang der **Vuléftiko-Moschee** in der Südwestecke der Platía hinauf, die gerade restauriert wird. Die Fassade des Quaderbaus aus dem 18. Jh. ist von zwei Blendbögen aufgelockert, die Sechseckkuppel mit sechs Nebenkuppeln beherrscht den Bau. Am Eingang sind noch zwei spitzzulaufende Gebetsnischen zu sehen. Der venezianische Löwe über dem Eingang stammt von einem Stadttor. In der Moschee, die heute als Konzertsaal dient, tagte 1825 das griechische Parlament – deshalb der Name ›Ratssaal‹ (*Vuleftikó*). Die lichtspendende Zentralkuppel verleiht dem modernen Konzertsaal eine festlich-elegante Raumwirkung. Schräg gegenüber befindet sich das mehrstöckige, düster wirkende Gebäude der zur Moschee gehörenden **Koranschule** (Medrese). Dreigeschossige Galerien öffnen die Fassade zum Innenhof.

Wenige Meter liegt oberhalb in dem Odós Lamprinídes die Kirche der **Ajía Sophía** (um 1400, verschlossen). Neben der Metamórphosiskirche ist sie die einzige Kirche, die aus der ersten venezianischen Epoche erhalten ist. Die Spitzbogenfenster der überkuppelten Basilika zeigen deutlich gotischen Einfluß. Auch in der Türkenzeit wurden hier Messen gefeiert.

Man geht zum Síntagma zurück und entdeckt im Osten des Platzes eine **kleinere Moschee** aus dem 16. Jh. Erstaunlich, daß hier die byzantinische Kästelmauertechnik noch angewendet wurde. Hier finden heute Konzerte, Theater- und Filmvorstellungen statt. An der Rückseite lehnt ein schöner **türkischer Brunnen** (18. Jh.), in dem ein venezianischer Volutengiebel wiederverwendet wurde.

Einen weiteren reizvollen Brunnen mit typisch orientalischer Rundornamentik passiert man auf dem Weg vom Síntagma zur einschiffigen **Kirche des Ájios Spirídon** (1702). Eine mächtige Kuppel beherrscht den Bau. Das Fresko des Christus-Pantokrator in der Kuppel ist byzantinisch empfunden. Kugelspuren hinter einer Glasplatte am oberen Eingang erinnern an die Ermordung des Präsidenten Joánnes Kapodístrias 1831. Sohn und Bruder des maniotischen Freiheitshelden

Petrobey Mavromichális (s. S. 47) rächten sich auf diese Weise für dessen Gefangensetzung. Am Platz vor der Kirche stehen zwei leider renovierungsbedürftige klassizistische Häuser und ein schöner türkischer Brunnen, den Steinplatten mit arabischen Schriftzeichen und Rosetten zieren.

Treppen führen von der Kirche hinauf zur Metamórphosiskirche, auch **Frankoklisía** genannt. Sie wurde in der Zeit der ersten Venezianerherrschaft aus behauenen gleichmäßig horizontal verlaufenden Kalksteinen erbaut. Anbauten mit Vorhof und Zellen weisen sie als monastisches Zentrum aus. Die Türken nutzten sie als Moschee. Aus dieser Zeit stammen die Rundornamente. Die oktogonale Kuppel (erst aus der Türkenzeit?) beherrscht das quadratisch-kubische Gebäude. 1838 wurde sie von Otto von Wittelsbach der katholischen Gemeinde übergeben. Im Innern nennt ein Denkmal für die im Befreiungskampf gefallenen ›Griechenfreunde‹ aus dem Jahre 1841 u. a. den Namen Lord Byrons.

Durch ein Tor mit venezianischem Löwen könnte man von hier sogleich den Festungskomplex von Akronáfplio betreten. Es lohnt sich jedoch, nochmals hinabzusteigen und der **Metropolitankirche des Ájios Georgios** am Ende des Odós Papanikoláu einen Besuch abzustatten, einer reizvollen Mischung aus byzantinischen, venezianischen, türkischen und klassizistischen Stilelementen. Vor 1540 wurde sie von den Venezianern ganz in der byzantinischen Tradition des 12. Jh. als Viersäulenkreuzkuppelkirche erbaut. Im Zuge der Umwandlung in eine Moschee erhielt sie die Arkadenvorhalle, der man bei osmanischen Moscheen häufig begegnet. Im 19. Jh. kam eine klassizistische Vorderfront mit Glockenturm hinzu. Die heute sehr nachgedunkelten Fresken wurden nach 1703 von italienischen Malern gefertigt, darunter eine Kopie des Abendmahls von Leonardo da Vinci. Vom Thron Ottos I. von Wittelsbach an der rechten Seite des Hauptschiffes wird heute nur noch das Podest ohne den eigentlichen Thronstuhl gezeigt.

☐ Akronáfplio

Die Festung auf einem Plateau über der Stadt betritt man entweder durch das Tor bei der Frankoklisía (s. S. 325) oder von der Straße zum modernen Xeniahotel, dessen Bau etliche Mauerzüge der gestaffelten, zu verschiedenen Zeiten errichteten östlichen Anlagen zum Opfer gefallen sind. Der Weg führt zunächst links an dem mächtigen halbrunden **Toronturm** vorbei (1400 erbaut), an den sich später die **Festung Grimani** (zw. 1711 und 1714) anschloß. Bis zu dieser Bastion reichte einst ein Wassergraben. Hinter dem Hotel führt die Straße in einer leichten Kurve durch einen **Mauerwall,** dessen Erbauung bis in spätantike bzw. frühbyzantinische Zeit zurückreicht. Zwischen zwei Fünfecktürmen wurde ein Toreingang mit einer Kammer entdeckt (unzugänglich). In dieser Kammer fand man Fresken, die symbolisch einen Friedensschluß zwischen den Franken und dem byzantinischen Kaiser Andronikos II. 1291 darstellen. Unter anderem sind Christus im Strahlenkranz und der ›Ministerpräsident‹ des Kaisers dargestellt. Er steckt sein Schwert in die Scheide.

Die **letzte Festungsmauer,** die wir auf der Straße nach etwa 100 m erreichen, wurde 1473 erbaut. Von der dahinterliegenden byzantinischen Mauer mit zwei Türmen sind wenig Reste zu sehen. Zwischen beiden Mauern liegen die **Palastruinen** des fränkischen und später des venezianischen Gouverneurs. Architekturglieder sind nicht mehr vorhanden. Auch von der Burg der Byzantiner, einer mittelbyzantinischen Kirche und dem langgestreckten Gebäude einer türkischen Moschee sind im Dickicht der Feigenkakteen nur noch Spuren zu ahnen.

☐ Die Festung Palamídi

(montags bis freitags 8–18.45 Uhr, im Winter bis zur Dämmerung), samstags/sonntags 8.30–14.45 Uhr) Den Bau der stärksten Festung Griechenlands auf einem kahlen Felsen hoch über dem Meer haben französische Festungsingenieure zwischen 1711 und 1714 geleitet – und einen langgehegten Plan der Venezianer endlich wahrgemacht. 1715 konnte sie nur durch Verrat von den Türken eingenommen werden. Dieses Beispiel spätbarocker Festungsbaukunst mit Parallelen vor allem in Frankreich beeindruckt in seiner nach Süden gestaffelten Anordnung, durch seine klaren geometrischen, blockartigen Formen und seine schlichte Monumentalität. Dekorative Elemente sind die weitgeschwungenen Bögen an den Innen- und Außenmauern, Ziererker mit Doppelkonsole und die typisch venezianischen Ecklogen und runden Zierwulste, die man an der Vorburg des hl. Andreas und im ersten zugänglichen Haupthof entdecken kann.

☐ Das Archäologische Museum

(Platía Síntagma, täglich außer montags 8.30–15 Uhr. Die Vitrinen sind nicht numeriert, kein Katalog). Das Museum zeigt neben dem Lernasaal (Museum Argos) und dem

Amphoren im Palaststil

Museum von Trípolis die derzeit beste und reichhaltigste Zusammenstellung prähistorischer Vasenformen und -malerei im Ostmittelmeerraum (4. Jt. v. Chr.–1200 v. Chr.). Einmalig ist die Mannigfaltigkeit der Idole und Tierdarstellungen.

Kurzrundgang

Vorraum: Eindrucksvoll ist der Löwen- oder Dämonenkopf (um 1200 v. Chr.).

Großer Saal (Funde von 3000 – ca. 1200 v. Chr.): Mitte vorne: **zwei Amphoren** (ca. 1400 v. Chr.) im sog. ›Palaststil‹ sind ein gewisser Höhepunkt der in den rechten Vitrinen gezeigten Malerei- und Formentwicklung. Der geringe Bodendurchmesser nimmt den Gefäßen die Schwere. Rosetten, Palmetten, das beliebte Motiv des stilisierten Achtfüßlers bringen fließende, elegante Bewegung in die bauchige Form.

Vordere Vitrine links von der Mitte: sog. ›**Lord von Asine**‹, vielleicht das Porträt eines lokalen Herrschers (13. Jh. v. Chr.). Die Gesichtspartien sind fast übertrieben plastisch herausgearbeitet, vor allem die überspitze Nase mit den stark modellierten Nasenflügeln und den hervortretenden Augen, der leicht nach unten gebogene, ›ironische‹ Mund und das längliche (bärtige?) Kinn. Rote Bemalung ist erkennbar (s. Abb. S. 335).

Zweite Vitrine der linken Fensterwand: sieben einzigartige, rätselhafte, große Idole (ca. 50 cm Höhe). Sind es Musikanten? Tragen sie Werkzeuge in Händen? Sind sie maskiert, sind es Fehlbrennungen? Einzelvitrine Saalrückwand: Helm aus Eberzähnen als hypothetische Nachbildung. Linke Fensterwand: Stelen mit Tafeln in sog. Linear B-Schrift (ung. 1550). Eine Stele mit Pferden, Kriegern, auf der anderen Spiralmuster mit Menschen und Tieren. Links vom Eingang: **Prinzessin mit Federbusch** auf dem Kopf, eine der wenigen mykenischen Palastfresken, die nicht nach Athen transportiert wurden. In den Händen hält sie Kornähren. Die Malerei ist mit einer für Mykene typischen Flächenhaftigkeit ausgeführt. Das Gesicht ist nur in Umrissen gekennzeichnet (s. Abb. S. 314).

Oberer Saal (Funde von 800–ca. 400 v. Chr.): Beachtlich sind die **Votivfiguren** (Hängevitrinen in Saalrückwand und erste Vitrine links von Saalmitte), die die Kontinuität des religiösen Kunstempfindens seit der mykenischen Zeit zeigen. Vier Ausstellungsstücke möge man näher betrachten, um die gesamte Spannweite der ausgestellten Vasen vom 8. bis 4. Jh. v. Chr. zu erfühlen: hintere Vitrine der rechten Fensterseite: **spätgeometrische Vase aus Tiryns** mit der Darstellung von Pferden und Menschen. Eine **Pyxis** (Büchse) in der Form eines Strohkorbes (zweite Vitrine der rechten Fensterreihe). Sie ist bereits ganz mit geometrischen Mustern überzogen. Am Hals sind Vögel (Kraniche?) erkennbar. Saalmitte: Aus

Neolithisches Gefäß aus der Höhle von Franchthi

*Pyxis mit Darstellung einer Sphinx
aus Náfplio, 13. Jh. v. Chr.*

Athen importiert wurde die wuchtige schwarzfigurige **Preisamphore** des Panathenäenfestes. Pallas Athene ist zu sehen, auf der anderen ein Reiter und daneben ein Mann mit Siegesbinde und Preisrichter (5. Jh. v. Chr.). Links von Saalmitte erste Vitrine: barocke Anmut zeigt der **Krater** mit Darstellung eines Panfestes (4. Jh. v. Chr.).

□ Das Museum für Volkskunde

Die 1974 gegründete Peloponnesian Folklore Foundation, die alle Gebiete der Volkskunst und der Ethnographie weit über die Grenzen der Peloponnes hinaus erforscht, hat in einem klassizistischen Haus mit lauschig-kühlem Innenhof mit Café im Odós Vass. Alexandru (Querstraße zum Odós Sfróni) ein vorbildliches Museum eingerichtet. 1981 wurde es verdientermaßen als ›Europäisches Museum‹ ausgezeichnet (täglich außer dienstags 9–14.30 Uhr).

Ein vorbildlicher Katalog – gleichzeitig eine Einführung in das neuere griechische Textilhandwerk seit ung. 1830 (die übrigen Handwerkszweige kommen im Museum zu kurz) – führt eingehend in die verschiedenen Techniken und die Trachten aus allen Regionen Griechenlands ein. Speziell peloponnesische Trachten sind in den Vitrinen 3, 9 und 15 zu sehen. Schwierig erscheint es, spezielle peloponnesische Merkmale in dieser Kunst zu entdecken: Das Braunrot überwiegt in den kleidsamen, reichbestickten, aber nicht überladen wirkenden Trachten aus Baumwolle. Ein Museumsladen führt auch wissenschaftliche Literatur und Schallplatten.

In der Umgebung von Náfplio

☐ Das Kloster Ajía Moní Arías (Αγία μονή Αρείας)

Das Kloster liegt romantisch in einem hohen Bergsattel etwa 5 km östlich von Náfplio (Wegweiser). Es wurde in der Anfangszeit des unabhängigen griechischen Staates zum Nationaldenkmal erklärt und ist seit 1868 Nonnenkloster. Zehn Nonnen entfalten heute dort ein aktives geistliches Leben nach dem alten mönchischen Grundsatz »bete und arbeite«. Künstlerisch hochstehende, zum Kauf angebotene Webereien aus den Klosterwerkstätten zeugen davon. Das Katholikón, der Muttergottes geweiht, ist an drei Seiten von Klostergebäuden umgeben, im Osten schließt eine Mauer den Klosterbezirk ab. Die 1144 kurz nach der Klostergründung gebaute Kirche bildet den Höhepunkt der Kirchenarchitektur in der Argolis im 12. Jh. Sie ist eine eingeschriebene Viersäulenkreuzkuppelkirche mit achteckigem Tambour und drei dreieckigen Apsiden mit inneren Rundnischen. Die Apsiden sind durch schmale Öffnungen miteinander verbunden. Anders als die Kirche in Ajía Triáda (s. S. 302 f.) ist die Vorhalle durch eine Art äußere Vorhalle gedoppelt, verbunden durch drei weite Bogen. Hervorragend sind die Akanthuskapitelle der kuppeltragenden Säulen. Die Fassade faßt nahezu alle Stilelemente der Kirchenarchitektur der Peloponnes im 12. Jh. zusammen: schwere Quader betonen die Basis und die Ecken, an der Längsseite bilden sie wie in Chonikás (s. S. 302) Kreuze. Die Mittelapsis mit Dreifachfenster und umlaufendem Sägezahnband besitzt ein durch zwei breite Horizontalbänder gefaßtes Mäanderfries, das sich ohne die breite Rahmung unterhalb der Dachzonen fortsetzt. Die Dreifachfenster der Querarme sind zusätzlich durch Halbbögen rechts und links mit Ziegeldekor betont. Dreiviertelsäulen heben die acht Ecken des Tambours hervor. Die Fresken und Ikonen im Stile der religiösen Romantik stammen aus der zweiten Hälfte des 19. Jh.

☐ Tiryns

Touristische Hinweise: an der Hauptstraße zwischen Náfplio (ca. 5 km) und Argos. Stündlich Busse zwischen Argos und Náfplio. Die Fernbusse von und nach Athen halten nicht! In Néa Tírintha keine Übernachtungsmöglichkeiten. Tavernen gegenüber der Bushaltestelle, von der der Burgberg nur 200 m entfernt liegt.

Kunst und Geschichte

Die wuchtigen Kyklopenmauern von Tiryns auf einem niedrigen kahlen Hügel inmitten von Orangen- und Zitronenplantagen hat bereits Pausanias bewundert: »Die Mauer, die allein von den Ruinen übrig ist, ist ein Werk der Kyklopen und aus unbehauenen Steinen gebaut, jeder Stein so groß, daß auch der kleinste von ihnen von einem Gespann Maultiere überhaupt nicht von der Stelle bewegt werden könnte. Kleine Steine sind von alters eingefügt, damit jeder von ihnen möglichst die Verbindung für die großen Steine herstelle.«

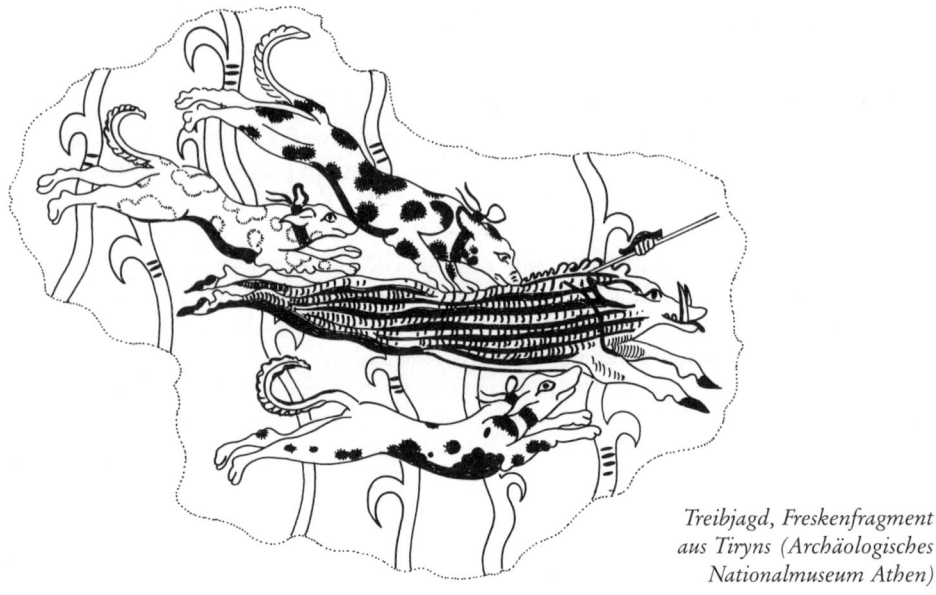

Treibjagd, Freskenfragment
aus Tiryns (Archäologisches
Nationalmuseum Athen)

Aus der Jungsteinzeit gibt es wenige Funde und keine Siedlungsreste. Die Siedlungs-
funde häufen sich sowohl auf der Oberburg (u. a. ein stattlicher Rundbau) wie in der
Streusiedlung, der ›Stadt‹ außerhalb der Akropolis in frühhelladischer und mittelhelladischer Zeit ab 3000 v. Chr., doch sind sie dem heutigen Besucher nicht mehr sichtbar oder
wegen Ausgrabungstätigkeit versperrt. In mittelhelladischer Zeit in der ersten Hälfte des
2. Jt. v. Chr. gewann die Besiedlung des Hinterlandes von Tiryns immer mehr an Bedeutung. Neue Funde griechischer Archäologen lassen vor allem Argos als mittelhelladisches
Zentrum erscheinen. Wahrscheinlich war Tiryns im Gegensatz zum Mythos – der Onkel
des Gründers von Mykene, Perseus, soll Tiryns gegründet haben – ein von Mykene vor-
geschobener militärischer Stützpunkt auf einem schwer zu verteidigenden, nur 20 m
hohen Felsenhügel – ein Umstand, der besonders starke Befestigungsanlagen erforderlich
machte. Die drei Phasen des Burgbaues (1. Phase um 1400: Gebiet des heutigen Palastes;
2. Phase ca. 1300–1250: Erweiterung und Verstärkung nach Norden und Süden; 3. Phase
um 1230: Unterburg, die das Burgareal verdoppelt; Sicherung der Wasserversorgung)
gehen wesentlich mit den Bauphasen von Mykene einher, doch ist in Tiryns der militärische Aspekt vor dem ästhetisch-machtpolitischen vorherrschend. Wie Mykene wurde
Tiryns um 1200 zerstört, doch nicht von Feinden, sondern durch einen Brand infolge
eines Erdbebens. Bis ins 9. Jh. v. Chr. hinein sind Siedlungsspuren spärlich. Im 7. Jh.
v. Chr. wurde innerhalb des Thronsaales, des Megarons, ähnlich wie in Mykene ein kleines Heraheiligtum errichtet. 400 Mann aus Tiryns nahmen an den Perserkriegen teil.

Argos eroberte Tiryns wie Mykene wohl um 468; wie Mykene wurde es später als ›Dorf‹ *(kóme)* bezeichnet. Im 2. Jh. n. Chr. bewunderte Pausanias die gewaltigen, unbewohnten Mauern. Heute nicht mehr sichtbare Reste einer dreischiffigen byzantinischen Kirche und Keramikfunde beweisen Leben in der mittelalterlich-byzantinischen Zeit.

1884 begannen die Grabungen von Schliemann und Dörpfeld, später von G. Karus. Mit großen Unterbrechungen wurde vom Deutschen Archäologischen Institut bis 1929 gegraben; nach 1957 wurden die Arbeiten gemeinsam mit griechischen Wissenschaftlern wiederaufgenommen. Schwerpunkte sind die Stadtstreusiedlungen und die Unterburg. Auch in Tiryns muß man sich den gewollten Kontrast zwischen von Kreta übernommener raffinierter Eleganz und Monumentalität als Ausdruck politisch-militärischer Macht vorstellen. Rekonstruktionen, die in Tiryns eher möglich sind als in Mykene, können dabei helfen.

Rundgang

Man betritt die Akropolis im Osten über eine ursprünglich 4,7 m breite und 45 m lange, heute teilweise rekonstruierte **Rampe.** Hinter dem Burgtor – ursprünglich so breit wie die Rampe – öffnet sich ein 30 m langer, sich verengender Durchgang, der von der äußeren und inneren Kyklopenmauer begrenzt wird. Er führt zum **Haupteingang** (erbaut um 1250 v. Chr.), der dem Löwentor von Mykene bis ins Detail gleicht. Der obere Teil des ursprünglich 8 m hohen Tores, vielleicht ebenfalls mit Entlastungsdreieck und Löwenrelief, ist verloren. Dahinter liegt ein trapezförmiger **Zwinger,** der durch zwei Holztore verschlossen wurde. Man betritt nun einen äußeren **Vorhof** mit langgestreckter Säulenhalle, deren runde Basen in der Flucht der äußeren Mauern noch sichtbar sind.

Über eine moderne Treppe (die ursprüngliche Treppe ist verloren) steigt man zu den berühmten **Galerien** direkt unter der Säulenhalle innerhalb der Mauer hinab: Sich nach innen neigende, vorkragende Steine bilden ein spitzbogenartiges falsches Gewölbe. Die sechs Kammern des ca. 29 m langen und 1,65 breiten Ganges wurden wohl als Lagerräume benutzt. Man steigt wieder hinauf und geht an der Westseite des Vorhofes durch den **Torbau** (Propylon 13,6 m im Quadrat). Zwischen zwei Hallen im Osten und Westen mit zwei hölzernen Säulen, von denen je eine Rundbasis sichtbar ist, führte ein Eingang zum **inneren Vorhof.** Vom inneren Vorhof aus führte einst eine überwölbte Treppe zur heute verwachsenen **Südgalerie.** Ost- und Südgalerie wie auch der mächtige **Turm** stammen aus der Endphase der Bautätigkeit um 1230 v. Chr. Aus den Grundmauern ist heute die Funktion als Turm nicht mehr erkennbar.

Durch einen **kleineren Torbau,** nach Norden und Süden von je zwei Säulen gebildet, gelangt man in den fast quadratischen (17,75 m x 20,25 m), rings von Säulenhallen umgebenen **Palasthof.** Der Boden war mit Stuck überzogen. Zum großen Megaron führte eine **Vorhalle** mit zwei Säulen und erhöhtem Fußboden. Die roten Marmorbasen sind sichtbar. Quadratische Felder mit Ornamenten bedeckten einst den Boden. Über die Sockel der Seitenwände lief ein Ornamentband aus Blütenmustern und Rosetten, in das Perlen aus blauer Glaspaste eingelegt waren (zu sehen im Athener Nationalmuseum).

Drei Türen führten ins **Vorzimmer** (Prodomos) mit gleichem Boden wie die Vorhalle. Durch eine breite Türe schritt der Besucher schließlich zur Begegnung mit dem König in das **große Megaron,** das Palastzentrum, in dem Thronsitz und Herd mit überdachtem Rauchabzug standen. Von Thronsitz und Herd hat sich nichts erhalten, doch sind die vier Basen für Holzsäulen, die ein Flachdach trugen, an Ort und Stelle zu sehen. Den Fußboden des Megarons bedeckten Quadrate, in denen Achtfüßler und Delphine gemalt waren. Auch die Mauern waren reich mit Fresken dekoriert: Jagdszenen, Frauen in Wagen in festlichen Kleidern, Sphinxgestalten und viele andere Motive wechselten einander ab (Nationalmuseum Athen).

Ein Mauerfundament teilt heute das Megaron. Es gehört zu einem der Hera geweihten Tempel mit vorgezogenen Seitenwänden (sog. Antentempel, 7. Jh. v. Chr.). Neben Hera wurden in Tiryns in archaischer Zeit auch Zeus und Athene verehrt.

Der Westteil des Palastes, von dem umstritten ist, ob er ein- oder zweistöckig war, diente wohl als Wohntrakt der königlichen Familie. Er war von Megaron, Prodomos und Vorhof her zugänglich, sehr sorg-

Burg von Tiryns 1 Rampe 2 Burgtor 3 Durchgang 4 Haupteingang 5 Zwinger 6 äußerer Vorhof 7 Galerien 8 Torbau (Propylon) 9 innerer Vorhof 10 überwölbte Treppe 11 Südgalerie 12 Turm 13 kleinerer Torbau (Propylon) 14 Palasthof 15 Vorhalle 16 Vorzimmer (Prodomos) 17 großes Megaron mit Heratempel 18 Baderaum 19 Korridor zwischen Ost- und Westtrakt 20 kleiner Hof 21 kleines Megaron 22 megaronähnlicher Raum 23 westliche Ausfallpforte 24 Turm 25 Brunnengänge 26 Mauerkammern (Schießscharten)

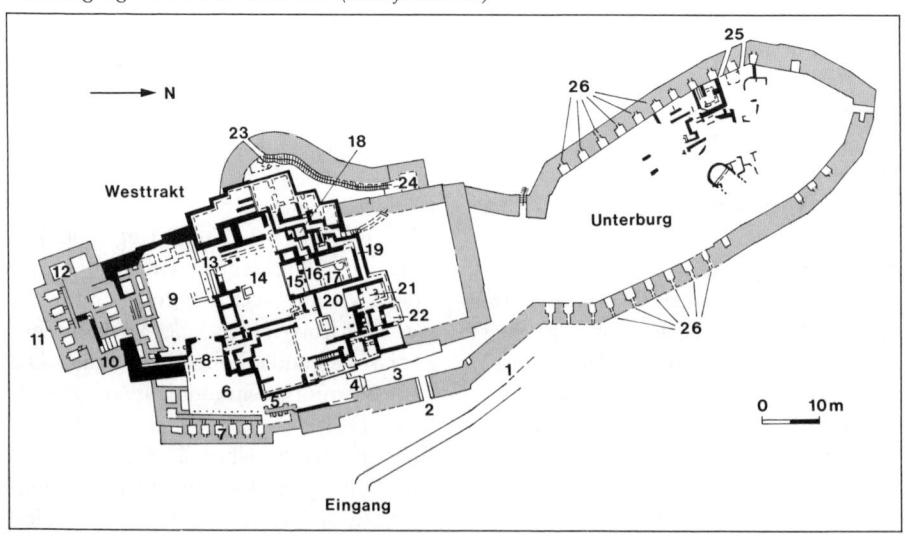

fältig gebaut und mit Malereien geschmückt. Besonders eindrucksvoll ist in diesem Komplex ein kleiner rechteckiger **Baderaum.** Sein Boden besteht aus einer einzigen, riesigen bläulichen Kalksteinplatte, die erst nach dem Transport an Ort und Stelle abgearbeitet worden ist. Eine Abflußrinne in der Nordostecke ist erkennbar. Hölzerne Wandverkleidungen waren angebracht.

Ein schmaler Korridor führte an der Nordseite des großen Megaron zu einem **kleinen Hof,** der südlich vor dem **kleinen Megaron** lag. Um 1300 v. Chr. erbaut, ist es über ein halbes Jahrhundert älter als das große Megaron, also sein Vorläufer. Die ersten Ausgräber hielten es für das ›Megaron der Königin‹. Spuren eines Thrones und eines viereckigen Herdes wurden gefunden. Den Fußboden gliederten Rechtecke mit ornamentalem Dekor. Es gab nur eine Vorhalle ohne Säulen. Rechts

vom kleinen Megaron erkennen wir die Fundamente eines Raumes, der wieder einem Megaron ähnelt.

Nur von oben zu sehen, da zeitweise gesperrt, sind die gut erhaltenen 65 Stufen, die zur kleinen, im Spitzbogen auslaufenden, 1,50 m breiten **westlichen Ausfallpforte** führen. Sie erweitert sich stark nach innen, um eindringende Angreifer mit genügend großer Mannschaft abwehren zu können. Die sichelförmig gekrümmten Stufen sowie die westliche Außenmauer gehören zur spätesten Bauphase um 1230. Angreifer, die die Stufen bis zu einem **Turm** hinaufgelangt waren, stürzten in eine 7 m tiefe, von einer Felsspalte gebildete Fallgrube, die leider von oben nicht zu sehen ist.

Die **Unterburg** ist heute wegen Ausgrabungen für den Besucher verschlossen. Der Einstieg erfolgt am Fuß der östlichen Eingangsrampe. Durch intensive Grabun

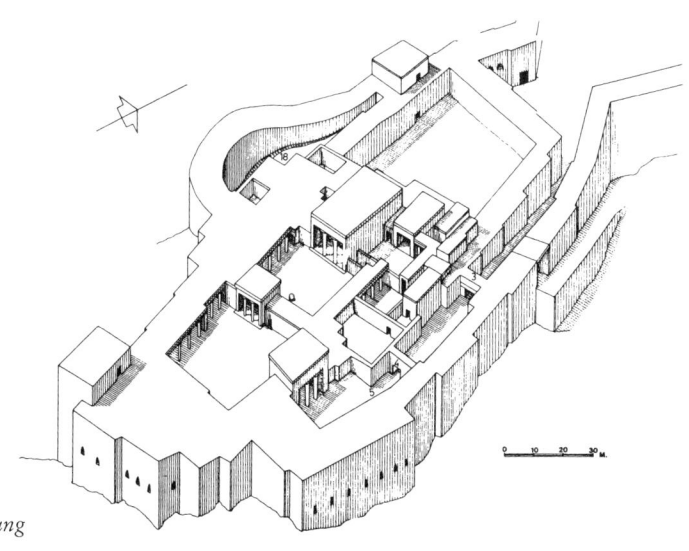

Die Burg von Tiryns,
Rekonstruktionszeichnung

Die Galerien von Tiryns

gen treten immer mehr Gebäudereste von ca. 2000–500 v. Chr. zutage. Technisch eindrucksvoll sind zwei unterirdische, fast 30 m lange, spitzzulaufende Brunnengänge zu zwei natürlichen Wasserstellen. 24 in die Mauern eingelassene, später teilweise wieder zugemauerte Kammern dienten als Schießscharten.

☐ Das Kuppelgrab bei Tiryns

Das Grab liegt an der Westseite des Hügels Profitis Ilias, an dem auch die Steine für die Burg von Tiryns gewonnen wurden. Man fährt von der Hauptstraße zunächst zur Burg und dann auf der kleinen Straße 1 km weiter. Dann nach rechts auf einen Seitenweg, nach weiteren 300 m an einem Hinweisschild nach links, wo nach weiteren 300 m linkerhand das Grab zu finden ist.

Das 1913 entdeckte Kuppelgrab hat einen mit Kalkbruchstein aufgeführten Zugang (Dromos) von 13 m Länge und 3 m Breite. Die Fassade der sich verjüngenden Türöffnung war einst mit Stuck überzogen. Die Kuppel ist deshalb sehenswert, weil sie sich in einem unruhigen Doppelschwung nach oben flaschenhalsartig verjüngt. Der absichtlich rohe Charakter der nicht verkleideten Mauer sollte den ›barocken‹ Charakter des Kuppelbaues erhöhen.

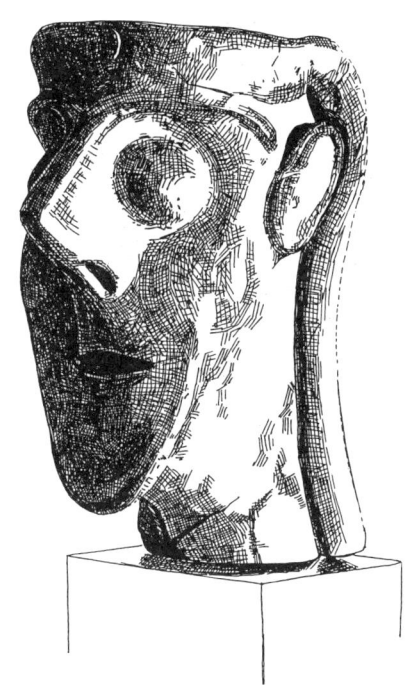

Der ›Lord von Asine‹, 13. Jh. v. Chr.
(Museum von Náfplio)

☐ Asíni (Ασίνη)

Touristische Hinweise: Auf halbem Weg zur Touristenhochburg Toló ist die 10 km von Náfplio entfernte Siedlung Asíni (früher Tzaféraga) sehr gut (stündlich) mit dem Omnibus zu erreichen. In Asíni sehr gute Badestrände. Camping, keine Hotels.

Das Gebiet ist seit dem Frühhelladikum (um 3000 v. Chr.) besiedelt. Die Gräberfunde auf der Felsenspitze der Akropolis und dem gegenüberliegenden Varvúnihügel (91 m) waren so reich, daß der schwedische Gelehrte Nordquist ein lebendiges Bild des von Jagd- und Ackerbau geprägten Wirtschafts- und Soziallebens des Mittelhelladikums entwerfen konnte – noch ohne Ölbaum und Weinrebe. Es bestand bereits damals schon Kontakt mit den Kykladen und Kreta. Die leeren Vertiefungen der Kammergräber auf dem Varvúnihügel sind wenig sprechend. Von den im Museum von Náfplio ausgestellten Funden ist der ›Lord von Asine‹ am eindrucksvollsten. Die hellenistische Siedlung, die sich im 2. Jh. v. Chr. auf dem Felsenvorsprung entwickelte, verwischte alle Spuren eines mykenischen Herrensitzes, den die Gräberkunde hier vermuten lassen. Der Fels wurde an drei Seiten mit Türmen und Mauern aus sorgfältig gehauenen vieleckigen Quadern umgeben. Eine von Türmen geschützte Rampe im Südosten führte vom Haupteingang ins Innere der

Festung. Reste von Häusern, eines römischen Bades, einer kleinen Kirche mit Apsis und Zisternen sind bei der Senke zur Straße hin zu entdecken. Die Befestigungsmauern wurden, wie das kunstlose Bruchsteinmauerwerk zeigt, im Mittelalter wiederverwendet. Die Siedlung war unbedeutend.

Von Náfplio nach Epidauros

Touristische Hinweise: Die ca. 25 km lange Strecke von Náfplio nach Ligúrio führt durch monotones, von unzähligen Ölbäumen bestandenes Hügelland. Häufige Buslinien über Ligúrio in Richtung Paleá Epídafros, die meist auch am Asklepeion halten. In Ligúrio einige Hotels.

☐ Die mykenische Brücke bei Ligúrio. Die Festung Kazárma

Auf halber Strecke zwischen Náfplio und Ligúrio liegt der heutige Siedlungszusammenschluß ›Arkadiká‹. 2 km vor dem Ort macht die Straße eine scharfe Kurve und führt über eine Schlucht (ist der Omnibusfahrer gut aufgelegt, hält er hier). Von der Brücke über die Schlucht läuft man ca. 100 m zurück Richtung Náfplio und erreicht ein kleines, heute ausgetrocknetes Seitental. In dieses Tal biegt man rechts ein und erreicht nach 50 m eine vollständig erhaltene, wenn auch verwitterte **mykenische Straßenbrücke** (13. Jh. v. Chr.). Sie ist ein Zeichen für die Wichtigkeit der Verbindung von Tiryns zum Saronischen Golf. Die Stoßkanten am Brückenbogen sind sorgfältiger gearbeitet als die Oberschichten, wo kleinere Steine Zwischenräume ausgleichen müssen. Möglicherweise wurden die Oberschichten erst in frühgeometrischer Zeit (9. Jh. v. Chr.) erbaut. Der Brückenbogen ist ein ›falsches Gewölbe‹, das durch Überkragen horizontal verlegter Quader entsteht. Diese für Mykene charakteristische Technik wurde auch bei den Galerien in Tiryns und den Kuppelgräbern eingesetzt.

Aus dem Seitental kann man auf Hirtenpfaden östlich zu den weithin sichtbaren Ruinen der antiken **Burg Kazarma** emporsteigen. Aus kyklopischen vieleckigen Quadern mit vier Rundtürmen wohl Ende des 5. Jh. v. Chr. errichtet, gehört sie zu einem Befestigungssystem, das die ähnlich gebauten Festungen Katsingri bei Náfplio und Kastráki bei Jannuléika sowie die zwei Wachttürme, sog. ›Pyramiden‹, bei Ligúrio und Kefalári (s. S. 305) einschloß.

☐ Ligúrio (Λιγούριο)

Am östlichen Ausgang des 2000 Einwohner zählenden Ortes liegt rechts die kleine wohlproportionierte eingeschriebene Zweisäulenkreuzkuppelkirche **Ájios Joánnu Theológu**. Sie war wohl das Katholikón eines kleinen Klosters. Die tonnengewölbte Vorhalle (Narthex) wurde erst nach der Erbauung des Hauptschiffes zur Erweiterung der Kirche hinzugefügt. Zugbalken sorgen im Inneren für die Festigung der tragenden Säulen. Eine

Die Peloponnes bei Epidauros

Besonderheit sind Nischen an den Pfeilern, die Altarraum und Kirchenschiff voneinander trennen. Das Fehlen von Skulpturenschmuck und der regellose Einbau von Spolien zeigen, daß es den Erbauern an Geld fehlte. Die Ziegeltechnik weist ins 12. Jh. als Erbauungszeit. Ganz ungewöhnlich ist, daß sich der Baumeister, ein sonst unbekannter Theophylakt von Kea, an der nördlichen Außenwand selbst nennt. Recht primitive Ritzzeichnungen von Segel- und Ruderschiffen im Narthex rufen den Schutz Gottes für die Seeleute herbei. Westlich der Ortschaft liegt links von der Straße die **Kirche der Ajía Marína**, eine außen schmucklose eingeschriebene Viersäulenkreuzkuppelkirche aus dem 14. Jh. mit drei Apsiden und einem achteckigen Tambour. Die Säulen sind wahrscheinlich Spolien aus Epidauros. Die erhaltenen Fresken, wohl aus dem 17. Jh., stehen mit ihrer flächigschematisierten Darstellung der Gesichter in byzantinischer Tradition: an der gemauerten Ikonostás die zwölf Apostel. Links von der ›königlichen‹ Mittelpforte Maria mit dem Kind, rechts Christus als Weltenrichter. An den Wänden Heilige (Demetrios, Nikolaos, hl. Georg). Etwa 150 m östlich der Kirche liegen die Reste der **Pyramide von Ligúrio**, einem pyramidenförmigen Wachtturm, der mit dem Turm von Kefalári und drei Kastellen im 5. Jh. v. Chr. ein Verteidigungssystem bildete.

Epidauros: das Asklepeion

Touristische Hinweise: im Sommer häufig Busse von Náfplio direkt zur Grabungsstätte. In der Vor- und Nachsaison wird der Fahrplan stark ausgedünnt. Ein im Sommer stark frequentiertes Hotel. Für die seit dreißig Jahren von Juni bis August veranstalteten Festspiele im Theater von Epidauros werden von Athen und Náfplio Busfahrten in den örtlichen Reisebüros angeboten.

☐ Kunst und Heilglaube

Im Herzen der Argolis liegt die wellige, wasserreiche Ebene von Epidauros, umsäumt von niedrigen Hügeln, nur zum Meer durch eine bis 850 m ansteigende Gebirgsschwelle von der Küste getrennt.

In mykenischer Zeit erfuhr hier der Berg- und Jagdgott Maleatas kultische Verehrung, der von den dorischen Einwanderern mit Apollon gleichgesetzt wurde. Wie die – bisher noch unzugänglichen – Ausgrabungen am Kynórtionberg, ung. 1 km vom Theater entfernt, zeigen, war das seit dem 8. Jh. v. Chr. nachweisbare Heiligtum des Apollon Maleatas noch klein und tempellos. Sein Kult wanderte in die wasserreiche Ebene hinab. Die Brunnen am Propylon sind die ältesten Zeugnisse im heutigen Heiligtum des Asklepeios.

Inschriftlich ist Asklepeios ›patera‹, der ›väterliche‹, in Epidauros nicht vor 500 v. Chr. greifbar. Im Trümmergewirr nördlich des Asklepeiostempels wurden zwei Räume mit einer Säulenhalle und Brunnen aus der Mitte des 5. Jh. v. Chr. entdeckt. Es waren wohl Bäder. In dieser Zeit begannen auch die in vierjährigem Turnus stattfindenden festlichen Spiele des Asklepeios mit Sport und kulturellen Wettkämpfen. Das Stadion stand im Mittelpunkt. Den Heilkult brachte erst die große Pest im Peloponnesischen Krieg 430 v. Chr. zum Blühen. Im 4. Jh. v. Chr. kamen Verehrer des Heilgottes aus allen Teilen Griechenlands, ja aus Sizilien und Italien, nach Epidauros. Alle bedeutenden Gebäude entstanden in dieser Zeit: der Tempel, die Propyläen, der Tholos, das Theater. Die Architektur von Epidauros ist also im wesentlichen eine Geburt des frühen Hellenismus, zu der dann später eine Fülle von Profanbauten und Bädern kommen sollten. Der Heilsuchende war, wenn er – vielleicht nach einem langen, anstrengenden Pilgerweg von Altepidauros – durch die Propyläen den heiligen Bezirk betrat, umgeben von Kunst: dem Wunderwerk des Tholos, einem Wald von Bildsäulen, dem Götterbild des Heilgottes, der aus seinem Heiligtum auf die davor Opfernden blickte. Kunst, eingebettet in eine wohlgepflegte, sorgfältig bewässerte Gartenanlage, stand im Dienste der Heilung. Auch in der Spätantike hat der Kult von Epidauros nie rein profanen Kurcharakter angenommen. Meditation und Heilschlaf blieben stets Mittelpunkt; die heilige Schlange – Symbol des Heilgottes – wurde gepflegt.

Der Christengott hat als ›Soter‹ (Retter) unvermerkt viele Züge des heidnischen Heilgottes angenommen. Die Basilika am Propylon dokumentiert den Versuch, den heiligen Bezirk zu ›verchristlichen‹, vielleicht sogar mit Heilritualen, wie der ungewöhnlich große Vorhof, der möglicherweise dem Heilschlaf diente, nahelegt.

ΑΝΑΠΑΡΑΣΤΑΣΙΣ ΤΟΥ Ι ϾΡΟΥ ΤΟΥΑΣΚΛΗΠΙΟΥ

RESTAURATION DU HIÉRON D'ASCLEPIOS

Das Asklepeiosheiligtum, Rekonstruktion von A. Defrasse und H. Lechat

☐ Rundgang

Das **Theater**, erbaut Ende des 4. Jh. v. Chr. und im 2. Jh. v. Chr. erweitert, ist das am besten erhaltene in ganz Griechenland (s. Farbabb. 23). Nur die Ränder der Tribünen wurden ergänzt. Die nach der Erweiterung zweistöckige Bühne wurde – außer den wiederaufgerichteten ionischen Toren – ein Ziel der Steinräuber. Der Mittelpunkt der kreisrunden Orchestra (19,5 m Durchmesser), durch eine in ihrer Funktion nicht eindeutig geklärte Platte gekennzeichnet, fällt nicht mit den Kreiszentren der zwei äußeren Sektoren des Auditoriums zusammen. Dadurch ist das Rund an den Rändern leicht ellipsenförmig nach außen gebogen, wie die Rekonstruktion gut verdeutlicht: Hierin liegt wohl die Erklärung für die einmalig gute Akustik des Theaters, die man während der Sommerspiele erleben kann. 13 000 bis 14 000 Besucher (ursprünglch knapp 7 000) faßte das Theater auf 55 (zuerst 34) Sitzreihen – ein Hinweis auf die Menge der Heilsuchenden, die zum Heiligtum kamen.

Vorbei am Museum gelangt man nach ca. 50 m in nordwestlicher Richtung zum großräumigen (76 m²) **Gästehaus**, dem sog. Katagogion. Die vier Innenhöfe mit Säulenumgängen sind bis auf einen vollständig überwuchert. Deutlich erkennt man an seinen Steinmauern, auf denen Lehmziegelwände aufgesetzt waren, die Ausrichtung der unterschiedlich großen, insgesamt 160 Räume nach innen. Auch einige dorische Säulenreste sind zu entdekken.

Wenige Meter westlich stößt man auf ein rechteckiges Kalksteinfundament mit hochkant stehenden Blöcken als Mauerunterbau (Orthostaten). Da Wasserzu- und ablauf erkennbar sind und ein Becken erhalten, wird es als **Bad** gedeutet (Ende 3. Jh. v. Chr.).

Gegenüber liegen die Fundamente eines fast **quadratischen Gebäudes** (75 x 70 m) um einen Kolonnadeninnenhof mit je 16 dorischen Säulen. Es war nur im Nordwesten durch eine eindrucksvolle Torhalle **(Propylon)** mit 6 x 4 dorischen Säulen und einer noch gut sichtbaren Rampe zugänglich. An jeder Seite öffneten sich unterschiedlich große Räume; in den kleinsten

Asklepeios: heilender Gott

Die Ursprünge der Verehrung dieses jungen Gottes führen in den Norden Griechenlands und zur Insel Kos. Dort nannten sich berühmte Ärzte Asklepiaden. Der Mythos des Gottes ist von lokalen Traditionen geprägt. Verschiedene Orte, z. B. Trikkala in Thessalien, nahmen für sich in Anspruch, Geburtstätte des Heilgottes zu sein. In allen Mythen ist Asklepeios der Sohn Apollons und einer sterblichen Frau. Er ist also ein ursprünglich sterblicher Halbgott. Nach der Tradition in Epidauros hat Apollon Koronis, die Tochter eines Soldaten geschwängert. Das Orakel zu Delphi weissagte zugunsten von Epidauros: Koronis gebar im steinigen Epidauros. In Thessalien war die von Apollon geschwängerte eine Königstochter. Allen Mythen gemeinsam ist, daß Asklepeios vom berühmten heilkundigen Kentauren Cheiron erzogen wurde. Von ihm

Asklepeios, Relief aus Epidauros,
4. Jh. v. Chr., Archäologisches Nationalmuseum Athen

haben sich steinerne Liegen erhalten. Tomlinson sieht deshalb in dem Komplex ein **Speisehaus** (Hestiatorion), im Unterschied zur früheren Deutung als Gymnasion. In römischer Zeit wurde ein theaterähnliches Gebäude in Ziegelbauweise in das Speisehaus integriert, wohl eine Art **Odeion** für religiöse Rituale.

Das nördlich anschließende, in verschiedenen Phasen errichtete Gebäude (früher als Portico des Kotys und Palästra gedeutet) hat ebenfalls einen Innenhof mit lernte Asklepeios, mit Kräutern Krankheiten und Wunden zu heilen. Die Schlange wurde Attribut des Heilgottes Asklepeios und ringelt sich um den Asklepeiosstab – Wahrzeichen der Ärzte bis heute. Der Schlange schrieb die Antike Verbindung zu den unterirdischen Mächten zu, weil sie sich lautlos in der Erde verkriechen kann. Sie symbolisierte aber auch Auferstehung und Wiedergeburt, da sie sich in jedem Jahr häutet.

Nach dem Mythos wurde Asklepeios vom Unterweltsgott Hades durch den Blitzstrahl des Zeus getötet, weil er es wagte, Tote zu erwecken. Doch wie andere griechische Heroen wurde er zu den Göttern erhoben. Hades hatte über den Heilgott keine Macht. Ein Grabkult, wie er bei anderen Heroen, z. B. Pelops (s. S. 95 f.) entstand, wurde Asklepeios nirgends zuteil. War er doch selbst Besieger von Krankheit und Tod! Er war ausschließlich Heilgott, bei dem die Menschen Heilung in physischer und seelischer Bedrängnis suchten. Das religiöse Gemeinschaftserlebnis spielte bei diesen Heilungen eine große Rolle. Im Theaterrund hörte der Heilsuchende unter rhythmischen Klängen die nicht überlieferten Kultgesänge zu Ehren des Gottes. Wie bei einer modernen Badekur hatte er ein Programm zu absolvieren. Am Anfang stand die rituelle Reinigung. Schwangere und Sterbende waren außerhalb des heiligen Bezirkes wohl in der Säulenhalle des Kotys untergebracht. Badekuren und Massagen wurden verordnet, wofür man ›Trinkgelder‹ gab. Sie waren zugleich Opfergaben. Hypnose und Handauflegen wurden von den Priesterärzten angewandt. Fasten wurde in bestimmten Fällen verordnet. »Der Heilschlaf im Abaton begann geheimnisvoll im Schein flackernder Öllampen und Fackeln. Wenn der Gott nahe schien, löschten die Priesterärzte die Lichter. Ob Drogen zur Unterstützung der Traumepiphanien angewandt wurden, ist fraglich. (Man fand Pfeifen, die man als Haschischpfeifen deuten wollte). Feuerbecken zum Verbrennen duftender Kräuter hat man gefunden wie auch Gefäße für Medikamente« (Reinhard Struckmann).

Man fand auch Weiheinschriften, die uns ein plastisches Bild des antiken ›Kurbetriebs‹ vermitteln, etwa die eines gewissen Apellas aus dem 2. Jh. n. Chr.:

»Wie ich zum Heiligtum fuhr und mich der Insel Ägina näherte, erschien der Gott und bestellte mir, ich solle mich nicht immer so sehr ärgern. Als ich im Heiligtum ankam, bestellte er mir wieder, bei Regenwetter meinen Kopf zu bedecken, mich ohne die Hilfe eines Dieners zu waschen, im Gymnasterion zu trainieren, Brot, Käse, Sellerie und Kopfsalat zu essen, Zitronensaft und Milch zu trinken, spazierenzugehen und die Opfer nicht zu vergessen. Schließlich befahl er mir, dies alles auf einem Stein aufzuschreiben. Ich verließ das Heiligtum geheilt und dankbar dem Gott.«

sorgfältig gehauenen Steinbänken. Die Funktion als **religiöser Versammlungsort** ist wahrscheinlich. Nur ein schmaler Weg trennte das Gebäude von einer zweistufigen **Kalksteinbasis** (5 x 7 m) mit zwei Rampen. An einem oder mehreren Altären wurden unbekannte Gottheiten verehrt.

30 m östlich stehen die Grundmauern des kleinen **Tempels der Artemis** (13 x 9 m), erbaut um 330 mit einer dorischen Sechssäulenfront und der für Epidauros typi-

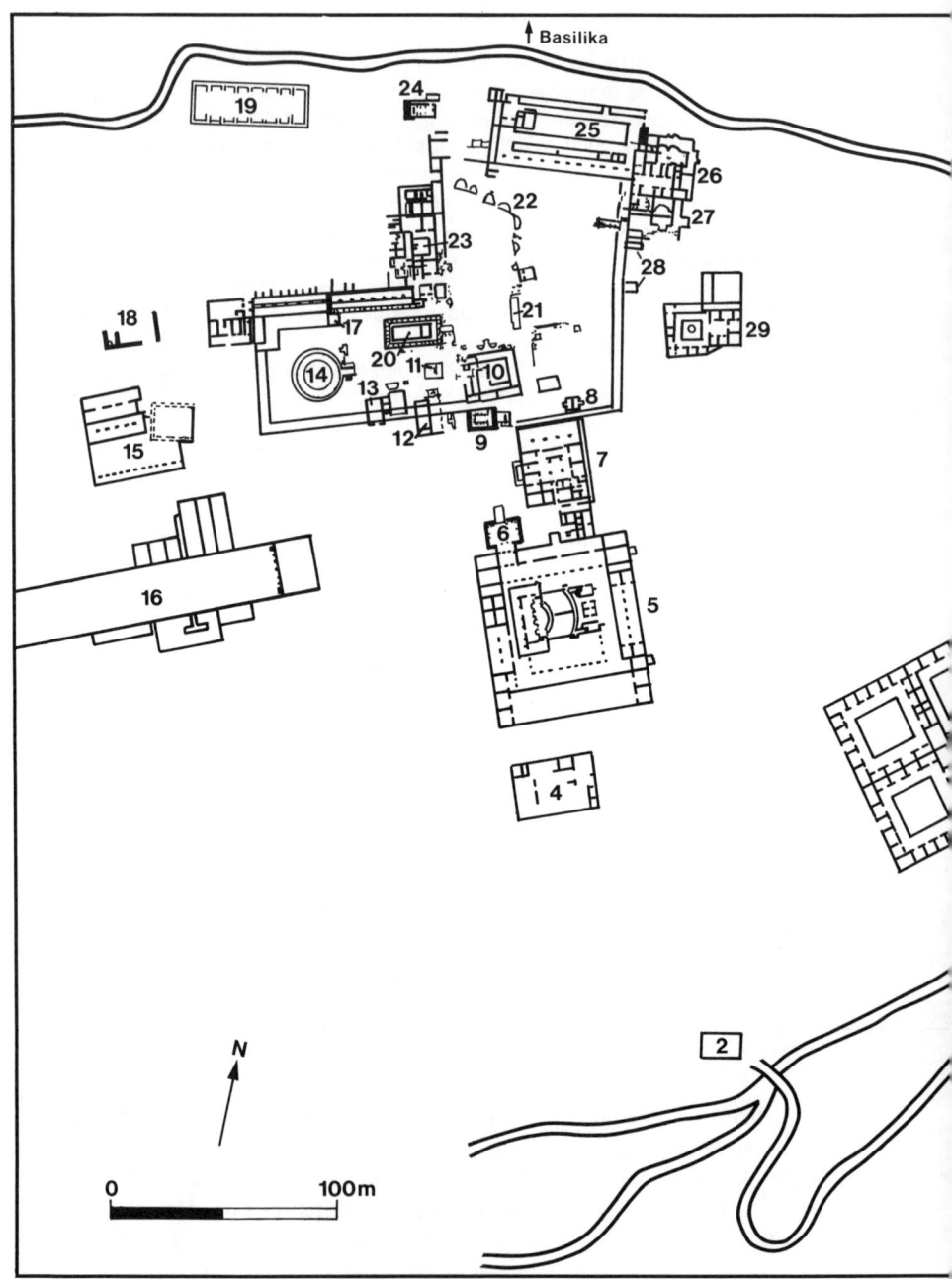

schen Rampe. Die Cella mit weit vorgezogenen Seitenwänden (Anten) war durch
4 x 5 dekorative korinthische Säulen untergliedert. Die Außenwände waren oben nur
durch Triglyphen, ein marmornes Sima
und Akrotere belebt. Torsi zweier Frauengestalten, von denen eine als Nike identifiziert wurde (jetzt im Nationalmuseum
Athen), scheinen von mehreren Meistern
gestaltet zu sein. Ihnen gemeinsam ist das
flatternde, am Körper haftende Gewand;
doch ist die Gestalt der Nike, ähnlich der
Nereiden vom Asklepeiostempel, viel kräftiger als die schlanke Gestalt der anderen
Frauenfigur.

Vor dem Tempel stand ein mit verlorener Plastik gezierter, stark überhöhter
Altar, von Steinsäulen umgrenzt.

Mit dem Artemistempel merkwürdig
wenig architektonisch verbunden ist ein zu
einem quadratischen Altar (des Apollon?)
und einer Reihe von Weihestatuen (Basen
erhalten) offenes Gebäude (2. Hälfte 5. Jh.
v. Chr.), vielleicht innen belebt mit ioni-

Das Theater von Epidauros ▷

Epidauros *1 Theater 2 Museum 3 Gästehaus (Katagogion) 4 Bad 5 Speisehaus mit
römischem Odeion 6 Propylon zum Speisehaus 7 religiöser Versammlungsort 8 Kalksteinbasis 9 Tempel der Artemis
10 ursprüngliches Asklepeion 11 Altar des
Apollon 12 Stoa 13 Werkstatt 14 Tholos
15 Gymnasion 16 Stadion 17 Abaton
18 Brunnenhaus 19 Zisternenanlage
20 Tempel des Asklepeios 21 Altar des
Asklepeios 22 Basen für Weihestatuen 23 altes
Bad 24 Themistempel 25 Halle des Kotys
26 Nordostbäder 27 Epidoteion
28 Brunnenhäuser 29 rechteckiges Haus mit
Atrium*

343

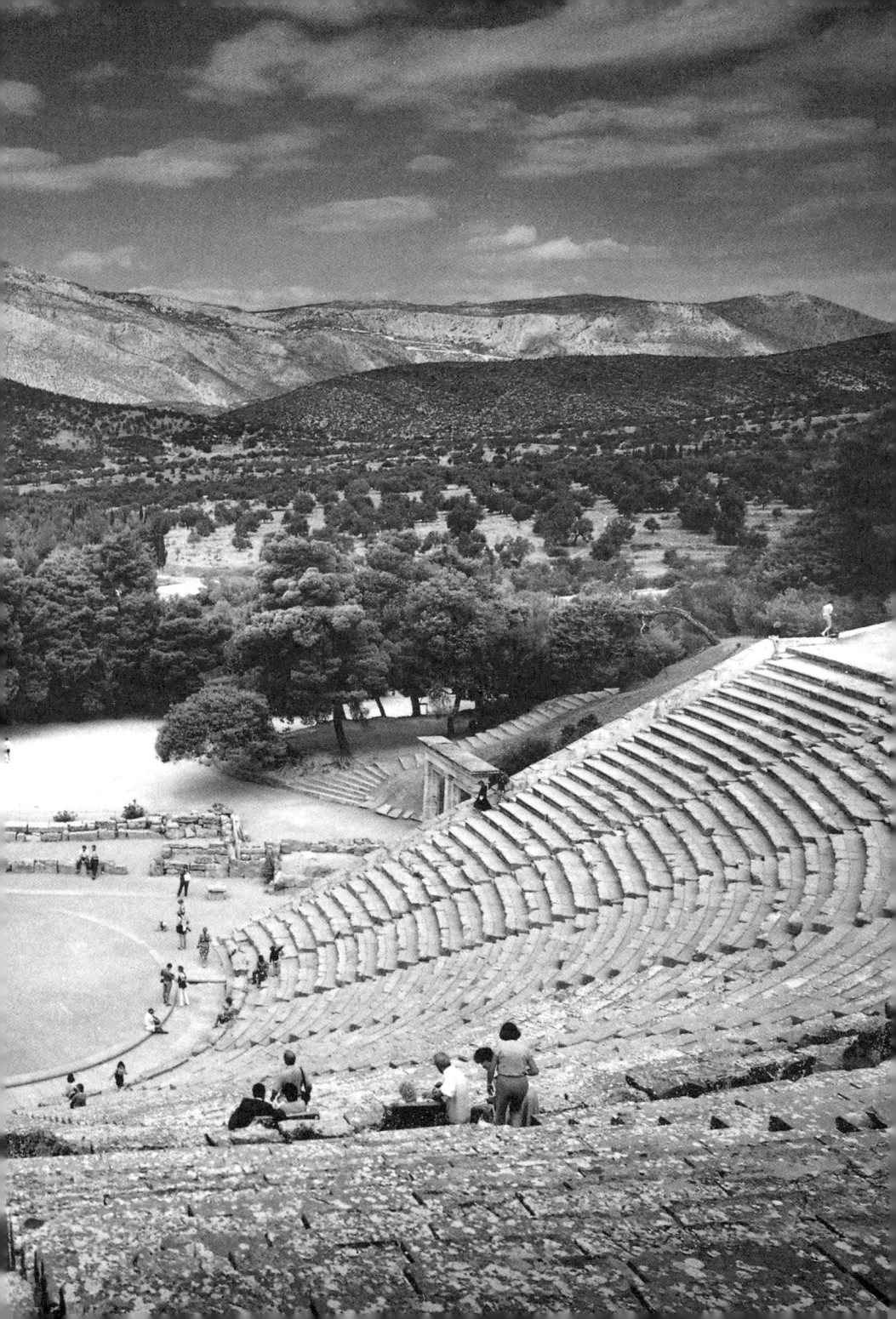

schen Halbsäulen. Es war das **ursprüngliche Asklepeiosheiligtum** mit Altar, Kultbild und Raum für den Heilschlaf. Später verlor die Stätte ihren heiligen Charakter, wurde zur Ablage der unverbrannten Reste der Opfer, die auf dem Altar der Artemis dargebracht wurden.

Auf dem Weg zu dem kunsthistorisch wichtigsten und ehemals prächtigsten Bauwerk von Epidauros, dem **Tholos** (Rundtempel), kommt man an zwei kleinen Gebäuden vorbei, über die sich in frühbyzantinischer Zeit die Festungsmauer zog: einer **Stoa** und einem in Inschriften als ›**Werkstatt**‹ erwähnten Gebäude. In vierzigjähriger Bauzeit (360–320) wurde der **Tholos** – auch Thymele, d. h. Opferstätte, genannt – errichtet. Er ist um ein Drittel größer (äußerer Durchmesser 22 m) als sein bekannter Vorläufer in Delphi. Außen lief eine dorische Ringhalle, das Innenrund bildeten 14 korinthische Säulen. Ein wohl als Muster vergrabenes Kapitell ist im Museum zu sehen. Die zierlichen Palmetten und Voluten streben in vollendeter Symmetrie bewegt empor, ohne die Säulentrommel ganz zu verdecken – ein Meisterwerk spätklassischer Bauplastik, wohl des Polyklet d. J. Die Kassetten der Decke mit plastischen, gesondert angehefteten Blüten in der Mitte, die in ihrer Präzision fast metallen wirken, und die Rosetten zwischen den Triglyphen strahlen eine wahre ›Schmucksymphonie‹ aus. Sie sind von Mäandern, Eierstäben, Palmetten und Zierleisten umgeben. Die Komposition wurde noch gesteigert durch den raffiniert in spiralenförmigen Rauten angelegten mehrfarbigen Marmorfußboden und die nicht erhaltene vergoldete Holzdecke mit Gemälden. Der geheimnisvolle Unterbau

Kapitell des Tholos

des Rundtempels, bestehend aus drei konzentrischen, jeweils durch bogenförmige Öffnungen verbundene Gänge, beherbergte wohl nicht die heilige Schlange; ihr hätte die ewige Dunkelheit dort unten wohl wenig zugesagt. Das Labyrinth diente wahrscheinlich rituellen chthonischen Opfern für den Heros Asklepeios, der zu den Unsterblichen aufstieg.

Weiter westlich ist der Zugang zu einem Gebäudekomplex zeitweise versperrt, der mit dem tieferliegenden **Stadion** durch einen Gang verbunden war und als **Gymnasion** identifiziert wurde. 1991 wurden Teile der Säulenhalle des ›unbetretbaren‹ **heiligen Raumes** (Abaton 38 x 9 m) mit 18 ionischen Säulen an der Außenfront wieder an Ort und Stelle aufgestellt. Das Gebälk trugen sieben Mittelsäulen. Diese Halle für den Heilschlaf, die die offene Halle im 4. Jh. v. Chr. ablöste, war der Mittelpunkt der Frömmigkeitspraxis mit freiem Blick auf den Tholos. In römischer Zeit folgte im Westen eine architektonisch gleich gestaltete Halle auf tieferem Niveau mit weiteren Anbauten. Auch ein **Brunnenhaus** und eine große **Zisternenanlage** im Nordwesten sind römisch.

Geht man vom Ostflügel des Abatons ung. 20 m in Richtung Festplatz, steht man vor dem nur 12 x 23 m messenden, mit dorischen Säulen umgebenen **Tempel des Asklepeios.** In ziemlich weiter Ferne, wohl um möglichst vielen Kultteilnehmern Raum zu geben, sind die langgestreckten Fundamente des **Altars des Asklepeios** erkennbar. Die Steine des Tempels sind soweit abgetragen, daß der Grundriß der Cella, mit weit zur Wand gerückten korinthischen Säulen ähnlich wie in Bassä, kaum erkennbar ist. Sie barg eine nicht erhaltene Gold- und Elfenbein-Kultstatue, nach Pausanias mit Szepter in der Hand und einem Hund zu Füßen. Teile der Giebelplastiken wurden glücklicherweise aufgefunden: Einen heftig bewegten Amazonenkampf an der Westfront und die Eroberung Troias im Ostgiebel konnte Crome 1951 aus den verstreuten, vor allem in Athen befindlichen dürftigen Fragmenten rekonstruieren (im Museum). Zwei Akrotere, welche die Westfront des Giebels schmückten, sind erhalten (im Natio-

Tempel des Asklepeios, Ostfront, Rekonstruktion von A. Defrasse und H. Lechat

nalmuseum von Athen, Kopien im Museum), gemeißelt von dem Athener Bildhauer Timotheos. Er ist durch die Plastik des Mausoleums in Halikarnass bekannt (um 350 v. Chr.). Die Figuren sind Meisterwerke des frühen Hellenismus. Es sind Frauen zu Pferde im Damensattel, ›Aurai‹ – Symbole der Winde. Nach anderer Deutung sind sie dem Meer entstiegene Nereiden, Töchter des Meergottes. Wie bei der Nike des Paionios in Olympia schmiegen sich die luftigen Gewänder eng an die Körper, die viel von der Schwere der klassischen Frauengestalten verloren haben, aber noch nicht das Grazile der Plastik des Hochhellenismus im 3. Jh. v. Chr. erreicht haben. Die Cella besaß wohl plastische Metopen, von denen jedoch nichts erhalten ist.

Das noch nicht sorgfältig untersuchte Gewirr von Mauerresten nördlich des Abatons gehört verschiedenen Perioden an. Der älteste Teil geht auf ein **Bad** aus der Mitte des 5. Jh. v. Chr. zurück, gespeist von einem 17 m tiefen Brunnen. Um diesen Kern wurden mehrere Gebäude bis in römische Zeit gebaut, darunter vielleicht eine Bibliothek. Durch heute noch vorhandene halbrunde Mauernischen und Statuenbasen, die sogar den direkten Zugang zum Propylon versperrten, wurde dieser Raum zum Zentrum der Frömmigkeit im Heiligen Bezirk, der zu allen Zeiten nur durch symbolische Grenzsteine abgesteckt war.

Die schlecht erhaltenen Reste aus porösem Kalkstein eines kleinen **Themistempels** (14 x 7 m) schließen sich im Norden an. Der im Plan gezeichnete Grundriß ist nicht gesichert.

Der relativ gut erhaltene, aber durch Umbauten vor allem im Osten ver-

schwommene große Raum (63 x 32 m, 1. Hälfte 3. Jh. v. Chr.) besaß einen Peristylhof, von dem nur das Stylobat in Trainagen gut sichtbar ist. Hinter dem Peristyl lagen kleinere Räume. Eine dorische Säulenhalle öffnete sich nach Süden zum Festplatz hin. In dem eindrucksvollen Gebäude erkennt Roux die von Pausanias erwähnte **Halle des Kotys,** in der Schwangere und Sterbende gepflegt wurden, denen das Betreten des heiligen Bezirks verboten war. Sie waren so nahe dem heiligen Geschehen, aber doch in gebührendem Abstand.

Große Ähnlichkeit mit den kaiserlichen Bädern in Rom besitzen die **Nordostbäder,** deren Backsteinmauern noch imposant aufragen. Die ganze Breite nimmt die Zentralhalle ein, wo monolithische, dachtragende Säulen an Ort und Stelle liegen. Im Süden befanden sich die Hallen für die kalte Phase der Badeprozedur (Frigidarium); in den nördlichen abgeschlossenen Räumen ist das römische Luftwärmesystem (Hypokaustik) gut zu verfolgen. In grober Bruchsteinmauertechnik wurde im Südwesten ein Frauenbad angefügt.

Nach Süden schließt sich ein fast quadratischer Bau an, das sog. **Epidoteion** mit einer gut sichtbaren halbkreisförmigen Nische für Kultstatuen. Nach einer Inschrift des 4. Jh. v. Chr. handelt es sich um das Heiligtum der »helfenden Gottheiten« (Epidotai). Im 2. Jh. n. Chr. wurde der Bau erneuert. Südwestlich davon sind die spärlichen Fundamente von zwei **Brunnenhäusern** zu erkennen, von denen das größere auch Regenwasser auffing.

Die Funktion des **rechteckigen Hauses** mit zwei Kolonnaden, die einen Vorhof zu einem Hauptraum bilden (4. Jh. v. Chr.) ist unklar. Daran schließt sich ein spätrömisches **Atriumhaus** an. Geht man auf der ursprünglich von Mauern gesäumten Pilgerstraße nach Norden, passiert man etwa 100 m hinter dem Themistempel einen **Brunnen,** dessen vier wuchtige Porossteine mit z-förmigen Klammern verbunden sind, was auf das frühe 5. Jh. v. Chr. hinweist.

Dahinter liegt das Fundament (14 x 20 m) des eindrucksvollen **Propylons** zum heiligen Bezirk, mit zwei Rampen und Stufen. Der Gläubige durchschritt eine Reihe aus sechs dorischen Säulen von unbekannter Höhe, um zu einem offenen Geviert von 4 x 4 korinthischen Säulen zu gelangen. Das Ganze wurde an den Längsseiten von Mauern abgeschlossen, deren Pilaster mit dem Geviert korrespondierten. Das Propylon, das keinem Wagen die Zufahrt erlaubte, diente der Einstimmung und Hinführung zu dem religiösen Erleben, das die Asklepeios-Anhänger im heiligen Bezirk erwartete.

Fast ganz verborgen im hohen Gestrüpp sind die Reste der dreischiffigen, frühchristlichen **Basilika,** etwa 30 m südöstlich vom Propylon entfernt. Die auffallende Größe der äußeren Vorhalle (Exonarthex) mag darauf hindeuten, daß hier die christliche Kirche in kleinem Umfang die Funktion des heidnischen Epidauros übernommen hat, indem sie Krankenpflege und Heilschlaf weiterführte. Noch sichtbar sind der Altar, einige Säulen und schmucklose Kapitelle sowie einige schön gekerbte Säulenbasen.

☐ Das Museum

Das Museum ist ganz den Funden aus dem Asklepeion gewidmet. Teilweise werden nur Abgüsse der im Epidaurossaal des Athener Nationalmuseum befindlichen Originale gezeigt. Aufschlußreiche Rekonstruktionen.

Rundgang

Eingangssaal: Architekturfragmente ohne Herkunftsbezeichnung, darunter an der Südwand über dem Fenster ein Marmorsima mit Hundeköpfen als Wasserspeier vom Artemistempel. Inschriften über Heilungen, Bauabrechnungen, Gedicht des Dichters Isyllos in antikisierendem dorischen Dialekt auf Apollon Maleatas und Asklepeios. In der Vitrine links vom Eingang bronzene medizinische Instrumente. Kopflose Statue eines archaischen Kuros aus Altepidauros.
Erster Saal: hellenistische und römische Statuen. Besonders hervorzuheben links vom Eingang die ausgezeichnete hellenistische Frauenstatue, in der die sorgfältige plastische Gewandfaltung zart den Körper hervortreten läßt. Dasselbe gilt für die hellenistische **Statue** der Hygieia, der Göttin der Heilkunst, daneben. Aus gleicher Zeit stammt das **Weihebildnis eines Kindes** vor dem Fenster mit realistischer Herausarbeitung der plumpen kindlichen Gliedmaßen. Abgüsse der Giebelbekrönungen, der **Akrotere des Asklepeiostempels.** Die Reiterin des wohl aus dem Meer aufsteigenden Pferdes sitzt wie schwebend auf dem Tier.
Zweiter Saal: Rekonstruktion der Fassade des Asklepeiostempels mit Schaubildern. Es folgt die Rekonstruktion der Außenfassade des Artemistempels. Gegenüber an der Wand Kopien der **Akrotere des Artemistempels** – leichtschwebenden Frauengestalten (Auren oder Niken), die die Ecken des Tempeldaches zierten. Eine Gestalt ist am Dach aufgesetzt. Dazwischen eine Statue des Asklepeios. Mit-

Statue des Asklepeios

telpunkt des Saales: **die Teilrekonstruktion der wichtigsten Bauglieder des Tholos** – die Kassettendecke mit eingesetzten Steinblüten, umrahmt von Spiralen und Eierstabdekor, ein Schnitt durch den Tempel und ein Ausschnitt des Mosaikfußbodens. Die korinthischen Kapitelle bestechen durch ihre hervorragende Plastizität und die Symmetrie zwischen aufstrebenden Akantusblättern und den aus ihnen herauswachsenden Spiralen, die die Schwere des Säulenkörpers vergessen lassen. Sie gelten als Meisterwerke des jüngeren Polyklet.

Im Theater von Epidauros ▷

Paleá Epídafros (Παλαιά Επίδαυρος) und Umgebung

Touristische Hinweise: Landschaftlich reizvoll ist die Strecke entlang der Küste mit vielen Buchten, weiten Ausblicken und Badegelegenheiten von Korinth aus (60 km, Busse). Busse von Náfplio mehrmals täglich (die meisten Busse fahren vom Asklepeion weiter nach Paleá Epídafros). Die Küste nördlich und südlich der Landzunge, auf der die Akropolis von Altepidauros lag, bietet ausgezeichnete Badestrände (mit Camping).

☐ Paleá Epídafros

Altepidauros ist schon bei Homer genannt. Politisch mit Sparta verbunden, verwaltete der kleine Stadtstaat den altehrwürdigen heiligen Bezirk des Heros Maleatas, aus dem sich das Epidaurosheiligtum entwickelte. Von Altepidauros führte der heute noch nachzugehende, anstrengende Pilgerweg über die Berge zum Heiligtum. In römischer Zeit wanderten die Bewohner ab.

An der Landzunge sind noch nicht untersuchte Mauer- und Hausreste zu entdecken. Beim kleinen Hafen ist in einem einstöckigen, rotbedachten Bruchsteinhaus die archäologische Station untergebracht. Nahebei liegt ein wohlerhaltenes kleines **Theater** aus dem

4. Jh. v. Chr. Beachtenswert sind die steinernen Ehrensitze mit Rückenlehne und geschwungenen Stuhlbeinen, ähnlich wie in Orchomenos. An einigen Bänken sind Namen zu erkennen, die aus anderen Quellen als Beamte, Priester und Honoratioren der Stadt identifiziert werden konnten. In der südlichen Bucht erkennt man versunkene Häuser, die noch der Erforschung harren.

☐ Das Kloster Moní Agnúntos (Μονί Αγνούντος)

Etwa 6 km von Néa Epídafros entfernt erheben sich die Rundtürme und anderen restaurierten Gebäude des Nonnenklosters Agnúntos (mit dem Bus schwer erreichbar). Der Name ist nicht sicher gedeutet. Vielleicht war Agnúntos ein Heiliger. Das Katholikón, der Entschlafung Mariens (Kímisis tu Theotóku) geweiht, ist eine einschiffige, tonnengewölbte Basilika mit achteckiger hoher Kuppel aus Kalkstein. Kästelmauerwerk und Ziegelsägezahnbänder weisen auf eine Entstehungszeit im 11./12. Jh., doch setzen manche Historiker die Erbauung wegen der Unausgewogenheit des Innenraumes in die Zeit der Türkenherrschaft. Die gut erhaltene Malerei ist inschriftlich auf 1759 datiert. Im Kirchenschiff zeigt sie in sechs Reihen an jeder Seite Heilige, Szenen aus dem Leben Jesu und dem Akathistoshymnus, dem Marienlobpreis auf die Rettung vor den Avaren 628 n. Chr. Im Altarraum (Hierón) sind Maria Platitéra, der Melismós und die Bewirtung der Engel durch Abraham zu sehen. Die ganz von byzantinischer Tradition geprägte Malerei ist hart in der Linienführung und weist eine gewisse Starrheit auf.

Im Süden der Argolis

Die kurvenreiche Straße von Ligúrio bis Portochéli (ca. 60 km) führt durch das schöne Mittelgebirge des Dídimo, dessen höchster Gipfel (1113 m) mit dem Auto erreicht werden kann. Vor dem Landstädtchen **Dídima** sind zwei Dolinen zu besichtigen, fast kreisrunde Gesteinseinbrüche, die durch Auswaschungen entstanden sind. Ein Abstecher zur Bucht von Kílada, 5 km rechts von der Hauptstraße, bietet zwar ein Bade- und Naturerlebnis, von den prähistorischen, bis 20 000 Jahre v. Chr. zurückreichenden Funden in der sog. Franchthihöhle mit ihrem weithin sichtbaren Eingang sieht man nichts. Eine Bootsfahrt zur Höhle ist also wenig lohnend.

☐ Das antike Halieis bei Portochéli (Πορτοχέλι)

Die schöne Bucht von Portochéli wird im Sommer von vielen Gästen aus Athen besucht (ca. 750 Einwohner, mehrere Hotels; Busse von Náfplio; Schnellboote nach Athen und Náfplio).

Im Süden der Bucht liegen die Reste der bereits im 7. Jh. v. Chr. bezeugten Stadt **Halieis.** Die teilweise ins Meer versunkene Stadt wird seit 1962 von amerikanischen Wissenschaftlern mit modernsten Methoden der Unterwasserarchäologie erforscht. Sie besaß eine aus dem Orient, Griechenland und Italien stammende Bevölkerung, wie die verschiedenen Bestattungsweisen der gefundenen Gräber zeigen. Ein unbefestigter Weg in Strandnähe führt zuerst zu einem eingezäunten Gelände. Ein quadratisches Turmfundament ist zu erkennen. Mauern und Fundament sind spärliche Reste einer Umfassungsmauer (bereits 5. Jh. v. Chr.), die mit mehr als 1 km Länge den gesamten 55 m hohen Akropolishügel umschloß. Die Fortführung der Mauer im Wasser ist sichtbar, ebenso ein Tor. Nicht erkennbar ist ein versunkener frühacharchaischer Apollontempel (6. Jh. v. Chr.), den die Unterwasserarchäologie entdeckt hat. An den rechteckigen Hausfundamenten am Abhang, deren solide Steinbasen gut erkennbar sind, ist deutlich ein rasterartiges Straßensystem zu erschließen. Die Häuser waren mit Ziegeln hochgezogen. Die blockartige Stadtplanung, die gleichzeitige Parallelen in Rhodos um 400 v. Chr. hat, erinnert an die späteren römischen ›Insulae‹, die Wohnblöcke in Rom. Auf der Peloponnes ist bisher keine andere derartig geplante Stadt entdeckt worden.

☐ Von Portochéli nach Póros

Landschaftlich wenig beeindruckend ist die meist flache, ca. 55 km lange Küstenstraße von Portochéli über die kleine, verschlafene Landstadt Ermióni nach Póros. Die trockenen Ostwinde verhindern eine üppige Vegetation, doch liegen an der Küste ausgezeichnete Badestrände mit Strandhotels, Tavernen und Campingplätzen. Im Sommer suchen viele Athener hier Erholung, doch in den Badebuchten an den Nebenstraßen ist es ruhig. Ganz gemächlich geht es auf der wenig bewaldeten Insel **Ídra** zu (mehrmals täglich Fähren von Póros und Ermióni, viele Privatpensionen und einige Hotels, Kiesstrände) mit ihrer kleinen, fast autofreien Hafenstadt. Wuchtige Patrizierhäuser zeugen vom Reichtum der Insel am Anfang des 19. Jh.

☐ Póros (Πόρος)

Touristische Hinweise: Viele Hotels, Privatzimmer und Appartements für jeden Geldbeutel und Geschmack, mehrmals täglich Busverbindungen mit Náfplio; Fährschiffe und mehrmals täglich Schnellboote von Athen in Richtung Portochéli. Galatás ist mit Póros durch dauernd ausfahrende Privat- und Fährschiffe verbunden.

Die kleine, bei aller Betriebsamkeit beschauliche Hafenstadt Póros (ca. 3600 Einwohner) auf der gleichnamigen Insel ist ein idealer Standort, um die westliche Peloponnes kennenzulernen. Nicht umsonst haben Henry Miller, der Nobelpreisträger Georgios Seféris und die griechische Schriftstellerin Julia Dragumis das Licht, die Wärme, die dichten Kiefernwälder, den Duft, die Bergsilhouetten gepriesen. Ein Besuch im kleinen **Museum** (geöffnet 8.45–15 Uhr; montags geschlossen), am Ende der Hafenpromenade bei der Polizeistation, ist eine gute Vorbereitung für die Besichtigung von Troizen und dem Poseidonheiligtum. Hier sind u. a. wichtige Architekturfragmente ausgestellt, wegen Raummangels allerdings nur ein Bruchteil der Funde aus Kalaureia und Troizen.

Interessanteste Exponate des Museums:
Kopie (mit Übertragung) des Gedenksteines, nach deren Text Themistokles die Aussiedlung der Athener nach Troizen befahl (um 480 v. Chr.). Grabstelen aus Troizen, teilweise mit hoher Plastizität der Figuren (4.–2. Jh. v. Chr.). **Statuentorso einer jungen Frau** (wohl noch 4. Jh. v. Chr.) mit angedeuteten Körperformen und sorgfältigem Faltenwurf. Wuchtiges ionisches Volutenkapitell von der Säulenhalle (Stoa) des Poseidontempels von Póros, dem antiken Kalaureia. Hervorragend eine **goldene Halskette** mit grünen Perlen und ein Goldring. Funde vom Tempel der Aphrodite Akraia in Troizen: bemaltes **Terrakottasima** (Dachleiste) mit eindrucksvollen Löwenwasserspeiern, bemalte Terrakottafigürchen der Gottheit als Weihegaben, kleine Becher, Kännchen, Schnabeltassen und Pyxiden aus verschiedenen Jahrhunderten. An Qualität ragt ein stark beschädigter **schwarzfiguriger Krater** (Mischkrug) mit Darstellung des Dionysosfestzuges hervor. Vor dem Museum: Kapitelle byzantinischer Kirchen mit flachem Akanthus- und Palmettenrelief.

☐ Das Kloster der Lebensspenden Quelle (Moní Zoodóchu Pijís, Μοví Ζωοδόχου Πηγής)

Das burgartige Kloster liegt rund 2 km vom Städchen Póros entfernt romantisch in einer Senke (Wegweiser von der Hauptstraße). Es wurde um 1730, in der Zeit der Türkenherrschaft, bei einer noch heute kräftig sprudelnden, heilbringenden Quelle erbaut. Mittelpunkt des teils von Arkaden gesäumten Innenhofes ist das basilikale, kuppeltragende Katholikón mit Andeutung eines Querschiffes. Die prachtvoll geschnitzte, mehrgeschossige Ikonostás soll aus Kaíseri in Kappadokien stammen. Die Bilder sind in ihrer perspektivischen Auffassung von der Renaissance beeinflußt, tragen aber volkstümlichen Charakter mit ihren schematisierten Gesichtern und den Massenszenen.

☐ Das Poseidonheiligtum auf Póros, dem antiken Kalaureia

Auf der wenig befahrenen Ringstraße durch duftende Kiefernwälder gelangt man nach ca. 3 km zum Heiligtum auf der Hauptinsel von Póros. Rechts von der Straße, wenn sich der Blick nach Norden in Richtung Ídra weitet, sieht man die unbewachte Terrasse des Poseidonheiligtums.

Nur die Baugruben für die Fundamente des dorischen Ringhallentempels (Peripteros) aus dem Ende des 6. Jh. v. Chr. (12 x 6 Säulen, 28 x 14 m) sind erhalten, da das Gelände den Inselbewohnern lange als Steinbruch diente. Reste der Umfassungsmauer aus polygonalen Blöcken sind sichtbar. Besser haben sich die Fundamente von vier Säulenhallen (wohl 4. Jh. v. Chr.) erhalten. Um nach Norden zum Tempel zu gelangen, mußte man durch ein Propylon schreiten, dessen quadratische Fundamente noch sichtbar sind. Vor diesen Fundamenten erkennt man einen Rundbau, vielleicht eine Mauernische für ein Standbild des Athener Redners Demosthenes (s. S. 355). Die Säulenhallen besaßen an der Frontseite dorische, im Innern ionische Säulen. Der Stylobat ist teilweise erhalten. Die Mauern der Oststoa sind bis zur dritten Steinlage an Ort und Stelle. Von der Mauer im Nordosten stehen noch zwei Schichten sorgfältig behauener, flacher Quader, während an

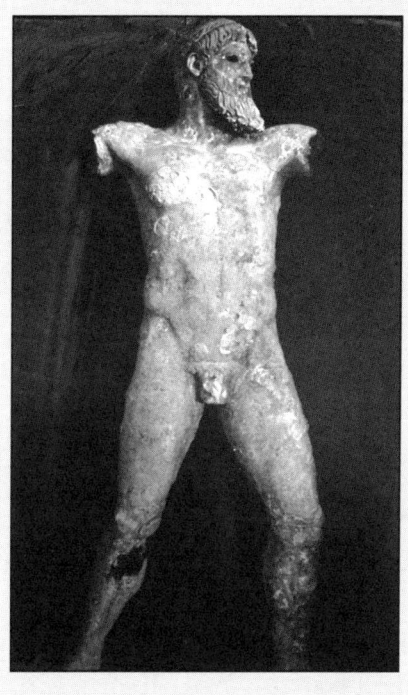
der Südseite vieleckige, genau aufeinandergefügte Steine mit Ritzdekor wie in Messene Anwendung fanden. Von der eigentlichen Stadt mit der Agora jenseits der heutigen Straße nach Süden sind heute kaum mehr Spuren zu entdecken.

☐ Troizen

Touristische Hinweise: von Póros-Galatás mehrere Busdienste zum Dorf Trizína (s. Farbabb. 15). Die 10 km lange Strecke ist auch leicht zu Fuß zu bewältigen. Herrlicher Blick auf das Adéres-Gebirge (788 m) und auf die Inseln Póros und Méthana.

Mythos und Geschichte

In Mythos und Religion ist die Stadt eng mit Theseus und seinem Sohn Hippolytos verbunden. Er wurde Heros der Stadt und in einem Tempel kultisch verehrt. Die klassischen

Tragödien von der Liebe Phädras zu ihrem Stiefsohn Hippolyt spielen in Troizen. Die bereits in frühhelladischer Zeit nach 2500 v. Chr. dünn besiedelte Region tritt während der Perserkriege ins Licht der Geschichte, als der Stadtstaat Teile der Bevölkerung Athens aufnahm. Sie war später mit Sparta verbündet. Die heute sichtbaren Bodenreste gehen kaum vor das 4. Jh. v. Chr. zurück.

Rundgang

Man folgt dem Wegweiser im Ort in westlicher Richtung. Nach ca. 1 km sieht man rechts und links eines Bachbetts Spuren der hellenistischen Befestigungsmauer (3. Jh. v. Chr.). In typisch hellenistischer Befestigungsweise, wie z. B. in Messene, schloß die Mauer die **Akropolis** (Erhebung südlich vom Chrisorásbach) und die eigentliche Stadt mit ein, nicht aber das Asklepeion. Der Weg zur Akropolis und zu den spärlichen Resten eines Antentempels der Aphrodite Akraia (um 550 v. Chr.) ist heute verwachsen und schlecht begehbar. Nur geringe Reste einer fränkischen Burg sind oben zu sehen.

Beim ›**Stein des Theseus**‹, einem verwitterten Muschelkalksteinklotz, teilt sich der Weg. Rechts führt er in nördlicher Richtung durch das Gebiet der früheren hellenistischen **Agora.** Dichte Orangenplantagen bedecken heute das Gelände, so daß weder

Troizen, Gesamtplan *1 Stein des Theseus 2 Agora 3 römischer Musentempel 4 Wachtturm 5 Teufelsbrücke 6 Ringhallentempel 7 Asklepeion 8 Paleá Episkopí*

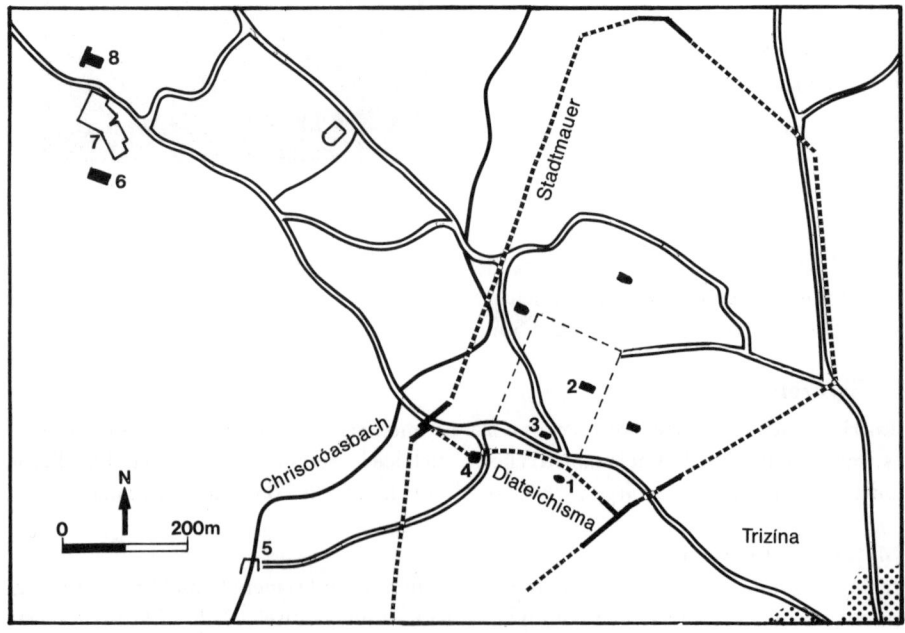

die Stoa noch einige Tempel auffindbar sind, die der Ausgräber Welter 1941 hier einzeichnete.

Links führt der Weg an einem guterhaltenen Ziegeltonnengewölbe vorbei. Es ist Teil eines mehrräumigen **römischen Musentempels,** zu dem auch ein Rundbau mit Apsis in rund 20 m Entfernung gehörte. Der Weg passiert einen rechteckigen **Wachtturm,** dessen unterer Teil aus sorgfältig behauenen isodomen Steinen und mit von senkrechten Rillen betonten Ecken wie in Asine und Messene aus der Mitte des 1. Jh. v. Chr. stammt. Der obere Teil aus Bruchsteinen ist mittelalterlich. Der Turm, im Volksmund ›Palast des Theseus‹ genannt, ist Teil einer Mauer, die im 1. Jh. v. Chr. zwischen Ober- und Unterstadt angelegt wurde. Unterhab des Turmes sind Ziegelmauern römischer Gräber zu sehen.

Steil aufwärts, am grünen Ufer des Chrisorásbach entlang, führt ein Weg zur sog. **Teufelsbrücke,** einer von den Franken ummauerten Natursteinbrücke.

Zur Weggabelung beim Wachtturm zurückgekehrt, geht es links zum **Asklepeiosheiligtum.** Links auf etwas erhöhtem Gelände ist die unterste Steinreihe des 32 x 17 m großen Stufenunterbaus (Krepís) eines *Ringhallentempels,* wahrscheinlich des Stadtheros Hippolytos, erkennbar. Rechts vom Weg liegt der gut sichtbare *Peristylhof,* dessen rechteckige Säulenbasen (4 x 5 Säulen an jeder Seite) an Ort und Stelle erhalten sind. Ein aufrechter dorischer Säulenstumpf mit Kapitell und quadratischem Kämpfer gibt eine Vorstellung, wie wuchtig und schwer die Säulenreihe, auf der ein nach innen gerichtetes Pultdach aufsaß, gewirkt haben muß. Vor den Säulen ist eine breite Wasserrinne aus hellem bläulichen Kalkstein gut erkennbar. Das dauernd erneuerte, umlaufende Wasser, das in einer Rinne nach Süden abfloß, spendete auch in der größten Sommerhitze Kühlung.

Die Heilung Suchenden lagen in einer 29 x 10 m großen, von drei mächtigen Säulen getragenen *Halle,* deren Orthostaten, hochkant gestellte Blöcke, teilweise noch erhalten sind. Sie sahen durch breite (1,9 m) Türöffnungen auf das sicher üppig begrünte Wasserspiel. Auf Kalksteinblökken waren 61 Liegen aufgesetzt; vor ihnen sind noch sechs Trachytplatten zu sehen, die als offene Feuerstellen dienten. Auch die übrigen Räume um den Peristylhof waren in ähnlicher Weise als Liegeräume eingerichtet. Die ursprünglich in mehrere Einzelräume geteilte Osthalle war wohl für besonders vornehme Kranke bestimmt. Die Heilmethoden glichen den Ritualen in Epidauros, von denen der Kult in Troizen sicher abhing. Der Weg läuft heute quer durch den ursprünglich ganz von Mauern umgebenen heiligen Bezirk, den der Kultteilnehmer durch einen Eingangstorbau *(Propylon)* betrat. Der Unterbau mit den Säulenbasen ist im abfallenden Gelände erkennbar, anders als die Fundamente des *Opferaltars* (7,2 x 2,4 m) und eines hellenistischen Fronttempels. Der Wasserzulauf einer mineralhaltigen Heilquelle, die sich an die Umfassungsmauer anlehnte, ist sichtbar. Einem alten tempellosen Kult für eine unbekannte (Natur?)-gottheit diente ein besonders umfriedeter, heptagonal angelegter heiliger Hain. In diesem Bezirk liegt der religiöse Ursprung der gesamten Anlage.

Wenige Meter westlich vom Propylon stehen die Mauern der **Paleá Episkopí.** Sie

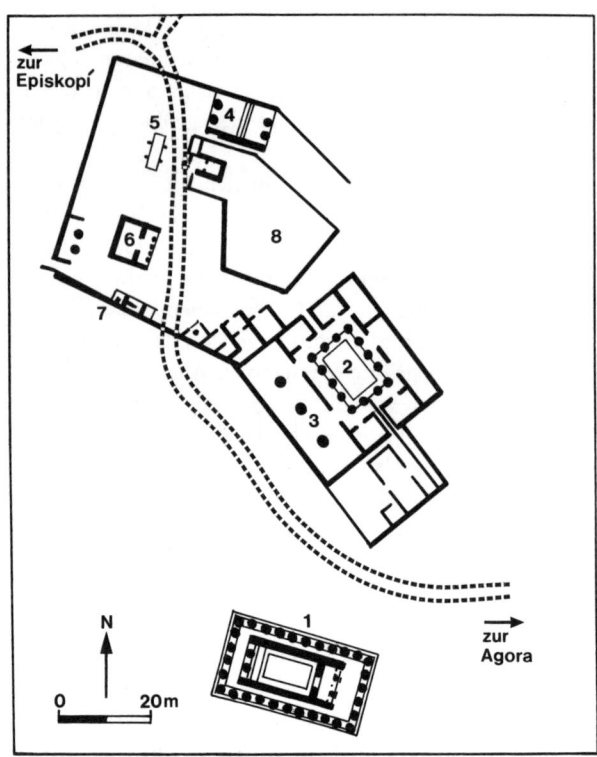

Troizen, Asklepeion
1 *Ringhallentempel*
2 *Peristylhof*
3 *Liegehalle*
4 *Propylon*
5 *Opferaltar*
6 *Hellenistischer Fronttempel*
7 *Heilquelle*
8 *Hain*

war die Bischofskirche der byzantinischen Diözese Damalás. Wahrscheinlich steht sie auf den Fundamenten einer frühchristlichen Kirche. Diese wiederum erhob sich auf den Fundamenten des Tempels der Aphrodite Kataskopia, von der die sichtbaren Säulenfragmente stammen dürften. Die Kirche war im 11. Jh. als Kreuzkuppelkirche gebaut. Durch Anbauten im Westen und durch Hinzufügung eines langen Chorraumes im Osten wurde das Gotteshaus zu einer dreischiffigen Basilika umgestaltet. Das 14. Jh. fügte eine Vorhalle (Narthex) an, in der Türkenzeit kam ein Hof hinzu. Die erhaltene Mauer, die die Kirchenterrasse im Norden abstützt, ist Teil eines Stadions, in dem mit großer Wahrscheinlichkeit Spiele für den Stadtheros Hippolytos abgehalten wurden.

Erläuterung der Fachbegriffe (Glossar)

Abakus steinerne Deckplatte als Abschluß eines → Kapitells unmittelbar unter dem → Architrav

Abaton (= Adyton) der innere, heiligste Raum eines Tempels, durch eine Wand oder einen Durchgang gewöhnlich von der → Cella getrennt, nur für Kultpersonal betretbar

Adyton siehe Abaton

Agora Marktplatz der griechischen → Polis, Mittelpunkt des öffentlichen Lebens

Akathistoshymnus Hymnus auf die Gottesmutter über ihr rettendes Eingreifen beim Avareneinfall 628 n. Chr.

Akropolis ›Hochstadt‹, hochgelegene befestigte Siedlung oder Burg in der Antike

Akroter bekrönendes Element, meist aufrechtstehende Giebelverzierung (kreisförmige Schalen, Dreifüße, Greife, Sphinxe)

Ambo durch Treppen erreichbare steinerne Erhöhung mit Lesepult, oft zwei in einer → Basilika

Amphora zweihenkliges, bauchiges Gefäß zur Aufbewahrung von Öl und Wein

Ante Wandpfeiler, bei einem griechischen Tempel die vorgezogenen Seitenwände der → Cella, die so verdickt sind, daß sie eine Art → Pilaster bilden. Säulen dazwischen sind ›in Antis‹

Anulus durchlaufender, scharfgeschnittener und überfallender Ring der → dorischen Säule (s. S. 32)

Apostelkommunion Christus wird als sakramentspendender Priester, aber ohne spezielles Priestergewand dargestellt; Empfangende sind die Apostel

Apsis, Apsiden Wandnische, oft überwölbt, sie kann halbrund oder polygonal sein

Architrav waagerechter, den Oberbau tragender Hauptbalken, direkt auf dem → Kapitell ruhend

Archivolte eine der Rundung eines Bogens folgende Profilierung im Rahmen eines → Tympanons

Aryballos bauchiges Salbgefäß meist von sehr kleinen Ausmaßen und breitem Oberrand

Atrium Hauptraum des römischen Wohnhauses, Vorhof der altchristlichen → Basilika meist von gleicher Breite wie diese

Attasche (auch **Attache**) künstlerisch durchgestaltetes Geräteteil als Verbindungsstück zwischen Henkel und Gefäß

Baptisterium Gebäude oder Teil einer Kirche, in dem das Sakrament der Taufe gespendet wird, oft rund oder achteckig

Basileus byzantinischer Kaiser. In der Ikonographie ist Christus als B. kein besonderer Typus. Es ist der thronende Christus, der die Kaiser krönt

Basilika römische mehrschiffige Gerichts- und Versammlungshalle. In der frühchristlichen Architektur hat sich daraus eine grundlegende Kirchenform entwickelt, die mit Kuppel, Arkade und Gewölbetechnik sehr variable Architekturformen annimmt

Basrelief Flachrelief, typisch für das byzantinische Relief

Bema der durch das → Templon vom Kirchenraum abgetrennte, erhöhte Raum für die Priesterschaft (Presbyterium) in einer → Basilika

Bouleuterion Gebäude des griechischen Senats, im Unterschied zum Sitz der städtischen Beamten (→ Prytaneion)

Bügelkanne typisch mykenische Form eines bauchigen Gefäßes, das zwischen der engen Eingießöffnung Bügel und einen getrennten Ausguß besitzt

Caldarium Heißbaderaum der römischen Thermen

Cavea ›Höhlung‹, der muschelartig gewölbte Zuschauerraum im klassischen Theaterbau, ursprünglich in die Felsen gehauen

Cella der geschlossene, fensterlose Hauptraum des antiken Tempels, der das Götterbild enthielt

Cloisonnémauertechnik auch ›Kästeltechnik‹, von der Emailletechnik abgeleiteter Ausdruck eines Mauerwerks, in dem die Steinquader von ein oder zwei Reihen Ziegeln umgeben sind

Deesis ›Bitte‹, Darstellung des zwischen Maria und Johannes dem Täufer thronenden Christus; Maria und Johannes sind Fürsprecher der Menschheit

Diakonikon Nebenraum symmetrisch zur → Prothesis rechts von Mittelapsis vom Kirchenschiff aus gesehen, Aufenthaltsraum für Diakone und Aufbewahrungsort von Gewändern

Diazoma horizontale Passage, Umgang, im griechischen Theater oder Stadion, die einzelnen Ränge voneinander trennend

Dodekáorton (auch: Dodekáortion) liturgische und ikonographische Zusammenstellung der 12 Herrenfeste: Verkündung, Geburt, Beschneidung, Darstellung im Tempel, Taufe, Verklärung, Lazarus, Einzug in Jerusalem, Kreuzigung, Auferstehung, Himmelfahrt, Pfingsten

Donjon Bergfried, ›Haus der Herrschaft‹, Hauptturm der fränkischen Burg

Dorische Ordnung eine sich in archaischer Zeit auf der Peloponnes, also in dem von Dorern besiedelten Raum, entwickelnde Säulenordnung (s. S. 32)

Dreifußkessel seit geometrischer Zeit häufige Gefäßform, als Gastgeschenk, als Weihegabe und Akroter verwendet

Dreipaßfenster aus drei Kreisbogen zusammengesetzte Figur des gotischen Maßwerkes

Dromos Zugang zum → Tholos- und → Kammergrab

Echinus bei der → dorischen Säule der kissenförmige Wulst zwischen dem oberen Ende des Schaftes, meist von den → Anuli gebildet, und dem Abakus (s. S. 32)

Entasis leichte Schwellung des Schaftes der griechischen Säule unterhalb der Schaftmitte

Exedra mit Sitzen versehene halbkreisförmige Erweiterung an Säulengängen, Tempelhöfen und öffentlichen Plätzen, in hellenistischer Zeit aufkommend

Exonarthex vor dem → Narthex liegender, oft durch Arkaden aufgelockerter Teilraum der Kirche

Flamboyant gotisches, später osmanisch-islamisches Stilelement bei Bogen und Maßwerk, diese steigen nach oben wie ›Fischblasen‹

Forum römische Bezeichnung der griechischen → Agora mit besonderer Verherrlichung der kaiserlichen Majestät, maiestas domini, durch Statuen

Fries der unterhalb des Kranzgesimses (→ Geison) laufende Ornamentstreifen; in der → dorischen Ordnung aus → Metopen und → Triglyphen zusammengesetzt; in der → ionischen und → korinthischen Ordnung durchlaufend (s. S. 32)

Frigidarium Kaltraum der römischen Thermen

Geison Kranzgesims (s. S. 32)

Gurtbogen quer zur Längsachse eines Gewölbes laufender Verstärkungsbogen

Gymnasion Übungs- und Ausbildungsstätte zuerst für rein sportliche, später auch für geistige Disziplinen, im 4. Jh. als architektonisches Phänomen außerhalb der Stadt auftauchend

Heroon Kultplatz oder -tempel eines Halbgottes (Heros)

Hetoimasía Darstellung des Gottesthrones als Symbol der Gegenwart des dreieinigen Gottes oder des kommenden Weltenrichters

Hierarchen die großen Kirchenväter, meist in der Mittelapsis dargestellt (Basileios, Gregor v. Nazianz, Gregor v. Nyssa, Chrysostomos, oft Nikolaos)

Hierón gleichbedeutend mit → Bema

Hodegétria die ›Wegebegleiterin‹, Typ der Mariendarstellung mit dem Jesuskind auf dem Arm

Hydria großes konisch sich nach unten verjüngendes Wassergefäß

Ikonostás Bilderwand zwischen Altar- (→ Bema) und Gemeinderaum (→ Naós), übernimmt die Funktion des bildlosen → Templon

Ionische Ordnung in Ionien sich gleichzeitig mit der → dorischen Ordnung ausbildende Säulenordnung, runder, weicher und schlanker in der Linienführung als die dorische (s. S. 32)

Isodomes Mauerwerk gleichmäßig horizontal verlaufendes Mauerwerk mit parallelen Stoßfugen

Kämpfer(aufsatz) Zone, an der die Krümmung eines Bogens oder eines Gewölbes beginnt; bei byzantinischen → Kapitellen trapezoider Aufsatz auf das Kapitell

Kammergrab in mykenischer Zeit in weiches Gestein eingehauenes Grab mit → Dromos für Vornehme

Kannelure senkrechte, konkav eingeschnittene Vertiefungen an Säulen und Pfeilern

Kantharos ›Käfer‹, Trinkbecher mit ohrenartigen Henkeln und hohem Fuß

Kapitell ›Kopf‹, oberster Teil einer Säule oder → Ante, bestehend aus → Echinus und → Abakus (s. S. 32)

Katholikón Hauptkirche eines byzantinischen Klosters

Kernos mykenisches Gefäß aus vier → amphorenartigen Gefäßen mit Bügel zusammengesetzt, wohl zu religiösen Zwecken

Konche wird meist mit → Apsis gleichgesetzt, genauer: die Halbkuppel der Apsis

Korinthische Ordnung von der → ionischen Ordnung abgeleitete, zuerst in Bassä um 430 auftretende Ordnung, von der ionischen sich vor allem durch die → Kapitelle unterscheidend (s. S. 32)

Krater zweihenkeliger Mischkrug für Wein und Wasser

Krepis dreistufiger Unterbau eines Tempels (s. S. 32)

Kretischer Stil Malstil zur Zeit der türkischen Herrschaft; er wird von kretischen Malern entwickelt; Blüte im 16. Jh.

Kreuzkuppelkirche Kirchenbauform seit Mittelbyzanz, die sich vor allem auf der Peloponnes entwickelt. Sie ist ›eingeschrieben‹, wenn die Form des orthodoxen gleichseitigen Kreuzes durch Seitenschiffe und ›innere Nartices‹ nach außen nicht mehr sichtbar ist; Untergliederung nach Form und Zahl der die Kuppel tragenden Stützen (z. B. Zweisäulentyp, Viersäulentyp usw., s. S. 37)

Kufisch Ziegeldekor der mittelbyzantinischen Kirchen nach Art der stilisierten arabischen Monumentalschrift ohne Buchstabenfunktion (deshalb richtig: pseudokufisch)

Kuppelgrab s. Tholosgrab

Kuros, weiblich: Kore (Pl.: Kuroi, Korai) frontale, idealisierende Plastik des nackten Mannes oder des bekleideten Mädchens der archaischen Periode (volle Entwicklung: um 650 v. Chr.)

Kyklopenmauern → polygonale Mauerbautechnik aus meist nur roh behauenen, riesigen Quaderblöcken, politische Macht demonstrierend

Kylix klassische zweihenklige, flache Trinkschale

Lebes eiförmiger großer Bronzekessel, teilweise mit Ständer

Lekythos Ölflasche mit engem Hals

Liturgie, himmlische Christus als Erzpriester am Altar, Engel als Diakone tragen Gaben und Geräte; im Altarraum

Mandylion das Schweißtuch mit dem Antlitz Christi, das dieser dem König Abgar von Edessa auf dessen Bitte hin zugesandt haben soll

Megaron helladischer Haustyp mit Vorhalle und Hauptraum, in dessen Zentrum sich der Herd befindet; Zentralraum der mykenischen Paläste

Melismós symbolische Darstellung der Opferung des Gotteslammes; Christus ist auf einer Schale (Patene) dargestellt; in spät- und nachbyzantinischer Zeit sehr oft im Altarraum

Metope die am → dorischen → Fries zwischen zwei → Triglyphen gelegene teilweise schmucklose, teilweise mit Plastik dekorierte Platte (s. S. 32)

Minarett Gebetsturm der Moschee

Monopteros Tempel ohne → Cella, gewöhnlich rund

Mutulus vorspringende Hängeplatte am Gesims der → dorischen Ordnung (s. S. 32)

Naós Hauptraum der Kirche

Narthex geschlossene Vorhalle in Kirche und Moschee

Nekropole Totenstadt; Gedächtnisstätte; Friedhof

Odeion theaterähnlicher Saalbau für Vorträge und musikalische Aufführungen, meist überdacht

Odejétria s. Hodegétria

Oinochoe klassisches krugartiges Schöpf- und Gießgefäß mit geschweiftem Rand

Olpe klassisches, krugartiges Schöpf- und Gießgefäß mit geradem Rand und ohrenförmigem Henkel

Opisthodom Halle hinter der → Cella des griechischen Tempels, meist mit Gittern verschlossen zur Aufbewahrung von Weihegaben und Schätzen

Orchestra ›Tanzplatz‹, später meist kreisförmiger Aktionsraum der Schauspieler und des Chores im Theater

Orthostaten Unterbau der Tempelmauern, bestehend aus oft hochkant gestellten Blöken, meist in Zweierreihen

Palästra ›Ringplatz‹, eng mit dem → Gymnasion verbundene, meist als quadratischer Säulenhof gebaute sportliche Übungsstätte; sie war wie das Gymnasion auch Stätte geistiger Begegnung

Palas Empfangs- und Festsaal in den fränkischen Burgen

Pantokrator Typ des allherrschenden Christus, fast immer in der Kuppel der orthodoxen Kirche

Pendentif sphärischer Hängezwickel (sphärisches Dreieck) zwischen der Kuppel und dem quadratischen oder polygonalen Querschnitt der Vierung

Peplos ein in Falten drapiertes Obergewand griechischer Frauen

Peripteros Ringhallentempel, von allen Seiten von Säulen umgeben

Perirrhanterion großes, flaches Weihwasserbecken der archaischen Periode, getragen von plastischen Bildwerken

Peristyl(hof) Innenhof, umsäumt von einer Kolonnade

Phi-Idol Idol, oder besser Weihefigur in Form eines griechischen Phi; oft bemalt, auch mit Kind

Philoxenie Szene, meist im Altarraum, der Bewirtung der Engel durch Abraham

Pilaster aus der Wand hervortretender Pfeiler, ähnlich der → Ante

Platitéra (sc. ton uranón, d. h. die den Himmel umfassende). Typ der Mariendarstellung, frontal stehend, die Arme zum Gebet erhoben, vor der Brust ein schildartiges Bild (imago clipeata), das Jesuskind abbildend

Polis ›Stadtstaat‹, seit archaischer Zeit politisches Zentrum, in dem die Vollbürger im Idealfall gleiche Rechte und Pflichten ausübten

Polygonalmauerwerk Mauern aus vieleckigen Blöcken mit meist schräg verlaufenden Stoßfugen

Pronaos Vorhalle vor der → Cella eines Tempels

Propylaion tempelartiger, einstimmender Durchgang zu einem heiligen Bezirk, aber auch zu besonderen Gebäuden wie → Gymnasien

Proskenion in römischer Zeit erhöhte Bühne zwischen der → Orchestra und den Szenenaufbauten

Proskinetári Gebetsnische, vor allem in spätbyzantinischer Zeit; beeinflußt vom gotischen Tabernakel

Prothesis Nebenraum, symmetrisch zum → Diakonikon links von der Mittelapsis vom Kirchenschiff aus gesehen; dort werden die Abendmahlsgaben vorbereitet und aufbewahrt

Prytaneion Amtssitz der städtischen, griechischen Beamten

Pseudoisodomes Mauerwerk waagerecht verlaufend wie das → isodome Mauerwerk, aber aus unterschiedlich dicken Schichten

Psi-Idol Idol, oder besser mykenisches Weihebild in Terrakotta, wohl den Epiphaniegestus zeigend

Pythos großes Vorratsgefäß aus Ton; in mykenischer Zeit auch als Bestattungsgefäß verwendet

Pyxis ›Büchse‹, klassische in der Mitte sich verjüngende Büchse mit Deckel

Reliquiar kunstvoll gefertigtes Gefäß zur Aufbewahrung von Reliquien

Rhyton in mykenischer Zeit ein spitz zulaufendes Kult- oder Trinkgefäß; in klassischer Zeit meist in Form eines Hornes, oft mit einem Widder geschmückt

Risalit ein vor die Flucht des Hauptbaues in ganzer Höhe vortretender Bauteil

Schachtgrab Grabtypus der mittelhelladischen Zeit; eine Steinkiste mit wenigen, meist dürftigen Beigaben; in mykenischer Zeit teilweise in umschlossenen Gräberrunden mit Altar angeordnet

Sima der zu einer hohen Leiste oder einem Profil aufgebogene Dachrand über Giebel- oder Traufgeison aus Marmor oder Terrakotta

Skene im Laufe der Jahrhunderte immer aufwendiger werdende Bühnenarchitektur des antiken Theaters, in römischer Zeit bis zu drei Stockwerken hoch

Skyphos Trinkbecher, gewöhnlich mit zwei horizontalen Henkeln

Spolie wiederverwendeter Bauteil älterer Bauwerke

Stele aufrechtstehender griechischer Grabstein

Stoa Säulengang- oder halle

Stuck schnell sich verfestigende Putzschicht aus Gips, Sand und Kalk, bereits in Mykene verwendet, meist bemalt

Stylobat die oberste Stufe, auf der die Säulen einer Halle oder eines Tempels stehen (s. S. 32)

Tambour zylindrischer oder polygonaler Teil der Kuppel

Templon marmorne Chorschranke zwischen Altar- und Kirchenraum

Tholos Rundtempel

Tholosgrab Kuppelgrab mit → Dromos

Transept Querschiff

Triforium Dreibogenöffnung bei Arkaden und Fenstern

Triglyphe ›Dreischlitz‹, senkrechte Kerbkomposition, von der die → Metopen von beiden Seiten eingeschlossen werden (s. S. 32)

Tumulus ein mit Erde angeschütteter, kegelförmiger Grabhügel

Tympanon in der Antike das dreieckige, oft mit plastischem Schmuck versehene Giebelfeld; in der mittelalterlichen Architektur das Bogenfeld über dem Portal, ebenfalls mit Plastik geschmückt

Vignette mit stilisiertem Rahmen umgebene Porträts

Volute schneckenartig sich einrollendes Ornament

Vrefokratusa ›die das Kind haltende‹ Maria; Marientyp in verschiedenen Abwandlungen: Das Kind kann links vom Beschauer geherzt werden (bei der Glikophilusa), oder rechts gehalten werden, so vor allem bei dem Typ der ›Vladimirskaia‹

Zwinger Bereich zwischen Vor- und Hauptmauer einer Burg oder Verteidigungsanlage

Literaturhinweise

Die vom Verlag zusammengestellte Auswahl nennt nur deutschsprachige, lieferbare Titel zu verschiedenen, im Buch angesprochenen Themen und versteht sich als Anregung zum Weiterlesen. Die vom Verfasser benutzte, internationale und meist nur schwer zu beschaffende Fachliteratur wird daher nicht aufgeführt.

Andreae, B., Römische Kunst, Freiburg 1974.

Attinger R. u. a., Feldstudienlager 1985. Peloponnes, Bern 1986.

Baumann, H., Die griechische Pflanzenwelt in Mythos, Kunst und Literatur, München 1986.

Bengtson, H., Griechische Geschichte, München 1977 (5. Aufl.).

Boardman, J. u. a., Die griechische Kunst, München 1984 (3. Aufl.).

ders., Griechische Plastik. Die archaische Zeit, Mainz 1981.

ders., Griechische Plastik. Die klassische Zeit, Mainz 1985.

Bol, P., Antike Bronzetechnik, München 1985.

Burkert, W., Die griechische Religion der archaischen und klassischen Epoche, Stuttgart 1977.

Carroll-Spilecke, M., Der antike griechische Garten, München 1989.

Chadwick, J., Die mykenische Welt, Stuttgart 1979.

Charbonneaux, J. u. a., Das archaische Griechenland, München 1985 (2. Aufl.).

ders. u. a., Das klassische Griechenland, München 1984 (2. Aufl.).

ders. u. a., Das hellenistische Griechenland, München 1988 (2. Aufl.).

Clauss, M., Sparta, München 1983.

Demargne, P., Die Geburt der griechischen Kunst, München 1975.

Deutsches Archäologisches Institut, Die Funde von Olympia. Ergebnisse hundertjähriger Ausgrabungstätigkeit, Athen 1980.

Felten, F., Griechische tektonische Friese, Waldsassen 1984.

Finley, M. I., Die frühe griechische Welt, München 1982.

Fischer, H., Die Ikone. Ursprung-Sinn-Gestalt, Freiburg 1995

Fuchs, W., Die Skulptur der Griechen, München 1983 (3. Aufl.).

Gehrke, H.-J., Jenseits von Athen und Sparta, München 1986.

Glaser, F., Antike Brunnenbauten (KRHNAI) in Griechenland, Wien 1983.

Gruben, G., Die Tempel der Griechen, München 1986 (4. Aufl.).

Hampe, R., u. Simon, E., Frühgriechische Kunst 1600–600 v. Chr., München 1980.

Harris, T., Pareys Mittelmeerführer, Hamburg – Berlin 1982.

Hermann, H.-V. (hrsg.), Die Olympia-Skulpturen (Wege der Forschung 577), Darmstadt 1987.

ders., Olympia. Heiligtum und Wettkampfstätte, München 1972.

Holtzmann, B., Griechische Kunst, Freiburg 1990.

Homann-Wedeking, E., Das archaische Griechenland, Baden-Baden 1975.

Hooker, J. T., Sparta. Geschichte und Kultur, Stuttgart 1982

Josing-Gundert, W. (hrsg.), Griechenland, Hamburg 1989.

Kirsten, E. u. Kraiker, W., Griechenlandkunde, Heidelberg 1972 (5. Aufl.).

Kolb, F., Agora und Theater, Volks- und Festversammlung, Berlin 1981.

LITERATURHINWEISE

Krug, A., Heilkunst und Heilkult. Medizin in der Antike, München 1984.

Kyrieleis, F., Peloponnes und die Inseln (Kunstdenkmäler in Griechenland), München 1984.

Lauter, H., Die Architektur des Hellenismus, Darmstadt 1986.

Leon, C. L., Peloponnes, Bern – Stuttgart 1981.

Lienau, C., Griechenland, Darmstadt 1989.

Löhneysen, Frh. W. v., Mistra, München 1977.

Lullies, R. u. Hirmer, M., Griechische Plastik von den Anfängen bis zum Ausgang des Hellenismus, München 1979 (4. Aufl.).

Mallwitz, A., Olympia und seine Bauten, Darmstadt 1972.

Mannsperger, D., Troia – Realität und Mythos im Spiegel der Denkmäler, Tübingen 1990.

Marinatos, Sp., Kreta, Thera und das mykenische Hellas, München 1973 (2. Aufl.).

Martin, R., Griechenland (Weltgeschichte der Architektur), Stuttgart 1987.

Meinel, R., Das Odeion, Frankfurt 1980.

Mengel, W.-D., Die Mani, Göttingen 1982.

Müller-Wiener, W., Griechisches Bauwesen in der Antike, München 1988.

ders., Burgen der Kreuzritter, München – Berlin 1968.

Papaioannou, K., Griechische Kunst, Freiburg 1986.

Pausanias, Reisen in Griechenland, München 1989.

Rice, D. T., Byzantinische Malerei, Frankfurt 1968.

Rolley, C., Die Griechischen Bronzen, München 1984.

Sauerwein, F., Die moderne Argolis, Frankfurt 1971. New York 1902–1905.

Schäfer, H., Byzantinische Architektur, München 1978.

Scheibler, I., Griechische Töpferkunst, München 1983.

Schuchhardt, W.-H., Geschichte der griechischen Kunst, Stuttgart 1971.

Seiler, F., Die griechische Tholos, Mainz 1986.

Sinn, U., Olympia. Kult, Sport und Fest in der Antike, München 1996

Stützer, H. A., Kleine Geschichte der römischen Kunst, Köln 1984.

Wollny-Popota, E. Lakonisches Reisebuch, München-Zürich 1982.

Abbildungsnachweis

Archäologisches Nationalmuseum Athen
Seite 234
Archiv für Kunst und Geschichte, Berlin
Seite 2 f., 27, 114, 115, 355
Deutsches Archäologisches Institut Athen
Seite 33, 99, 111, 112, 113, 120, 121, 333, hintere Umschlagklappe
Gerhard Dierza, München Farbabbildungen
6, 8, 9, 19, 21, 23, 24, Seite 12, 76, 88, 104, 109, 158 f., 195, 243, 247, 249, 256, 257, 265, 273, 284, 351, 359
Hirmer-Fotoarchiv, München Seite 300 f.
Gert Hirner, München Farbabbildung 3, 4, 15, 18
János Kalmár, Wien Farbabbildung 20
Sabine Schaffmeister, Köln Seite 14, 15, 16, 17, 18, 20, 21, 22, 24, 25, 26, 28, 60, 61, 225, 230, 314, 326, 327, 328, 330, 335
Frank-Rainer Scheck, Köln Seite 191
Staatliche Graphische Sammlung München
Seite 44

Werner Richner, Saarlouis Umschlagvorderseite, Umschlaginnenklappe vorne, Farbabbildung 5
Arved von der Ropp Umschlagrückseite, Farbabbildung 1, 2, 10, 11, 12, 22
Werner Stuhler, Hergensweiler Seite 67, 83, 100, 118, 128, 268 f., 276, 311, 318, 320 f., 337, 344 f., 368
Martin Thomas, Aachen Umschlagklappe hinten, Farbabbildung 13, 14, 16, 17, Seite 46, 55, 57, 79, 84, 87, 93, 106, 133, 141, 188, 206, 209, 221, 259, 280, 288, 346, 350
Hans Weber, Lenzburg Seite 58, 107, 118, 119, 127, 145, 152 f., 199, 200, 201, 217, 227, 241, 262, 294, 334
Güner Weiß, Bayreuth Farbabbildung 7

Alle anderen Abbildungen stammen aus dem Archiv des Verlages

Die Bucht von Toló ▷

367

Praktische Reiseinformationen von A bis Z

Anreise

... auf dem Landweg

Seit dem Auseinanderbrechen des ehemaligen Jugoslawien ist eine Anreise auf dem Landweg äußerst umständlich und teilweise noch immer gefährlich. Eine direkte Bahnverbindung besteht nicht mehr; ein Umsteigen in Budapest ist immer notwendig. Der Autoput, die ehemalige Hauptverbindungsstraße von Österreich nach Griechenland, ist zwar wieder befahrbar, die Automobilclubs raten aber von Nachtfahrten ab. Über den aktuellen Zustand informiert man sich am besten bei seinem Automobilclub.

Als Alternative für alle, die das Flugzeug scheuen, bleibt die Reise über Italien in Verbindung mit einer Fährfahrt über die Adria und das Ionische Meer.

... über Italien

Von den italienischen Hafenstädten Triest, Venedig, Ancona, Bari und Brindisi aus kann man mit Autofähren nach Patras auf die Peloponnes übersetzen. Von Venedig aus dauert die Überfahrt etwa 37 Std., von Ancona je nach Schiff 20–34 Std., von Brindisi 14–17 Std.

Auf manchen Fähren können Wohnmobilreisende ohne Aufpreis in ihrem eigenen Fahrzeug nächtigen. Auskunft geben alle guten Reisebüros. Ein Gesamtverzeichnis aller Mittelmeerfähren erscheint alljährlich im Gerd Achilles Verlag, Spaldingstr. 210, 20097 Hamburg, ℘ 0 40/23 06 96.

... mit dem Flugzeug

Direkte Linienflüge auf den Peloponnes gibt es nicht. Man fliegt nach Athen und reist von dort aus normalerweise auf dem Landweg weiter. Eine Alternative ist die Weiterreise mit Schiff oder Tragflügelboot. Die griechische Fluggesellschaft Olympic Airways verbindet Athen zudem einmal täglich am frühen Abend mit Kalamáta (Flugzeit 1 Std.).

Zwischen Mai und Oktober gibt es außerdem einmal wöchentlich direkte Charterflüge von sieben deutschen Flughäfen nach Áraxos bei Patras (Auskunft in allen TUI-Reisebüros) sowie von drei deutschen Flughäfen nach Kalamáta (Veranstalter: Attika-Reisen, in Reisebüros zu erfragen).

Banken, Geld, Devisen

Die griechische Währung ist die Drachme (Dr.). Kleinere Einheiten sind nicht mehr im Verkehr. Für 1 DM erhielt man im Mai 1997 etwa 157 Drs.; der Kurs ist relativ stabil. Die Landeswährung darf bis zu einem Betrag von 100 000 Drachmen eingeführt werden. Die Einfuhr Deutscher Mark ist nicht begrenzt. Wegen des günstigeren Umtausches vor Ort empfiehlt es sich, nur eine kleine Menge Drachmen mitzunehmen. Reiseschecks können auf allen Banken und Postämtern eingelöst werden, Euroschecks nur auf Banken (Höchstbetrag pro Scheck 45 000 Drs.). Bargeldautomaten sind zahlreich. Sie akzeptieren in der Regel alle Arten von Kreditkarten. Weitaus günstiger ist es jedoch, Bargeld mit der Euroscheck-Karte plus Geheimnummer zu ziehen. Diese Karte wird von allen Automaten der National Bank und der Commercial Bank akzeptiert. Pro Tag können je nach eigenem Kreditrahmen an diesen Automaten bis zu 100 000 Drs. gezogen werden.

Camping

Camping und Zelten außerhalb der offiziellen, kostenpflichtigen Plätze (in diesem Führer sind die empfehlenswerten Orte angegeben) sind in Griechenland verboten. Alle Campingplätze auf der Peloponnes sind im ADAC Campingführer Südeuropa beschrieben (in Buchhandlungen erhältlich).

Diplomatische Vertretungen

Botschaft der Bundesrepublik Deutschland
Odós Karaóli & Dimitríou 3
GR-10675 Athen
℘ 0030/1/728 51 11
Fax 725 12 05

Honorarkonsulat der Bundesrepublik Deutschland
Odós Mesonos 98
GR-26221 Patras
℘ 0030/61/22 19 43

Österreichische Botschaft
Leofóros Alexándras 26
GR-10683 Athen
℘ 0030/1/821 10 36
Fax 821 98 23

Schweizerische Botschaft
Odós Iassíou 2
GR-11521 Athen
℘ 0030/1/723 03 64
Fax 724 92 09

Honorarkonsulat der Schweiz
Odós Sachtoúri 79
GR-26222 Patras
℘ 0030/61/31 53 77

Eintrittsgelder

Alle staatlichen Museen und die meisten Ausgrabungsstätten erheben Eintrittsgelder. Das Ticket kostet meist 500–800 Drs., in Ausnahmefällen wie in Mykene oder Olympia auch 1200–1500 Drs. Jugendliche bis 18 Jahren sowie Schüler und Studenten aus EU-Ländern (mit entsprechendem Internationalen Ausweis) haben freien Eintritt, Senioren über 60 Jahren aus EU-Ländern erhalten eine Ermäßigung. Zwischen November und März ist sonntags der Eintritt für alle frei.

In Klöstern und Kirchen hinterläßt man eine Spende, die pro Person nicht unter 100 Drs. liegen sollte.

Essen und Trinken

Gewiß ist nicht zu leugnen, daß viele der gutgewürzten und abwechslungsreichen Speisen auf die klassischen Griechen – verwöhnte Feinschmecker – zurückgehen. Andererseits sind Ähnlichkeiten mit der orientalischen Küche unübersehbar. Die türkischen Namen vieler moderner griechischer Gerichte, vor allem der Süßspeisen und der Blätterteiggerichte, verraten den orientalischen Einfluß. Besonders peloponnesische Speisen gibt es kaum, der Reisende findet im Kafeníon oder in der Taverne eine Auswahl verschiedener, teils vorgekochter griechischer Speisen, unter denen besonders die sehr variablen Aufläufe (*pastítsio* = Nudelauflauf, *mussaká* = Auberginenauflauf) und die Blätterteigtaschen mit Käse- (*kreatópitta*) oder Fleischfüllung (*kreatópitta*) hervorgehoben seien. Auch die gefüllten Gemüse, z. B. *dolmádes* (Weinblätter mit Reis und Hackfleisch), *láchanodolmádes* (Kohlblätter mit Reis und Hackfleisch), *jemistá* (mit Reis und Hackfleisch gefüllte Tomaten und Paprikaschoten) oder *papútsia* (gefüllte Artischockenscheiben) werden häufig angeboten.

Typisch für den Orient sind die griechischen Süßspeisen, gesüßt mit Honig oder Sirup. Am bekanntesten sind *baklavá* (Kuchen aus Mandeln, Sirup und Honig) und *chalvás* (Kuchen aus Gries, Mandeln und Pinienkernen). In den Bäckereien werden meist nur Weißbrote einschließlich der zwiebackartigen, oft sehr harten *paximádia* gebakken, doch kann der ernährungsbewußte Tourist sich seine Ballaststoffe in der Form von

Schwarz- und Graubrot u. ä. in jedem größeren ›Supermarket‹ kaufen.

Ein Wort zum Fisch: Wer einmal miterlebt hat, wie sich die einheimische Bevölkerung früh morgens am Fischerhafen von Póros auf die heimkehrenden Fischer geradezu stürzt, der weiß, wie kostbar und selten ein guter Fisch im umweltbelasteten Mittelmeer geworden ist. Der Fischvorrat wird in besseren Tavernen meist auf Eis in Schaukühltruhen angeboten. Wann er gefangen wurde, weiß allein der Wirt. Auf jeden Fall sollte man einmal gegrillte Oktopusstückchen mit Anisschnaps (Uzo) probieren. In der Hitze erfrischend ist der Bauernsalat *(choriátiki saláta)* aus Gurken, Tomaten, Oliven, Zwiebeln und Paprika mit einem oder mehreren Stückchen Schafskäse, angemacht mit Öl. Dazu ein möglichst scharf nach Harz schmeckender *Retsina* – was braucht man mehr?

Es ist oft gar nicht so leicht, Wein aus der Gegend zu bekommen, möglichst noch vom Faß *(apo to varéli)*. In Neméa gelingt dies z. B. leichter als in Monemvasía. Dort steht statt des bestellten regionalen schweren Malvasiers plötzlich eine Flasche Achaia-Clauss auf dem Tisch, den man auch in Deutschland haben kann. Der Weinkenner sollte übrigens nicht versäumen, der 1854 von einem Bayern gegründeten Weinkellerei bei Patras einen Besuch abzustatten (s. S. 88). In größeren Orten stößt man auf Weinhandlungen, die Weine vom Faß abfüllen.

Feste und Feiertage

Landesweite gesetzliche Feiertage sind: 1. Januar (Neujahr), 6. Januar (Epiphanias), Tag der Taufe Jesu im Jordan, 25. März (Nationalfeiertag zum Gedenken an den Beginn des griechischen Freiheitskampfes im Jahr 1821), 1. Mai (Tag der Arbeit), 15. August (Mariä Entschlafung), 28. Oktober (Nationalfeiertag) zum Gedenken an das ›Große Historische Nein‹ Griechenlands zu einem Ultimatum Mussolinis im Jahr 1940), 25./26. Dez. (Weihnachten).

Bewegliche Feiertage sind Rosenmontag, Karfreitag, Ostermontag und Pfingstmontag. Da sie nach dem Julianischen Kalender berechnet werden, fallen sie meist auf andere Termine als im Westen, wo der Gregorianische Kalender gilt.

Rosenmontag: 2. März 1998, 22. Februar 1999, 13. März 2000

Karfreitag: 17. April 1998, 8. April 1999, 28. April 2000

Ostermontag: 20. April 1998, 11. April 1999, 1. Mai 2000

Pfingstmontag: 8. Juni 1998, 31. Mai 1999, 19. Juni 2000.

Gesundheitsvorsorge

Besondere Schutzimpfungen sind nicht erforderlich. Mitnehmen sollte man vorbeugende und schmerzlindernde Mittel gegen Mückenstiche. Da griechische Ärzte meist schon bei kleinen Beschwerden Antibiotika verschreiben, empfiehlt sich die Mitnahme von Hausmitteln gegen Erkältungen und Halsentzündungen.

Zwischen Griechenland und Deutschland sowie Österreich besteht ein Sozialversicherungsabkommen. Deutsche und Österreicher können sich also theoretisch auf Krankenschein behandeln lassen. In der Praxis ist das jedoch kaum ratsam. Die Zahl der Kassenärzte ist gering, ihre Praxen sind meist überfüllt. Man muß zudem vor dem Aufsuchen des Kassenarztes erst den Auslandskrankenschein E 111 (erhältlich bei der heimischen Krankenkasse) noch von der griechischen Krankenkasse IKA umschreiben lassen – so geht schnell ein Urlaubstag verloren. Darum schließt man besser für die Urlaubsdauer eine Auslandskrankenversicherung ab, zahlt Arzt-

und Arzneikosten selbst und läßt sie sich später erstatten. – Notfallbehandlungen in staatlichen Krankenhäusern und Gesundheitszentren (ESY, National Health Center) sind kostenlos. Es gibt sie in allen größeren Land- und in allen Provinzhauptstätten.

Apotheken sind gut ausgestattet, halten aber nicht unbedingt die in den deutschsprachigen Ländern üblichen Medikamente bereit. Aspirin ist an jedem Kiosk erhältlich.

Hotels, Pensionen

Wer auf eigene Faust reist, wird kaum Schwierigkeiten haben, ein freies Zimmer zu finden, wenn er sich auch mit relativ einfachen Unterkünften zufrieden gibt. Nur im August, wenn neben vielen Italienern und Franzosen auch ganz Griechenland Urlaub macht, ist eine Vorausreservierung ratsam. Zentrale Zimmervermittlungen gibt es nicht; man muß selbst in den Unterkünften nachfragen.

Akrokorinth
Shadow-Skiá, Pension über einer Taverne am Ortseingang, 12 Zimmer mit Zentralheizung, preiswert; ℘ 3 14 81.

Areópoli
Kapetanakos Tower, staatliches Hotel in einem Wohnturm aus dem Jahr 1865, 6 Zimmer, davon eins mit Dusche/WC, mittlerer Preis; ℘ 5 12 33, Fax 5 14 01.
Lóndas, Wohnturm eines Athener Malers, der in Zürich studierte, mittlerer Preis; ℘ 5 13 60.

Epídauros
Xenia II, sehr ruhig unter Bäumen am Ausgang der Ausgrabungen gelegenes staatliches Hotel, 24 Zimmer, mittlerer Preis; ℘ 2 20 03.

Kalamata
Valassis, modernes Hotel an der Uferstraße mit sehr gutem Preis-Leistungs-Verhältnis, 67

Zimmer, mittlerer Preis; Odos Navarinou 95, ℘ 2 38 49, Fax 2 20 56.

Kalávrita
Filoxenia, bestes Hotel am Ort mit 26 geräumigen Zimmern. Die auch nachts stdl. läutenden Kirchenglocken sind allerdings in vielen Zimmern deutlich zu hören, mittlerer Preis; Odos Ethnikis Antistaseos 10 (am Postamt), ℘ 2 22 90, Fax 2 30 09.

Langádia
Motel Lagadia, Hotel an der Hauptstraße, 30 Zimmer, preiswert; ℘ 4 32 02.

Monemvasía
Kellia, Pension der Griechischen Fremdenverkehrszentrale mit 11 Zimmern (nur teilweise mit eigenem Bad) in einer Pilgerherberge aus dem Jahr 1880 im unteren Teil der Altstadt, mittlerer Preis; ℘ 6 15 20.
Vyzantino, 2 Apartments und 25 Zimmer in verschiedenen Häusern in der Altstadt mit gemeinsamer Rezeption an der Hauptgasse, teuer; ℘ 6 12 54, Fax 6 15 62.

Mykene
Dassis Rent Rooms, kleine Pension über einem dazugehörigen Reisebüro an der Hauptstraße, 7 Zimmer mit Balkon, teils mit zusätzlichem Doppelstockbett für Kinder, Wirtin Marion Dassis spricht englisch, preiswert; ℘ 7 63 85 und 7 61 23, Fax 7 61 24.

Mistra
Vyzantion, Hotel an der Platía des Dorfes, 22 Zimmer, mittlerer Preis; ℘ 9 33 09.

Náfplio
Byron, geschmackvolles Hotel in historischem Haus oberhalb der Spýridonos-Kirche, schweizerisch-griechische Leitung, 14 Zimmer und 4 Apartments, teuer; Odos Plataonos 2, ℘ 2 23 51, Fax 2 63 38.
Evangelos, sehr einfache, aber stimmungsvolle und freundlich geführte Pension, 8 Zimmer

ohne Dusche/WC, preiswert; Odos Kokkinou 17, ☎ 2 76 06.

Olympia

Apollon, Mittelklassehotel in zentraler Lage zwischen Taxistation und Bahnhof, 96 Zimmer, preiswert; ☎ 2 25 22, Fax 2 30 68.

Europa, sehr gutes Hotel unter deutsch-griechischer Leitung, großer Pool, Tennisplatz, 700 m oberhalb des Zentrums, 30 Zimmer, teuer; ☎ 2 26 50, Fax 2 31 66.

Sparta

Sparta Inn, modernes Hotel mit Pool und großem Dachgarten, mittlerer Preis; Odos Thermopylon/Odos Akropoleos, ☎ 2 10 21, Fax 2 48 55.

Trípolis

Artemis, modernes, siebenstöckiges Hotel mit 70 Zimmern in zentraler Lage, preiswert; Platia Areos/Odos Dimitrakopoulou 1, ☎ 22 52 21, Fax 23 36 29.

Vitína

Art Hotel Mainalon, einzigartiges Hotel eines Athener Galeristen. Moderne Gemälde und Skulpturen zumeist griechischer Künstler zieren nicht nur Rezeption, Café und Bar, sondern auch jedes der 50 individuell eingerichteten Zimmer, im Zentrum südöstlich der Kirche gelegen, mittlerer Preis; ☎ 2 22 18.

Informationsstellen

Einen bebilderten Prospekt über die gesamte Peloponnes mit leider sehr knappen »wichtigen Informationen« (u. a. Verkehr, Museen), einen unvollständigen Hotelführer und evtl. Spezialprospekte einzelner Distrikte sendet auf Anfrage die **Griechische Zentrale für Fremdenverkehr (EOT)** zu:

Deutschland

Neue Mainzer Straße 22
60311 Frankfurt/M.
☎ 0 69/23 65 61–63
Fax 0 69/23 65 76

Wittenbergplatz 3A
10789 Berlin
☎ 0 30/2 17 62 62
Fax 0 30/2 17 79 65

Pacellistraße 5
80333 München
☎ 0 89/22 20 35
Fax 0 89/29 70 58

Abteistraße 33
20149 Hamburg
☎ 0 40/45 44 98
Fax 0 40/44 96 48

Österreich

Opernring 8
1010 Wien
☎ 0222/1/512 53 17
Fax 0222/5 13 91 89

Schweiz

Löwenstr. 25
CH-8001 Zürich
☎ 01/221 01 05
Fax 01/212 05 16

Griechenland

Auskunftsbüros der EOT findet man in der Ankunftshalle des East Terminals am Athener Flughafen (aber nicht im Charter- und nicht im Olympic-Terminal) sowie im Gebäude der National Bank am Sýntagma-Platz in Athen. Bei ihnen erhält man auf hektographierten Blättern die wichtigsten Fernbus- und Schiffsfahrpläne; ansonsten sind sie wenig hilfreich.

An einigen Orten (Olympia, Sparta, Patras, Náfplio) sind besondere Touristeninformationszentralen mit geschultem Personal und entsprechenden Sprachkenntnissen eingerichtet. In allen übrigen Städten ist diese Aufgabe der Tourist Police übertragen, die für diese Aufgaben weder geschult, noch mit geeignetem Informationsmaterial ausgerüstet ist.

Karten

Die besten Straßenkarten finden sich im RV Euroatlas Griechenland (Maßstab 1:300 000). Nur geringfügig preiswerter ist die RV Euro-Regionalkarte Peloponnes im gleichen Maßstab. Wanderkarten gibt es nicht.

Kleidung, Ausrüstung

Im Sommer sollte man sich unbedingt durch Sonnenbrille, Kopfbedeckung und Sonnenschutz mit ausreichendem Lichtschutzfaktor gegen die Sonnenstrahlung schützen. Immer sollte der Kunstfreund eine lange, feste Jeanshose mitnehmen. Denn die unvermeidliche Begegnung mit den – im Frühjahr herrlich blühenden! – Stachelsträuchern der Phrýgana ist sehr unangenehm. Die langen Hosen sind auch bei Klosterbesuchen unentbehrlich. Frauen sollten ein Kleidungsstück bei sich haben, das die Arme bedeckt. Der Vorsichtige mag sich mit bis über die Knöchel gehendem Schuhwerk wegen angeblicher Giftschlangen ausrüsten. Bei seinen Wanderungen ist der Verfasser dieses Führers auch bei feuchtem Wetter nur harmlosen Nattern begegnet. Im übrigen gilt auch auf der Peloponnes die ›Schlangenregel‹: Lärm machen. Skorpione können sich gelegentlich einen Schuh als Unterschlupf aussuchen. Ihr Stich ist nicht gefährlicher als der einer Wespe! Wie bei Wanderungen in unseren Breiten ist ein Erstehilfekästchen im Rucksack ratsam. Die Apotheken in größeren Ortschaften sind mit internationalen Medikamenten gut ausgerüstet.

Klima

Die Nord-Südfaltung der Gebirge und die starken Höhenunterschiede bewirken im Klima der Peloponnes mitunter starke Abweichungen vom Mittelmeerklima, das in Griechenland – auch auf der Peloponnes – vorherrscht. Es ist gekennzeichnet durch feuchtmilde Winter, meist ohne Schnee, und trockenwarme Sommer. Die Hochgebirge der Peloponnes mit ihren schneebedeckten Bergen und die kühlen Hochflächen z. B. in Arkadien verändern den subtropischen Charakter zu einem nahezu mitteleuropäisch-alpinen Klima. Bis in den Mai hinein sind die Gipfel des Killíni- und Taygetosgebirges schneebedeckt. Die feuchten Westwinde werden von den Bergen aufgehalten. Durch diese Windstaus fällt im Westen der Peloponnes wesentlich mehr Regen als im Osten.

Öffnungszeiten

Die Öffnungszeiten der Museen und bewachten archäologischen Stätten sind jeweils in der Beschreibung angegeben. Als Faustregel kann gelten, daß die Museen und archäologischen Stätten von 8.30–15.00 Uhr außer montags geöffnet sind. Alle Ausgrabungsstätten und staatlichen Museen bleiben am 1. Januar, 25. März, Ostersonntag, 1. Mai, 25./26. Dezember geschlossen. Am Karfreitag sind sie erst ab 12 Uhr geöffnet; am Ostersamstag und an den übrigen gesetzlichen Feiertagen gelten die Sonntagsöffnungszeiten.

Die Geschäftszeiten der Läden sind in der Saison im allgemeinen: Mo, Mi, Sa 8–15 Uhr, Di, Do, Fr 8–14 Uhr und 17–20 Uhr.

Reisepapiere

Für EU-Bürger und Schweizer genügt zur Einreise der gültige Personalausweis. Kinder unter 16 Jahren müssen im Paß der mitreisenden Eltern eingetragen sein oder einen eigenen Kinderausweis (ab 10 Jahren mit Lichtbild) besitzen.

Bei Einreise mit dem eigenen Fahrzeug müssen der nationale Führerschein und der Kraftfahrzeugschein mitgeführt werden. Die Mitnahme der Internationalen Grünen Versicherungskarte ist nicht zwingend vorgeschrieben.

Für Hunde müssen mitgeführt werden: ein internationaler Impfpaß mit amtstierärztlichem Gesundheitszeugnis (max. 14 Tage alt) und eine Bescheinigung über erfolgte Tollwutimpfung (nicht älter als 12 Monate; englisch oder französisch).

Sprache

Wer in kleinere, entlegenere Orte vor allem mit Bus oder Bahn reist, wird unter Umständen Verständigungsschwierigkeiten bekommen, falls er sich nur auf die deutsche und englische Sprache verläßt. Wenn es irgendwie die Zeit vor der Reise erlaubt, sollte man sich einen Reisesprachführer, am besten mit Sprachkassette oder -platte, kaufen und die interessierenden Wortzusammenstellungen und Redewendungen immer wieder bis zur selbstverständlichen Geläufigkeit laut lesen.

Will man die gelernten Wörter sprachlich richtig anwenden und interessiert man sich für die Entwicklung des Altgriechischen zu einer typischen Balkansprache, möge man das Buch von H. und N. Eideneier, »Neugriechisch ist gar nicht so schwer«, Wiesbaden 1987 (auch mit Grundwortschatz) zur Hand nehmen.

Wer Altgriechisch gelernt hat, wird schnell die Aussprachebarriere zum Neugriechischen überwinden und bald Zeitung lesen können.

Zur in diesem Reiseführer angewandten Umschrift des neugriechischen und den Ausspracheregeln siehe S. 10 f.

Sprachführer

Die Akzente geben die richtige Betonung der Worte an, die sehr wichtig ist, um verstanden zu werden. Alle Vokale sind offen und kurz auszusprechen.

Begrüßungsformeln

Guten Tag (bis etwa 17 Uhr)	*káli méra*
Guten Abend (ab etwa 17 Uhr)	*káli spéra*
Gute Nacht (ab 22 Uhr, nur beim Abschied)	*káli níchta*
Hallo, Tschüß, Prost (einem einzelnen gegenüber, Du-Form)	*jássu*
Hallo, Tschüß, Prost (mehreren gegenüber, zugleich Sie-Form)	*jássas*
Prost (wörtlich: auf unsere Gesundheit)	*jámmas*
Seien Sie gegrüßt (nur auf dem Lande)	*chérete*
Wie geht es Dir/Ihnen?	*ti kánis/ti kánete?*
Auf Wiedersehen (gegenüber einem/mehreren)	*adio/adiosas*

Höflichkeitsformeln

Bitte/Danke	*parakaló/efcharistó*
Ja/Nein	*nä/óchi*
Nichts	*típota*
Entschuldigung	*singnómi*

Macht nichts	den pirási
In Ordnung, okay	endáxi
Gut (männlich/weiblich)	kaló/kalí
Schlecht	kakó/kakí
(männlich/weiblich)	
Ich habe nicht	den katálawa
verstanden	

Nationalitäten
Deutscher	jermanós
Deutsch	jermanída
Deutschland	jermanía
Österreicher	afstriakós
Österreicherin	afstriakí
	(afstriakiá)
Österreich	afstría
Schweizer/	elwetós/
Schweizerin/	elwetída/
Schweiz	elwetía
Woher kommst Du?	apo pu ísse?

Reisen
Hafen/Schiff	limáni/karáfi
Station/Bus	stathmós/leoforío
Flughafen/Flugzeug	aerodrómio/
	aeropláno
Fahrkarte/Fahrkarten-	
verkäufer	isitírio/ispráktor
Motorrad/Fahrrad	motosikléta/
	podílato
Wann fährt er/es ab?	póte thá féwji?
Wann kommt er/es an?	póte tháftáni?
Wieviel Kilometer	póssa chiliómetra
bis ...?	sto ...?
Wo fährt der Bus	pú févji tó leoforío
nach ...?	já...?
Wann fährt der	póte févji tó teleftéo
letzte Bus nach ...?	leoforío já...?
Ist das der Weg	íne aftós ó drómos
nach ...?	já ...?
Gute Reise!	kaló taxídi

Bank, Post, Arzt
Bank/Geldwechsel	trápesa/sinállagma
Post/Briefmarken	tachidromío/
	grammatósima

Ich möchte telefonieren	thélo ná tilefonísso
Arzt/Praxis/	jatrós/jatrío/
Krankenhaus	nosokomío
Ich suche eine	thélo na vró éna
Apotheke	farmakío

Einkaufen/Essen
Kiosk/Laden	perípetro/magasí
Gemischtwarenhandel	pandopolío
Bäckerei	foúrnos
Restaurant/Taverne	estiatório/tawérna
Kaffeehaus/Konditorei	kafenío/
	sacharoplastío
Fleisch/Fisch	kréas/psári
Milch/Käse/Eier	gála/tirí/awgá
Brot/Obst/Gemüse	psomí/
	froúta/lachaniká
Was wünschen Sie?	tí thélete?
Bitte, ich möchte ...!	parakaló thélo ...
Wieviel kostet das?	pósso káni aftó?
Es ist teuer!	íne akriwós
Die Rechnung, bitte!	to logarjasmó
	parakaló

Auskünfte, Adjektive
Wo ist ...?	pú íne ...?
Wie spät ist es?	tí óra íne?
Ich suche eine ...	thélo ná vró
(wörtl. Ich möchte	éna ...
eine ... finden)	
Wo ist die Toilette,	pú ine í tualéta
bitte?	parakaló?
gut/schlecht	kalós/kakós
groß/klein	megálos/mikrós
neu/alt	néos/paliós
mit/ohne	mé/chorís

Wochentage
Montag/Dienstag/	deftéra/trífi/tetárti
Mittwoch	
Donnerstag/Freitag	pémpti/paraskewí
Samstag/Sonntag	sáwato/kiriakí

Tageszeiten
| Der Vormittag/ | to proí to mísomeri |
| Der Mittag | |

377

Der Nachmittag/	*to apógewma/*
Der Abend	*to wrádi*
Die Nacht	*i níchta*

Zahlen

1	*éna, mía (w.)*
2	*dío*
3	*tría, tris*
4	*téssera, tésseris*
5	*pénde*
6	*éxi*
7	*eftá*
8	*októ*
9	*enéa*
10	*déka*
11	*éndeka*
12	*dódeka*
13	*dekatría*
14	*dekatéssera, usw.*
20	*íkossi*
21	*íkossi éna usw.*
30	*triánda*
40	*saránda*
50	*peninda*
60	*exínda*
70	*eftominda*
80	*októnda*
90	*eneninda*
100	*ekató*
200	*diakósja*
300	*triakósja*
400	*tetrakósja*
500	*pendakósja*
600	*exakósja*
700	*eptakósja*
800	*oktakósja*
900	*enjakósja*
1000	*chílja*
2000	*dio chiljades*
1 Mio.	*ekatomírio*

Stromanschluß, Spannung

Die Netzspannung beträgt 220 Volt. Das deutsche Steckersystem ist passend. Die Mitnahme von Eurosteckern und dergleichen ist nicht notwendig.

Telefonieren

Das Telefonnetz der Telekommunikationsgesellschaft OTE ist hervorragend ausgebaut. Das Netz öffentlicher Kartentelefone ist sehr dicht; Telefonkarten (tílekarta) mit 100 Einheiten (1500 Drs.) erhält man an jedem Kiosk und in vielen Supermärkten. Preisgünstigere Telefonkarten mit 500 (6000 Drs.) und 1000 Einheiten (11 500 Drs.) erhält man in den OTE-Büros in allen Städten und größeren Dörfern. Samstags und sonntags sowie werktags zwischen 22 und 6 Uhr gilt ein ermäßigter Tarif.

Die Vorwahlnummer für Deutschland lautet ☎ 0049, für Österreich ☎ 0043, für die Schweiz ☎ 0041 und für Griechenland ☎ 0030. Anschließend wählt man die Vorwahl des gewünschten Ortsnetzes ohne die Null.

Trinkgeld

Wie bei uns gibt man Trinkgeld, wenn man mit der erbrachten Leistung zufrieden war. Beträge unter 100 Drs. sind beleidigend.

Verkehrsmittel

Auto: Leihwagen, aber auch Motor- und Fahrräder sind in allen größeren Städten vor Ort zu mieten; die Bestellung über Deutsche Reisebüros ist ohne großen Kostenaufschlag durch ein internationales Verbundnetz möglich und erspart vor Ort langen Papierkrieg. Der Zustand der Fahrzeuge ist vor allem in der Nachsaison durch starke Beanspruchung Glückssache. Dementsprechend ist am besten eine Vollkaskoversicherung abzuschließen. Die Straßenverhältnisse haben sich in den letzten Jahren erheblich verbessert. Es gibt nur noch wenige unbefestigte Straßen in abgelegenen Regionen. Durch die Fertigstellung der Autobahn Korinth – Trípolis ist die Reisegeschwindigkeit gestiegen (1997 war die Verlängerung nach Kalamáta noch nicht fertig). Eine Durchquerung der ›Fastinsel‹ von Nord nach Süd ist jetzt in ca. 4 Stunden möglich. Auf einigen Autobahnen werden Straßenbenutzungsgebühren erhoben.

Bahn: In den letzten Jahren sehr verbessert hat sich das Angebot der staatlichen Eisenbahn, die in zwei Hauptlinien Athen – Patras – Pírgos – Kalamáta und Athen – Trípolis – Árgos – Kalamáta kreisförmig die wichtigsten Orte verbindet (liebenswerte Stichbahn nach Olympia). Leider ist Lakonien nicht eingebunden. Der an jeder größeren Station erhältliche Gesamtfahrplan zeigt, daß die Ringstrecken täglich mindestens viermal durchgehend bedient werden. Fahrräder und Mofas werden mitgenommen.

Bus: Bei der Beurteilung des Busverkehrs sollte man bedenken, daß der Regionalverkehr, der flächendeckend ausgebaut wird, nicht für den Touristen, sondern für die arbeitende Landbevölkerung geplant ist. Deshalb liegen die Abfahrtszeiten sehr früh morgens und in der Spätmittagszeit, evtl. abends. Es gibt keinen Gesamtfahrplan der regionalen Verkehrslinien. Man muß sich jeweils vor Ort am besten am Schalter des Busbahnhofs erkundigen. Der manchmal nur handgeschriebene Aushang entspricht oft nicht dem neuesten Stand. Dies gilt auch für die Überlandbusse, die meist im Zwei-, höchstens im Dreistundentakt bis spät am Abend zwischen den großen Orten verkehren (Mitnahme von Fahrrädern nicht garantiert).

Taxi: Taxifahrten sind vergleichsweise günstig. Auf der Peloponnes findet man Taxis jedoch nur in den größeren Städten. Den Fahrpreis sollte man vor Antritt der Fahrt festlegen. Auch Taxifahrer erwarten ein Trinkgeld.

Zoll

Für Waren, die ausschließlich für den persönlichen Bedarf bestimmt sind, bestehen keine Zollkontrollen mehr (gültig für Angehörige der EU-Staaten). Größere Mengen sind ein Indiz für eine gewerbliche Bestimmung der Waren (z. B. über 800 Zigaretten und über 90 Liter Wein).

Register

Orte und antike Stätten

Personen, Götter und Sagengestalten

DUMONT

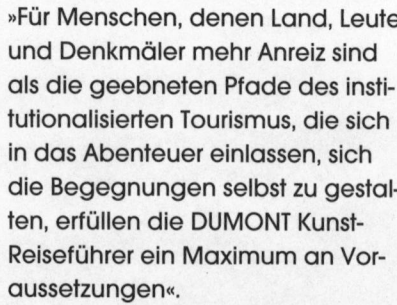

DUMONT

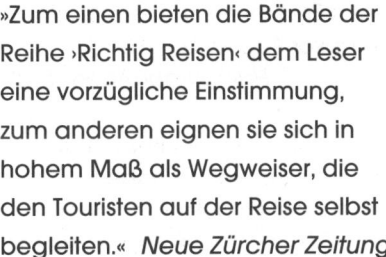

DUMONT

RICHTIG WANDERN

»Richtig Wandern‹ mit DUMONT, den ungemein brauchbaren, vielseitig informierenden, praktisch orientierenden besonderen Wanderführern. Die Bände machen einfach Lust, das Ränzel zu schnüren und den vorgeschlagenen Routen zu folgen. Wobei die Wanderungen nicht mit Scheuklappen unternommen werden, sondern sehr viel an Kultur und Geschichte mitgenommen wird.«

· *Oberösterreichische Nachrichten*

»Jede Wanderung wird anhand einer Übersichtskarte und eines Kurztextes beschrieben. Länge, Dauer, Höhenunterschiede, Markierungen, Einkehrmöglichkeiten und Anfahrt sind in Stichpunkten übersichtlich dargestellt. Außerdem bieten die Bände noch zusätzliche interessante Hintergrundinformationen über Geschichte und Kultur.«

Aschaffenburger Zeitung

Weitere Informationen über die Titel der Reihe DUMONT Richtig Wandern erhalten Sie bei Ihrem Buchhändler oder beim DUMONT Buchverlag • Postfach 10 10 45 • 50450 Köln.

DUMONT
REISE-TASCHENBÜCHER